港口经济学
理论与方法

姜　宝　李　剑　著

中国海洋大学出版社
·青岛·

图书在版编目（CIP）数据

港口经济学：理论与方法 / 姜宝，李剑著．

青岛：中国海洋大学出版社，2024．12．--ISBN 978-7
-5670-3440-2

Ⅰ．F55

中国国家版本馆 CIP 数据核字第 2024WM4556 号

港口经济学：理论与方法

GANGKOU JINGJIXUE：LILUN YU FANGFA

出版发行	中国海洋大学出版社	
社　　址	青岛市香港东路23号	**邮政编码**　266071
网　　址	http://pub.ouc.edu.cn	
出 版 人	刘文菁	
责任编辑	董　超	**电　　话**　0532-85902342
印　　制	青岛国彩印刷股份有限公司	
版　　次	2024 年 12 月第 1 版	
印　　次	2024 年 12 月第 1 次印刷	
成品尺寸	170 mm × 240 mm	
印　　张	21.5	
字　　数	382 千	
印　　数	1 ~ 1 000	
定　　价	78.00 元	
订购电话	0532-82032573（传真）	

发现印装质量问题，请致电0532-58700166，由印刷厂负责调换。

Contents
目录

6　港口上市公司治理结构与经营绩效 / 156

8 航运价格与航运市场波动 / 265

1 港口可持续发展与效率评价

> 知识导入:目前,我国已经成为世界上港口吞吐量第一大国,港口在国民经济发展中扮演着愈加重要的角色。但在追求吞吐量的同时,港口周边区域付出了沉重的资源和环境代价,因此,可持续发展理念越来越受到重视。可持续发展是指在环境的最大承受能力之内,人类谋求最大价值的发展限度。但从港口所处的资源与环境条件来看,港口的发展始终面临资源短缺以及污染物过度排放的压力。在追求经济效益的同时,如何在有限资源条件下确保港口可持续发展并提高运营效率,已经成为业内关注的焦点。
>
> 本章从港口可持续发展的理论出发,对可持续发展的相关研究方法进行梳理,并在此基础上,进一步关注我国沿海港口的可持续发展问题。通过对我国港口环境承载力进行测量与计算,充分了解我国港口环境承载力现状及成因。同时,对我国港口可持续效率进行评价研究,深入剖析港口可持续效率的内涵与特征。本章研究能够为港口规划和可持续发展提供借鉴,对我国的可持续发展具有重要意义。

1.1 港口可持续发展的理论基础

本节对港口可持续发展的理论基础进行梳理,明确港口可持续发展相关理论的内涵,为后续研究奠定坚实的逻辑基础。

1.1.1 效率评价理论

"效率"最早由 Adam Smith 提出。他认为,经济学的使命之一就是研究经济效率问题。在此基础上,Vifredo Pareto 首次提出了帕累托效率并从效用的角度对效率进行定义。Vifredo Pareto 认为,效率是在资源稀缺的情况下对现有资源进行合理配置的最优状态。随后,有学者开始用效率衡量一些企业、组织的经济发展情况,效率的内涵也随之慢慢发生改变。从过去单纯看重成本与收益,到后来开始注重投入和产出,效率也有了超出经济学领域的含义。随着传统经济学对效率的不断解读,越来越多的经济学家认为,效率通过对投入与产出之间的关系进行研究与评价,从而反映资源的使用情况。

效率评价理论是对企业或组织的效率进行衡量分析的理论,从整体上来衡量投入与产出是否达到最优；是对决策单元（Decision Making Units，DMU）集合中每个 DMU 的相对效率值进行测算与分析的理论，测算结果能够通过产出在投入中所占比例的情况反映出整体发展水平，再通过发展水平来把握成本和收益的关系。效率评价的维度具有多样性与综合性。20 世纪 50 年代，大规模生产模式开始盛行，规模报酬对于效率的影响引起了广泛关注。大批量生产使能源与资源过度消耗，致使污染物大量排放，因此学者在效率评价的过程中开始注重合理处理非期望产出的问题。然而随着经济全球化趋势的增强，学者们发现仅仅关注环境问题是不够的，还要将经济发展与社会稳定考虑其中。

港口的污染物排放量大、港区安全性低下等固有特征使得我国港口存在资源投入与产出不成比例和效率低下的难题，本书基于效率评价理论，从投入与产出的角度对我国港口可持续效率进行科学评价，这对我国港口可持续发展具有指导意义。

1.1.2 环境承载力理论

环境承载力是指在一定区域、一定时间内，资源环境系统以能够支撑人类日常生产活动为基础条件时对人类经济社会发展的承受能力，在一定程度上可以全面地反映当环境遭受到破坏时资源环境系统的承受能力与自我修复能力。环境承载力理论将人类系统与资源环境系统紧密连接，为可持续发展提供重要的理论支持。

1789 年，Thomas Robert Malthus 提出自然资源是绝对有限的，资源的大量消耗会导致经济发展受限以及环境破坏。到 1817 年，资源绝对稀缺这一观点遭到了古典经济学家 David Ricardo 的否认，他认为合理开发资源不会对人类发展及生态环境产生绝对限制。1848 年，英国经济学家 John 提出与 David Ricardo 相同的观点，认为随着社会技术进步，资源的稀缺性将通过某些方式被无限推迟。随后，学者们对自然环境的研究产生了诸多成果，并逐渐形成了资源的有限开发原则。因为地球资源再生周期长、社会对资源消耗后产生废弃物的消化能力有限，所以人类只能按照现实能力对资源进行开发。在有限的开发中，人类需要提高一切资源的利用率。

我国港口的发展离不开各种资源的支持，这些资源从本质上来讲是一种有限资源，即便可以再生，也需要经过漫长的周期。随着人类社会的不断进步与发展，资源稀缺问题逐渐得到改善。一方面，知识时代促进了科学技术快速发展。在科技驱动下，各经济单元在实际运行中将不断改善设施设备、提高资源利用率、研究新的替代资源，在追求经济效益快速提高的同时，不断减少能源消耗以及环境污染问题。另一方面，各行业充分发挥人力资源优势，转变过去以自然资源为中心的经营方式，探索以人力资源为中心的高效运营管理模式，节约能源，减少污染。

1.1.3　可持续发展理论

20 世纪 80 年代,国际组织世界环境与发展委员会发表了一篇标题为《我们共同的未来》的文章,第一次使用了"可持续发展"的概念:"可持续发展是既要满足当前人类发展的需求,又不损害后代人类满足他们需求能力的发展。"可持续发展理论认为经济建设和社会发展要与环境承载能力相协调,在发展的同时保护和改善地球生态环境,保证以可持续的方式使用自然资源和环境成本,使人类的发展控制在地球承载能力之内。从此,可持续发展理论就成为各项学科研究的焦点并产生了非常广泛的影响。

学者们认为可持续发展理论强调经济、社会和环境方面的整合和动态平衡,以确保代际公平,并涉及多个维度的研究。在经济层面,可持续发展理论强调在确保生态环境质量以及不损害未来经济发展的前提下,有效利用自然资源,最大限度地提高经济效益;在环境层面,该理论强调通过保护或恢复自然生态环境的活动来实现经济增长;在社会层面,该理论强调在不断追逐经济发展的同时,保障人类的安全与生活质量。

港口是我国重要的经济要塞。我国拥有很长的海岸线以及内河航道,它们对国内外货物的贸易与运输起着至关重要的作用,是连接世界的枢纽和血脉。自 1985 年以来,我国集装箱港口数量日益增多。在新的时代背景下,港口面临着保持社会贡献、树立社会良好形象、降低环境影响三重挑战,可谓困难重重。因此,要实现可持续发展,首先要从可持续发展涉及的三个维度出发,对可持续发展的效率进行全面评价,才能为未来港口的可持续发展助力。

1.2　港口可持续发展的研究方法

除了港口可持续发展的理论基础,选定科学合理的研究方法对于港口可持续效率评价的研究也至关重要。根据本章的研究主体与研究内容以及指标变量的特征,运用数据包络分析模型对港口环境承载力静态演化效率进行分析,运用 Malmquist 指数模型对港口环境承载力动态演化效率进行分析。在进行港口可持续效率评价时,选取了一些难以获取精确数据的指标,基于这些指标变量的特征,本章进一步将不确定性理论与传统的数据包络分析模型相结合对港口可持续效率进行测算。

1.2.1　数据包络分析

数据包络分析(DEA)是运筹学、管理科学和数理经济学的交叉研究领域,用来评价具有多个投入产出的决策单元间的相对效率。近年来,应用数据包络分析的方法来解决企业效率评价问题已经成为一个成熟的研究方向。

首先，"效率"的概念与资源配置的有效性密不可分,若将决策单元的投入视为它对资源或生产要素的消耗,那么效率评价就是在评估企业是否利用现有资源获得了最大产出,或在获得当前产出时是否消耗了最少的资源。因此,DEA 可以评价具有多投入多产出决策单元间相对效率的特性,与效率评价研究投入产出关系的本质具有高度的适配性。其次,DEA 方法具有很强的客观性,不需要事先人为假设生产函数的特定数学形式,也不需要考虑投入和产出之间的相关性,这些特点令 DEA 在企业效率评价问题上具有更加广阔的应用前景。最后,随着企业效率评价主体与角度的多元化发展,DEA 方法也随之不断完善并形成多个分支,包括评价决策单元规模效率的分支、对有效决策单元进行排序的分支以及适用于评价多层次结构决策单元效率的分支等。DEA 模型的多元化发展,使得该方法能够根据决策单元的属性和特征有针对性地选取合适的 DEA 模型来对其效率进行科学评价。因此,本章选取数据包络分析作为研究方法,旨在科学合理地对港口环境承载力静态演化效率评价提供切实可行的指导。

1978 年,Charnes 等首次将 CCR 模型用于技术效率评价中。随后,其他可以适用于在不同情况下进行效率评价的 DEA 模型研究呈现井喷式发展,如涌现出将由规模经济引起的效率变化纳入研究的 BCC 模型。

本章构建数据包络 DEA 模型对港口环境承载力进行静态分析,基于投入和产出可变规模效益(VRS)的数据包络 BCC 模型,对港口环境承载力进行静态分析,即

$$\begin{cases} \min Z^0 \\ \sum_{j=1}^{n} X_j^0 \lambda_j \leqslant Z^0 X_0^0 \\ \sum_{j=1}^{n} Y_j^0 \lambda_j \geqslant Y_0^0 \\ \sum_{j=1}^{n} \lambda_j = 1 \\ \lambda_j \geqslant 0, j=1,2,\cdots,n \end{cases} \quad (1\text{-}1)$$

式中,X_j 和 Y_j 分别为决策单元 DMU 的港口环境投入和产出要素集,λ_j 代表线性组合构造有效 DMU 时第 j 个 DMU 的港口环境产出组合比例。BCC 模型不仅可以得到投入产出综合效率,还可以分别得到投入产出的技术效率和规模效率,因此,根据本章环境承载力的量化测度思路,将 BCC 模型计算结果对应地分别定义为港口环境综合承载力、港口环境技术承载力和港口环境承载力。

1.2.2   Malmquist 指数模型

Malmquist 指数在 1953 年由 Sten Malmquist 提出,用于衡量两个时间点或两个不同组织之间生产率的变化。随后 Fare R 等人(1992)最早使用 DEA 对 Malmquist 指数进行计算。本章在对港口环境承载力进行动态分析时,将全要素生产率指数(TFP)分解为技术进步指数(TC)和技术效率指数(EC),并将技术效率指数(EC)进一步分解为纯技术效率指数(Pech)和规模效率指数(Sech)。借鉴李剑等对 Malmquist 指数的解释思路,对港口环境承载力的 Malmquist 指数模型结果进行重新定义。

全要素生产率指数为港口环境承载力全要素生产率,反映单位环境成本(污染和消耗)投入的港口运营产出效率,也是反映港口生态文明建设和发展程度的重要指标。

技术效率指数为港口环境承载力技术效率指数,解释为港口运营与作业中对环境保护技术的综合利用水平。其中将纯技术效率指数解释为港口运营和作业中环保技术运用、环保管理方法和水平、员工环保意识等对港口环境的影响,反映港口生态文明建设的综合技术水平。

规模效率指数解释为港口运营和作业中环保设施的建设规模、环保设施的利用规模等对港口环境的影响,反映港口生态文明建设的规模和力度。

技术进步指数为港口环境承载力技术进步指数,解释为在港口运营中由技术进步效应、技术积累效应以及产业升级效应所带来的港口环境承载力发展,反映港口生态文明建设的持续效果和积累程度。

港口环境承载力全要素生产率指数变动是由于环境承载力阈值发生了变动,相应地,港口环境承载力技术效率指数和港口环境承载力技术进步指数也会发生改变。这些变动都是由于港口内外部环境以及政策制度等因素的影响而造成的前沿面的改变。即

$$\text{TFP} = M_i(X_s, Y_s, X_r, Y_r) = \frac{D_i^T(X_s, Y_s)}{D_i^T(X_r, Y_r)} \times \left[\frac{D_i^T(X_r, Y_r)}{D_i^T(X_s, Y_s)} \times \frac{D_i^T(X_r, Y_r)}{D_i^T(X_s, Y_s)} \right]^{1/2} \quad (1\text{-}2)$$

港口环境承载力技术效率指数:

$$\frac{D_i^T(X_s, Y_s)}{D_i^T(X_r, Y_r)} \quad (1\text{-}3)$$

港口环境承载力技术进步指数:

$$\left[\frac{D_i^T(X_r, Y_r)}{D_i^T(X_s, Y_s)} \times \frac{D_i^T(X_r, Y_r)}{D_i^T(X_s, Y_s)} \right]^{1/2} \quad (1\text{-}4)$$

式中，$D_t^T(X_r,Y_r)$、$D_t^T(X_s,Y_s)$分别代表 t 期的参数为参考时，t 期、$t+1$ 期的决策单元距离函数。港口环境承载力全要素生产率指数分解为港口环境承载力技术进步指数和港口环境承载力技术效率指数。本章通过 Malmquist 模型对港口环境承载力进行动态评价，TFP 大于 1、等于 1、小于 1 分别对应着港口环境承载效率的增长、不变和下降，也意味着港口发展模式的环境友好型、环境制约型以及粗放发展型。构成 TFP 的三个因素中，若某一个值的变化率大于 1，表明该因素是导致效率提高的原因；若某个值的变化率小于 1，表明该因素是导致效率降低的原因。

1.2.3 不确定性理论

考虑到事件的不确定性会影响决策的准确性与科学性，如何构建不确定性模型已经成为数学和管理学的热门研究方向。为了解决效率评价研究中指标难以精确量化的非确定性现象，现存的两大公理化的数学系统——概率论与不确定性理论，为合理地处理事情发生的可能性提供了解决方案。其中，概率论是研究事件发生频率的数学系统，即通过分析足够的信息获取与频率足够接近的概率分布函数。因此，当拥有足够数量的历史样本且没有战争、自然灾害或疫情等突发事件发生时，概率论是处理问题的唯一合理方法。然而，由于技术条件约束或在种种不可抗力因素的影响下，往往无法以概率统计的方法获得与频率足够接近的分布函数。由于该分布函数与实际频率并不接近，此时盲目运用概率论去处理这个分布函数可能会得到违反直觉的结果从而使决策者做出错误决策。在此情况下，学者们不得不邀请相关领域的专家评估事件的置信度，即信度函数。

为了解决该难题，刘宝碇教授在研究不确定变量、不确定测度以及不确定分布等相关概念与运算法则的基础上，于 2007 年创立了一套度量事件信度的公理化数学系统——不确定性理论，并指出观测数据的分布函数是否足够靠近数据的真实频率是判断选择概率论还是不确定性理论来处理非精确数据的关键依据。不确定性理论能够通过构建不确定变量的概念并运用一系列运算法则来合理地处理信度函数，因此该理论已在很多领域得到广泛应用，包括工程领域、供应链领域以及效率评价领域等。其中，在效率评价领域，学者们试图将数据难以精确测量的投入与产出指标当作不确定变量来进行处理，并提出了一系列的不确定 DEA 模型。

传统 DEA 模型的计算基于一系列精确的数据，可是，假若模型的投入和产出处于一个只能被相关领域专家给出不精确估计的环境，这些不精确的数据则无法被当作一个精确的值，此时，经典的 DEA 模型无法被直接应用。在这样的情况下，可以通过把 DEA 模型里不精确的投入和产出解释为不确定变量来解决问题，将经典的

DEA 模型拓展为不确定 DEA 模型。

其中,把第 k 个决策单元称为 DMU_k , $k=1,2,\cdots,n$;把目标决策单元称为 DMU_0 ;以 $\tilde{x}_k=(\tilde{x}_{k1},\tilde{x}_{k2},\cdots,\tilde{x}_{kp})$ 和 $\tilde{y}_k=(\tilde{y}_{k1},\tilde{y}_{k2},\cdots,\tilde{y}_{kq})$ 分别表示 DMU_k 的不确定投入和不确定产出,以 $\tilde{x}_0=(\tilde{x}_{01},\tilde{x}_{02},\cdots,\tilde{x}_{0p})$ 和 $\tilde{y}_0=(\tilde{y}_{01},\tilde{y}_{02},\cdots,\tilde{y}_{0q})$ 分别表示 DMU_0 的不确定投入和产出。

基于这些符号,Lio 和 Liu(2018)提出了一个不确定 DEA 模型,其定义如下。

$$
\begin{cases}
\max\limits_{u,v} \theta = E\left[\dfrac{v^T \tilde{y}_0}{u^T \tilde{x}_0}\right] \\[2mm]
s.t.\ E\left[\dfrac{v^T \tilde{y}_k}{u^T \tilde{x}_k}\right] \leqslant 1, k=1,2,\cdots,n \\[2mm]
u \geqslant 0 \\[1mm]
v \geqslant 0.
\end{cases}
\tag{1-5}
$$

定义 1:(有效性)若模型(1-5)的最优值 θ^* 能达到 1,则称目标决策单元 DMU_0 是有效的,否则称 DMU_0 无效。

进一步,为了将无效的决策单元变为有效,模型进行了灵敏度和稳定性分析,即可以通过以下的模型来计算无效决策单元的稳定半径。

$$
\begin{cases}
\min\ \delta \\[2mm]
s.t.\ E\left[\dfrac{v^T(\tilde{y}_0+\delta e_q)}{u^T(\tilde{x}_0-\delta e_p)}\right] = 1 \\[2mm]
E\left[\dfrac{v^T \tilde{y}_k}{u^T \tilde{x}_k}\right] \leqslant 1, k=1,2,\cdots,n \\[2mm]
u \geqslant 0 \\[1mm]
v \geqslant 0.
\end{cases}
\tag{1-6}
$$

定理 1:对于每个 k ,假设投入 $\tilde{x}_{k1},\tilde{x}_{k2},\cdots,\tilde{x}_{kp}$ 和产出 $\tilde{y}_{k1},\tilde{y}_{k2},\cdots,\tilde{y}_{kq}$ 都是独立的不确定变量,且它们分别有正则的不确定分布 $\Phi_{k1},\Phi_{k2},\cdots,\Phi_{kp}$ 和 $\Psi_{k1},\Psi_{k2},\cdots,\Psi_{kq}$,那么,对于无效决策单元的灵敏度和稳定性分析模型(1-6)就等价于以下的模型:

$$\begin{cases} \min \delta \\ \text{s. t.} \int_0^1 \dfrac{\sum\limits_{j=1}^{q} v_j(\boldsymbol{\varPsi}_{0j}^{-1}(\alpha)+\delta)}{\sum\limits_{i=1}^{p} u_i(\boldsymbol{\varPhi}_{0i}^{-1}(1-\alpha)-\delta)}\,\mathrm{d}\alpha=1 \\ \int_0^1 \dfrac{\sum\limits_{j=1}^{q} v_j\boldsymbol{\varPsi}_{kj}^{-1}(\alpha)}{\sum\limits_{i=1}^{p} u_i\boldsymbol{\varPhi}_{ki}^{-1}(1-\alpha)}\,\mathrm{d}\alpha\leqslant 1,k=1,2,\cdots n \\ u=(u_1,u_2,\cdots,u_p)\geqslant 0 \\ v=(v_1,v_2,\cdots,v_q)\geqslant 0, \end{cases} \tag{1-7}$$

现在说明通过模型(1-6)或模型(1-7)求出来的最优解 δ^* 是一个稳定半径,即有效的目标决策单元 DMU_0 变化不超过 δ^* 就会维持有效,而如果变化量比 δ^* 大,则 DMU_0 会变成无效。

为了区分技术效率,Jiang 等(2018)提出了能够得到纯技术效率从而得到规模效率的 DEA 模型,其定义如下。

$$\begin{cases} \max\limits_{u,v} \theta=E\left[\dfrac{v^T\tilde{y}_0-w}{u^T\tilde{x}_0}\right] \\ \text{s. t.} \ E\left[\dfrac{v^T\tilde{y}_k-w}{u^T\tilde{x}_k}\right]\leqslant 1,k=1,2,\cdots,n \\ u\geqslant 0 \\ v\geqslant 0. \end{cases} \tag{1-8}$$

定义 2:(有效性)若模型(1-8)的最优值能达到 1,则称目标决策单元是有效的,否则称无效。

进一步,为了将无效的决策单元变为有效,模型进行了灵敏度和稳定性分析,即可以通过以下的模型来计算无效决策单元的稳定半径。

$$\begin{cases} \min \delta \\ \text{s. t.} \ E\left[\dfrac{v^T(\tilde{y}_0+\delta e_q)-w}{u^T(\tilde{x}_0-\delta e_p)}\right]=1 \\ E\left[\dfrac{v^T\tilde{y}_k-w}{u^T\tilde{x}_k}\right]\leqslant 1,k=1,2,\cdots,n \\ u\geqslant 0 \\ v\geqslant 0. \end{cases} \tag{1-9}$$

定理 2：对于每个 k，假设投入 $\tilde{x}_{k1}, \tilde{x}_{k2}, \cdots, \tilde{x}_{kp}$ 和产出 $\tilde{y}_{k1}, \tilde{y}_{k2}, \cdots, \tilde{y}_{kq}$ 都是独立的不确定变量，且它们分别有正则的不确定分布 $\Phi_{k1}, \Phi_{k2}, \cdots, \Phi_{kp}$ 和 $\Psi_{k1}, \Psi_{k2}, \cdots,$ Ψ_{kq}，那么，对于无效决策单元的灵敏度和稳定性分析模型 (1-9) 就等价于以下的模型 (1-10)。

$$
\begin{cases}
\min \delta \\[6pt]
\displaystyle\int_0^1 \frac{\sum_{j=1}^q v_j\left(\Psi_{0j}^{-1}(\alpha)+\delta\right)-w}{\sum_{i=1}^p u_i\left(\Phi_{0i}^{-1}(1-\alpha)-\delta\right)}\,\mathrm{d}\alpha = 1 \\[16pt]
\displaystyle\int_0^1 \frac{\sum_{j=1}^q v_j\Psi_{kj}^{-1}(\alpha)-w}{\sum_{i=1}^p u_i\Phi_{ki}^{-1}(1-\alpha)}\,\mathrm{d}\alpha \leqslant 1,\ k=1,2,\cdots n \\[16pt]
u=(u_1,u_2,\cdots,u_p)\geqslant 0 \\[4pt]
v=(v_1,v_2,\cdots,v_q)\geqslant 0.
\end{cases}
\tag{1-10}
$$

现在说明通过模型 (1-9) 或模型 (1-10) 求出来的最优解 δ^* 是一个稳定半径，即有效的目标决策单元 DMU_0 变化不超过 δ^* 就会维持有效，而如果变化量比 δ^* 大，则 DMU_0 会变成无效。

1.3　我国沿海港口环境承载力评价

通过前两节对港口可持续发展理论基础以及研究方法的阐述，本节先对我国沿海港口环境承载力的现状进行分析，随后基于发展现状与文献梳理构建我国沿海港口环境承载力评价指标体系，并用 DEA-Malmquist 模型对我国沿海港口环境承载力进行量化测度和动态分析。

1.3.1　我国沿海港口环境承载力发展综述

最初，"承载力"一词起源于生态学，其内涵可以追溯到马尔萨斯时代。在生态学意义上承载力指自然环境对生物种群最高水平的限制。随着工业文明的发展，人口急剧增长与资源的过度消耗引起的资源短缺问题日益严重，许多学者又提出了"环境容量"。1983 年版的《中国大百科全书——环境科学》中定义"环境容量"为在人类生存和自然不受毁坏的前提下，某一环境所能容纳的污染物的最大负荷量。但"环境容量"只考虑了环境的纳污能力，却忽视了对环境自净机制的研究。1991 年，曾维华首次提出了环境承载力的概念，即在某一时期，某种状态或条件下，某地区的环境所能承受人类活动作用的阈值。这里的"某种状态"或"条件"是指环境结构不发生明显改变，"所能承受"是指不影响其环境系统发挥正常功能。由此可见这个概念弥补了前人的不足，不仅包括了环境的纳污能力，还体现出环境的自我净化功能。后来随着研究的不断深入，学者们对环境承载力的研究也逐渐扩展到生态系统承载力、资源环境承载力、区域环境承载力等领域。目前，学者们逐步认识到港口环境承载力研究的必要性，张亚东等提出了港口环境承载力的概念，即"一定时期和一定范围内，港口生态系统维持自身健康、稳定发展的潜力及所能承受人类各种社会经济活动的能力"。这个概念比较全面地涵盖了港口环境承载力的内涵，因此本书沿用这一概念。

港口作为经济增长极之一，在区域经济发展中起到了关键的带动作用。港口是水陆、水水货物运输转换地，货物存储的缓冲区和货物集成整合的中心，为经济发展提供了多元化服务，是扶助经济增值的重要手段，汇聚了众多的资金流、物流、信息流，能够推动社会经济发展。在国家现代化建设进程中，港口不仅推动了港口城市的发展，而且能够对周边城市起到辐射作用，并且通过各种交通路线和城市网络影响了广大农村。港口是一个综合的运输体系，连接水、陆、空，是重要的交通枢纽和城市依托。我国拥有面积广阔的海域和绵长的海岸线，这也为我国拥有众多优良港口提供了自然条件。目前，我国已成为世界港口吞吐量第一大国，但在追逐以吞吐量为核心的港口运营绩效的同时，港口及周边陆海区域也付出了沉重的资源和环境代价。随着经济的发展，港口发展也加速了产业的转型升级，使港口产业逐渐摒弃了单一的重工业、运输业，向轻工业、第三产业多元化发展。港口的转型升级工作虽然推上了进程，但重工产业依然占主要地位，经济增长和工业化的推进需要生态和环境作为支撑。

港口是连接海外经济和内陆经济的关键节点，是重要的综合运输枢纽，高效的港口运营和合理的港口开发是拓展海外经济与加快区域经济发展的重要保障。然而，多年的粗放型港口开发后，港口面临着严峻的环境问题。在我国的几次港口建设大潮过程中，局部存在盲目布局开发和忽略环境成本等问题，造成了目前环境问题制约港口经济可持续发展的不利局面。

基于此，经济新常态下的港口发展必须进入科学的轨道，进行港口环境承载力评价，这是统筹考虑港口以及临港区域人口、资源、环境协调发展的重要方法之一。目前，港口面临许多严峻的发展问题，迫使管理者改善港口的工作环境、改变工作方式。此外，港口作为国家竞争力重要的指标之一，其建设和发展水平是国家和政府应当重点关注的方向。对港口发展建设现状进行分析，充分了解港口的发展现状，分析阻碍影响港口发展的因素,制定可行、科学的发展战略是迫切的。因此,本章对我国港口环境承载力进行量化测度评价,系统分析沿海港口环境承载力的静态差异和动态演化,对影响港口环境承载力的主要因素进行了深入研究,这将有利于促进港口生态文明建设、推动港口实现可持续科学发展。因此,本章研究我国港口环境承载力对港口实现生态文明可持续发展具有重要的意义。

1.3.2 港口环境承载力效率评价指标体系构建

人类活动在很大程度上影响着港口环境承载力。在衡量港口环境承载力时,根据不同的人类活动选取不同的衡量指标,便会得到不同的结构。评价港口环境承载力时,选取恰当的指标、建立合适的评价指标体系是至关重要的步骤,处于不同时期、不同地区的港口应根据所处条件的不同采取不同的衡量标准。本章主要结合港口环境承载力相关定义与特征进行评价指标的选取。

考虑到统计数据的可获得性、完整性以及评价指标的选取原则,本章选取旅客吞吐量、集装箱吞吐量、人均生产总值作为产出指标,选取泊位数、泊位长度、环境管理从业人员数、污水处理率、污染物排放量作为投入指标。这些指标能够综合港口的内部发展情况如港口的基础设施及环境条件,同时顾及外部社会经济条件对港口环境承载力的影响。

本书所构建的港口环境承载力效率评价指标体系(图 1-1)共包含五个投入指标和三个产出指标,此体系建立在以环境承载力理论和效率评价理论为指导的基础之上。

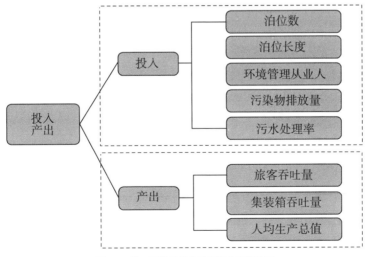

图 1-1　港口环境承载力效率评价指标体系

1.3.3 数据来源

考虑到统计数据的可获得性和完整性，本章选取 2007—2012 年我国沿海 20 个主要港口作为研究对象和模型决策单元，其中数据主要来源于《中国港口年鉴》《中国环境统计年鉴》以及《中国城市统计年鉴》。本书将港口分为环渤海区域、长江三角洲、珠江三角洲、南海区域，并对四大区域的港口环境承载力状况进行讨论。

1.3.4 港口环境承载力效率评价

下面对数据指标进行实证分析。首先，结合 DEA 评价模型对 2007—2012 年我国沿海港口环境承载力进行静态分析，然后通过 Malmquist 指数对港口环境承载力进行动态演化分析，从而得到我国港口环境承载力变化趋势及区域差异，反映我国港口生态文明建设的发展过程。

1. 港口环境承载力静态演化效率评价

我国沿海港口环境承载力的评价结果（表 1-1）中，综合承载力数值为各个沿海港口 2007—2012 年环境综合承载力的平均值，以此来量化测度港口环境承载力，该指数为 1 时，说明港口环境投入产出效率最高，即港口生态文明建设综合效果最佳；技术承载力指数则说明港口环境资源的利用水平，即港口生态文明建设的经济技术水平；规模承载力指数则说明港口环境投入产出的规模效应，即港口生态文明建设的规模程度。

表 1-1 我国沿海港口环境承载力的评价结果

区域	港口	综合承载力	技术承载力	规模承载力
环渤海区域	青岛港	0.934	1.000	0.957
	日照港	0.888	0.990	0.910
	烟台港	0.807	0.939	0.867
	大连港	0.694	0.939	0.849
	唐山港	0.684	0.918	0.844
	营口港	0.662	0.843	0.711
	天津港	0.639	0.785	0.707
	平均值	0.758	0.916	0.835
长江三角洲	上海港	1.000	1.000	1.000
	舟山港	0.930	1.000	0.955
	宁波港	0.893	1.000	0.930
	温州港	0.561	0.782	0.687

续表

区域	港口	综合承载力	技术承载力	规模承载力
长江三角洲	南通港	0.458	0.757	0.652
	福州港	0.428	0.737	0.607
	平均值	0.712	0.879	0.805
珠江三角洲	深圳港	1.000	1.000	1.000
	厦门港	1.000	1.000	1.000
	珠海港	0.865	0.977	0.901
	汕头港	0.393	0.716	0.428
	平均值	0.815	0.923	0.832
南海区域	海口港	1.000	1.000	1.000
	防城港	1.000	1.000	1.000
	北海港	0.844	0.954	0.888
	平均值	0.948	0.985	0.963

总体来看,上海港、厦门港、深圳港、防城港、海口港这五个港口的综合承载力为1,投入产出效率最为有效,说明这五个港口对环境资源的利用效率最优,港口环境综合承载力最高,港口生态文明建设综合效果最好;青岛港、舟山港、宁波港、日照港、珠海港、北海港、烟台港等港口的综合承载力均在 0.784 以上,港口环境承载力较好,其港口生态文明建设综合效果较好;大连港、唐山港、营口港、天津港、温州港、福州港、南通港、汕头港等港口的综合承载力均低于 0.7,港口环境承载力差,港口的生态文明建设不足。

分区域来看,南海区域港口的环境承载力最高,港口综合环境承载力平均达到0.948,且港口技术承载力和规模承载力达到了全面协调发展,港口生态文明建设效果显著;环渤海区域港口的综合环境承载力平均值为 0.758,其中天津港、营口港、唐山港、大连港的港口环境承载力较差;长江三角洲港口的综合环境承载力平均为0.712,其中温州港、南通港、福州港的港口环境承载力较差;珠江三角洲港口平均综合环境承载力 0.815,其中汕头港的港口环境承载力较差。进一步分析各区域港口的环境技术承载力和规模承载力发现,影响港口综合环境承载力的主要因素是规模承载力,说明各个港口的可持续建设过程中的规模效应多数未产生递增效应。

2. 港口环境承载力动态演化效率评价

在上文使用 DEA 对我国港口环境承载力静态演化效率进行评价分析后,进一步运用 Malmquist 指数对我国沿海主要港口环境承载力的动态演化进行分析(图 1-2)。若全要素生产率指数落在区间$[0,0.975]$，则认为 Malmquist 指数有较为明显的下降；若落在区间$[0.975,1.025]$，表示全要素生产率指数变化相对平稳；若落在区间$[1.025,+\infty]$，则认为 Malmquist 指数有明显的上升。

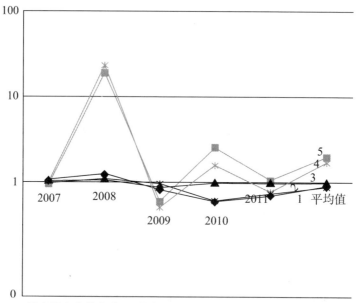

1技术效率指数变化；2技术进步指数变化；3纯技术效率指数变化；
4规模效率指数变化；5全要素生产率指数变化。

图 1-2 港口环境承载力年度演化(2007—2011)

由图 1-2 可知，除了在 2008 年由于美国爆发次贷危机对世界经济影响的波及效应显现，港口环境承载力全要素生产率指数(TFP)和港口环境承载力技术效率指数(EC)产生较大波动以外，2007—2011 年 TFP 等港口环境承载力动态指数主要呈现平稳上升态势。动态数据说明，近年来我国沿海港口的产出能力保持进步，但就环保技术利用为核心的港口环境承载能力仍然略显不足，即港口生态文明建设虽有成效，但并非效果显著；同时可以看出，港口环境承载力 TC 变化主导着 TFP 的变化，说明港口生态文明建设的持续效果和积累程度是港口环境承载力发展的重要实现路径。本节将进一步按区域对各沿海港口环境承载力动态变化进行分析(表1-2)。

表 1-2　2007—2012 年我国沿海港口环境承载 Malmquist 指数分析

区域	港口	EC	TC	Pech	Sech	TFP	趋势
环渤海区域	唐山港	1.171	1.272	1.000	1.171	1.489	上升
	天津港	1.075	0.957	1.047	1.027	1.029	上升
	烟台港	1.052	0.966	1.028	1.023	1.016	平稳
	青岛港	0.913	1.092	0.919	0.994	0.998	平稳
	营口港	1.000	0.902	1.000	1.000	0.902	下降
	大连港	1.000	0.852	1.000	1.000	0.852	下降
	日照港	0.835	0.860	0.855	0.976	0.718	下降
	平均值	1.007	0.986	0.978	1.027	1.001	平稳
长江三角洲	舟山港	1.157	1.397	1.046	1.106	1.616	上升
	宁波港	1.121	1.373	1.059	1.058	1.539	上升
	上海港	1.042	1.253	1.026	1.015	1.305	上升
	南通港	0.928	1.120	1.000	0.928	1.039	上升
	温州港	1.000	0.966	1.000	1.000	0.966	下降
	福州港	0.886	1.001	0.965	0.918	0.887	下降
	平均值	1.022	1.185	1.016	1.004	1.225	上升
珠江三角洲	厦门港	0.891	1.163	0.899	0.992	1.037	上升
	深圳港	1.010	0.942	1.010	1.000	0.951	下降
	珠海港	0.959	0.956	0.966	0.993	0.917	平稳
	汕头港	1.000	0.000	1.000	1.000	0.000	下降
	平均值	0.965	0.765	0.969	0.996	0.726	下降
南海区域	海口港	0.909	1.190	0.910	1.000	1.082	上升
	防城港	0.885	1.286	0.933	0.948	1.138	上升
	北海港	0.928	1.235	0.942	0.985	1.146	上升
	平均值	0.907	1.237	0.928	0.978	1.122	上升
总均值		0.975	1.043	0.978	1.001	1.019	平稳

从表 1-2 可以看出,南海区域和长江三角洲的港口环境承载力持续优化,TC 起到了关键的带动作用,即港口生态文明建设的持续效果和积累程度显著。相比之下,EC 较低,即港口发展对环境保护技术的综合利用水平有待进一步提高。珠江三角洲港口环境承载力呈下降态势,TC 是环境承载力降低的主导因素,即生态文明建设持续效果和累积程度不够。环渤海区域港口环境承载力保持平稳变化状态,得益于港口环境承载力规模效率指数(Sech)的提升,即港口生态文明建设具备一定规模效应;相比之下,纯技术效率指数(Pech)较低,即港口生态文明建设的综合技术水平有待提高。

3. 全要素环境承载指数聚类分析

为深入发掘我国沿海港口环境承载力的动态演化及影响因素,运用聚类分析对各沿海港口环境承载力 Malmquist 指数值进行聚类分析,并根据聚类分析结果,将各沿海港口按照环境承载力动态变化特征分为生态文明型、环境友好型和环境制约型三类(表 1-3)。

表 1-3 我国沿海环境承载力动态变化聚类分析结果

类型	港口	特征
生态文明型	唐山港、宁波港、舟山港	高 TFP,高 TC
环境友好型	青岛港、上海港、南通港、厦门港、海口港、防城港、北海港	较高 TFP,较高 TC
环境制约型	大连港、营口港、天津港、烟台港、日照港、福州港、温州港、深圳港、珠海港	低 TFP,低 TC

第一类生态文明型港口,特征表现为具有高 TFP 和 TC,即该类港口在发展过程中保持着对环境资源的优化利用,实现了较好的港口生态文明建设效果。第二类环境友好型港口,特征表现为具有较高的 TFP 和 TC,即该类港口在发展过程中能够保持环境友好式发展,港口生态文明建设较为持续,但在环保技术综合利用和环保管理意识等方面仍可以进一步提高。第三类环境制约型港口,特征表现为具有相对低的 TFP 和 TC,即该类港口在发展过程中相对忽略对环境资源的优化利用,正处于或将会处于受到环境资源制约的发展阶段,港口生态文明建设发展不足,需在未来港口发展中提高环保意识,提升环保应用水平,可持续规范化管理港口作业,减少粗放作业形式,从而降低对环境的损害,逐步实现港口生态文明建设目标。

1.3.5 结果分析与启示

本节基于 2007—2012 年的数据对我国沿海 20 个港口的环境承载力进行量化测度和动态分析,实证结果与相关建议如下。

第一,我国港口环境承载力总体水平不高,影响港口综合环境承载力的主要因素是环境规模承载力,这说明各个港口生态文明建设过程中的规模效应多数未产生递增效应,应加强港口环境保护以及技术规模化应用,在环境承载力最优时达到单位规模收益最大化。

第二,经过动态分析发现,我国沿海的 TC 变化主导着 TFP 的变化,这说明港口生态文明建设的持续和积累是港口环境承载力发展的重要实现路径。各区域间港口承载能力差距较大,南海区域及长江三角洲港口环境承载力持续优化,可优先开发,解放资源环境约束,实行发展为先、保护为辅的方针;珠江三角洲港口环境承载力呈下降态势,可实行保护为首、发展为辅的政策,缓解资源环境压力,必要时应予以强制性保护措施;环渤海区域港口环境承载力保持平稳变化状态,可考虑重点开发,贯彻边发展、边保护的方针,合理配置环境资源,实现经济与环境均衡发展。

第三,各沿海港口按照环境承载力动态变化特征分为生态文明型、环境友好型和环境制约型三类。各港口应根据自身港口发展目标与环境承载力情况,向环境友好型发展,提高港口环境综合承载力,进而促进港口生态文明建设目标的实现。

1.4　我国沿海港口可持续效率评价

随着社会的进步与经济的发展,仅仅关注港口环境承载力已不足以满足当今时代的要求。越来越多的学者把研究视角放在环境、经济、社会三者的可持续发展上。因此本节选取我国沿海 21 个主要港口为研究对象,并把效率评价理论和可持续发展理论作为理论依据来构建港口可持续效率评价指标体系。在指标选取中,本节选取了一些难以获得精确数据的指标。为了解决这个问题,本节进一步结合不确定性理论对这些指标进行处理并运用不确定 DEA 模型进行我国港口的可持续效率测算,从而为我国沿海港口的可持续发展提供针对性的意见。

1.4.1　我国沿海港口的可持续发展现状

在当今这个经济全球化、物质财富丰裕的时代里,人们在享受经济社会发展带来的巨大便利的同时,也必须面对自然资源枯竭、生存环境恶化、社会发展失衡等亟待解决的问题。如何做到经济发展和社会进步不与环境保护相冲突,实现人类社会发展与保护自然环境相协调的可持续发展,是我们人类面临的当务之急。自 1987 年世界环境与发展委员会在《我们共同的未来》一书中提出可持续发展理论以来,全球各个国家都开始探索可持续发展的道路。可持续发展的核心包括两点:一是要可持续,二是要发展。两者缺一不可,必须同时满足同时进行,它研究的是如何在有限资源的前提下,将经济、社会的发展同环境保护结合起来达到平衡。

港口作为现代物流供应链中的重要节点,如何提高自身服务水平日益受到重视。然而,港口在创造经济效益的同时,由于存在大量的车船等重污染性交通工具,再加上部分货物本身具有污染性,更易成为环境污染中心,给港口可持续发展带来挑战。一方面,车船大多以柴油作为燃料,其燃烧会产生大量的二氧化碳,碳排放会加剧温室效应,威胁自然生态系统的平衡,进而对人类食物供应与居住环境产生恶劣影响。

另一方面,船舶易产生水污染,对海洋生态系统构成威胁。同时,港口活动也存在一定的社会影响,影响港口员工的安全。尽管港口通过自身的快速发展带动了周围物流、仓储、商业、贸易、制造业和金融等行业发展,为本地区域带来大量的就业机会,增加了税收来源,促进了当地经济社会发展,但港口也受到来自周围社区的巨大环境压力。社区支持港口的发展,但这些发展也会影响居民的生活质量,如给居民带来噪声污染和交通堵塞等困扰。基于以上情况,接下来将从经济、环境和社会三个角度对我国港口可持续发展现状展开介绍。

1. 沿海主要港口的经济现状分析

随着国内经济深化改革的不断推进,经济稳中求进的总基调未发生变化。根据国家统计局和海关总署公布的数据,2022 年我国 GDP 增长 3%,贸易额增长 7.7%。根据交通运输部 2023 年 6 月 16 日发布的《2022 年交通运输行业发展统计公报》可知,2022 年末全国港口拥有生产用码头泊位 21 323 个,比上年增加 456 个。其中,沿海港口生产用码头泊位 5 441 个,比上年增加 22 个。2022 年末全国港口拥有万吨级及以上泊位 2 751 个,比上年末增加 92 个。其中,沿海港口万吨级及以上泊位 2 300 个,比上年增加 93 个。2022 年全国港口完成货物吞吐量 140.07 亿吨,比上年增长 6.1%。其中,沿海港口完成 90.57 亿吨,比上年增长 7.1%。全国完成港口货物吞吐量 156.85 亿吨,比上年增长 0.9%。其中,沿海港口完成 101.31 亿吨,比上年增长 1.6%。全国港口完成集装箱吞吐量 2.96 亿标准箱(TEU),比上年增长 4.7%。随着吞吐量的增加,沿海港口经济稳步增长。

2. 沿海主要港口的环境现状分析

港口业的快速发展,在给贸易运输带来便利的同时,也给区域空气质量带来巨大压力,尤其是长江三角洲、珠江三角洲、环渤海区域等沿海沿江地区,船舶港口排放已成为大气污染的重要来源之一,受到社会的广泛关注。

随着经济发展,我国港口吞吐量连续多年稳居世界第一。世界十大最繁忙的港口中有七个位居中国,占全球货物吞吐量的 25% 以上。但是,船舶所使用的燃料主要是渣油或重油,含硫量是车用油的 100~3 500 倍,繁忙海运带来的空气污染不容忽视。根据 2022 年原环境保护部发布的《中国机动车环境管理年报》数据显示,非道路移动源排放二氧化硫、碳氢化合物、氮氧化物、颗粒物分别为 17.6 万吨、42.5 万吨、473.5 万吨、23.2 万吨;其中船舶排放量占非道路移动源排放总量的 32.5%。船舶排放的氮氧化物和二氧化硫是大气污染的重要来源。船舶港口大气污染问题已引起我国的高度关注,中共中央、国务院发布《关于加快推进生态文明建设的意见》提出,加强船舶港口污染控制,积极治理船舶污染,增强港口码头污染防治能力。

除了空气污染以外,船舶产生的水污染及其对海洋生态系统的影响也不容忽视。众所周知,船舶在航行时为了确保稳定性与航行安全,常常需要排放或者吸入淡水或海水以实时调整船上的压载水量。随着海上运输量持续增长,每年有30亿~50亿吨压舱水通过船只转运到各个港口。这就很容易导致附着在船体上或通过船舶压舱水的物种迁移,未经处理的船舶压舱水排放会引发入侵物种扩散的风险,对海洋生态及港区人类健康都将产生重大影响。此外,船舶溢油事件也备受关注,溢油发生后石油及其降解产物将对整个海洋生态系统产生严重的影响,会对海洋生物的呼吸系统、消化系统等造成伤害。

虽然我国船舶港口污染防治在排放标准制定、排放控制区设立等方面取得了一些积极进展,但目前船舶港口污染防治也面临空气污染和水污染的问题。因此在建立港口可持续发展评价指标体系时,把空气污染和水污染作为环境维度的指标具有现实意义。

3. 沿海主要港口的社会现状分析

港口作业是港口的主要业务,港口的安全问题事关重大。港口装卸作业具有流动分散、操作复杂、人机交叉、点多面广、昼夜连续作业的特点,受气候、气象、季节、潮汐的影响。同时,港口装卸作业还面临港区机械设备陈旧及设施不完善等问题。港口装卸安全也是一项复杂的系统工程,与装卸作业的特点、人员的素质、机械设备工具、货物种类、装卸工艺、作业条件等都有密切的关系。因此,港口的安全生产具有操作工艺的复杂性、安全监督过程的多变性与安全管理方式的动态性,这导致港口的安全事故多有发生。

港口通过自身快速发展,一方面带动了物流、仓储、贸易、制造和金融等行业发展,为本地区域带来大量的就业机会,增加了税收来源,促进了当地经济社会发展。另一方面,港口也受到来自周围社区的强大环境压力。社区支持港口的发展,但这些发展也会影响居民的生活质量,如给社会造成噪声污染和交通堵塞等。在对港口的社会影响进行评价时,由于缺乏具体数据,学者们大多采用定性的方法进行研究。

1.4.2 我国沿海港口可持续效率评价指标体系

确定输入和输出变量是运用DEA方法解决问题的一项基础工作。在对投入和产出变量进行遴选时需要考虑如下几个方面因素:首先,输入和输出变量的筛选要能全面客观地反映且能很好地服务、服从于研究的评价目标;其次,输入和输出变量之间的相互关系也要被充分考虑;最后,要考虑到输入和输出变量的多样性。

1. 投入变量的选取

通过梳理文献可知,国内外已有多位学者将 DEA 运用到港口行业,将其中具有代表性的文献整理后,得出他们选取的 DEA 输入输出评价变量(表1-4)。

表 1-4　现有研究中关于可持续发展评价投入、产出变量的选择

作者、年份	投入变量	产出变量
杜浩等(2021)	码头长度,泊位长度,员工人数,装卸设备台数	货物吞吐量,集装箱吞吐量
Liu 等(2021)	泊位长度,泊位数量,员工人数,净资产,销售商品成本	货物吞吐量,集装箱吞吐量,营业额,二氧化硫排放量,二氧化氮排放量
刘翠莲等(2022)	码头长度,能源消耗量,技术研发经费	货物吞吐量,集装箱吞吐量,二氧化硫排放量,二氧化氮排放量
薛凯丽等(2022)	泊位数量,净资产量	货物吞吐量,二氧化碳排放量
邵言波等(2023)	码头长度,泊位数量,主营业务成本,员工人数	货物吞吐量,集装箱吞吐量,营业额,二氧化碳排放量

上述学者关于港口效率的测度研究具有一定的代表性和借鉴性。通过对比发现,港口码头长度、员工人数、能源消耗量等都是传统的投入变量;在产出方面,港口货物吞吐量是选择最多的一项指标;在考虑环境产出方面,二氧化碳排放量也是常用的变量。

2. 产出变量的选取

在上文理论基础和文献综述的基础上,根据环境产出、经济产出和社会产出三个维度,将产出变量也从这三个维度进行选取。

本章把大气污染排放量作为其中一个环境产出变量。港口的污染不仅涉及海洋与陆地,更影响港口周边水环境、大气环境等多个方面。在情况严峻的大气污染中,碳排放影响最深远。碳排放不仅指含碳氧化物的排放(其中最主要的是二氧化碳),另外还包含了如水汽、氧化亚氮、氟利昂、甲烷等其他气体,因普通民众更多接触二氧化碳,所以称为碳排放。

其次,船舶产生的水污染及其对海洋生态系统的影响也是需要关注的环境问题。船舶排放的压舱水、燃料油残渣和废弃物以及货物残渣都可能造成水污染。如果发生船舶泄漏事故,就会造成更严重的损失。这些废弃物和污染物都会严重危害海洋生态系统和渔业资源。因此,把水污染排放量作为环境产出的第二个变量。

此外,港口活动也存在一定的社会影响,影响港口员工的安全。港口可以促进当地经济社会发展,但也会影响居民的生活质量。因此,选择的社会产出变量是港区与员工安全和港口与社区关系。

为了综合考量我国沿海港口可持续发展的效率,本章从环境、经济和社会三个范畴出发,构建了我国沿海港口可持续效率评价指标体系(图1-3)。

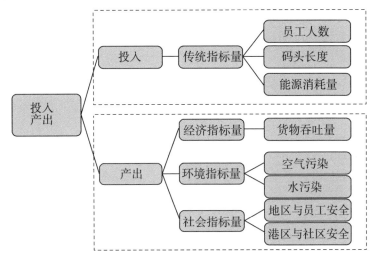

图 1-3　我国沿海港口可持续效率评价指标体系

根据图1-3可知,本章所构建的港口可持续效率评价指标体系共包含三个投入指标和五个产出指标。在可持续发展理论指导下建立合理有效的效率评价指标体系,为科学评价我国沿海港口可持续效率评价奠定了良好的基础。

1.4.3　数据来源

在确定了投入、产出指标之后,考虑到我国港口数据的可获得性,本章参考了《中国港口年鉴》中沿海港口及全国港口的吞吐量情况。对于一些难以获得精确数据的指标,本章采用专家打分法对各指标数据进行收集。本章重点对非精确指标的数据来源进行了解释说明。

1. 精确数据来源

本章选取了码头长度、员工人数、能源消耗量作为投入变量。其中码头长度指在报告期末,目标港口用于停靠船舶来进行货物装卸以及上下旅客地段的实际长度。码头的泊位个数由码头泊位长度来决定,在一定程度上表示了港口生产力大小,是港口的重要指标之一,也是港口效率研究相关文献中经常使用的变量。能源消耗量中三种能耗即电力、柴油和液化天然气统一转换成吨标准煤当量(TCE)来计算。

本章选取的投入变量数据(表 1-5)主要来源于 2022 年《中国港口年鉴》以及各省市的统计年鉴、交通运输部网站(www. moc. gov. cn)、中港网(www. chineseport. cn)相关港口集团网站、上市港口集团财务年报、港口企业社会责任报告以及可持续发展报告等。

表 1-5 沿海 21 个港口的投入变量数据

港口(DMU)	码头长度/米	能源消耗/吨标准煤	员工人数/人
大连港	25 335	115 741	7 132
营口港	18 573	128 935	4 923
秦皇岛港	13 329	50 751	12 658
天津港	37 634	70 437	8 545
烟台港	21 734	96 581	1 347
唐山港	30 036	118 659	3 931
青岛港	25 859	199 020	11 135
日照港	14 874	99 804	5 302
上海港	106 100	417 000	17 213
连云港港	16 760	104 276	3 975
宁波-舟山港	91 029	338 202	15 250
福州港	25 551	70 214	3 265
厦门港	11 220	76 509	5 073
泉州港	15 971	54 182	3 149
珠海港	19 194	56 653	2 102
虎门港	18 327	60 885	3 428
深圳港	17 127	68 352	7 350
广州港	25 338	182 306	7 665
湛江港	16 353	117 698	2 386
海口港	6 249	61 045	2 642
北部湾港	37 359	81 472	4 967

对各港口的投入变量进行描述统计(表 1-6),利用 SPSS 软件进行数据处理。

表 1-6 投入变量描述性统计

统计指标	投入变量		
	码头长度/米	能源消耗/吨标准煤	员工人数/人
均值	28 283	122 320	6 354
标准差	24 745	94 401	4 399
最大值	106 100	417 000	17 213
最小值	6 249	50 751	1 347

由表 1-6 可知,选取的三个投入变量中,各港口之间差异最大的是能源消耗,标准差达到 94 401,说明各港口的能源消耗彼此之间离散程度较高;各港口之间差异最小的是员工人数,标准差为 4 399,说明各港口的员工人数彼此之间离散程度较低。

我国港口分为沿海港口与内河港口,其中沿海港口在全国港口发展布局中具有重要地位。沿海港口货物吞吐量、集装箱吞吐量及其在全国所占比例如表 1-7 所示。依据表内数值计算可以得出,2018—2022 年这五年间,沿海港口货物吞吐量与全国港口货物总吞吐量的比例都超过 63%,沿海港口集装箱吞吐量与全国港口集装箱吞吐量的比例超过 88%,因此沿海港口在全国港口发展尤其是对外贸易方面具有战略意义。《中国沿海港口布局规划》确定了五大区域港口群,依次是环渤海地区港口群、长江三角洲地区港口群、东南沿海地区港口群、珠江三角洲地区港口群及西南沿海地区港口群,它们对区域经济发展有重要作用。

表 1-7 2018—2022 年沿海港口及全国港口吞吐量情况

年份	2018	2019	2020	2021	2022
沿海港口货物吞吐量/亿吨	75.61	80.33	81.47	84.55	90.57
全国港口货物吞吐量/亿吨	117.67	124.52	127.50	132.01	140.07
沿海港口集装箱吞吐量/万吨	16 968.00	18 178.00	18 907.00	19 590.00	21 099.00
全国港口集装箱吞吐量/万吨	19 021.00	20 244.00	21 156.00	22 005.00	23 838.00

资料来源:2022 年《中国港口年鉴》。

基于此,本章选择在整个沿海港口中具有至关重要的地位的 21 个港口为研究对象。2022 年 21 个沿海港口的总货物吞吐量是 741 137 万吨,占当年全国沿海货物总吞吐量的 81.8%。并且,这 21 个港口 2022 年货物吞吐量都超过 1 亿吨。

这 21 个港口分别属于中国的五大区域港口群,它们在各自港口群内吞吐量相对较大且占有主导核心地位。各港口群内港口分布情况如表 1-8 所示。可以看出,环渤海港口群分布密度较大,其次是珠江三角洲地区港口群,而东南沿海港口群、西南沿海港口群与长江三角洲地区港口群分布密度相对较小,比如,东南沿海地区港口群内港口全部分布在广东东南部的狭长区域,分布点密度很大,港口布局不合理,不利于港口群内的良性竞争与特色化、市场细化发展。

表 1-8 港口群内的港口分布

五大港口群	包含港口
环渤海地区港口群	大连港、营口港、秦皇岛港、天津港、青岛港、日照港、烟台港、唐山港
长江三角洲地区港口群	连云港港、上海港、宁波-舟山港
东南沿海地区港口群	福州港、厦门港、泉州港
珠江三角洲地区港口群	深圳港、广州港、珠海港、虎门港
西南沿海地区港口群	湛江港、海口港、北部湾港

这里,每个港口被定义为单独的 DMU,并且对于每个 DMU,可持续性效率的评估是从经济、环境和社会三个维度进行的。对这些港口可持续效率进行的深入研究,能够全面反映沿海港口可持续发展的效率水平,并揭露出港口发展面临的主要问题,同时便于横向比较港口间的相对优势,从而针对性地提出促进港口可持续效率提升的对策措施,实现全国主要沿海港口的可持续、高效发展。

2. 非精确指标的数据来源

本章所构建的可持续效率评价指标体系中,包括空气污染、水污染、港区与员工安全以及港口与社区关系四个非精确产出指标。

考虑到这四个非精确变量数据的不可获得性,本章通过邀请港口专家来评估关于环境产出和社会产出的信度。在实践中,港口专家几乎不可能对所有可能事件的信度给出完美的描述,而只能提供他们对其主观判断。以青岛港空气污染为例,咨询过程如下。

问 1:您认为青岛港空气污染物的最低排放量是多少?

答 1:160 千吨。(可得到一组专家经验数据(160,0))。

问 2:您认为青岛港空气污染物的最高排放量是多少?

答 2:180 千吨。(可得到一组专家经验数据(180,1))。

因此,可以获得青岛港空气污染物排放量的专家实验数据(160,0)和(180,1)。这些数据能够得到空气污染物的线性分布变量为 $L_1(160,180)$,其不确定分布是:

$$\Phi(x)=\begin{cases}0, & if\ x \leqslant 160\\(x-160)\div(180-160), & if\ 160 < x < 180\\1, & if\ x > 180,\end{cases} \tag{1-11}$$

可以用同样的方法得到水污染的线性分布变量为 $L_2(200,300)$。用相同的方法可获得每个港口的不确定变量的线性分布。传统的 DEA 假定对于给定的投入变量，所有的产出都应该被最大化。然而，当不期望的产出也作为期望产出的副产品生成时，这种假设是不适当的。邵言波(2023)等人认为克服这个问题的方法之一是将非期望产出作为投入进行计算。因此，在本书的研究中，我们将非期望产出(空气污染排放量和水污染排放量)作为不确定 DEA 模型中的投入变量进行计算。

社会产出变量的获取也是通过相同的方法，我们邀请了专家对这 21 个港口的港区和员工安全以及港口与社区的关系情况用 0～100 进行打分。这里，0 代表非常差，而 100 则代表极好且不需要任何改进，分数越高代表状况越好。以青岛港港区和员工安全为例，咨询过程如下。

问 1：您认为反映青岛港港区和员工安全的最低分数是多少？

答 1：60 分。(可得到一组专家经验数据(60,0))。

问 2：您认为青岛港港区和员工安全的最大分数是多少？

答 2：70 分。(可得到一组专家经验数据(70,1))。

因此，可获得代表青岛港港区和员工安全的两组专家经验数据(60,0)和(70,1)。从而能够获得港区和员工安全这个产出变量的线性变量 $L(60,70)$，其不确定分布是：

$$\Phi(x)=\begin{cases}0, & if\ x \leqslant 60\\(x-60)\div(70-60), & if\ 60 < x < 70\\1, & if\ x > 70,\end{cases} \tag{1-12}$$

可以通过相同的过程来获得其他变量的不确定分布。表 1-9 给出了这 21 个港口产出变量的具体数据。

表 1-9　沿海 21 个港口的产出变量数据

港口(DMU)	经济产出	环境产出		社会产出	
	货物吞吐量 /万吨	空气污染 /千吨	水污染 /千吨	港区与员工安全	港口与社区关系
大连港	45 517	$L(250,350)$	$L(200,250)$	$L(70,80)$	$L(50,60)$
营口港	36 267	$L(80,130)$	$L(140,180)$	$L(40,50)$	$L(50,60)$
秦皇岛港	24 520	$L(50,70)$	$L(80,120)$	$L(50,60)$	$L(40,50)$
天津港	50 056	$L(150,200)$	$L(220,300)$	$L(30,40)$	$L(70,80)$
烟台港	28 816	$L(80,120)$	$L(100,150)$	$L(70,80)$	$L(70,80)$
唐山港	57 320	$L(170,200)$	$L(250,350)$	$L(60,70)$	$L(60,70)$
青岛港	51 031	$L(160,180)$	$L(200,300)$	$L(60,70)$	$L(70,80)$
日照港	36 136	$L(130,170)$	$L(160,200)$	$L(40,50)$	$L(60,70)$
上海港	70 542	$L(120,160)$	$L(300,380)$	$L(40,50)$	$L(60,70)$
连云港港	20 605	$L(50,80)$	$L(80,120)$	$L(60,70)$	$L(50,60)$
宁波-舟山港	100 933	$L(270,300)$	$L(350,500)$	$L(70,80)$	$L(70,80)$
福州港	14 838	$L(30,50)$	$L(60,80)$	$L(60,70)$	$L(40,50)$
厦门港	21 116	$L(50,80)$	$L(70,100)$	$L(50,60)$	$L(50,60)$
泉州港	12 986	$L(40,60)$	$L(30,50)$	$L(30,40)$	$L(45,55)$
珠海港	13 586	$L(40,70)$	$L(30,60)$	$L(50,60)$	$L(60,70)$
虎门港	14 361	$L(40,60)$	$L(40,60)$	$L(40,50)$	$L(60,70)$
深圳港	24 136	$L(90,130)$	$L(90,110)$	$L(40,50)$	$L(45,55)$
广州港	57 003	$L(140,170)$	$L(120,200)$	$L(50,60)$	$L(50,60)$
湛江港	28 209	$L(70,120)$	$L(60,160)$	$L(60,70)$	$L(40,50)$
海口港	11 297	$L(40,60)$	$L(30,50)$	$L(40,50)$	$L(50,60)$
北部湾港	21 862	$L(60,110)$	$L(50,90)$	$L(60,70)$	$L(40,50)$

　　在通过邮件电话、问卷调查以及现场访问等途径进行调研后,我们最终收集到425 份调查问卷并对访谈内容进行了汇总和梳理,非精确指标的数据如表 1-9 所示。通过整理各专家的信度评估结果,可得到我国沿海港口关于空气污染、水污染、港区与员工安全、港口与社区关系的区间范围,从而获得较为可靠的数据。

1.4.4　港口可持续效率评价

在上文选取的不确定 DEA 模型、收集并整理指标数据的基础上,本节将从技术效率测度和规模效率测度两个方面对我国港口可持续效率进行评价,并对效率值结果进行分析。

1. 基于技术效率测度的港口可持续效率评价

"技术效率"这一名词最早是由 Farrell(1957)和 Leibenstein(1966)提出的。当时对于技术效率的界定主要在企业层面上。随着对技术效率研究的深入,技术效率开始逐渐应用于港口。港口的技术效率是指在港口现有设备条件下,港口生产要素的效率。港口的技术效率主要涉及港口的管理和生产运作层面。技术效率的提升可以通过码头的优化、码头前沿全日制运作的引入、由码头局部利用到完全利用的优化、装卸与生产的优化等途径实现。从对港口技术效率的定义可以看出,港口的技术效率是可以有效衡量一个港口投入产出是否合理的指标,在研究港口效率中是至关重要的。它是一个港口生产效率最直接、最直观的体现,通过研究港口的技术效率我们可以更加合理地对一个港口的生产进行优化,从而提高港口的生产效率。

根据表 1-5 和表 1-9 中投入和产出变量的数据,应用模型(1-11)来计算 2022 年我国沿海 21 个主要港口可持续效率的技术效率的最优值,并判断每个港口效率的有效性(表 1-10)。

表 1-10　2022 年我国沿海 21 个主要港口可持续效率的技术效率值

港口	效率值($\theta 1^*$)	技术效率
大连港	0.889 9	无效率
营口港	0.793 7	无效率
秦皇岛港	0.875 8	无效率
天津港	0.824 3	无效率
烟台港	1.000 0	有效率
唐山港	0.950 5	无效率
青岛港	1.000 0	有效率
日照港	0.957 7	无效率
上海港	0.783 5	无效率
连云港港	0.909 3	无效率
宁波-舟山港	1.000 0	有效率

续表

港口	效率值($\theta1^*$)	技术效率
福州港	0.892 7	无效率
厦门港	1.000 0	有效率
泉州港	0.754 9	无效率
珠海港	0.930 9	无效率
虎门港	0.891 0	无效率
深圳港	0.814 9	无效率
广州港	0.925 5	无效率
湛江港	0.950 5	无效率
海口港	0.895 8	无效率
北部湾港	0.915 8	无效率

从表 1-10 中可以看出，只有烟台港、青岛港、宁波-舟山港、厦门港这四个港口的可持续效率值为 1.000 0，属于可持续效率有效的港口。其他 17 个港口均表现为可持续效率无效，表明这些港口在可持续发展方面还需要很大改进。其中营口港（0.793 7）、秦皇岛港（0.875 8）、天津港（0.824 3）、上海港（0.783 5）、泉州港（0.754 9）、深圳港（0.814 9）在可持续效率方面排名相对较低。因此，研究结果显示，中国大部分沿海港口在可持续发展方面表现不佳，表现为效率值低于 1，这意味着这些港口可能存在投入冗余和产出不足等情况。

2. 测算结果的稳定性和灵敏度分析

我国只有四个可持续效率有效的港口，大多数港口的可持续效率得分较低。为了进一步分析港口可持续性低效率的原因，并且进行改进，应用模型(1-12)对无效率的 17 个港口进行了灵敏度和稳定性分析，从而得到在经济、环境、社会三个方面需要改进的半径（表 1-11、表 1-12、表 1-13）。

表 1-11　港口经济产出变量的灵敏度与稳定性分析

港口	货物吞吐量半径/万吨
日照港	0.514 5
上海港	0.000 0
深圳港	0.000 0
秦皇岛港	0.000 0

港口	货物吞吐量半径/万吨
天津港	0.000 0
广州港	1.868 3
大连港	0.000 0
营口港	0.000 0
唐山港	0.000 0
连云港港	0.000 0
福州港	7.057 8
泉州港	4.280 1
珠海港	3.381 6
虎门港	9.037 2
湛江港	3.439 8
海口港	21.855 2
北部湾港	11.407 5

由表 1-11 我们可以清楚地看到,每个无效率的港口在经济产出即货物吞吐量上需要改进的半径。在所有低效率港口中,海口港货物吞吐量需要最大限度地增加,增加 21.855 2 万吨。其次是北部湾港,它的货物吞吐量需要增加 11.407 5 万吨。而上海港、深圳港、秦皇岛港、天津港、大连港、营口港、唐山港、连云港港这八个港口需要改进的货物吞吐量半径是 0.000 0 万吨,这意味着这些港口在经济产出方面表现较好,几乎不需要改进。

表 1-12　港口环境产出变量的灵敏度与稳定性分析

港口	空气污染半径	水污染半径
日照港	8.340 5	2.731 8
上海港	4.472 6	5.524 3
深圳港	0.036 9	3.236 7
秦皇岛港	6.378 6	1.868 3
天津港	10.314 6	7.326 4
广州港	3.175 9	0.374 8
大连港	0.320 5	8.384 5

港口	空气污染半径	水污染半径
营口港	2.793 0	0.378 2
唐山港	0.001 7	5.396 0
连云港港	1.521 8	2.754 7
福州港	4.659 9	2.383 4
泉州港	1.012 5	0.001 2
珠海港	0.001 7	0.234 0
虎门港	1.338 6	4.146 9
湛江港	0.000 1	0.785 6
海口港	1.066 5	0.000 0
北部湾港	1.376 1	1.003 4

由表 1-12 可以看出,这 17 个港口在环境产出的空气污染和水污染这两个变量方面几乎都需要改进,这从侧面反映出可持续效率无效很大程度上是因为环境产出方面表现较差,这与现阶段的现实情况也较为符合。其中在空气污染方面需要改进半径最大的前三个港口依次是天津港(10.314 6)、日照港(8.340 5)、秦皇岛港(6.378 6),这说明这三个港口排放的空气污染物较多,严重影响了港区空气质量。而其他港口在空气污染方面也都需要进行或多或少的改进。首先,各港口应重视港区污染排放监管方面,对于重污染企业重点检测,同时要求重污染企业排放量信息强制公开制度,提高港区的空气监管能力,加大环保执法力度;其次,针对粉尘和废气污染,港口可采用技术改进的方式,如对货物进行苫盖,进出港前对车辆进行冲洗,对车辆的路线进行合理的规划布局,提升使用燃油品质,加强燃料脱硫防尘改造工程,推广新能源和清洁能源的使用,减少港区作业及船舶的废气量排放;最后,提高港区的绿化面积,加强绿化能够帮助改善港区的整体环境,建立绿色、生态、美丽的港区环境。

在水污染方面需要改进半径最大的前三个港口依次是大连港(8.384 5)、天津港(7.326 4)、上海港(5.524 3),说明这三个港口的水污染较为严重。其中上海港海域的船舶污染事故频发,是造成水污染的重要原因。各港口要预防污染事故发生,对于船舶企业进行相关安全知识培训,增强企业和员工海上作业时对环境保护的责任感,规范其操作。加强船舶污染海洋监视监测,减少事故发生可能性,制订船舶污染事故紧急预案,加强响应、围空、回收、清除等既定应急演练科目支持,最大限度地减少污染事故的损害。在污水处理方面,各港口要利用集中式污水处理设施,对污水处理达标后再进行排放或回用。

表 1-13 港口社会产出变量的灵敏度与稳定性分析

港口	港区与员工安全半径	港口与社区关系半径
日照港	8.346 8	2.874 4
上海港	16.323 9	3.659 4
深圳港	7.293 6	7.431 5
秦皇岛港	4.947 6	6.934 5
天津港	13.463 8	8.457 2
广州港	3.904 7	5.765 2
大连港	1.695 0	4.924 6
营口港	9.368 5	4.733 4
唐山港	4.946 0	2.462 4
连云港港	2.983 6	3.368 5
福州港	3.036 7	6.654 9
泉州港	11.374 3	9.546 8
珠海港	5.528 9	2.654 2
虎门港	7.805 2	2.854 3
湛江港	4.160 6	6.426 8
海口港	6.025 6	5.429 6
北部湾港	3.679 3	8.427 1

由表 1-13 可以看出,这 17 个港口在港区与员工安全和港口与社区关系这两个变量方面几乎都需要改进,这也反映出这些可持续效率无效的港口在社会方面表现较差,需要很大的改进。其中,在港区与员工安全变量的改进半径最大的三个港口依次是上海港(16.323 9)、天津港(13.463 8)、泉州港(11.374 3),这三个港口安全保障方面做得最差。这些港口在港区和员工安全方面需要加强改进,以增强安全保障。如提高员工安全意识和安全技能,让员工自觉变他律为自律,把"零违章"当成习惯。以科技进步为依托,优化资源配置,保障安全硬件投入,提升安全生产人防、物防、技防水平,打造"零缺陷"的安全生产硬件设施。以安全管理标准化为依托,开展安全生产标准岗、标准作业流程、标准化达标企业创建,推进安全检查制度化、规范化、常态

化,努力实现港口安全发展"零事故"。在港口与社区关系方面,改进半径最大的三个港口依次是泉州港(9.546 8)、天津港(8.457 2)、北部湾港(8.427 1),这三个港口在与社区关系方面需要加强优化。如在经营活动中,与当地社区保持沟通,重视当地社区公众利益,与当地社会和谐发展。

2. 基于规模效率测度的港口可持续效率分析

"规模效率"这一概念来源于经济学中的"规模报酬"。在经济学中,规模报酬指的是全部生产要素按相同比例和相同方向变化时所带来的产量。规模报酬的变化有三种情况:产量增加的比率大于生产要素增加的比率称为规模报酬递增;产量增加的比率等于生产要素增加的比率称为规模报酬不变;产量增加的比率小于生产要素增加的比率称为规模报酬递减。规模报酬的变化可以用齐次生产函数来定义。对于齐次生产函数 $Q = f(L, K)$ 来说,有公式(1-13):

$$f(\lambda L, \lambda K) = \lambda^n \times f(L, K) = \lambda^n \times Q \tag{1-13}$$

式中,n 为齐次度。n 大于 1,规模报酬递增;n 等于 1,规模报酬不变;n 小于 1,规模报酬递减。对于港口而言,港口的规模效率是指港口规模大小影响的港口的生产效率。规模效率可以通过港口新的设备投资、码头扩建获得。尤其是在边际规模效益不断递增的情况下,中小型港口可以通过投资达到最优生产规模。Estache(2004)指出规模效率同样与内需相关,因为内需受经济增长以及港口腹地发展能力影响。

港口的规模效率在一个港口的发展中能起到关键性的作用,合理规划港口的规模大小不仅可以促进生产效率的提高,更能优化资源配置,提高场地及设备的利用效率,从而对一个港口整体上的效率起到积极的推动作用。

根据表 1-5 和表 1-9 中投入变量和产出变量的数据,应用公式(1-13)来计算 2022 年我国沿海 21 个主要港口可持续效率的纯技术效率的最优值,并判断每个港口效率的有效性(表 1-14)。

表 1-14 2022 年我国沿海 21 个主要港口可持续效率的纯技术效率值

港口	效率值($\theta 2^*$)	纯技术效率
大连港	0.891 0	无效率
营口港	0.869 7	无效率
秦皇岛港	0.875 8	无效率
天津港	0.824 3	无效率
烟台港	1.000 0	有效率

续表

港口	效率值($\theta 2^*$)	纯技术效率
唐山港	0.973 7	无效率
青岛港	1.000 0	有效率
日照港	1.000 0	有效率
上海港	1.000 0	有效率
连云港港	0.946 9	无效率
宁波-舟山港	1.000 0	有效率
福州港	0.904 6	无效率
厦门港	1.000 0	有效率
泉州港	0.895 8	无效率
珠海港	0.945 8	无效率
虎门港	0.907 2	无效率
深圳港	1.000 0	有效率
广州港	0.925 5	无效率
湛江港	0.970 1	无效率
海口港	0.956 4	无效率
北部湾港	0.926 4	无效率

烟台港、青岛港、日照港、上海港、宁波-舟山港、厦门港、深圳港的纯技术效率值为1.000 0(表1-14),都属于纯技术效率有效,说明这些港口本身并不存在投入冗余和产出不足等现象,而是出现规模与投入产出不匹配导致的低效率。

表1-15为2022年我国沿海21个主要港口可持续效率的规模效率值情况。从规模效率角度看,规模效率值表示规模集聚水平,反映规模收益的变化情况,是投入量偏大、偏小还是处在最适规模。其中,规模过大或过小都将导致平均投入的增加。在21个沿海主要港口可持续效率中,有18个港口的规模效率值都大于0.9,说明这些港口在可持续发展过程中投入产出比例和规模均处于较优状态。有7个港口的规模效率值为1.000 0,说明其投入产出比例和规模处于DEA拟合的最优前沿面上。而上海港、泉州港、深圳港的规模效率值较其他港口低,说明这些港口需要调整投入产出的比例和规模,使其规模效率达到更优的状态。

表 1-15　2022 年我国沿海 21 个主要港口可持续效率的规模效率值

港口	规模效率值($\theta 3^*$)	规模效率
大连港	0.998 8	无效率
营口港	0.912 6	无效率
秦皇岛港	1.000 0	有效率
天津港	1.000 0	有效率
烟台港	1.000 0	有效率
唐山港	0.976 2	无效率
青岛港	1.000 0	有效率
日照港	0.957 7	无效率
上海港	0.783 5	无效率
连云港港	0.960 3	无效率
宁波-舟山港	1.000 0	有效率
福州港	0.986 8	无效率
厦门港	1.000 0	有效率
泉州港	0.842 7	无效率
珠海港	0.984 2	无效率
虎门港	0.982 1	无效率
深圳港	0.814 9	无效率
广州港	1.000 0	有效率
湛江港	0.979 8	无效率
海口港	0.936 6	无效率
北部湾港	0.988 6	无效率

　　根据得出的港口的纯技术效率以及规模效率结果,我们将港口划分为四类(表
1-16)。

表 1-16　根据港口的纯技术效率以及规模效率对 2022 年我国沿海 21 个主要港口进行分类

分类依据	港口	技术效率	纯技术效率	规模效率
纯技术效率有效 规模效率有效	烟台港	1.000 0	1.000 0	1.000 0
	青岛港	1.000 0	1.000 0	1.000 0
	宁波-舟山港	1.000 0	1.000 0	1.000 0
	厦门港	1.000 0	1.000 0	1.000 0
	日照港	0.957 7	1.000 0	0.957 7
纯技术效率有效 规模效率无效	上海港	0.783 5	1.000 0	0.783 5
	深圳港	0.814 9	1.000 0	0.814 9
纯技术效率无效 规模效率有效	秦皇岛港	0.875 8	0.875 8	1.000 0
	天津港	0.824 3	0.824 3	1.000 0
	广州港	0.925 5	0.925 5	1.000 0
纯技术效率无效 规模效率无效	大连港	0.889 9	0.891 0	0.998 8
	营口港	0.793 7	0.869 7	0.912 6
	唐山港	0.950 5	0.973 7	0.976 2
	连云港港	0.909 3	0.946 9	0.960 3
	福州港	0.892 7	0.904 6	0.986 8
	泉州港	0.754 9	0.895 8	0.842 7
	珠海港	0.930 9	0.945 8	0.984 2
	虎门港	0.891 0	0.907 2	0.982 1
	湛江港	0.950 5	0.970 1	0.979 8
	海口港	0.895 8	0.956 4	0.936 6
	北部湾港	0.915 8	0.926 4	0.988 6

以下是对这四类港口特征进行的分析。

① 纯技术效率与规模效率均有效。典型港口包括烟台港、青岛港、宁波-舟山港、厦门港。这一类港口的共同特点是基础设施完备,港口自然条件较好,管理较为合理,软硬件实力都很强,并且绝大多数处在上升发展阶段。另外,这一类港口都将绿色、低碳港口规划纳入港口发展战略,并确定了具体的减排指标,因此在环境方面表现优秀。最后,这些港口的发展带动了周围地区的经济发展,能够解决就业问题,在社会方面也表现较好。对于这一类港口的发展,可以参考国外可持续港口的发展,

使自身的竞争优势更进一步。

② 纯技术效率有效，规模效率无效。典型港口包括日照港、上海港、深圳港。这几个港口的技术效率小于 1，但是纯技术效率等于 1，说明这三个港口本身并不存在投入冗余和产出不足等现象，而是规模与投入产出不匹配导致的低效率。这三个港口属于区域性的中心港口，航运承载功能强，需要进一步优化港口规模，以达到较高的经济效益。因此，对于这一类港口，提升可持续效率的关键是扩大港口规模或者港口整合，形成一定的规模效率，这样才能提高可持续效率，使港口具有更高的竞争力。

③ 纯技术效率无效，规模效率有效。典型港口包括秦皇岛港、天津港、广州港。天津港作为我国北方最大的综合性港口，货物年吞吐量和集装箱年吞吐量位居世界港口前列，港口万吨级以上泊位位居环渤海地区主要港口之首，规模优势明显。秦皇岛港、广州港纯技术效率较低，其货物吞吐量和集装箱吞吐量处于中等水平，投入和产出比率很低，投入和产出不匹配，投入冗余较大，效率低。这类港口的共同特点是港口自身条件比较优越，有足够的码头及岸线作为支撑，基础设施条件较好，缺点是码头工作效率较差，货源不稳定，设备利用率不高。因此，这类港口发展的关键是考虑如何将资金用在争取更改货源、提高生产效率以及设备利用率上。

④ 纯技术效率与规模效率均无效。典型港口包括大连港、营口港、唐山港、连云港港、福州港、泉州港、珠海港、虎门港、湛江港、海口港、北部湾港。这一类港口的共同特点是港口岸线资源较差，周边港口竞争性强，港口自身货源不足或者港口设备条件较差。对于这一类港口，可以从两个方面提升自身竞争力。一方面，港口可以通过扩大规模形成规模优势揽取更多的货源；另一方面，港口自身可以通过改进设备、建设差异化货种码头、优化管理等手段来提升港口的操作效率，从而谋求比较平稳的发展。

1.4.5 结果分析与启示

本节基于可持续发展理论研究了我国沿海港口可持续效率，以员工人数、码头长度、能源消耗作为投入变量，以货物吞吐量作为经济产出、以空气污染和水污染作为环境产出、以港区和员工的安全和港口与社区关系作为社会产出变量，对沿海 21 个港口进行可持续效率评价。在对其进行效率评价分析时，本节选取了一些难以获取精准数据的指标，为了解决这个难题，利用不确定 DEA 模型对这些数据进行处理。

研究发现，这些港口在可持续效率方面只有四个是有效的，其他 17 个港口的可持续效率都是无效的。对这些无效的港口进行灵敏度和稳定性分析后发现，虽然这些港口在吞吐量方面都已取得了不错的经济效益,但在环境和社会方面仍存在需要改进的部分。通过计算稳定性半径,我们可以得到每个港口在空气污染和水污染方面需要改进的程度,并且了解如何加强港区与员工安全并为其提供保障。

其次,根据纯技术效率与规模效率对港口进行划分,得到四种类型的港口。进一步分析港口可持续效率无效的原因是其技术落后还是规模不当,为港口提升自身可持续水平提供了参考依据。

总体而言,本节研究的主要贡献体现在两个方面。首先,关于港口经济与环境效率的评价研究较多,但关于可持续效率的研究尚未进行。本节研究从经济、环境、社会三个方面评价港口的可持续效率。其次,由于存在数据的不确定性问题,使用传统的 DEA 方法难以得到准确的计算。因此,在本节研究中,我们运用两种不同的不确定 DEA 模型来处理非精确数据,得到港口的可持续效率值,并得到进一步的改进半径,满足目前港口进行可持续港口建设的需求。并且,本节研究不仅针对港口,同样对其他行业也具有指导意义。

· 本章小结 ·

党的二十大报告指出:"中国式现代化是人与自然和谐共生的现代化。人与自然是生命共同体,无止境地向自然索取甚至破坏自然必然会遭到大自然的报复。我们坚持可持续发展,坚持节约优先、保护优先、自然恢复为主的方针,像保护眼睛一样保护自然和生态环境,坚定不移走生产发展、生活富裕、生态良好的文明发展道路,实现中华民族永续发展。"基于此,本章对港口可持续发展的研究紧密围绕党的二十大思想,以资源稀缺理论、生态经济学理论和可持续发展理论为理论指导,深入探讨人类发展与生态环境之间的平衡关系。

本章首先对港口环境承载力进行评价,使用数据包络分析和 Malmquist 指数模型对港口环境承载力进行静态演化效率评价和动态演化效率评价。在构建港口环境承载力评价指标体系时,主要结合港口的环境承载力相关定义与特征进行评价指标的选取,且皆为传统指标。最后评价结果显示,我国港口环境承载力水平整体不高,影响港口综合环境承载力的主要因素是环境规模承载力,应加强港口环境保护技术飞规模化应用,在环境承载力最优时达到单位规模收益最大化。此外,本书又将各沿海港口按照环境承载力动态变化特征分为生态文明型、环境友好型和环境制约型三类。各港口应根据自身港口发展目标与环境承载力情况,保持环境友好式发展,提高港口环境综合承载力,进而促进港口生态文明建设目标的实现。

1.3节在对港口环境承载力效率进行分析时，仅考虑了环境因素，而没有考虑到社会因素、经济因素对港口可持续发展的影响。因此在本书1.4节综合经济、环境、社会三个方面对港口可持续发展进行评价。在进行评价指标体系构建时，不仅选取了一些传统的精确指标，而且还选择了一些难以获得精确数据的指标，为了处理这些数据，本书进一步引用了不确定性理论。在对我国沿海21个港口进行可持续效率评价时，又分别从技术效率测度和规模效率测度两个方面来对港口可持续效率进行测算。测算结果显示，我国只有四个可持续有效的港口，而大多数港口的可持续效率得分较低。对这些无效的港口进行灵敏度和稳定性分析之后发现，尽管这些港口在吞吐量方面都已取得了不错的经济效益，但在环境和社会方面仍有需要改进之处。根据纯技术效率与规模效率对港口进行划分，得到四种类型的港口，并进一步分析了港口可持续效率无效的原因，为港口提升自身可持续水平提供了参考依据。

【知识进阶】

1.简述港口环境承载力评估的一般步骤。

2.近年来我国经济发展迅速，港口吞吐量大幅增加。随着船舶数量的增加，港口面临着环境污染、交通拥堵以及资源短缺等多重问题。请结合可持续发展理念，提出至少三个针对该港口当前问题的可持续发展策略，并简要说明理由。

2 港口竞争力与港口一体化改革

知识导入:习近平总书记在党的二十大报告中指出要"提升企业核心竞争力"。港口作为企业,同时是货物流通的关键环节,其竞争力也亟待提高。从早期的经济责任制改革到现在的港口一体化改革,港口经历了长足的发展,有着从恢复发展、转型改革到创新腾飞的巨大变化,使得港口竞争力得到了巨大提升。本章主要研究港口一体化改革对港口竞争力的具体影响。首先,通过系统梳理国内外学者对港口竞争力的概念定义,归纳总结出本章针对港口竞争力的定义,同时阐述了港口政策的演变以及这些政策对港口的发展有着怎样的影响;其次,介绍了港口竞争力的理论基础和研究方法,运用波特菱形理论说明了影响竞争力的要素以及政策影响竞争力的作用机制;最后,针对港口一体化政策对港口竞争力的影响进行实证,得出各省港口一体化改革带来的影响和其在时间以及区域上的差异。

2.1 港口竞争力概念综述与港口改革演化历程

本节首先明确了港口竞争力的概念与内涵,其次梳理了港口改革的演变历程,最后总结了各个政策的实施对港口竞争力产生的影响以及不足之处。

2.1.1 港口竞争力概念综述

近年来我国港口业发展取得了长足进步,沿海一些大型综合性港口,如上海港、宁波港、青岛港、天津港、大连港等都跻身于世界港口业前列。不断增加的竞争实力,使得我国许多沿海大型综合性港口的竞争视野从中国扩展到了亚太地区甚至于全球。因此,为了使港口更好地了解自身竞争地位、挖掘自身优势、扬长避短、自我完善,就需要在竞争的市场中明确竞争力的概念,制定有效的发展战略,促进港口的持续发展。关于怎样确定港口竞争力的概念,虽然学术界一直没有达成一致,但是国内外的学者从不同的角度对港口竞争力的概念进行了诠释。

在研究港口竞争力的初期,学者们对港口竞争力的概念还没有做出系统总结。有的学者如 Yeo 和 Song 认为港口竞争力是船东、船舶运营商和托运人选择挂靠港口的依据,港口运营商可以通过利用港口优势建立港口竞争力以应对港口劣势,也是港口面对机会和威胁的主要因素。也有学者如 Acosta,Coronado 和 Cerban 提出港口竞争力是采取竞争策略和有效行动的基础,但对港口竞争力的研究不能仅从需求角度考虑,还应从供应角度研究港口服务供应商的集装箱吞吐量。还有学者如孙秋高认为港口竞争力是港口长期形成的,蕴含于港口内质中的独特的支撑港口过去、现在和将来的竞争优势,并使港口长时间在竞争环境中取得主动的竞争力。

随着对港口竞争力的研究更加全面和系统,有学者提出港口竞争力是港口相较于其他港口的比较能力以及比较优势。比如,郑辉提出港口竞争力是一种系统的竞争力,指港口企业通过自身要素的配置、结构的组合及与外界环境的交互作用所表现出来的资源优化配置能力,也是一个港口在占有市场、创造价值和维持可持续发展方面相对于其他港口所具有的比较能力;何凯、徐风光将港口竞争力定义为港口企业在市场竞争过程中,通过配置和创造企业资源以及与外部环境的交互作用,在港口持续生存和发展方面形成的相对于其他港口所具有的比较能力;赵冰、李婷婷认为港口竞争力是港口凭借其自然环境、码头设施和腹地经济的资源,吸引各种生产和航运要素,并通过对各种资源的优化配置,在占有运输市场、物流增值和维持港口可持续发展等方面相对于其他港口所具有的比较优势;阚春燕将港口竞争力定义为港口凭借其港口资源,通过改善基础设施、提高服务水平、加强管理等,吸引各种生产要素和有利于港口发展的稀缺性资源,并对资源进行优化配置,在占有市场、创造价值和维持可持续发展能力方面相对于其他港口所具有的比较优势;孙然、王泽宇、郭萌雨认为港口竞争力具有系统性,是指在管理和生产经营过程中港口通过对自身要素的优化配置和重构,逐渐形成有别于其他港口且能为腹地经济带来超额利润的独特优势,同时也是港口在占有市场份额、创造剩余价值、促进沿海可持续发展方面优于其他港口的能力;闫茹认为港口竞争力是指某一陆港与其他陆港相比,在通过优化港口配置、与供应链成员合作及利用外部环境资源创造价值的能力方面的相对优势。

还有学者提出港口竞争力这一概念具有综合性,存在包括港口本身和腹地在内的许多方面的要素。比如,徐剑华和宋丽娟认为,港口竞争力体现了一个港口在区位条件、腹地货源潜力、港口自然条件、集疏运体系、基础设施完善程度、配套服务设施和软环境等各个方面的综合实力;鲁渤、邢戬、王乾、汪寿阳认为港口吞吐能力、港口作业能力、港口腹地综合支持能力和港口贸易实力都是港口竞争力的重要指标。

也有许多学者认为港口竞争力是港口在其所处的市场环境中能够以具有吸引力的价格和质量为相关企业和行业提供服务的能力,从而达到港口企业价值的最大化。比如,Yeo,Roe 和 Dinwoodie 认为港口竞争力的关键因素已从硬件和劳动力转向软件和技术,意味着最有竞争力的港口主要依赖于高效的腹地物流系统,港口竞争力的提升还需在对基础设施进行更多投资的基础上,利用信息技术和现代运营管理手段提高港口服务的质量;郝俊利和雷蜜认为港口竞争力一般是指港口目前和未来在各自的环境中以比其他港口更有吸引力的价格和质量来提供服务的能力和机会;杨香凤、李新东、大连海事大学世界经济研究所将港口竞争力定义为港口企业作为一个独立的经营实体,在市场竞争的环境中,依据内外环境及其变化,有效利用相关资源,构建竞争优势,为相关企业和行业提供质优价廉服务的能力和机会,从而达到港口企业价值的最大化与持续发展。

除了关于港口有能力提供质优价廉的服务方面的定义,还有学者提出港口竞争力不仅仅是港口本身的竞争力,更是港口所处的运输网络以及背后的供应链的整体竞争力。比如,Tongzon 和 Heng 指出全球竞争导致港口运营环境发生巨大变化,因此应在普通货物组合化运输、超级承运人崛起、物流集成商进入、港口运营网络构建、内陆运输网络发展等各种新的力量影响背景下深入理解港口竞争力;Song 和 Panayides 认为港口竞争力包括港口成本、服务质量、可靠性、敏捷性和定制服务等方面,通过识别港口供应链集成的主要参数和发展措施,在全球供应链的背景下评估港口或集装箱码头一体化的程度,进一步探讨港口供应链导向和港口竞争力之间的关系;李如平认为港口竞争力是指以港口为中心,构建一个集制造、运送、服务等多方面为一体的物流系统,同时将所有可利用资源和元素采集整理,建立系统化的运送整体,利用运输渠道增加商品或是服务的价值,最终实现市场利益的最大化;Li Qian 等提出陆港物流供应链的概念更能反映国际陆港的作用,用国际陆港物流供应链竞争力代替国际陆港竞争力,认为国际陆港竞争力是指物流供应链中的运营者及其利益攸关方利用内部和外部资源制定战略以实现竞争力的能力。

综合国内外有关港口竞争力的研究,本书将港口竞争力定义为港口企业在竞争的市场环境中,为相关企业和行业提供质优价廉服务的能力和机会,从而达到港口企业价值的最大化。其中港口议价能力在港口为相关企业和行业提供质优价廉的服务中尤为重要,因为在供应链上下游企业的博弈中,拥有强大议价能力的供应商意味着可以通过降低成本获取利润;且供应商之间的联盟和集聚能够使得其议价能力增强而获取更大利润,面对供应链其他企业时展现出强大的竞争力。因此,港口竞争力也体现为港口议价能力,本章后续的实证就是以港口议价能力为例进行的。

港口一体化改革涉及多种资源的整合,主要包括港口基础设施和管理资源、货源资源、上下游企业资源等。本章将从基础议价能力、运营议价能力和潜在议价能力三个方面来对港口议价能力进行论述。

港口的基础性资源包括岸线和水域资源、港口设施、陆域资源等,这些是港口的实体资源,体现港口的天然条件和港口建设的完善程度;而港口的管理资源体现着港口对实体资源、信息资源、客户资源等的组织、控制的效率和水平,港口的基础设施越完善、管理效率越高效,越能增强港口在基础议价能力方面的主动权。因此,基础设施和管理资源通过支撑港口的正常运营为港口在议价过程中提供基础资源条件,从而降低对外部基础资源的依赖性,表现出良好的港口基础议价能力。

货源来自港口的腹地或间接腹地,港口的货源体现着港口对腹地或间接腹地经济的吸引力,从而为港口带来生产产出,影响港口的运营绩效,港口对腹地或间接腹地经济的吸引力越大,货源越多,运营绩效越好,使得港口对腹地经济的吸引力越大,就越能增强港口在运营议价能力方面的主动权。因此,货源资源通过增加生产产出为港口在议价过程中提供运营资源,从而降低对外部运营资源的依赖性,表现出良好的港口运营议价能力。

现阶段我国港口处于由单一港口服务商向综合物流服务商转变的时期,而港口上下游企业的物流、交通运输、供应链金融等资源有助于港口服务的转型升级,港口掌握的物流、运输等资源越多,越有助于其向综合物流服务商的方向转变,从而在未来发展中展现出更多的潜力。因此,通过整合上下游企业资源使得港口掌握更多物流、交通等资源,能为其向综合物流服务商转变和升级提供重要外部资源,降低未来发展的不确定性,表现出良好的港口潜在议价能力。

综上所述,港口基础议价能力、港口运营议价能力和港口潜在议价能力构成了港口议价能力的评价体系,为本书后面研究的实证检验提供了理论基础。

2.1.2 港口改革政策演化历程

纵观我国港口发展历程,1949 年新中国成立至今,我国港口经历了恢复发展、转型改革、创新腾飞等阶段。特别是改革开放以来,我国港口从管理体制上着手,历经了 40 多年的改革和发展,为中国贸易的发展做出了巨大的贡献,为世界港口管理体制建设贡献了中国经验。本节梳理了自 1978 年以来我国的港口发展历程,基本上分为四大阶段。

1. 经济责任制改革(1978—1992 年)

1978—1992 年,我国主要是采取政府放松管制,下放权限,实行经济责任制,推行港口基层企业由内部经济核算转变为独立核算、自负盈亏,搞活港口企业。经济责任制是我国实行责任、权力和利益紧密结合的生产、经营管理制度。经济责任制的核心是实行物质利益原则,企业经济收入和个人劳动报酬同工作成果直接挂钩,从而做到各司其职,各负其责,有责,有权,有利,有罚。实行经济责任制可以使企业享有必要的经营自主权,增强企业的活力,克服经济活动中的无人负责问题;有利于贯彻按劳分配原则,充分发挥企业和劳动者的积极性;有利于提高干部和劳动者的素质,促进企业的民主管理,全面提高经营管理水平和经济效益。在实施经济责任制的同时中国主要港口(除秦皇岛港外)由中央直属领导改变为中央和地方双重领导、地方为主,初步发挥了地方政府的积极性。

2. 港口现代企业制度改革(1993—2000 年)

1993—2000 年,港口在市场经济政策导向下,大力推行现代企业制度,构建市场营销网络,调整港口生产结构,实现了从计划体制向市场体制的转变。部分中小港口通过整体或部分改制,从原先的国有或集体所有制转变为民营企业。市场开放后,涌现了一批中外合资企业。在此期间,部分港口企业尝试拓宽融资渠道上市。因为按照现代企业管理的基本原理,企业应该是个完全的经济组织,它存在的目的在于盈利,发展的目标是进一步盈利。在社会主义市场经济条件下,只有能在相当长一段时间内保持盈利的企业才能生存下去,所以企业的一切活动都应以利润的最大化为目标。而在经济责任制改革时期,在政企不分的港口管理体制下,港口企业都是港务局的下属企业,港务局要对交通运输部和省市的交通上级主管行政厅局负责。衡量港口管理业绩的首要指标就是港口的吞吐量,吞吐量高的港就是大港,吞吐量小的就是小港。为确保全局吞吐量,港口企业具体的盈利目标就被模糊了。在这种港务局以行政命令方式下达的港口企业的生产调度计划中,企业的某些经营活动并不是以提高经济效益为中心。通过港口现代企业制度改革,我国港口克服了之前产业结构调整带来的巨大阵痛,实现了集装箱等先进产业的能量集聚和优势积累,在世纪之交掀起了新一轮大发展的热潮。

3. 政企分开改革(2001—2008)

2001—2008 年,在我国加入 WTO 和经济全球化的推动下,港口进入井喷式发展的新阶段,在此大背景下,我国政府对港口管理体制实施了彻底下放和政企分开的重大改革,同时对理货体制、引航体制、港口公安体制、港口投资体制、港口财务体制等进行了必要的改革;部分地区对有条件的港口企业实行港务集团整体上市,或者对港口企业资产与其他产业资产进行重组,促进了港口投资主体多元化和港口产业多元化。通过改革,港口建设、经营都取得了长足的进步,我国沿海主要大港走到了世界港口的前列。2008 年全球金融危机爆发后,我国港口虽然放慢了发展速度,但依然保持了增长势头。政府通过国际航运中心建设和其他途径,积极推进单项改革措施,如启运港退税等,继续推进港口发展。

4. 港口一体化改革（2009 年至今）

20 世纪 80 年代末我国实行的"一城一港"政策原为规范港口管理，却在沿海城市以"以港兴城"为由掀起了港口建设热潮，有些沿海城市在原有港口的基础上对其进行扩建，有些则在忽略所在区域已有枢纽港的情况下，依然投入巨额资金来新建港口。在缺少统筹规划、大量低水平重复建设下，沿海地区港口数量急剧增加，山东半岛、福建、广西等地甚至出现了同一海岸线港口密集现象，造成了港口功能同质化严重、资源浪费和利用效率低等问题。且相邻港口间投资项目和运输业务接近，很多地区偏重于建设集装箱港口而忽略散货需求，使得港口腹地货源交叉严重，利益摩擦增多，为追求效益甚至恶意降低停泊费、劳务费等以争夺货源，港口间无序竞争现象频繁。这也是导致我国沿海港口在一定时期内"多而不强"的症结所在。

为了解决粗放式发展对我国港口布局和资源配置造成的一系列问题，20 世纪 90 年代末，我国在"全国一盘棋"原则指导下对全国港口进行统筹规划与合理布局。港口密集的长江三角洲地区通过合作的形式，借助周边港口的力量来培育"区域枢纽港"，进而带动腹地经济发展。随着《全国沿海港口布局规划》的颁布实施，我国开始建设环渤海、长江三角洲、东南沿海、珠江三角洲和西南沿海五大港口群，并对港口群进行了规划，意在依托港口群形成不同优势的港口产业集聚。可以看出，从 20 世纪 90 年代末至 21 世纪初，我国港口一体化改革着重于统筹功能布局和促进区域港口群的合作，促成了沿海五大港口群及其产业的集聚和升级，带动了港口群腹地经济的发展，特别是长江沿岸经济增长显著。港口群的规划虽然在一定程度上解决了区域间港口的不合理布局和拉动了经济增长，但区域内各港口依然存在着投入拥挤和资源浪费现象，运营绩效低，如浙江港口竞争激烈，特别是宁波港和舟山港的重复建设和竞争导致了其物流效率损失。为了彻底解决区域港口间的资源利用效率低和无序竞争，进一步合理布局、优化资源配置，2009 年我国开始推行港口一体化改革。

一体化根据整合方式的不同分为横向一体化整合和纵向一体化整合。其中，横向一体化整合是处于平行位置的企业间资源的整合，纵向一体化整合是企业与供应链上下游企业或与供应链上下游企业的部分资源的整合。我国港口一体化改革中，既有港口与港口间的平行整合，又有港口与物流服务商、交通运输资源等航运供应链上下游企业的垂直整合，因此，我国新一轮港口一体化整合包括横向一体化整合与纵向一体化整合。

本书将我国港口一体化改革定义为，在政府或企业主导下，通过整合港口与港口间的自然资源、行政资源、管理资源等，或整合港口与其上下游企业间的物流资源、运输资源等,以解决港口产能过剩、资源利用效率低和无序竞争等问题,最终提升港口综合竞争力的改革。

2016 年 8 月,江苏以整合锚地、岸线等资源为起点,开始实施港口一体化改革。与此同时,开始筹备建立调查研究小组和港口集团。之后,《江苏省港口岸线管理办法》制定完成并发布,其目的在于整合岸线资源和推广应用“港口资源管理信息系统”。在执行管理办法中,江苏原有小码头、小船厂占用的岸线得以清除,淘汰了落后产能并提高了岸线利用率。2017 年,江苏组建了分层次的调度管理体系,将省海运、交通厅、引航数据规划融合为一个网络,使得海量数据在同一平台中可视化。经过两年的筹备,2018 年江苏省港口集团正式成立,南京、连云港、苏州、南通、镇江、常州、泰州、扬州等沿江沿海港口企业在其下统一规划和运营。同年,《江苏省沿江沿海港口布局规划(2015—2030 年)》文件具体对各港口进行了分层次的布局和功能定位,以港口分工合作、协调发展与差异化竞争为目标。2017 年,《关于深化沿江沿海港口一体化改革的意见》的发布,标志着江苏的港口一体化改革进入深化阶段。江苏的港口一体化改革是通过成立不同层次的港口集团来进行整合的,即采取的是企业主导的改革模式。在整合过程中,先由地方港口成立港口集团,再将地方港口集团归为省港口集团管理,以促进全省港口一体化协调发展。

2015 年 8 月,浙江成立省海洋发展领导小组,以政府推进港口资源整合为引擎开始推行港口一体化改革。同月,成立了浙江省海港投资运营集团有限公司(省海港集团),为港口一体化提供了良好的资源整合平台并注入了驱动资金。次月,舟山港和宁波港两港以股权等值划转的方式组建宁波-舟山港,统一运营,这为宁波-舟山港归入省海港集团奠定了基础,也是浙北港口资源整合的第一步。2016 年,浙江成立省海洋港口发展委员会,设立专门机构对全省港口整合进行宏观层面的调控和微观上的步骤、布局规划。同年,宁波-舟山港并入省海港集团。在宁波港和舟山港成功合并的范例下,嘉祥港联合浙北其他九家港口一起并入了省海港集团,使得浙北全部港口归入省海港集团的管理和运营。浙江以整合宁波港和舟山港为范例,逐步带动温州港、嘉兴港等的整合,并规划了宁波-舟山港为枢纽港,温州港、嘉兴港等为骨干港的布局,推动全省港口整合和布局。

2009 年,福建颁布《福建省港口体制一体化整合总体方案》,开始推行港口一体化改革。该总体方案对港口的布局、功能定位、管理体制等做出了较为具体的规划,在港口布局上,形成分别居北、中、南方位的福州港、湄洲湾港、厦门港三个主要大港;在功能定位上,福州港是以大宗散货和集装箱运输为主的国际航运枢纽港,湄洲湾港是大宗散货和集装箱相协调的主枢纽港,厦门港是以远洋集装箱为主的国际航运枢纽港;在管理体制上,形成了福建省交通运输集团和厦门港口集团两大港口龙头企业,其中湄洲湾港和福州港归属于福建省交通运输集团。2017年6月,福建省港航建设发展有限公司以股权转让的方式并入福建省交通运输集团,在港口资源整合中加入了交通资源,促进了港口多功能形成。2018年12月,福建两大港口龙头企业开始进行合作,并联合中国远洋运输集团在物流等方面展开深层次的三方合作,加深了港口与物流资源的整合,有利于港口向着综合物流服务商转变。2019年1月,福建发布了《关于进一步深化改革扩大开放的若干措施》,指出2019年年底全省港口运营企业将实现管理一体化。综上,福建以政府主导的模式,跨行政区域将全省港口整合为北、中、南三大港口群,将其归属于两大管理机构进行集中管理,并与物流服务商、交通运输企业开展合作,推动了港口资源与上下游企业资源的整合。

2009年12月,在广西壮族自治区政府的牵头组织下,防城港、钦州港、北海港三个港口打破行政区划的限制,正式整合为一个港口,开始使用"广西北部湾港"这一统一名称,结束了地区相近、货源相近的三个港口各自为政、激烈竞争的局面,初步实现了三个港口行政管理一体化。2015年3月,广西北部湾港被列为交通运输部区域港口发展一体化改革试点之一,《广西北部湾沿海港口发展一体化改革试点实施方案》的出台标志着广西港口一体化改革正式实施,并按照行政管理一体化和政策服务一体化两阶段进行整合。同年10月,广西北部湾港口管理局成立,实现了行政管理一体化的整合,也是真正意义上的三个港口行政管理职责的统一。同时,对三个港口的功能定位和规划工作也相继展开,重点规划防城港企沙南作业区、企沙东港区,北海铁山港西港区北暮和啄罗作业区、铁山港东港区,钦州港大榄坪作业区、大环作业区、三墩作业区及二期扩区。除了进行港口自身的建设外,广西壮族自治区政府还推进港口与铁路的一体化运作,为港口在铁路集疏运投资、建设、经营等方面提供合作有利条件,促进海铁联运的建设。总体来看,广西港口一体化改革在政府主导下,分两阶段进行,第一阶段通过跨行政区域合并货源行进、地域相近港口,成立统一管理机构规划港口功能,完成行政管理一体化;第二阶段以行政管理一体化带动经营模式整合,形成政策、信息一体化,并参与铁路等相关业务的投资和建设,带动着全面资源整合的进行。

从江苏、浙江、福建、广西推行的港口一体化改革措施中可以看出,无论是政府牵头还是企业驱动下的统筹规划港口行政资源、管理资源和功能布局等,都旨在通过整合区域港口间的资源以实现分工协调和良性竞合关系,最终提升港口的整体竞争力。

因此,相比于港口一体化改革第一阶段,新一轮港口一体化改革的本质为资源整合。

总体而言,40多年来,我国交通运输部和各级地方政府对港口的政策始终是围绕着放松管制、商业化、市场化和民营化进行设计,并取得了积极的成效。

2.2　港口竞争力的理论基础与研究方法

本节一方面介绍了波特菱形理论的框架及内容,并依据波特菱形理论得出影响港口竞争力的要素以及政府要素对竞争力的影响途径;另一方面介绍了研究政策对港口竞争力影响的方法,其中本章的实证部分运用的就是异时双重差分模型。

2.2.1　波特菱形理论

波特菱形理论又称波特钻石模型、钻石理论及国家竞争优势理论,是由美国哈佛商学院著名的战略管理学家 Michael E. Porter 在 1990 年撰写的《国家竞争优势》一书中提出的,用于分析一个国家某种产业在国际上的竞争力。波特菱形理论着重讨论特定国家的产业在国际竞争中赢得优势地位的各种条件,其中包括四个基本要素——国内需求市场、相关产业和支持性产业表现、企业的策略结构和同业竞争,以及两个辅助要素——政府与机会。

1. 基本要素

波特菱形理论的四个基本要素包括生产要素、国内需求市场、相关产业和支持性产业表现、企业的策略结构和同业竞争。

Michael E. Porter 将生产要素划分为初级生产要素和高级生产要素。初级生产要素是指天然资源、气候、地理位置、非技术工人、资金等;高级生产要素则包括现代通信、信息、交通等基础设施,受过高等教育的人力、研究机构等。Michael E. Porter 认为,初级生产要素重要性越来越低是因为对它的需求在减少,而跨国公司可以通过全球的市场网络来取得(当然初级生产因素对农业和以天然产品为主的产业还是非常重要的)。高级生产要素对获得竞争优势具有不容置疑的重要性。高级生产要素需要先在人力和资本上大量且持续地投资,而作为培养高级生产要素的研究所和教育计划,本身就需要高级人才。高级生产要素很难从外部获得,必须由企业自己来投资创造。从另一个角度,生产要素被分为一般生产要素和专业生产要素。高级专业人才、专业研究机构、专用的软硬件设施等被归入专业生产要素。越是精致的产业越需要专业生产要素,而拥有专业生产要素的企业也会产生更加强大的竞争优势。一个国家如果想通过生产要素建立起产业强大而又持久的优势,就必须发展高级生产要素和专业生产要素,这两类生产要素的可获得性与精致程度也决定了竞争优势的水平。如果国家把竞争优势建立在初级与一般生产要素的基础上，它通常是不稳定的。Michael E. Porter 同时指出，在实际竞争中，丰富的资源或廉价的成本因素往往造成没有效率的资源配置，另一方面，人工短缺、资源不足、地理气候条件恶劣等不利因素反而会形成一股刺激产业创新的压力，促进企业竞争优势的持久升级，一个国家的竞争优势其实可以在不利的生产要素中形成。根据推测，资源丰富和劳动力便宜的国家应该发展劳动力密集的产业，但是这类产业对大幅度提高国民收入不会有大的突破，同时仅仅依赖初级生产要素是无法获得全球竞争力的。现今国家都已具备完善的交通系统与电信网络，也拥有优良的人力，因此基本的生产要素已经不能永保竞争优势，而应建立特殊的优势，比如说高度的专业技巧与应用科技，像荷兰，它并不是因为良好的自然条件而有了首屈一指的花卉业，而是因为在花卉的培育、包装及运送上都有高度专精的研究机构。

关于国内需求市场，Michael E. Porter 认为国内需求市场是产业发展的动力。国内市场与国际市场的不同之处在于企业可以及时发现国内市场的客户需求，这是国外竞争对手所不及的，因此全球性的竞争并没有减少国内市场的重要性。Michael E. Porter 指出，本地客户的本质非常重要，特别是内行而挑剔的客户。假如本地客户对产品、服务的要求或挑剔程度在国际间数一数二，就会激发出该国企业的竞争优势，这个道理很简单，如果能满足最难缠的顾客，其他客户的要求也就不在话下了。如日本消费者在汽车消费上的挑剔是全球出名的，欧洲严格的环保要求也使许多欧洲公司的汽车环保性能、节能性能全球一流。美国人大大咧咧的消费作风惯坏了汽车工业，致使美国汽车工业在石油危机的打击面前久久缓不过神来。另一个重要方面是预期性需求。如果本地客户的需求领先于其他国家，这也可以成为本地企业的一种优势，因为先进的产品需要前卫的需求来支持。德国高速公路没有限速，当地汽车工业就非常卖力地满足驾驶人对高速的狂热追求，而超过 200 千米乃至 300 千米的时速在其他国家毫无实际意义。有时国家政策也会影响预期性需求，如汽车的环保和安全法规、节能法规、税费政策等。

Michael E. Porter 认为对形成国家竞争优势而言，相关和支持性产业与优势产业是一种休戚与共的关系。一个产业想要登峰造极，就必须有世界一流的供货商，并且从相关产业的企业竞争中获益，这些制造商及供应商形成了一个能促进创新的"产业集群"。Michael E. Porter 的研究提醒人们注意"产业集群"这种现象，即一个优势产业不是单独存在的，它一定是同国内相关强势产业一同崛起。以德国印刷机行业为例，德国印刷机雄霸全球，离不开德国造纸业、油墨业、制版业、机械制造业的强势。

美国、德国、日本汽车工业的竞争优势也离不开钢铁、机械、化工、零部件等行业的支持。意大利领导世界的金银首饰业,就是因为意大利的机械业已经占据了全球珠宝生产机械60%的市场,而且意大利回收有价金属的机械业也领先全球。有的经济学家指出,发展中国家往往采用集中资源配置,优先发展某一产业的政策,孤军深入的结果就是牺牲了其他行业,钟爱的产业也无法一枝独秀。本国供应商是产业创新和升级过程中不可缺少的一环,这也是最大的优点所在,因为产业要形成竞争优势,就不能缺少世界一流的供应商,也不能缺少上下游产业的密切合作关系。另一方面,有竞争力的本国产业通常会带动相关产业的竞争力。Michael E. Porter 指出,即使下游产业不在国际上竞争,但只要上游供应商具有国际竞争优势,对整个产业的影响仍然是正面的。

Michael E. Porter 指出,推进企业走向国际化竞争的动力很重要。这种动力可能来自国际需求的拉力,也可能来自本地竞争者的压力或市场的推力。创造与持续产业竞争优势的最大关联因素是国内市场强有力的竞争对手。Michael E. Porter 认为,这一点与许多传统的观念相矛盾,例如,一般认为,国内竞争太激烈,资源会过度消耗,妨碍规模经济的建立;最佳的国内市场状态是有两到三家企业独大,用规模经济和外商抗衡,并促进内部运作的效率化;还有的观念认为,国际型产业并不需要国内市场的对手。Michael E. Porter 指出,在其研究的十个国家中,强有力的国内竞争对手普遍存在于具有国际竞争力的产业中。在国际竞争中,成功的产业必然先经过国内市场的搏斗,迫使其进行改进和创新,海外市场则是竞争力的延伸。而在政府的保护和补贴下,放眼国内没有竞争对手的"超级明星企业"通常并不具有国际竞争能力,因此企业的策略结构和同业竞争对企业的竞争力也有着重要作用。

2. 辅助要素

两个辅助要素包括政府要素和机会要素。

关于政府要素,Michael E. Porter 指出,从事产业竞争的是企业,而非政府,竞争优势的创造最终必然要反映到企业上。政府即使拥有最优秀的公务员,也无法决定应该发展哪项产业,以及如何达到最适当的竞争优势。政府能做的只是提供企业所需要的资源,创造产业发展的环境。政府只有扮演好自己的角色,才能成为扩大"钻石体系"的力量。政府可以创造新的机会和压力,其直接投入的应该是企业无法行动的领域,也就是外部成本,如发展基础设施、开放资本渠道、培养信息整合能力等。从政府对四大要素的影响看,政府对需求的影响主要是政府采购,但是政府采购必须有严格的标准,政府应扮演挑剔型的客户;采购程序要有利于竞争和创新。在形成产业集群方面,政府并不能无中生有,但是可以强化它。政府在产业发展中最重要的角色是保证国内市场处于活泼的竞争状态,制定竞争规范,避免托拉斯状态。Michael E. Porter 认为,政府保护会延缓产业竞争优势的形成,使企业停留在缺乏竞争的状态。

机会是可遇而不可求的,同样能够影响四大要素使其发生变化。Michael E. Porter 指出,对企业发展而言,形成机会的可能情况大致有几种:基础科技的发明创造;传统技术出现断层;外因导致生产成本突然提高(如石油危机);金融市场或汇率的重大变化;市场需求的剧增;政府的重大决策;战争。机会其实是双向的,它往往在新的竞争者获得优势的同时,使原有的竞争者优势丧失,只有能满足新需求的厂商才能有发展机遇。

Michael E. Porter 认为,这四个要素之间具有双向作用,同时政府政策是不可漠视的,机会是无法控制的,政府要素和机会要素也对其他四个基本要素起单向作用,形成钻石模型(图 2-1)。

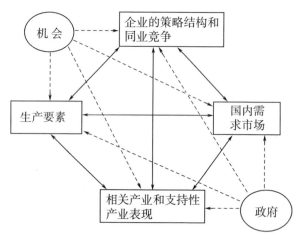

图 2-1　波特菱形理论钻石模型

生产要素、需求情况、相关产业和支持产业情况和企业的策略、结构和竞争对手的表现可以直接影响竞争力,而政府要素可以通过单向地对四个基本要素起作用来影响竞争力(图 2-2)。

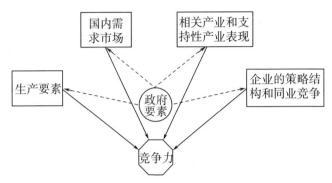

图 2-2 政府要素对竞争力的影响途径

综合政府的特点可以得到,政府通过提供企业所需要的资源,制定竞争规则,影响相关产业和支持产业,创造利于企业发展的环境来促进企业发展。政府只有扮演好自己的角色,才能成为扩大"钻石体系"的力量;政府可以创造新的机会和压力,但是直接投入的应该是企业无法行动的领域,也就是外部成本,如发展基础设施、开放资本渠道、培养信息整合能力等。

2.2.2 港口竞争力的影响因素

Michael E. Porter 提出的波特菱形理论是用来研究一个国家的特定产业在国际竞争中具有优势的原因,港口竞争力可以理解为国家港口产业在国际港口竞争中的优势,港口之间对货源和腹地的争夺便是波特菱形理论中产业对相关资源的竞争,那么就可以用波特菱形理论来分析港口竞争力的影响要素。波特菱形理论由四个基本要素和两个辅助要素构成,分别是生产要素、国内需求市场、相关产业和支持性产业表现、企业策略结构和同业竞争以及政府要素和机会要素,所以影响港口竞争力的要素也应该包括这几个方面。根据国内外有关港口竞争力影响因素的研究,对比国家层面的产业影响要素总结出港口层面的波特菱形理论影响要素如表 2-1 所示。

表 2-1　波特菱形理论影响要素

波特菱形理论影响要素	国家层面	港口层面
生产要素	人力资源、天然资源、知识资源、资本资源、基础设施条件	基础设施、地理气候条件、集疏运系统条件
国内需求市场	本国市场对该项产业所提供或服务的需求数量	国内腹地对运输量的需求情况
相关产业和支持性产业表现	国内是否具有国际竞争力的供应商和关联辅助行业	临港产业及与港口服务相关的综合服务项目

波特菱形理论影响要素	国家层面	港口层面
企业的策略结构和同业竞争	国内支配企业创建、组织和管理的条件,以及国内竞争的本质	港口的管理体制、收费水平、服务质量、形象及其他港口的竞争
政府要素	发展基础设施、制定政策、开放资本渠道、培养信息整合能力等	港口一体化政策、自由贸易区政策、保税区政策等
机会要素	基础科技的发明创造、外因导致生产成本突然提高(如石油危机)、金融市场或汇率的重大变化	运输需求的剧增、区域或国家对港口发展的支持等

港口在市场竞争过程中,根据港口内外部环境的特点,其竞争力受到港口地理位置、腹地综合运输发达程度、腹地和所在城市的经济实力、同业竞争、自然条件、政策环境、通关环境、基础设施、集疏运系统发达程度、运营条件、潜在的发展机遇和挑战、港口管理水平和服务水平等要素的影响。港口凭借其资源,通过改善基础设施、提高服务水平、加强管理等,吸引各种生产要素和有利于港口发展的稀缺性资源,并对资源进行优化配置,加强临港产业和支持产业的发展,可以在占有市场、创造价值和可持续发展等方面相对于其他港口具有更强的竞争优势。

2.2.3 政策对港口竞争力影响的研究方法

20世纪90年代,计量经济学中的准自然实验和双重差分法成为评估某项政策效应效果的一种普遍方法。准自然实验是社会科学研究的一种方法,相对于真正的实验研究而言,优点在于所要求的条件灵活,在无法控制所有可能影响实验结果的无关变量时,具有广泛的应用性。对于改革试点较多的政策,为评估政策效果,双重差分法往往是最优选择。双重差分法的基本思想就是通过对政策实施前后处理组和控制组之间差异来反映政策的实施效果。

1. 准自然实验

准自然实验是社会科学研究的一种方法,相对于真正的实验研究而言,其采用一定的操控程序,利用自然场景,灵活地控制实验对象。准自然实验的设计内容包括对照组无前测设计和非对等控制组设计。其不同于真实实验之处在于自然实验中有一个受外生事件影响的处理组和一个不受外生事件影响的对照组,且处理组和对照组的产生受政策的具体影响而不是随机抽取。一般地,对照组和处理组在外生事件发生之前具有相同的时间趋势,在外生事件发生之后,处理组受到外生事件的影响而发生了一般不同于对照组的变化。因此,在准自然实验之下,能够得到两组不同的数据;满足准自然实验条件的政策的发生也就产生了处理组和对照组,可用于政策的评估。准自然实验的优点在于所要求的条件灵活,在无法控制所有可能影响实验结果的无关变量时,具有广泛的应用性。

2. 双重差分法

双重差分法(Differences-in-Differences,DID),也叫倍差法。20 世纪 80 年代,双重差分法逐渐兴起。它是一种专门用于政策效果评估的计量方法,将制度变迁以及新政策视为外生于经济系统的一次准自然实验,思路简洁,逐渐被广泛应用于多领域。作为政策效应评估方法中的一大利器,双重差分法受到越来越多人的青睐,概括起来有如下几个方面的原因:首先,双重差分法可以很大程度上避免内生性问题的困扰,政策相对于微观经济主体而言一般是外生的,因而不存在逆向因果问题,而且使用固定效应估计一定程度上也缓解了遗漏变量偏误问题;其次,传统方法下评估政策效应主要通过设置一个政策发生与否的虚拟变量进行回归,相较而言,双重差分法的模型设置更加科学,能更加准确地估计出政策效应;再次,双重差分法的原理和模型设置很简单,容易理解和运用,并不像空间计量等方法一样让人望而生畏。

一般来说,双重差分法主要用于评估社会学中的政策效果。其原理是基于一个反事实的框架来评估政策发生和不发生这两种情况下被观测因素 y 的变化。如果一个外生的政策冲击将样本分为两组——受政策干预的处理组和未受政策干预的对照组,且在政策冲击前,处理组和对照组的 y 没有显著差异,那么我们就可以将对照组在政策发生前后 y 的变化看作处理组未受政策冲击时的状况(反事实的结果)。通过比较处理组 y 的变化以及对照组 y 的变化,我们就可以得到政策冲击的实际效果。

具体地,单一冲击时点的双重差分的模型如式 2-1 所示。

$$Y_{it} = \beta_0 + \beta_1 \times \mathrm{Treat}_i \times \mathrm{Post}_t + \beta \times \sum Z_{it} + \mu_i + \tau_t + \varepsilon_{it} \qquad (2\text{-}1)$$

式中,$\sum Z_{it}$ 表示随时间和个体变化的控制变量,u_i 表示个体固定效应,τ_t 表示时间固定效应,ε_{it} 表示标准残差项,$i = 1, 2, 3, \cdots, N$;$t = 1, 2, 3, \cdots, T$,$\mathrm{Treat}_i \times \mathrm{Post}_t$ 为两者的交互项。

需要特别指出的是,只有在满足"政策冲击前处理组和对照组的 y 没有显著差异"(即平行性假定)的条件下,得到的双重差分估计量才是无偏的。

在传统双重差分的模型设定中,一个隐含假设是处理组的所有个体开始受到政策冲击的时间均相同。但在现实生活中有时也会遇到每位个体的处理期不完全一致的情形，比如某项试点政策在不同城市分批推出。此时，可使用"异时 DID"(heterogeneous timing DID)。

异时 DID 的关键在于，既然每位个体的处理期不完全一致，则处理期虚拟变量也因个体而异，故应写为 Post(i,t)，既依赖于个体 i，也依赖于时间 t。模型设定如式 2-2 所示。

$$Y_{it} = \beta_0 + \beta_1 \times \text{Treat}_{it} + \beta \times \sum Z_{it} + \mu_i + \tau_t + \varepsilon_{it} \qquad (2\text{-}2)$$

式中，$\sum Z_{it}$ 表示随时间和个体变化的控制变量，Treat_{it} 是政策的虚拟变量，0 表示非实验组，1 表示实验组。μ_i 表示个体固定效应，τ_t 表示时间固定效应，ε_{it} 表示标准残差项，$i = 1,2,3,\cdots,N$；$t = 1,2,3,\cdots,T$。异时 DID 与传统 DID 的不同在于异时 DID 用一个随时间和个体变化的处理变量代替传统 DID 中常用的交互项。

2.3　港口一体化政策对港口竞争力的作用机制与验证

本节根据理论基础总结出港口一体化改革对港口竞争力的作用机制，同时为了验证港口一体化政策对港口议价能力的作用机制，选取 2007—2017 年几个不同的省（区）的港口面板数据作为样本进行实证，根据实证分析出的结果得出各省（区）港口一体化改革带来的影响在时间以及区域上的差异。

2.3.1　港口一体化改革对港口竞争力的作用机制

港口一体化改革通过整合基础设施和管理来提升港口的基础议价能力。首先，港口一体化改革通过区域间港口联盟、合并等方式整合港口岸线、锚地、泊位等基础资源，降低重复建设和淘汰落后产能，提高基础设施的利用率。浙江和江苏通过淘汰小船厂、小港口的基础设施建设，并使其与大港口通过合作和联盟的方式共享基础设施，在分工协作中提升基础设施的利用率。然后，通过打破行政区划或成立港口集团来促进合作等方式以整合管理资源。广西通过打破行政区划的方式将钦州、北海和防城港整合为北部湾港，设立行政机构进行统一管理；江苏通过成立省海港集团的方式来促进港口间的合作，在统一的管理平台或机构下，港口间沟通更加畅通、服务价格透明统一，提升了港口的管理效率。

港口一体化改革通过整合货源提升港口的运营议价能力。港口一体化改革通过打破港口的行政区划等方式，整合腹地货源来提升港口运营议价能力。一方面，削减港口数量来减少港口对货源的争夺。广西通过打破行政区划的方式，将钦州港、防城港和北海港三个不同区划的港口整合为广西北部湾港,设立了统一的管理机构,将三个邻近区域港口缩减为一个港口;福建通过实施跨行政区域的行政管理体制整合,将全省港口数量由六个缩减整合为四个;浙江通过股权等值划转方式将宁波港和舟山港组建为宁波舟山港集团,将沿海港口由五个整合为一个。港口数量的缩减不仅降低了腹地货源的交叉,而且对于上游企业来说减少了客户数量,对于下游企业来说减少了供应商数量,使港口拥有了更多货源,避免了区域港口间由于腹地交叉产生的恶性竞争,在运营绩效中展现出良好的议价能力。另一方面,通过规划特色业务来降低港口对腹地货源的竞争。福建从港口群到港区功能层层划分、特色业务明确,北部港口群中各港口以福州港为中心,特色业务为集装箱和大宗散货,且以远洋集装箱为主、大宗散货为辅,福州港区层面再次细化业务范围,即江阴港区负责集装箱业务、松下港区负责粮食和散货业务、罗源湾港区负责煤炭和矿石等干散货业务等。港区的业务细化使得腹地货源更加清晰明确,从而降低了港口对腹地货源的争夺,港口运营议价能力提升。

港口一体化改革通过整合港口上下游企业资源来提升港口潜在议价能力。广西壮族自治区政府牵头使港口与铁路局合作,共同修建海铁联运项目,并积极促进中外运等物流企业与港口展开合作;福建和浙江在成立了省海港集团后将铁路等运输资源并入进行统一管理。通过整合外部物流和运输等资源,港口掌握了更多供应链上下游企业资源,有利于港口从单一服务商向综合物流服务商的转型,展现出更强的发展潜力,拥有更强的港口潜在议价能力。

综上所述,港口一体化改革通过整合港口基础设施和管理资源来提升港口基础议价能力,整合港口货源来提升港口运营议价能力,整合港口上下游企业资源来提升港口潜在议价能力。

2.3.2 港口一体化改革对港口议价能力的作用机制验证

为了验证港口一体化政策对港口议价能力的作用机制,本节选取几个不同的省(区、市)面板数据作为样本进行实证。首先,利用多时点双重差分法检验了全国范围内的港口一体化改革对港口议价能力的影响;其次,利用倾向得分匹配和双重差分法检验了省域层次上的港口一体化改革对港口议价能力的影响;最后,基于各试点省(区、市)改革的时间不同,检验了改革的时间效应。

在综合考虑了政策实施时间以及数据的可得性之后,本节研究采用了2007—2017年的港口面板数据,选取了港口议价能力作为被解释变量,各省(区、市)政策推行起始时间与是否参与改革的交互项为解释变量,港口规模、公路输运条件、库场面积、经济波动、外向型经济发展水平以及贷款支持为控制变量。

1. 样本的选取与说明

本节研究采用的 2007—2017 年中国港口面板数据来自《中国港口年鉴》《中国城市统计年鉴》及相关网络资源。虽然 2018 年以后的港口数据已可查，但考虑到以下两点并未采用 2018 年港口数据：第一，我国在 2018 年实行的"放管服"政策中涉及废除地方保护和提升跨境贸易便利等方面，极有可能影响港口一体化改革的推行效果，从而造成实证结果的偏差，因此为了剥离和去除其他政策对港口一体化改革效应的影响，本节研究搜集数据的时间段为 2007—2017 年；第二，山东、辽宁、河北等在 2018 年开始推行港口一体化改革，若采用 2018 年港口数据，不仅由于改革时间长度不足而检验不出这些省（区、市）的政策效应，还会影响整体政策效应检验。

本节研究的处理组为推行港口一体化改革的江苏、浙江、福建和广西的港口，共 32 组，四省（区）推行改革的时间依次为 2016 年、2015 年、2009 年和 2015 年；对照组为未推行港口一体化改革的黑龙江、吉林、辽宁、天津、山东、河北、安徽、广东等的港口，共 86 组。由于各省（区、市）港口统计指标略有不同，所以在本节研究搜集数据时，针对有些港口存在严重的数据缺失，采用了港口对应的港口集团的数据来代替。最终本节研究共搜集且筛选出 118 家港口，样本数据共 1 298 个。

2. 变量的选取与说明

为了更清晰地列出各类变量及其指标说明，本节研究将变量名称、符号等整理如下（表 2-2）。

表 2-2 主要变量定义及说明

变量名称	变量符号	说明
基础议价能力	lnbp-base	港口的泊位设计根据能力取对数
效益议价能力	lnbp-operation	港口的吞吐量取对数
潜在议价能力	lnbp-potential	港口的资产投资累计金额取对数
双重差分估计量	treated×time	港口一体化改革的政策效应
港口规模	lnscale	港口的泊位长度取对数
公路疏运条件	transport	港口城市的公路里程数/城市面积
港口库场面积	yard	港口的仓库和堆场面积
经济波动	fluctuation	港口所在区域 GDP 增长率
外向型经济发展水平	export	港口城市进出口总额/港口城市 GDP
贷款支持	loan	港口城市国内货款/港口城市固定资产投资总额

（1）被解释变量

本节研究的被解释变量为港口议价能力,由第二章可知港口议价能力由港口基础议价能力、港口运营议价能力和港口潜在议价能力组成,分别量化如下。

① 港口基础议价能力:港口泊位设计通过能力体现着港口设备和装卸的情况及效率,体现着港口硬件设施和管理水平的高低,是最容易受到港口某一薄弱环节制约的因素,是港口生产能力大小的衡量标准,也是提升议价能力的基础。本节研究选择用港口泊位设计通过能力来衡量港口硬件设施和管理水平。

② 港口运营议价能力:港口议价能力强必然为港口带来良好的经济效益,港口吞吐量体现着港口的绩效,本节研究选择用港口吞吐量来衡量港口经济效益。

③ 港口潜在议价能力:港口自身的发展潜力也是衡量港口议价能力的重要因素。港口通过对自身进行投资,能够促进硬件和管理水平的发展,提升服务能力,为港口带来长远的发展潜力,还能不断促进港口的发展,在一定程度上反映了行业竞争地位,本节研究选择用港口资产投资累计金额作为港口自身发展潜力的量化指标。

（2）解释变量

本节研究的解释变量为双重差分估计量,即各省(区、市)政策推行起始时间与是否参与改革的交互项,也是本节研究关注的核心变量。

（3）控制变量

① 港口规模:港口泊位长度体现了港口泊位的规模,也体现了港口的规模,因此采用港口泊位长度来衡量港口规模。一方面,港口规模大小影响着港口泊位设计通过能力的大小和吞吐量多少;另一方面,港口规模大小也体现着港口的竞争力,港口的规模越大,货源越多,货物种类越丰富,越有利于港口生产产出、经济效益和投资的增加,从而提升港口的议价能力。

② 公路疏运条件:港口城市的公路里程数与城市面积比值能够表示城市的公路疏运条件。相关学者通过研究指出港口是公路等运输方式的交汇点,港口所在城市的公路疏运条件会影响港口泊位设计通过能力的大小,若提高港口城市的公路疏远条件,将大大提高港口泊位设计通过能力,从而改善港口的效率和管理,提高港口的议价能力。

③ 库场面积:库场面积代表着港口的库场堆存能力、库场容量等。库场面积越大,库场堆存能力越大,库场容量越多,库场面积通过影响泊位设计通过能力的大小,影响着港口装卸系统的效率,泊位通过能力、库场通过能力和装卸能力,决定着对船舶服务时间的长短,影响着港口的生产成本,进而影响港口的经济绩效,最终影响着

港口的议价能力。

④ 经济波动：经济波动可以从宏观层面的省（区、市）GDP 增长率和微观层面的企业收入增长率两方面来衡量，考虑到港口数据的可得性和地区经济发展的同质性，本节研究采用省（区、市）GDP 增长率来衡量经济波动。经济波动会影响港口货物吞吐量，呈现出周期性波动特征。经济繁荣时期，社会需求增加，反之则需求减少。港口吞吐量作为港口经济议价能力的量化指标，不仅代表着港口的经济绩效，还代表着港口议价能力。经济波动通过影响港口吞吐量进而影响港口议价能力。

⑤ 外向型经济发展水平：港口城市进出口总额与港口城市 GDP 比值能够表示港口城市的外向型经济发展水平。外向型经济发展水平越高，港口城市的对外贸易越频繁，越能够带动港口的发展，提高港口吞吐量的生产输出，影响港口议价能力。

⑥ 贷款支持：用各港口城市国内贷款与港口城市固定资产投资总额的比值来衡量。信贷支持作为激励经济和产业发展的一种方式，能够为港口发展提供贷款，且港口作为城市中重要的运输基础设施和经济引擎，在政府优惠政策和国企等条件的保障下，可能获得更多优惠贷款，为港口基础设施带来资金，有利于提升港口绩效，从而提升港口议价能力。

118 家港口 2007—2017 年数据的描述性统计（表 2-3）如下，包括各变量的平均值、最大值、最小值和标准差。从各变量的标准差可以看出，除港口规模的标准差较大之外，其余几乎均在 11 以内，表示除港口规模外，变量的数值较为集中和均匀。

表 2-3 变量的描述性统计

变量名称	平均值	最大值	最小值	标准差
基础议价能力	7.451	11.000	1.394	2.156
效益议价能力	7.560	11.700	−1.560	2.250
潜在议价能力	2.714	9.117	−4.610	2.250
库场面积	59.661	909.376	3.400	1.770
港口规模	8.513	13.275	30	27.744
公路疏运条件	1.125	8.525	0.030	0.880
经济波动	10.345	17.455	−2.500	2.920
外向型经济发展水平	10.130	67.130	0	10.060
贷款支持	14.011	91.215	1.458	7.650

注：上述指标根据四舍五入均保留三位小数，下同。

3. 变量的相关性检验

相关性检验是对变量之间的相关关系进行的检验,以判断多个变量是否能够同时出现在同一模型中。当变量之间存在系数较大的相关关系时,不仅会影响实证分析的准确性,还会使得模型变得复杂。为了防止各解释变量之间存在系数较大的相关关系,本节研究将采用 pwcorr 法来进行多个变量间的相关性检验(表 2-4)。

表 2-4　变量的相关性检验结果

变量	yard	lnscale	transport	fluctuation	export	credit
yard	1					
lnscale	0.285	1				
transport	−0.028	0.176	1			
fluctuation	−0.068	−0.041	−0.091	1		
export	0.015	0.148	0.160	0.012	1	
credit	0.165	0.227	0.034	−0.185	0.021	1

注:用 STATA 软件计算所得,数据均保留三位小数。

各解释变量相关系数的绝对值均小于 0.5(表 2-4),相关系数较小,可以认为本节研究各解释变量通过了相关性检验。

4. 模型的构建

本节研究利用固定效应模型来分析我国港口一体化改革对港口议价能力的政策效应,参考周黎安等(2005)、刘晔等(2016)的研究内容,构造式 2-3 多时点双重差分固定效应模型进行分析。

$$\text{Lnbp}_{it} = \alpha_0 + \alpha_1 \text{treated}_{it} \times \text{time}_{it} + \alpha_2 \text{yard} + \alpha_3 \text{lnscale} + \alpha_4 \text{transport} +$$

$$\alpha_5 \text{fluctuation} + \alpha_6 \text{export} + \alpha_7 \text{loan} + \mu_i + \eta_i + \varepsilon_{it} \qquad (2\text{-}3)$$

式中,下标 i 代表港口,t 代表年份,Lnbp 为被解释变量。$\text{treated}_{it} \times \text{time}_{it}$ 为交互项,其中 treated_{it} 表示处理组与对照组本身的差异,为处理组虚拟变量,treated_{it} 取 1,港口属于处理组,treated_{it} 取 0,港口属于对照组;time_{it} 表示处理组改革前后本身的差异,为实验期虚拟变量,time_{it} 取 0,处理组处于改革前,time_{it} 取 1,处理组处于改革。因此,交互项 $\text{treated}_{it} \times \text{time}_{it}$ 可以度量处理组的政策效应,其参数 α_1 为本节研究核心解释变量的参数,若其为正且显著,代表了港口一体化改革提高了港口议价能力。控制变量包括库场面积(yard)、港口规模(lnscale)、公路疏运条件(transport)、经济波动(fluctuation)、外向型经济发展水平(export)以及贷款支持(loan)。μ_i 表示个体效应,η_i 表示时间效应,ε_{it} 为随机扰动项,服从正态分布。

使用双重差分法进行实证研究需要满足平行趋势检验条件。由于双重差分法基于反事实框架，即由于无法表示处理组数据未接受改革干预的状态而用对照组数据来代替处理组未接受改革干预的状态，这就要求在改革实施之前，对照组与处理组具有相同的时间趋势。只有数据满足改革干预前平行趋势检验的条件，才能保证改革的干预效应是改变这一发展趋势的原因。参考张楠和卢洪友（2015）的研究内容，进行平行趋势检验。

第一，构造变量 dtime、before1 和 before2。其中，dtime＝year－改革初始年份，江苏为 dtime＝year－2016，浙江和广西为 dtime＝year－2015，福建为 dtime＝year－2009；before2 和 before1 分别为改革前第二年和第一年的虚拟变量，以江苏为例，before2＝dtime＝2014－2016＝－2，before1＝dtime＝2015－2016＝－1。

第二，建立平行趋势检验的模型（式 2-4）。

$$\text{Lnbp}_{it}=\theta+\text{treated}_{it}\times\text{time}_{it}+\text{before2}+\text{before1}+\eta_i+\varepsilon_{it} \qquad (2\text{-}4)$$

式中，Lnbp_{it} 为被解释变量，包括港口基础议价能力（Lnbp-base）、港口运营议价能力（Lnbp-operation）和港口潜在议价能力（Lnbp-potential）。η_i 为时间固定效应，ε_{it} 为扰动项。

代入数据进行平行趋势检验（表 2-5）。由于浙江和广西的改革初始年份相同，将其合并进行了检验。四省（区）对应的变量 before2 和 before1 的系数均不显著，说明在改革前的第二年和第一年对照组数据和处理组数据的时间趋势一致，因此，本节研究认为数据通过平行趋势检验，满足双重差分法的使用条件。

表 2-5　平行趋势检验结果

省（区）	变量	before2	before1	时间固定效应
江苏	lnbp-base	0.207	0.319	控制
		(0.223)	(0.222 4)	
	lnbp-operation	0.350	0.332	控制
		(0.150)	(0.152)	
	lnbp-potential	1.282	1.437	控制
		(0.132)	(0.132)	

续表

省（区）	变量	before2	before1	时间固定效应
浙江和广西	lnbp-base	0.229	0.292	控制
		(0.111)	(0.111)	
	lnbp-operation	0371	0.314	控制
		(0.121)	(0.125)	
	lnbp-potential	0.894	1.089	控制
		(0.126)	(0.143)	
福建	lnbp-base	0.824	0.888	控制
		(1.169)	(1.169)	
	lnbp-operation	1.304	1.424	控制
		(1.195)	(1.195)	
	lnbp-potential	−0.527	0.178	控制
		(1.199)	(1.199)	

注：用 STATA 软件计算所得，数据均保留三位小数。

1. 基本结果分析

将 118 个样本包含的 1 298 个数据利用固定效应模型进行计量分析（表 2-6）。港口一体化改革后，港口基础议价能力和潜在议价能力显著提升，分别为 15.8% 和 65.1%，港口运营议价能力未出现显著提升，说明从整体来看，我国港口一体化改革改善了港口的基础设施、提高了管理效率而提升了港口基础议价能力，增强了港口未来的发展潜力而提升了港口潜在议价能力，但未从整体上增加港口货源以增加港口产出来提升港口运营议价能力。导致这一结果的可能的原因为港口一体化改革推行中，大多以整合港口基础设施和管理为开端，经过长期的实践取得了更好的效果；港口作为航运供应链中的节点，提供进出口所必需的港口服务，且我国港口属性为国有，资金、政策方面也更具有优势，对上下游企业也具有更大的吸引力，较容易达成合作、形成联盟，实现资源的整合，从而提升港口潜在议价能力。对于未提升港口运营议价能力的原因，一方面可能是改革虽然减少了港口的数量但并未对各港口的业务范围进行较好的划分，使得港口对腹地货源的竞争依然激烈；另一方面货源关乎港口的效益，即使改革彻底划分了各港口业务范围，但面对货源，港口很可能为了追求效益而产生摩擦和冲突，从而影响港口运营议价能力的提升。

表 2-6　港口一体化改革对港口议价能力影响回归结果分析

变量名称	lnbp-base	lnbp-operation	lnbp-potential
Didt	0.158**	0.115	0.651***
	(0.066)	(0.077)	(0.140)
yard	0.001	0.002**	0.004**
	(0.001)	(0.001)	(0.001)
lnscale	0.243***	0.263***	0.348**
	(0.065)	(0.060)	(0.119)
transport	0.179***	0.258***	0.627**
	(0.058)	(0.078)	(0.283)
fluctuation	0.046***	0.061***	0.276***
	(0.007)	(0.012)	(0.016)
export	−0.001	0.001	−0.009
	(0.003)	(0.003)	(0.007)
loan	0.005	0.002	−0.021
	(0.004)	(0.004)	(0.006)
个体效应	控制	控制	控制
时间效应	控制	控制	控制

注："***""**""*"分别表示在1%、5%、10%水平下显著。用STATA软件计算所得，数据均保留三位小数。

从控制变量来看，港口规模、公路疏运条件、经济波动对三种港口议价能力均产生积极影响，说明港口的规模建设较完善、所在城市公路交通集散能力强、城市的经济增长均能够带动港口的发展，这与本节研究预期一致；而外向型经济发展水平和信贷支持对港口议价能力并未产生预期影响，说明港口所在城市的外向型经济发展水平与港口的发展不协调、信贷系统未对港口发展提供充足的资金支持。特别地，库场面积对港口运营议价能力和港口潜在议价能力产生积极影响，未对港口基础议价能力产生积极影响。

2. 稳健性分析

本节的实证分析可知港口一体化改革提升四省（区）港口议价能力的整体政策效应，考虑到港口一体化改革是由江苏、浙江、福建和广西的港口一体化改革组成的，各省推行的实际时间和具体措施不尽相同，很可能产生不同的政策效应；且自变量与控制变量对被解释变量的影响有可能存在偶然性,因而使得各省政策效应不尽相同。本节研究参考杨玲(2016)和肖仁桥等(2018)的研究方法,进行稳健性分析,这也是其检验省级层面上港口一体化改革提升港口议价能力的实证分析。

依据四省(区)港口一体化改革对港口议价能力影响的回归结果分析(表 2-7)可知,江苏、浙江、福建和广西的改革均提升了港口潜在议价能力,且广西提升了港口基础议价能力、福建提升了港口运营议价能力。

表 2-7 四省(区)港口一体化改革对港口议价能力影响的回归结果分析

省(区)	变量	did	yard	lnscale	transport	fluctuation	export	loan
江苏	lnbp-base	0.086	−0.001	0.265***	0.198***	−0.039***	−0.003	0.009**
		(0.385)	(0.001)	(0.073)	(0.056)	(0.007)	(0.004)	(0.004)
	lnbp-operation	0.093	0.004**	0.304***	0.263**	−0.054***	0.001	0.005
		(0.093)	(0.001)	(0.062)	(0.077)	(0.013)	(0.004)	(0.004)
	lnbp-potential	0.312*	0.007*	0.434**	0.566**	0.276***	−0.007	−0.018**
		(0.171)	(0.004)	(0.129)	(0.268)	(0.018)	(0.005)	(0.005)
浙江	lnbp-base	0.028	−0.001	0.289**	0.205**	−0.038***	−0.002	0.009**
		(0.094)	(0.001)	(0.085)	(0.064)	(0.008)	(0.004)	(0.004)
	lnbp-operation	0.073	0.004**	0.381***	0.301***	−0.050***	−0.001	0.006
		(0.094)	(0.001)	(0.074)	(0.094)	(0.013)	(0.005)	(0.004)
	lnbp-potential	0.629***	0.006*	0.578***	0.643**	.0.261***	−0.006	.0.017**
		(0.094)	(0.003)	(0.151)	(0.334)	(0.018)	(0.008)	(0.005)
福建	lnbp-base	0.283	−0.001	0.245**	0.205**	−0.039***	−0.002	0.007**
		(0.212)	(0.001)	(0.075)	(0.063)	(0.008)	(0.004)	(0.004)
	lnbp-operation	0.287**	0.004**	0.303***	0305**	−0.050**	0.001	0.005
		(0.124)	(0.001)	(0.079)	(0.097)	(0.014)	(0.006)	(0.004)
	lnbp-potential	1.037**	0.007**	0.452**	0.648**	−0.259***	0.001	−0.016**
		(0.345)	(0.004)	(0.153)	(0.332)	(0.019)	(0.008)	(0.005)

续表

省（区）	变量	did	yard	lnscale	transport	fluctuation	export	loan
广西	lnbp-base	0.560***	−0.001	0.297**	0.184**	0.042***	0.001	0.008**
		(0.089)	(0.001)	(0.087)	(0.069)	(0.008)	(0.004)	(0.004)
	lnbp-operation	0.219	0.002**	0.376***	0.286**	−0.055***	−0.001	0.005
		(0.245)	(0.001)	(0.072)	(0.093)	(0.014)	(0.004)	(0.004)
	lnbp-potential	1.278**	0.003**	0.591***	0.648**	−0.261***	−0.013**	−0.016***
		(0.466)	(0.001)	(0.153)	(0.335)	(0.018)	(0.006)	(0.005)

注："***""**""*"分别表示在1%、5%、10%水平下显著。用STATA软件计算所得，数据均保留三位小数，回归均控制了个体效应与时间效应。

下面将分别从提升三种港口议价能力的政策效果进行分析。

第一，对于港口基础议价能力来说，广西改革取得较好效果，可能的原因为其不仅对基础设施中的岸线、泊位等进行了升级，还大力建设特色的港区和作业区以支持港口的业务发展，不仅为港口提供了广阔的作业面积，而且与港口功能相吻合的后方场地增强和突出了港口特色业务的发展。

第二，对于港口运营议价能力来说，福建改革后显著提升了28.7%，可能的原因为福建布局港口和划分港口功能更加清晰合理，从港口群到港区功能层层划分、特色业务明确，以福州港为中心的北部港口群为例，各港口以福州港为中心，特色业务为集装箱和大宗散货，且以远洋集装箱为主、大宗散货为辅，福州港区层面，再次细化业务范围，江阴港区负责集装箱业务、松下港区负责粮食和散货业务、罗源湾港区负责煤炭、矿石等干散货业务等，港区的业务细化使得腹地货源更加清晰明确，极大程度上降低了货源争夺，缓解了激烈竞争，从而较好地提升了港口运营议价能力。

第三，对于港口潜在议价能力来说，四省（区）改革后均显著提升。从提升程度来看，广西、福建和浙江的效果较好。从措施来看，广西港口企业参与了铁路集疏运的投资、建设与经营，为实现海铁联运奠定了基础；福建港航建设发展有限公司以股权转让的形式并入交通运输集团，并积极展开与中远洋等央企的合作，为港口发展注入越来越多的物流资源；浙江建设投融资平台为改革提供了充足的资金，并与物流企业、临港工业、海洋产业等展开深度合作，为其完善服务提供了充足的外部资源。

从控制变量对港口议价能力影响的角度来看，港口规模、公路疏运条件对各省（区）港口议价能力均产生有利影响，经济波动和外向型经济发展水平对各省（区）港口议价能力均未发挥预期作用。库场面积对各省（区）港口运营议价能力和港口潜在议价能力产生积极影响，对港口基础议价能力影响不容乐观，贷款支持对三种港口议价能力的影响与库场面积则相反。

3. 时间效应检验

由本节的实证分析可知改革江苏、浙江、福建和广西各自提升港口议价能力的效果,由于政策的实施效果需要经过一段时间才会逐渐显现,且显现后政策效果的稳定性也会不同,本节将继续检验各省改革在不同时间里提升港口议价能力的效果。

本节研究采用固定效应的动态双重差分模型来分析省域范围内我国港口一体化改革的时间效应,参考陈爱贞等(2019)的研究后,建立检验我国港口一体化改革政策时间效应的模型(式 2-5)。

$$\text{Lnbp}_{it} = \beta_0 + \beta_1 \text{time}_{it} \times \text{Dyear}_t + \beta_2 \text{yard} + \beta_3 \text{lnscale} + \beta_4 \text{transport}$$
$$+ \beta_5 \text{fluctuation} + \beta_6 \text{export} + \beta_7 \text{loan} + \mu_i + \eta_i + \varepsilon_{it} \qquad (2\text{-}5)$$

式中,Lnbp_{it} 表示港口议价能力,包括港口基础议价能力(Lnbp-base)、港口运营议价能力(Lnbp-operation)和港口潜在议价能力(Lnbp-potential)。time_{it} 为表示时间的虚拟变量,即改革之前取 0,改革后取 0,Dyear=year−改革基期年份,即江苏的 Dyear=year−2016,浙江和福建的 Dyear=year−2015,福建的 Dyear=year−2009。核心变量 $\text{time}_{it} \times \text{Dyear}_t$ 的参数为本模型的关注焦点。控制变量包括港口库场面积(yard),港口规模(lnscale),港口所在城市公路疏运条件(transport)、港口所在区域经济波动(fluctuation)、港口所在城市外向型经济发展水平(export)和港口所在城市的贷款支持(loan)。μ_i 表示个体效应,η_i 表示时间效应,ε_{it} 为随机扰动项,服从正态分布。

因为本节重点关注的是我国港口一体化改革对港口议价能力影响的时间效应,所以只对 $\text{time}_{it} \times \text{Dyear}_t$ 的参数回归结果做汇报,不再对其他变量的回归结果做汇报。福建港口一体化改革开始较其他三省(区)开始早,故这里只截取 2015—2017 年数据。

由四省(区)港口一体化改革时间效应的回归分析结果(表 2-8)可知,广西和福建提升港口基础议价能力和港口潜在议价能力的政策效应显著且呈现出平稳趋势,说明其提升港口议价能力的改革措施效果连续性较好。第一,这很可能与广西和福建在整合数量中采用了打破行政区划的方式有关,即以政府主导进行港口整合的模式。相比于企业主导进行港口整合的模式,政府的行政手段是一种强制性整合,效率更高,效果更好,并且为港口一体化改革提供了稳定的外部环境。从其他方面来看,广西在推行改革之前做好了充足的准备工作。从 2006 年开始,广西就开始筹划钦州港、北海港和防城港的整合工作,多次派遣工作小组进行实地考察和调研,从实际出发,对三个港口存在的问题、整合和规划进行了讨论并制订相应的方案,重点对三个港口今后的发展特点进行了详细规划,具体到港口基础设施和管理资源整合,不仅为三个港口做好了整合前的心理准备工作,而且以特色的发展规划来为改革工作奠定基础。第二,两省(区)均注重港口资源与航运供应链上下游企业资源的整合。广西积极促进港口与物流企业、交通部门等相关资源的整合,在物流资源上,促成中远等大型航运国企与本地港口的合作;在交通资源上,促成港口与公路部门联合建设铁路,对未来形成海铁联运奠定了良好基础。而福建作为第一个推行港口一体化改革的省,为改革效应提供了充分的发挥时间。

浙江提升港口潜在议价能力的政策效应显著且呈现出平稳趋势。具体来看,与福建和广西不同,浙江采取了企业主导模式,虽然不如政府主导模式高效,但浙江政府对港口一体化改革高度重视,不仅将港口一体化改革纳入全省经济发展的重要方面,还成立省级层面的领导小组解决改革中的问题,为改革提供了坚实的顶层力量。

江苏提升了港口潜在议价能力,但政策效应的时间趋势并不平稳。具体来看,与广西、福建不同的是,江苏采取了企业主导模式,且相比于浙江的企业主导模式,江苏政府干预程度不高,虽然将改革充分放权于企业,但缺少政府行政手段的强制性与严格性,显然效果不容乐观。此外,福建提升港口运营议价能力的政策效应显著,原因是福建在实行打破行政区划的整合方式后,进一步在省政府的牵头下将港航企业与交通运输集团合并,在省级层面上促进了运营的统一,提供了滚装运输、海铁联运、海空联运等更加全面的运输方式,更加全面地捕捉和对接货源的需求,从而获取更多货源,提升了港口运营议价能力。

表 2-8　四省(区)港口一体化改革对港口基础议价能力影响的回归分析结果

省(区)	变量	Time×2015	Time×2016	Time×2017
江苏	Lnbp-base	—	0.048	0.139
		—	(0.078)	(0.124)
	Lnbp-operation	—	0.008	0.190
		—	(0.081)	(0.124)
	Lnbp-potential	—	0.161	0.479*
		—	(0.131)	(0.263)

续表

省(区)	变量	Time×2015	Time×2016	Time×2017
浙江	Lnbp-base	0.099	0.035	0.008
		(0.085)	(0.115)	(0.116)
	Lnbp-operation	0.032	−0.010	0.029**
		(0.098)	(0.103)	(0.101)
	Lnbp-potential	0.604***	0.522***	0.774***
		(0.091)	(0.103)	(0.104)
福建	Lnbp-base	0.759**	0.482**	0.433*
		(0.340)	(0.235)	(0.224)
	Lnbp-operation	0478	0.383**	0.582*
		(0.332)	(0.165)	(0.156)
	Lnbp-potential	0.194	0.064	0.399
		(0.499)	(0.474)	(0.499)
广西	Lnbp-base	0.519***	0.512**	0.506***
		(0.075)	(0.072)	(0.071)
	Lnbp-operation	0.298	0.262	0.305
		(0.245)	(0.246)	(0.250)
	Lnbp-potential	1.563***	1.470**	1.496***
		(0.420)	(0.416)	(0.414)

注:"***""**""*"分别表示在1%、5%、10%水平下显著。用STATA软件计算所得,数据均保留三位小数,回归均控制了个体效应与时间效应。

2.3.3 结果分析

根据第四章实证分析结果可知,我国港口一体化改革的政策效应展现出了区域差异和时间差异,本章研究实证结论总结如下。

① 从全国范围来看,我国港口一体化改革对于提升港口议价能力的政策效应是值得肯定的,显著提高了试点省(区)港口的基础议价能力和潜在议价能力,但并未提高港口的运营议价能力。

② 从省域层面上来看,我国港口一体化改革对于提升港口议价能力的效应在不同试点省(区)之间有所差异。江苏和浙江推行的港口一体化改革显著提高了港口潜在议价能力,但并未提高港口基础议价能力和港口运营议价能力;福建显著提高了港

口运营议价能力和港口潜在议价能力,并未提高港口基础议价能力;广西提高了港口基础议价能力和港口潜在议价能力,并未提高港口运营议价能力。

③ 从改革的时间效应来看,浙江、福建和广西推行的港口一体化改革效应随着改革时间的增加而呈现出平稳趋势。江苏推行的港口区域一体化改革未提高港口议价能力,且随着改革年份的增加并未出现显著效果。

④ 政府治理能力、经济环境、港口是否上市以及政府主导的改革模式对提升港口议价能力起到了促进作用,而过度的财政分权、复杂的股权结构和较低的外向型经济发展水平是造成"整而不合"的原因。

根据实证的结果,给出的建议是:虽然港口一体化改革在不用试点省(区)之间的效果有所差异,但是从全国范围来看,我国港口一体化改革对于提升港口议价能力的政策效应是值得肯定的,显著提高了试点省(区)港口的基础议价能力和潜在议价能力,但并未提高港口的效益议价能力。同时,某些省(区)港口的议价能力的改革措施效果连续性较好,很可能与打破行政区划的方式有关,即以政府主导进行港口整合的模式。相比于企业主导进行港口整合的模式,政府的行政手段是一种强制性整合,效率更高,效果更好,并且为港口一体化改革提供了稳定的外部环境。所以在接下来的改革过程中,建议以政府为主导,以求达到显著提高改革的效率和效果。

──────· 本章小结 ·──────

本章对港口竞争力做出了定义,在波特菱形理论的基础上得出关于港口的竞争力要素以及影响因素,概括了港口改革政策自改革开放以来的发展历程,分析了港口一体化改革对港口竞争力的作用机制,并选取几个不同的省(区、市)2007—2017 年的港口面板数据作为样本,通过双重差分法对实例进行分析验证并得出结论。

【知识进阶】

1.思考波特菱形理论的基本要素有哪些,并说明它们如何应用于港口竞争力的分析。

2.思考港口一体化改革对于提升港口竞争力有何重要意义,结合当前改革现状,提出合理的建议。

3 港口产业集聚与区域经济增长

知识导入：党的二十大报告中"战略性新兴产业融合集群发展""数字产业集群"等表述阐明了产业集群对我国"建设现代化产业体系"的重要性。产业集群是指在某个特定产业中相互关联的、在地理位置上相对集中的若干企业和机构的集合,对于我国建设现代化产业体系至关重要。港口企业在地理上具有明显的集中特征,它的集聚为陆海区域的发展提供了巨大的机遇,完善了陆海立体交通网,带动了海洋相关产业的繁荣,为实现海洋强国目标迈出了重要一步。我国现有环渤海、长江三角洲、东南沿海、珠江三角洲、西南沿海五大海洋港口产业集群,这些港口产业集群与区域经济的发展存在着紧密联系。这些集群通过扩大港口规模、增强对货源的吸引力等方式,对区域经济做出了重要贡献,并通过向外部区域共享知识与技术等溢出效应,促进了相关产业的发展,成为拉动区域经济的重要因素。相关研究主要集中在理论分析,缺少实证研究,因此本章将从港口产业集聚的角度进行实证研究,旨在探讨港口产业集聚对区域经济的促进作用及影响程度。

3.1 产业集聚与区域经济增长理论

由于近年来国际分工及国际贸易的饱和发展,产业集聚成为影响区域经济发展的重要因素。国际分工和国际贸易使得各类产业在地理上相互吸引并形成了不同程度的集聚,这种集聚会产生外部性,为整个区域的企业带来信息、技术、劳动力共享等优势,从而为区域经济的发展创造有利条件。因此,产业集聚可以作为一个影响区域经济增长的热门研究视角。本节从产业集聚的理论起源出发,梳理产业集聚影响区域经济增长的理论基础,为后文解释产业集聚对区域经济增长的作用机制打下基础,最后通过梳理文献,试图拓宽区域经济增长的研究领域,引出本章的研究问题。

3.1.1 产业集聚的理论起源与发展

产业集聚研究最早可以追溯到 18 世纪的经济学家 Adam Smith,他在《国民财富的性质和原因》一书中,分析了产业集聚现象,虽然没有正式提出产业集聚的概念,但是提出了"分工是经济增长的源泉"。19 世纪末期,Alfred Marshall 通过总结前人的理论观点,在《经济学原理》中首次正式提出产业集聚的概念,而且阐明了集聚的外部性,认为追求外部规模经济效应是产业集聚出现的重要原因。工业区位理论的创始人 Alfred Weber 第一次提出了集聚经济的概念,并将区位因素考虑到企业的生产活动中,进一步从成本角度考虑了产业集聚的成因。他认为集聚区具有寻找劳动力成本降低、基础设施共享和设备专业化等优势,正是这种优势促进了产业集聚的形成。20 世纪 30 年代,美国经济学家 Edgar Malone Hoover 提出了产业集聚的最佳规模论,从规模经济的角度考虑,他认为单个区位单位、单个公司以及产业集聚区都有自己的最佳规模,也就是说如果集聚的企业太少,可能会达不到集聚所产生的效果;如果集聚的企业太多也可能使集聚的效果降低,产生负外部性。这些理论在一定程度上解释了产业集聚现象,但是忽略了空间维度的分析,使得分析不够严谨,因此考虑空间效应的新经济地理理论开始出现在大众面前。Michael E. Porter 开始把产业集聚纳入竞争优势理论的分析框架,他指出,由于地理位置较近,企业可以通过集聚共享资源、降低交易成本,提高创新能力,获得持续竞争优势。新经济地理学派的代表人物 Paul R. Krugman 指出产业集聚是由于规模报酬递增、运输成本和生产要素转移产生的,基于此,他根据垄断竞争模型(D-S 模型)提出了基于规模报酬递增的中心-外围模型,即两个对称的区域会由于自然资源、人力资源等生产要素和运输条件的不同而分别成为中心地区和边缘地区,同时他也指出产业集聚是由于规模报酬递增、运输成本和生产要素转移产生的。

3.1.2 产业集聚影响区域经济增长的理论基础

本节探讨产业集聚的理论起源,选取增长极理论、中心外围理论、外部经济理论作为理论基础,结合现有文献阐述产业集聚如何影响区域经济的发展,为后文分析区域经济增长的影响因素、全面解释产业集聚与区域经济增长的作用机制提供理论支撑。

1. 增长极理论

Francois Perroux 在 1955 年提出了增长极理论。他认为区域经济发展主要依靠条件较好的少数地区和少数产业带动,因此应把少数区位条件好的地区和少数条件好的产业培育成经济增长极。一个地区的发展往往得益于推动型产业,即那些规模较大、增长速度较快、与其他部门相互关联效应较强的产业。在区域发展的前期,增长极通过极化效应不断吸引经济活动和资金、劳动力、技术等生产要素向中心聚集,扩大了经济活动范围,从而形成规模经济,使得生产要素成本降低,提高了企业生产率。到了区域发展后期,增长极通过扩散效应向周围不发达的地区扩散各种生产要素,进而带动整个区域经济的增长。

增长极理论常被用来解释中心城市发展对区域发展的影响。如柳卸林等人基于增长极理论,构建了考虑空间效应的面板数据模型,对省域内经济增长极的极化效应进行实证分析,研究发现中心城市在经济增长过程中对同一省域内的周边城市存在极化效应,进而剖析了增长极与周边城市的产业结构和经济距离对极化效应的影响机制。因此,增长极理论可以用来解释集聚对区域经济增长的促进作用。

2. 外部经济理论

19世纪末,Alfred Marshall 提出外部经济理论,从要素供给的角度阐明了集聚的作用。他最早从要素供给出发,提出集聚和集聚外部性概念,认为集聚经济主要来源于三个方面的外部性:劳动力市场共享、中间投入品和生产性服务的规模经济、专业技术和知识的外溢效应。他认为产业的集中有利于技能、信息、新思想在集群企业之间的传播与应用,有助于企业间设备的共享与利用,从而有利于企业效率提高和规模扩大,进而拉动相关产业乃至整个区域经济的发展。因为共享可以保证产业集群对劳动力的需求结构,降低企业的生产成本,也有利于提高生产率,所以可以促进区域经济的增长。

外部经济理论常被用于产业空间集聚的机制探讨中,韩峰将该理论与新经济地理理论结合,构建了要素供给和市场需求的空间外部性指标,探讨了我国城市制造业空间集聚的机制,验证了产业集聚为制造业发展带来的积极作用。综上所述,产业集聚会带来外部规模经济,进而促进区域的经济增长,因此可以使用外部经济理论解释产业集聚对区域经济的影响过程。

3. 中心-外围模型

美国区域经济学家 John Friedmann 1966年在《区域发展政策》一书中提出了中心-外围模型来分析区域的发展。其基本观点:一是在若干区域之间会有个别区域率先发展成为中心,其他区域则因发展缓慢而成为外围。二是中心与外围之间存在着不平等的发展关系。总体上,中心居于统治地位,而外围则在发展上依赖于中心,居于依附地位。三是中心与外围相互作用,一方面,中心吸引外围的生产要素产生大量的创新;另一方面,这一创新又源源不断向外围扩散,引导外围的经济活动、社会文化结构的转换,从而促进整个空间系统的发展。Friedman 认为区域发展是通过一个不连续但又逐步累积的创新过程来实现的,而创新起源于区域内少数变革中心,并由这些中心向外扩散,周边地区依附于中心而获得发展,进而使整个区域得到发展。

中心-外围模型常被用来解释集聚与区域经济发展的关系。如兰秀娟等人利用全国地级市面板数据,借助空间杜宾模型,分析了经济集聚对中心-外围区域经济发展差异的影响。研究结果显示,本地经济集聚对中心-外围区域经济发展差异存在倒U形关系,并且经济集聚扩大了中心-外围区域经济发展差异,中心城市呈现出虹吸效应大于扩散效应。因此使用中心-外围模型解释产业集聚对区域经济的影响较为合理。

3.1.3 产业集聚与区域经济增长的研究现状

产业的空间集聚是经济活动最突出的地理特征,也是一个世界性的经济活动。产业集聚与区域经济发展的关系研究作为产业集聚研究中的一个重要分支,已逐步成为经济、管理等领域共同关注的热点问题。

国外学者研究产业集聚与经济增长之间关系较多,且大多支持空间集聚有益于经济增长的观点。首先,Krugman利用空间基尼系数测算了美国106个地区和欧盟四个国家的地区专业化水平,得出欧洲国家应该提高产业集聚来促进经济增长的结论;Ottavaiano和Martin结合新经济地理模型和内生增长理论分析阐述了空间集聚与经济增长是相互促进的;在Krugman新经济地理理论和Romer、Lucas的新经济增长理论的基础上,Ottavaiano和Martin在假设劳动力不可流动的前提下,认为区域经济增长是空间集聚导致创新成本的降低;Fujita和Thisse从劳动力成本角度指出,随着交易成本的降低,经济由分散到集聚的程度越来越高,加快了区域内创新的步伐,因而对经济的增长起到了促进作用;此外,Baldwin和Martin认为空间集聚通过降低创新成本促进区域经济增长。然而,也有一些学者认为集聚与经济增长之间可能并非正相关关系。Williamson提出了区域经济差距的倒U形曲线理论,即空间集聚在发展早期对经济增长有促进作用,但是当经济到达了某一收入水平后,促进作用会消失,甚至是负向影响。Futagami和Ohkusa利用人口数量衡量市场规模,研究发现市场规模与经济增长率之间存在着U形关系。Brulhart从实证中发现,集聚在早期会促进经济增长,但发展到一定阶段拥挤效应会造成发展瓶颈,反向作用于集聚水平。

近年来,国内一些学者,基于中国数据考察了空间集聚与区域经济增长之间的关系,发现产业集聚对区域经济增长具有促进作用。例如,吴亚菲、孙淼等人利用空间面板数据借助区位熵法,通过计算长江三角洲城市群制造业集聚度与生产性服务业集聚度,发现制造业集聚对于区域经济增长有正向影响,而生产性服务业集聚则呈现出负向影响。曹清峰等人首先使用行业集中度指数和区位熵等方法测度文化产业集聚程度,然后利用省域面板数据实证分析文化产业集聚对区域经济增长的影响,结果发现文化产业集聚程度每提高1%,GDP约增长0.23%。谢雄军等人利用我国省域面板数据计算出产业集聚的 Theil 指数,借助空间计量模型,发现可以通过提高产业集聚与人力成本来促进区域经济增长。但部分学者研究的结果显示产业集聚对区域经济增长影响并不显著甚至呈现出负向影响。比如,吴晓明等人分别以 Krugman 专业化指标与空间基尼系数测度四川省石化产业集聚程度,研究指出石化产业集聚对区域经济增长的影响总体上呈现倒 U 形态势,同时,存在集聚效应时滞,石化产业集聚在短期内不会对经济增长带来正向影响。谢品等人利用江西省制造业的数据证明产业集聚、地区专业化与经济增长之间的关系并不是简单的线性关系,而是呈现倒 U 形的关系。刘修岩等基于我国地级以上城市的数据采用动态面板数据模型对集聚与经济增长之间的关系进行了实证检验,结果发现集聚对于短期内人均 GDP 的增长具有正向作用,但是这种正向作用存在一个临界点,当经济发展到一定水平之后,集聚的作用即转变为负方向,从侧面反映出威廉姆森效应的存在。与之类似,徐盈之等人利用中国 30 个省(区、市)1978—2008 年的面板数据对"威廉姆森假说"进行了检验。其研究发现空间集聚对经济增长具有非线性效应,即没有达到门槛值之前,集聚对经济增长起到了促进作用,超出门槛值之后,集聚对经济增长率起到了负向作用。

　　综上所述,首先,目前学界对产业集聚与区域经济的关系研究较为丰富,大部分学者支持产业的空间集聚有益于区域经济增长,但部分学者认为集聚与经济增长之间不是正相关关系,可能是倒 U 形关系;其次,对于不同产业不同地区,产业集聚对区域经济增长的影响存在差异;最后,学界对产业集聚的研究大多集中在制造业、生产性服务业、文化产业等不同领域,而大部分研究对港口产业的集聚如何影响区域经济这一方向鲜有涉及。因此,本章将从港口产业的角度探索产业集聚与区域经济增长的关系,为港口产业以及区域经济的发展提供科学有效的建议,同时为这一领域的研究进行了有力的补充。

3.2　港口产业集聚与区域经济增长的作用机制

　　本节将着重梳理港口产业集聚与区域经济增长的研究现状。一方面,试图通过梳理研究港口产业集聚与区域经济增长的文献,对港口产业做出科学的界定,并在此基础上对港口产业集聚做详细的阐释;另一方面,将产业集聚的相关理论与现有研究结合,全面分析区域经济增长的影响因素,并进一步推导出港口产业集聚对区域经济增长的影响作用机制。

3.2.1　港口产业集聚与区域经济增长的研究现状

　　要想研究港口产业集聚会对区域经济增长产生怎样的影响,我们首先需要梳理出港口产业范围是如何界定的，其次梳理学者是如何科学表达港口产业集聚的，最后梳理港口产业集聚与区域经济关系的相关研究文献。

1. 关于港口产业的相关文献。

目前学界对港口产业没有统一的定义，但是学者从不同角度提出了自己的观点。林杨从产业经济角度将港口产业看作一种"复合型产业"，包括港口装卸搬运业、港口物流业、港口地产业以及港口综合服务业等；姜超雁和真虹从宏观层面认为港口产业主要由港口交通运输物流业、临港产业、航运服务业、港口建筑业和港口政府职能部分构成；郭秀娟从系统的角度分析港口产业是一个动态的、开放的、完整的产业体系，是不同的港口活动在一定时期按照一定的关联比例共同构成的经济体系。基于此，本书研究认为港口产业是由相关产业构成的复合型产业体系，是围绕港口作业活动构成的有机整体，可将港口产业分为直接关联产业与间接关联产业。直接关联产业即与港口作业活动相关的产业，间接关联产业即港口作业活动吸引并且聚集在港口周围的产业。

目前的学术研究中，没有学者针对港口产业这一特殊部门进行专门计算直接关联产业和间接关联产业的研究，因此需要选取适当方法计算港口产业的相关数据。但李欣婷和胡永进借助投入产出表，计算了安徽省物流业的消耗系数、中间投入率和中间需求率以及感应度系数和影响力系数，分析了物流业与其他产业的关联强度。因此本书也将尝试着借鉴前人学者的方法，通过转换系数和投入产出表得到有关港口产业投入产出表的完全消耗系数。

2. 关于港口产业集聚的文献

目前学界主要采用产业的专业化水平来衡量一个产业的集聚程度。在界定港口产业的范围后，港口产业集聚可用港口产业的集聚程度或者专业化水平来表示。韩增林等人认为临港产业集聚是产业集聚最具代表性的现象，他采用修正的 EG 指数（空间焦聚指数）和产业间协同集聚指数测度了环渤海临港石化产业 2003 年和 2013 年的集聚程度，利用空间计量模型测度其集聚效益，最后通过对比集聚类型、集聚程度和集聚效益，对环渤海地区临港石化产业的集聚水平进行综合评定，发现集聚可分为地理空间的"区域集聚"和市场空间的"规模集聚"。王婷认为，众多与港口物流相关的企业绕港而居，具有明显的产业集聚特征，而具有竞争优势的产业往往具有明显的产业集聚特征。另外，她分析了港口物流业集聚形成的机制与特征，分别对物流业集聚产生的价格领先效应、技术创新效应、资源共享效应与经济扩散效应进行了深入分析，从而为港口经济的繁荣与发展提供借鉴。

3. 关于港口产业集聚与区域经济增长的文献

文江雪等人以环渤海、长江三角洲和珠江三角洲港口群为研究对象,运用中介效应动态面板模型探究了知识溢出在临港产业集聚影响区域经济高质量发展中的作用,并构建门槛模型,检验知识溢出释放的约束机制,验证了专业化溢出在临港产业集聚影响区域经济高质量发展中发挥中介作用,多样化溢出和竞争溢出的中介作用不明显;专业化溢出效应表现出明显的倒 U 形特征。

3.2.2 区域经济增长的影响因素

影响区域经济增长的因素一直是学者研究的重点,通过理论分析和对相关文献的梳理,本书认为区域经济增长的影响因素从生产要素角度可以分为资本投入、劳动力投入、技术创新投入三方面。

1. 资本投入

在区域经济增长理论的初期研究过程中,资本投入所形成的资本积累一直是经济增长的主要决定因素。资本投入可提高企业产品与服务的产出规模和产出效率,从而促进区域经济的增长。相关学者也研究了固定资产投资对区域经济增长的影响,宋丽智发现了固定资产投资对经济增长存在明显的促进作用。

2. 劳动力投入

党的二十大报告强调了"必须坚持科技是第一生产力、人才是第一资源、创新是第一动力,深入实施科教兴国战略、人才强国战略、创新驱动发展战略"。这体现了劳动力要素对于经济发展的重要性,区域经济的发展离不开劳动力的支撑。随着经济的不断发展,对于劳动力的要求越来越高。朱承亮通过进行人力资本与区域经济增长效率之间的数理研究,发现接受过高等教育的人力资本对经济增长效率的改善具有较大促进作用;对人力资本存量的投资能促进经济增长效率的改善。从中可以发现教育水平的高低对区域经济的发展具有重要影响,因此本书借鉴 Barro 和 Lee 的做法,用劳动者受教育程度直接反映各区域人力资本方面的差距。

3. 技术创新投入

党的二十大报告指出:"我们加快推进科技自立自强,全社会研发经费支出从一万亿元增加到二万八千亿元,居世界第二位,研发人员总量居世界首位。基础研究和原始创新不断加强,一些关键核心技术实现突破,战略性新兴产业发展壮大。"由此可见,技术创新对于区域经济发展具有重要的战略地位。

一个区域的经济增长离不开技术创新,区域创新效率的提升对其经济增长有显著促进作用。Solow 从技术创新的视角指出生产要素、技术水平的提升是推动经济增长的关键因素。技术创新投入会带来知识和技术溢出效应,使得集聚区域内的企业可以交换彼此之间的学习经验,降低各企业的学习成本,从而提高整个区域的生产效率,进而推动经济增长。其他学者也对知识溢出与经济增长的关系做了大量研究,发现研发要素通过空间知识溢出效应促进了我国经济的增长。因此本节将基于知识溢出角度研究港口产业集聚对技术创新投入的影响。

3.2.3 港口产业集聚与区域经济增长的作用机制

港口产业在集聚的过程中会通过多种路径促进区域经济的增长,因此本节将基于增长极理论等推导港口产业集聚带动区域经济增长的具体路径。

1. 经济规模效应

经济规模效应指的是港口企业通过集聚,吸引相关企业并扩大经济活动的范围,在集聚区域共享信息和技术,共享港口基础设施,降低港口生产运作成本,获得规模经济。港口企业自身成本的降低和服务水平的提高会使得港口企业向港口服务需求企业提供价格更加低廉、服务更加专业的港口服务,进而降低港口服务需求企业的生产成本。由此,港口产业集聚就将自身集聚的内部规模经济转化为港口服务需求企业的外部规模经济,进而促进区域经济的发展。这体现的是港口产业集聚强度。

港口产业集聚深度和广度相结合,则反映了港口对所有港口直接或间接关联产业空间集聚的规模效应,即随着港口的发展,吸引相关产业在港口周围集聚,众多产业在集聚区域内共享信息、基础设施,有效地降低了港口和相关产业的生产运作成本,从而产生规模经济效应,故本书称其为港口产业集聚强度,用于更全面地衡量港口产业的集聚程度。

2. 产业带动效应

产业带动效应指的是港口企业通过集聚产生外部规模效应使得该区域具有更强的集聚力,从而吸引更多新的港口企业进驻该区域,港口产业集聚的规模变大会促使更多的港口服务需求企业为了降低港口服务成本而在其周边产生,从而促进港口企业和港口服务需求企业在集聚区内的互助发展,进而带动港口所在区域经济的发展。这体现的是港口直接关联产业集聚程度,即港口产业集聚深度。它体现的是港口对与其直接关联产业深入集聚的带动效应,即随着港口规模的扩大,会吸引与之直接相关的关联产业如交通运输业等的集聚并带动其发展,故本书称其为港口直接关联产业集聚深度,简称港口产业集聚深度。

3. 地理辐射效应

地理辐射效应指的是港口企业通过集聚产生外部规模效应,使得该区域具有更强的集聚力,从而使这种集聚力通过港口供应链网络辐射到港口供应链上下游的节点企业,进而实现了地理纬度上较大范围的辐射效应。这种集聚效应加强了供应链上下游企业的联系和互动,实现了供应链上资源要素的优化配置,促进了临港产业与腹地城市的发展,最终促进了港口所在区域经济的发展。这体现的是港口间接关联产业集聚程度。它表达的是港口对与其间接关联产业进行广泛集聚的辐射效应,即港口通过吸引相关产业集聚产生的外部规模效应使得该区域具有更强的集聚力,从而吸引更多的港口间接关联产业入驻该区域,故本书称其为港口间接关联产业集聚广度,简称港口产业集聚广度。

依据上文分析,绘制本文研究问题的作用机制图(图 3-1)。

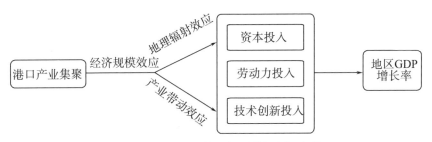

图 3-1　港口产业集聚与区域经济增长的作用机制

港口产业集聚通过经济规模效应、产业带动效应和地理辐射效应来改变资本投入、劳动力投入、技术投入等生产要素的配置,进而带动地区 GDP 增长率的提高,即促进区域经济增长。

3.3　港口产业集聚与区域经济增长的研究方法

基于上述作用机制,本节将结合数据特征以及本章研究问题的类型,分析适用于解决本章问题的方法,包括港口产业集聚的测度方法和港口产业集聚对区域经济增长影响程度的方法。

3.3.1　区位熵法

在探究港口产业集聚如何影响区域经济增长及其影响程度之前,本节首先要对港口产业集聚进行量化表达,以准确表示港口产业的集聚程度。区位熵不受区域规模的影响,能够对要素的空间分布进行较好反映,因此本节应用该方法对产业集聚度进行测算。区位熵由哈盖特首先提出并用于区位分析,又称为专业化率或地区集中度指标,用来反映某一产业的专业化程度。区位熵越高代表该产业在某一地区的集聚程度越高,专业化程度越强。该方法可在一定程度上反映出地区层面的产业集聚水平,并且可以分析某一区域与上级区域的专业化差异情况,因此本书后续研究将采用区位熵方法衡量港口产业集聚的程度。

区位熵的计算公式为:

$$Lq_{ij} = \frac{q_{ij}/q_j}{q_i/q}$$ 　　(3-1)

式中,Lq_{ij}为j地区的i产业在全国的区位熵,其中q_{ij}为j地区的i产业的指标值;q_j为j地区所有产业的指标值;q_i为在全国范围内i产业的指标值;q为全国范围内所有产业的指标值。区位熵是某地区j的某产业i在全行业占比与全国范围内某产业i在全行业占比的比值,即通过该地区产业活动与总体经济活动的比值大小来判断该地区的产业集聚程度;一般说来,当$Lq_{ij}>1$,表示该地区的该产业在全国具有比较优势,一定程度上显示出该产业较强的集聚能力;当$Lq_{ij}=1$,表明该地区的该产业在全国处于均势,集聚能力并不明显;当$Lq_{ij}<1$,表明该地区的该产业在全国处于劣势,集聚能力弱。

然而仅仅依靠区位熵这一指标,不能反映出港口产业的特点。因此,为了体现港口产业集聚的特点,本书将区位熵与完全消耗系数相结合,提出一种新的集聚度指标来衡量港口产业的集聚水平,即用完全消耗系数把各港口相关产业的区位熵提取出来,重新组合,形成港口产业的集聚度。这样使得最终结果能够在一定程度上反映出港口相关产业中的各产业与港口产业的关联程度。基于以上思想,我们提出港口产业集聚度的公式为:

$$agg = \frac{\sum_{i=1,j=1}^{n} Lq_{ij} \times Ly_{ij}}{\sum_{i=1,j=1}^{n} Ly_{ij}}$$ 　　(3-2)

式中,agg表示港口产业的集聚水平,即港口产业集聚度,Lq_{ij}表示第i个港口的第j个港口相关产业的区位熵,Ly_{ij}表示第i个港口的第j个港口相关产业的完全消耗系数。港口产业集聚度大于0,一般来说,当港口产业集聚度大于1时,表示该港口的港口产业集聚程度较高;当港口产业集聚度小于1时,表示该港口的港口产业集聚程度较低。

3.3.2　面板回归模型

在探究港口产业集聚与区域经济增长的关系时,首先,本书关心的是产业集聚度对区域经济的影响程度,而这种影响程度恰好可以由面板回归模型的最小二乘回归估计出参数而得到。其次,本书收集的面板数据包含时间维度的时间序列数据和截面维度的横截面数据,面板数据样本容量大,能够提供时间和截面的多维信息,能够解决单独的时间序列数据和横截面数据所不能解决的问题,使用面板回归模型可以提高估计的准确性。最后,面板数据还可以在一定程度上解决忽视不可观测的、不随时间改变的个体差异而导致的遗漏变量问题,从而减少估计偏差。因此,选择面板回归模型研究港口产业集聚对区域经济增长的影响程度较为合理。

面板回归模型的一般形式为:$Y = \alpha + X\beta + \varepsilon$。其中,$Y$ 代表被解释变量,α 是截距项,β 为待估计参数,X 代表解释变量,ε 是随机误差项,且 Y,X 都是时间和截面维度上的二维变量。因为面板数据同时具有横截面和时间序列的信息,所以面板数据用双下标变量来表示,所以面板数据用双下标变量来表示,则回归面板模型的一般形式为 $Y_{it} = \alpha_i + X_{it} + \varepsilon_{it}$,其中下标变量 $i = 1, 2, \cdots, N$ 表示总共 N 个观测样本;$t = 1, 2, \cdots, T$ 表示共有 T 个观测期。经过最小二乘回归得到的参数 β 即为解释变量 X 对被解释变量 Y 的影响程度。

具体来看,面板回归模型一般有以下三种情形。

1. 混合回归模型

混合回归的假设是不存在个体效应,即对于任何个体的任何时期回归系数 α 和 β 都相同,不随时间和个体的变化而变化。由于模型要求太高,混合回归的使用往往有限制条件,适用性不高。

2. 固定效应模型

在固定效应模型中,对于样本的不同时间序列和横截面,模型的斜率都是相同的,只有截距项不同,即模型中解释变量对被解释变量的边际影响是相同的,而其他确定的、不可观测的变量对被解释变量的影响都只随个体变化而不随时间变化。

3. 随机效应模型

随机效应模型和固定效应模型的区别在于,当截距项与自变量相关时选择固定效应模型,不相关时选择随机效应模型。

3.3.3 空间计量模型

应用面板回归模型研究港口产业集聚与区域经济增长的关系,是建立在经典计量经济学的基本假设——样本独立不相关的基础上。然而,港口产业集聚本身就具有空间性质,产业集聚相关的数据一般都具有地理空间属性,具有地理空间属性的变量间距离越近,则变量之间的关系越密切,即地理学第一定律:任何事物之间均具有相关性,而事物之间的距离越近则事物之间的相关性越高。这种空间相关性或依赖性强调变量之间的非独立性。此外,区域经济之间通过各种要素流动对相邻地区亦会产生影响,一个区域的发展不仅受自身因素的影响,还受到相邻区域发展的影响。

在此情况下,本节已不满足样本相互独立的基本假设。若仍采用普通最小二乘法进行模型估计,可能会忽略一些空间因素而导致估计结果无效和有偏,从而使得回归结果与实际相比出现较大偏差,因此需要空间计量方法来处理这种空间相关性。

在实际的经济以及地理研究中,大多数有关空间地理的数据都会忽略空间依赖性,那么计量分析和统计的结果就需要进行更深入的探究。空间计量经济学的出现很好地解决了上述问题,该理论假设样本数据之间存在空间相关性,为识别和估计地理空间属性数据的空间效应提供了一系列有效的理论和实证分析方法,这也使得产业集聚的研究更加贴近现实。因此,本节将引入空间权重矩阵,并据此建立空间计量模型,以期解决普通面板回归模型的面板数据的空间相关性导致的估计偏差的问题。

1. 空间权重矩阵的设定

要想将地理因素加入模型之中,空间权重矩阵的构建是必不可少的工作。空间权重矩阵是用来反映所要研究的区域之间地理关系的工具,可对研究对象的空间邻近性进行定性测量。根据研究的需要,本节采用 queen 权重方法,即区域 i 和区域 j 有共同的顶点或共同的边,则称区域 i 和区域 j "后"相邻,记 $W_{ij}=1$,否则记 $W_{ij}=0$。

2. 空间计量模型

在空间计量经济学发展的过程中,学者们建立了很多经典的空间计量模型。在实际应用中,对于空间面板数据的分析,一般主要使用三种空间计量模型:空间滞后模型(SLM)、空间误差模型(SEM)以及空间杜宾模型(SDM)。

空间滞后模型也叫空间自回归模型(SAR),在普通回归模型中加入因变量的空间滞后项,用来研究个体受到相邻地区的空间溢出效应的影响程度。空间滞后模型(SLM)的公式为:

$$Y=\rho WY+X\beta+\varepsilon \tag{3-3}$$

式中,Y 为被解释变量,ρ 为空间自相关系数,表示样本观测值的空间依赖作用;W 为空间权重矩阵;WY 为被解释变量的空间滞后项;X 为解释变量;β 是解释变量的回归系数;ε 为随机误差项。

空间误差模型是将空间因素的影响加入误差项中,将地区间的空间效应通过误差项的空间滞后项来体现的模型,其具体形式为:

$$Y=X\beta+\varepsilon,\varepsilon=\lambda W\varepsilon+\mu \tag{3-4}$$

式中,Y 为被解释变量,X 为解释变量;ε 为随机误差项;λ 为因变量向量的空间误差系数;μ 为正态分布的随机误差向量。

空间杜宾模型是上述两种空间计量模型的拓展形式,该模型中既加入了因变量

的空间滞后项,又加入了自变量的空间滞后项,对空间相关效应的描述更加全面,其具体形式为:

$$Y = \rho WY + X\beta_1 + WX\beta_2 + \varepsilon \tag{3-5}$$

式中,Y 为被解释变量;WY 为被解释变量的空间滞后项;X 为解释变量;WX 为解释变量的空间滞后项,ρ 为空间自相关系数;β_1 为解释变量的回归系数;β_2 为解释变量的空间自相关系数,ε 是随机干扰项。

3.4　长江三角洲港口产业集聚与区域经济增长的关系研究

长江三角洲港口产业存在空间集聚现象,基于港口产业对长江三角洲地区经济发展的重要影响,需要探究长江三角洲港口产业和相关产业发展的空间关联性,因此本章将选择合适的变量构建空间计量模型,通过实证研究港口产业集聚对区域经济增长的影响。本章将首先选取解释与被解释变量,确定数据来源;其次,从空间角度出发构建相应的权重矩阵,采用探索性空间统计分析的方法对主要变量进行空间相关性分析;最后,基于探索性空间统计分析的结果建立并选择合适的空间计量模型,并对模型结果进行分析。

3.4.1　指标选取及数据来源

本节将从资本投入和劳动力投入角度分别研究港口产业集聚对区域经济增长的影响,由于全要素生产率包含资本投入和劳动力投入两个要素,所以选择全要素生产率作为被解释变量。同时,还着重从技术创新投入角度探究港口产业集聚对区域经济增长的作用,因此选择知识溢出作为被解释变量。

1. 全要素生产率(TFP)

全要素生产率的计算根据柯布道格拉斯生产函数,以 2006—2015 年地级市数据为样本,采用资本存量和就业人口为投入变量,以地方生产总值作为产出变量,利用 DEA 软件计算获得。其中资本存量的计算参照张学良等人的永续盘存法。

2. 知识溢出(KS)

本节借鉴陈得文等人利用专利授权量衡量地区知识溢出水平的代理变量。相关数据来自各地区知识产权局网站统计数据。

主要解释变量是港口产业集聚的相关区位熵值:港口产业集聚强度(agg)、港口产业集聚深度(aggz)、港口产业集聚广度(aggg);为了使得方程更好地拟合,加入了固定资产投资额(lnasset)、人力成本(lnlabor)、交通基础设施水平(lntrans)、政府干预度(lngov)作为控制变量。

综上所述,本节的被解释变量主要包括全要素生产率、知识溢出,解释变量包括港口产业集聚强度、港口产业集聚深度、港口产业集聚广度。

3.4.2 长江三角洲港口产业集聚测度

本节根据长江三角洲城市的空间面板数据,依据前文公式计算得出港口产业集聚的相关区位熵值 X_{1i}。基于转换系数和投入产出表,分别将长江三角洲四个省市(上海、江苏、浙江、安徽)2002 年、2007 年和 2012 年的 42 个部门和百部门投入产出表合并为含有港口产业的 43 个部门投入产出表,再依据《中华人民共和国国民经济行业分类标准(GB/T 4754－2017)》进行行业合并,得出含有港口产业的 20 个部门投入产出表,而且这 20 个部门均属于港口相关产业。港口产业的划分依据是投入产出表,因此,2002—2006 年的港口产业划分结果相同,2007—2011 年的港口产业划分结果相同,2012—2016 年的港口产业划分结果相同。在此基础上计算出 2002 年、2007 年和 2012 年长江三角洲各省(区、市)20 部门有关港口产业投入产出表的完全消耗系数(表 3-1、3-2、3-3)。按照完全消耗系数由高到低排序,排名前三的部门被视为港口直接关联产业,其他部门被视为港口间接关联产业。

表 3-1　长江三角洲城市群内的港口产业集聚强度

城市	年份									
	2006	2007	2008	2009	2010	2011	2012	2013	2014	2015
上海	1.296	1.314	1.327	1.381	1.413	1.270	1.273	1.215	1.672	1.655
南京	1.162	0.984	0.950	1.209	0.951	1.015	1.192	1.223	1.370	1.181
无锡	0.810	0.568	0.555	0.576	0.543	0.529	0.740	0.847	0.809	0.82
常州	0.817	0.659	0.653	0.670	0.702	0.654	0.838	0.824	0.788	0.823
苏州	0.537	0.385	0.397	0.408	0.405	0.421	0.558	0.673	0.608	0.595
南通	0.748	0.537	0.588	0.54	0.547	0.563	0.763	0.579	0.491	0.507
盐城	1.232	2.109	2.256	2.079	1.993	1.933	1.194	1.000	0.923	0.895
扬州	1.670	4.878	5.193	4.963	5.417	6.887	1.461	0.972	0.763	0.810
镇江	0.999	1.209	1.126	1.166	1.093	1.197	0.888	1.013	0.938	0.929
泰州	0.786	0.584	0.562	0.561	0.561	0.575	0.889	0.640	0.534	0.544
杭州	0.873	0.878	0.881	0.878	0.904	0.881	0.965	1.034	0.952	0.963
宁波	0.618	0.639	0.646	0.630	0.651	0.623	0.650	0.743	0.712	0.709
嘉兴	0.507	0.529	0.549	0.588	0.604	0.649	0.666	0.746	0.709	0.703

续表

城市	年份									
	2006	2007	2008	2009	2010	2011	2012	2013	2014	2015
湖州	1.415	1.328	1.290	1.276	1.403	1.317	1.135	0.865	0.812	0.842
绍兴	0.586	0.598	0.554	0.526	0.478	0.466	0.406	0.476	0.473	0.482
金华	0.634	0.773	0.792	0.772	0.779	0.767	0.483	0.566	0.546	0.551
舟山	1.230	1.165	1.071	1.564	1.494	1.562	1.300	1.336	1.819	2.023
台州	0.706	0.671	0.637	0.623	0.614	0.549	0.537	0.572	0.515	0.523
合肥	1.026	1.105	1.089	1.052	1.037	0.988	0.976	0.949	0.966	0.984
芜湖	0.827	0.789	0.840	0.851	0.840	0.920	0.938	0.900	0.946	0.902
马鞍山	2.092	2.243	2.246	2.322	2.556	2.090	2.477	5.216	6.178	6.384
铜陵	1.049	1.066	1.063	0.971	1.047	1.019	1.132	1.307	1.309	1.420
安庆	1.231	1.378	1.437	1.473	1.499	1.476	1.704	1.709	1.650	1.614
滁州	1.267	1.279	1.377	1.406	1.501	1.528	1.834	1.588	1.545	1.457
池州	1.490	1.346	1.360	1.403	1.448	1.330	1.590	3.405	1.928	1.834
宣城	1.074	1.191	1.220	0.991	1.002	2.283	1.966	2.560	1.170	1.158

表 3-2 长江三角洲城市群内的港口产业集聚深度

城市	年份									
	2006	2007	2008	2009	2010	2011	2012	2013	2014	2015
上海	1.806	1.613	1.672	1.750	1.820	1.698	0.171	0.219	0.179	0.186
南京	1.335	0.949	0.912	1.390	0.881	1.018	1.116	1.386	1.162	1.160
无锡	0.765	0.296	0.297	0.299	0.285	0.294	0.620	0.788	0.684	0.672
常州	0.796	0.464	0.463	0.475	0.498	0.453	0.655	0.662	0.549	0.545
苏州	0.510	0.268	0.268	0.271	0.273	0.281	0.504	0.762	0.645	0.632
南通	0.638	0.280	0.349	0.236	0.236	0.249	0.427	0.405	0.291	0.300
盐城	1.184	2.744	2.814	2.671	2.501	2.383	0.769	0.672	0.577	0.527
扬州	2.328	8.035	8.636	8.224	9.037	11.703	2.125	1.191	0.815	0.872
镇江	0.986	1.328	1.198	1.256	1.235	1.418	0.760	0.883	0.808	0.735
泰州	0.576	0.226	0.214	0.224	0.235	0.246	0.608	0.468	0.353	0.355

续表

城市	年份									
	2006	2007	2008	2009	2010	2011	2012	2013	2014	2015
杭州	0.666	0.500	0.496	0.485	0.491	0.458	0.340	0.367	0.378	0.377
宁波	0.537	0.423	0.456	0.458	0.451	0.476	0.402	0.422	0.427	0.427
嘉兴	0.497	0.419	0.417	0.451	0.461	0.496	0.438	0.491	0.494	0.505
湖州	2.090	1.635	1.603	1.573	1.823	1.679	1.334	0.997	0.904	0.708
绍兴	0.663	0.567	0.544	0.490	0.456	0.471	0.346	0.398	0.421	0.441
金华	0.473	0.476	0.480	0.495	0.513	0.509	0.266	0.308	0.343	0.364
舟山	1.344	1.014	0.888	1.664	1.512	1.668	1.145	1.097	0.732	1.009
台州	0.473	0.373	0.388	0.368	0.372	0.363	0.339	0.328	0.319	0.330
合肥	0.964	1.396	1.363	1.371	1.372	1.313	1.235	1.360	1.354	1.395
芜湖	0.943	1.245	1.320	1.310	1.280	1.387	1.333	1.305	1.289	1.277
马鞍山	2.866	3.987	3.980	4.124	4.590	3.561	4.284	9.774	11.680	12.148
铜陵	1.166	1.567	1.545	1.384	1.376	1.313	1.408	1.680	1.764	1.872
安庆	1.161	1.559	1.562	1.540	1.577	1.585	1.638	1.603	1.623	1.671
滁州	1.310	1.670	1.747	1.793	1.938	1.926	2.082	1.610	1.670	1.666
池州	1.430	1.581	1.504	1.524	1.634	1.509	1.808	2.029	2.479	2.341
宣城	0.921	1.379	1.419	1.097	1.123	2.457	2.365	2.286	1.201	1.216

表 3-3　长江三角洲城市群内的港口产业集聚广度

城市	年份									
	2006	2007	2008	2009	2010	2011	2012	2013	2014	2015
上海	1.121	1.148	1.135	1.174	1.186	1.031	2.225	2.076	2.963	2.925
南京	0.964	1.028	0.997	0.982	1.039	1.012	1.257	1.086	1.546	1.199
无锡	0.863	0.910	0.880	0.924	0.866	0.824	0.841	0.897	0.915	0.946
常州	0.842	0.903	0.891	0.915	0.958	0.907	0.993	0.961	0.991	1.058
苏州	0.568	0.532	0.558	0.581	0.570	0.597	0.605	0.597	0.577	0.563
南通	0.874	0.861	0.889	0.921	0.938	0.956	1.048	0.727	0.662	0.682
盐城	1.288	1.312	1.554	1.334	1.355	1.369	1.555	1.278	1.217	1.208

续表

城市	年份									
	2006	2007	2008	2009	2010	2011	2012	2013	2014	2015
扬州	0.913	0.912	0.867	0.866	0.870	0.837	0.897	0.785	0.718	0.759
镇江	1.014	1.059	1.037	1.054	0.914	0.920	0.997	1.123	1.049	1.094
泰州	1.028	1.033	0.998	0.984	0.969	0.989	1.128	0.787	0.687	0.705
杭州	1.105	1.446	1.459	1.468	1.525	1.515	1.716	1.836	1.641	1.668
宁波	0.708	0.963	0.930	0.888	0.952	0.843	0.949	1.128	1.055	1.047
嘉兴	0.517	0.694	0.747	0.792	0.819	0.878	0.940	1.053	0.967	0.940
湖州	0.662	0.866	0.821	0.829	0.773	0.776	0.896	0.708	0.703	1.004
绍兴	0.499	0.646	0.571	0.579	0.512	0.459	0.478	0.571	0.535	0.533
金华	0.814	1.219	1.260	1.188	1.176	1.152	0.743	0.875	0.791	0.777
舟山	1.103	1.392	1.346	1.414	1.469	1.403	1.487	1.624	3.125	3.242
台州	0.967	1.118	1.011	1.005	0.977	0.828	0.776	0.865	0.75	0.755
合肥	1.143	0.807	0.809	0.726	0.693	0.655	0.725	0.553	0.592	0.587
芜湖	0.605	0.322	0.347	0.379	0.388	0.442	0.558	0.511	0.615	0.541
马鞍山	0.617	0.455	0.468	0.475	0.470	0.581	0.736	0.823	0.873	0.828
铜陵	0.826	0.552	0.568	0.547	0.709	0.719	0.866	0.946	0.871	0.983
安庆	1.365	1.191	1.310	1.404	1.419	1.364	1.767	1.811	1.676	1.558
滁州	1.186	0.878	0.999	1.009	1.053	1.120	1.596	1.567	1.424	1.256
池州	1.604	1.104	1.212	1.28	1.257	1.146	1.380	4.732	1.397	1.345
宣城	1.367	0.998	1.016	0.882	0.877	2.104	1.581	2.824	1.141	1.103

3.4.3 长江三角洲港口产业集聚与区域经济增长的实证分析

本节主要从全要素生产率和知识溢出两个角度来探究港口产业集聚对区域经济增长的影响程度。其中,解释变量为港口产业集聚强度、港口产业集聚深度、港口产业集聚广度,被解释变量为全要素生产率和知识溢出。

1. 港口产业集聚影响全要素生产率的实证检验

下面基于经济效率角度研究港口产业集聚对区域经济增长效率的影响。

(1) 普通 OLS 面板模型估计结果

从全要素生产率与港口产业集聚强度、集聚深度和集聚广度的普通 OLS 回归的估计结果(表 3-4)中可以看到,其拟合优度分别达到了 0.058 7、0.060 1 和 0.063 7。这说明普通面板 OLS 回归并不能很好解释港口产业集聚对全要素生产率的影响。

表 3-4　港口产业集聚强度、集聚深度、集聚广度和全要素生产率的 OLS 回归结果

变量	全要素生产率	变量	全要素生产率	变量	全要素生产率
lnagg	0.003 95	lnaggz	−0.006 18	lnaggg	0.022 3
lnasset	0.067 6***	lnasset	0.074***	lnasset	0.076 6***
lnlabor	0.024 7**	lnlabor	0.022 1*	lnlabor	0.025 4**
lnhr	0.012 5***	lnhr	0.012 8***	lnhr	0.013***
lntrans	0.015 5	lntrans	0.014	lntrans	0.014 4
lngov	−0.006 19	lngov	−0.002 72	lngov	−0.017 7
c	−0.006 39	c	−0.002 24	c	−0.025 2
R^2	0.058 7	R^2	0.060 1	R^2	0.063 7

注:"***""**""*"分别表示在 1%、5%、10% 水平上是显著的。

从估计结果可以看出,港口产业集聚强度和集聚广度对全要素生产率具有促进作用,但是效果并不显著;港口产业集聚深度对全要素生产率影响是负向作用,效果并不明显。

从其他控制变量来看,固定资产投资、劳动力投入、人力成本和交通基础设施等变量对全要素生产率的提高具有促进作用,其中固定资产投资、劳动力和人力成本变量对提高全要素生产率效果显著。政府干预对全要素生产率的提高却是起阻碍作用,效果并不明显。

(2) 空间面板模型估计结果

采用拉格朗日乘子统计量和拟合优度系数等统计量对 SLM、SEM 和 SDM 进行甄选,选取统计值较大的模型作为主要的分析对象。从三种空间计量模型回归结果(表 3-5、3-6、3-7)来看,港口产业集聚强度、集聚深度和集聚广度的空间杜宾模型的方程的拟合优度分别为 0.251 9、0.256 9 和 0.264 7,拉格朗日乘子统计量为 291.908 3、292.404 7 和 296.614 3,均超过其他两种模型,因此选择 SDM 面板模型的估计结果。

表 3-5　港口产业集聚强度与全要素生产率的 SLM 模型、SEM 模型和 SDM 模型回归结果

Xi	SLM	SEM	SDM
lnagg	0. 043 4	0. 037 9	0. 029 3
lnasset	0. 076 7 **	0. 088 4 **	0. 112 ***
lnlabor	0. 076 3 **	· 0. 090 7 ***	0. 089 3 ***
lnhr	0. 016 9 **	0. 030 7 ***	0. 069 3 ***
lntrans	−0. 161 **	−0. 176 ***	−0. 158 **
lngov	0. 002 98	0. 029 5	00 233
ρ	0. 407 ***	—	0. 452 ***
Λ	—	0. 478 ***	—
R^2	0. 185 1	0. 190 3	0. 251 9
Log-likelihood	280. 407 6	284. 935 7	291. 908 3
$W\times$lnagg	—	—	−0. 001 95
$W\times$lnasset	—	—	0. 014 3
$W\times$labor	—	—	−0. 048 5
$W\times$lnhr	—	—	−0. 059 3 **
$W\times$lntrans	—	—	0. 265 ***
$W\times$lngov	—	—	−0. 162 ***

注:"***""**"分别表示在 1% 、5% 水平上是显著的。

表 3-6　港口产业集聚深度与全要素生产率的 SLM 模型 SEM 模型和 SDM 模型回归结果

Xi	SLM	SEM	SDM
lnaggz	0. 000 122	−0. 007 17	−0. 011 3
lnasset	0. 082 1 **	0. 097 1 **	0. 131 ***
lnlabor	0. 071 2	0. 087 2 **	0. 090 7 ***
lnhr	0. 016 7 **	0. 031 8 ***	0. 074 ***
lntrans	−0. 151 **	−0. 170 **	−0. 144 **
lngov	0. 002 85	0. 030 8	0. 028 3
ρ	0. 413 ***	—	0. 455 ***
Λ	—	0. 490 ***	—
R^2	0. 163 6	0. 173 0	0. 256 9

续表

Xi	SLM	SEM	SDM
Log-likelihood	278.197 1	283.454 0	292.404 7
$W \times$ lnaggz	—	—	0.049 7
$W \times$ lnasset	—	—	−0.011 7
$W \times$ labor	—	—	−0.048 5
$W \times$ lnhr	—	—	−0.063 7**
$W \times$ lntrans	—	—	0.286***
$W \times$ lngov	—	—	−0.175***

注："***""**"分别表示在1%、5%水平上是显著的。

表3-7 港口产业集聚广度与全要素生产率的 SLM 模型 SEM 模型和 SDM 模型回归结果

Xi	SLM	SEM	SDM
lnaggg	0.082 3	0.088 9*	0.088 6**
lnasset	0.086 4***	0.092 9***	0.117***
lnlabor	0.068 8**	0.085 0***	0.086 6***
lnhr	0.017 6**	0.032 5***	0.070 5***
lntrans	−0.185**	−0.193***	−0.162**
lngov	−0.002 85	0.025 2	0.020 5
ρ	0.416***	—	0.469***
Λ	—	0.494***	—
R^2	0.187 8	0.201 1	0.264 7
Log-likelihood	283.317 9	288.866 8	296.614 3
$W \times$ lnaggg	—	—	−0.078 4
$W \times$ lnasset	—	—	0.015 3
$W \times$ labor	—	—	−0.052 4**
$W \times$ lnhr	—	—	−0.061 2***
$W \times$ lntrans	—	—	0.269***
$W \times$ lngov	—	—	−0.162***

注："***""**""*"分别表示在1%、5%、10%水平上是显著的。

从表3-5至3-7的估计结果可以看出,全要素生产率的空间滞后项系数 ρ 分别为 0.452、0.455、0.469,且均通过了 1% 的显著性检验,说明区域的全要素生产率具有明显的空间相关性。区域全要素生产率提高在很大程度上依赖于相邻地区的全要素生产率提高的带动。

港口产业集聚强度、集聚深度和集聚广度变量系数分别为 0.029 3、−0.011 3 和 0.088 6,其中只有港口产业集聚广度变量系数在 5% 的水平上显著,说明港口产业集聚广度对全要素生产率的增长速度有着显著的促进作用,但是港口产业集聚强度和深度变量的系数在5%的水平上不显著。

另外$W×$lnagg、$W×$lnaggz、$W×$lnaggg代表港口产业集聚强度、集聚深度和集聚广度的空间滞后项,反映的是港口产业集聚的空间溢出效应,其系数分别为$-0.001\ 95$、$0.049\ 7$和$-0.078\ 4$,说明港口产业集聚强度和集聚广度的空间滞后项对区域的全要素生产率增长具有负向作用,即相邻地区的港口产业集聚水平会促进本地区的全要素生产率增长速度,而港口产业集聚深度的空间滞后项对区域的全要素生产率增长具有负向作用,但均不显著。

2. 港口产业集聚影响知识溢出的实证检验

知识溢出效应使得集聚区域内的企业可以交换彼此之间的学习经验,降低各企业的学习成本,从而提高整个区域的生产效率,进而推动区域经济增长。学者也对知识溢出与经济增长之间做了大量研究,白俊红等人研究发现研发要素通过空间知识溢出效应促进了我国经济的增长。因此本节将基于知识溢出角度研究港口产业集聚对知识溢出的影响。

(1) 普通 OLS 面板模型估计结果

港口产业集聚强度、集聚深度和集聚广度对知识溢出变量的普通面板 OLS 回归结果(表 3-8)显示,拟合优度分别为 0.651 7、0.659 8 和 0.618 8,并且各变量基本上通过了显著性检验,说明该回归模型能够较好地拟合观测值。

表 3-8　港口产业集聚强度、集聚深度、集聚广度对知识溢出的 OLS 回归结果

集聚强度		集聚深度		集聚广度	
变量	系数	变量	系数	变量	系数
lnagg	-0.697^{***}	lnaggz	-0.457^{***}	lnaggg	-0.132
lnasset	-0.308	lnasset	$-0.097\ 4$	lnasset	-0.536^{**}
lnlabor	1.424^{***}	lnlabor	1.402^{***}	lnlabor	1.536^{***}
lnhr	0.117^{**}	lnhr	0.124^{***}	lnhr	0.107^{**}
lntrans	1.703^{***}	lntrans	1.627^{***}	lntrans	1.732^{***}
lngov	0.347^{*}	lngov	0.152	lngov	0.108
c	11.22^{***}	c	10.80^{***}	c	10.84^{***}
R^2	0.651 7	R^2	0.659 8	R^2	0.618 8

注:"***""**""*"分别表示在 1%、5%、10%水平上是显著的。

从表 3-8 来看,港口产业集聚强度和集聚深度的系数分别为-0.697和-0.457,

说明港口产业集聚强度和集聚深度对知识溢出的作用非常显著，当港口产业集聚强度和集聚深度水平每提高 1 个单位时，知识溢出分别下降 0.697 和 0.457；港口产业集聚广度的变量系数为 −0.132，说明港口关联产业虽然在一定程度上阻碍了知识溢出发展，但是效果并不显著。

从控制变量方面来看，固定资产投资对知识溢出的发展具有负向作用，但是效果并不明显；劳动力、人力成本、交通基础设施和政府干预能够促进知识溢出的发展，其中劳动力和交通基础设施对知识溢出的发展影响最大，说明港口城市的劳动力增加和交通基础设施的改善能够促进知识共享。

(2) 空间面板模型估计结果

本节采用与 3.4.2 同样的模型选择方法，发现空间杜宾模型依然是三种模型中最优的，因此选取空间杜宾模型的估计结果作为主要分析对象。

根据三种空间面板模型的估计结果（表 3-9、3-10、3-11）来看，无论是港口产业集聚强度还是集聚深度和集聚广度，模型中的空间滞后项系数和空间误差项系数均通过了 1% 水平下的显著检验，说明知识溢出存在显著的空间相关性。同时将空间面板模型与普通面板 OLS 模型相对比，发现空间面板模型都有一定的改善，说明忽视空间因素会给回归结果造成一定的误差。

表 3-9　港口产业集聚强度与知识溢出的 SLM 模型 SEM 模型和 SDM 模型回归结果

Xi	SLM	SEM	SDM
lnagg	0.197	0.150	0.172
lnasset	0.806***	0.892***	0.876***
lnlabor	0.244*	0.294**	0.232
lnhr	−0.029 2	−0.049 1	−0.008 85
lntrans	0.592*	0.420	0.447
lngov	0.351*	0.185	0.304*
ρ	0.722***	—	0.662***
Λ	—	0.863***	—
R^2	0.795 0	0.652 4	0.829 5
Log-likelihood	−93.647 0	−113.364 8	−88.822 8
$W \times \text{lnagg}$	—	—	0.260

续表

Xi	SLM	SEM	SDM
$W\times$lnasset	—	—	-0.289
$W\times$labor	—	—	$-0.070\,8$
$W\times$lnhr	—	—	$-0.020\,8$
$W\times$lntrans	—	—	0.407
$W\times$lngov	—	—	0.552^{*}

注:"***""**""*"分别表示在1%、5%、10%水平上是显著的。

表3-10 港口产业集聚深度与知识溢出的SLM模型SEM模型和SDM模型回归结果

Xi	SLM	SEM	SDM
lnaggz	$0.087\,9$	$0.036\,6$	$0.096\,4$
lnasset	0.782^{***}	0.890^{***}	0.859^{***}
lnlabor	0.242^{*}	0.289^{*}	0.242
lnhr	$-0.029\,1$	$-0.044\,3$	$-0.008\,02$
lntrans	0.635^{*}	0.432	0.525^{*}
lngov	0.356^{*}	0.192	0.314^{*}
ρ	0.727^{***}	—	0.657^{***}
Λ	—	0.863^{***}	—
R^2	$0.790\,9$	$0.650\,1$	$0.832\,3$
Log-likelihood	$-95.098\,4$	$-114.650\,5$	$-89.400\,9$
$W\times$lnagg	—	—	0.225^{*}
$W\times$lnasset	—	—	-0.321
$W\times$labor	—	—	$-0.065\,3$
$W\times$lnhr	—	—	$-0.021\,4$
$W\times$lntrans	—	—	0.639
$W\times$lngov	—	—	0.529^{*}

注:"***""**""*"分别表示在1%、5%、10%水平上是显著的。

表 3-11　港口产业集聚广度与知识溢出的 SLM 模型 SEM 模型和 SDM 模型回归结果

Xi	SLM	SEM	SDM
lnaggg	0.337***	0.250*	0.248**
lnasset	0.864***	0.920***	0.913***
lnlabor	0.218*	0.286**	0.209
lnhr	−0.026 0	−0.040 3	−0.003 11
lntrans	0.517	0.416	0.365
lngov	0.337*	0.187*	0.299*
ρ	0.715***	—	0.650***
Λ	—	0.86***	—
R^2	0.804 6	0.675 7	0.833 9
Log-likelihood	−91.173 7	−112.354 0	−85.562 1
$W \times$ lnagg	—	—	0.441
$W \times$ lnasset	—	—	−0.149
$W \times$ labor	—	—	−0.115
$W \times$ lnhr	—	—	−0.024 2
$W \times$ lntrans	—	—	0.192
$W \times$ lngov	—	—	0.581*

注："***""**""*"分别表示在1%、5%、10%水平上是显著的。

港口产业集聚强度、集聚深度和集聚广度变量系数分别为 0.172、0.096 4 和 0.248,其中港口产业集聚广度变量系数均通过了 5% 的显著性检验,说明港口产业集聚广度对知识溢出的发展速度有着显著的积极作用。而港口产业集聚强度和深度变量系数虽然对知识溢出发展有着促进作用,但是未通过检验。

从控制变量来看,固定资产投资、劳动力、交通基础设施和政府干预变量对知识溢出的发展具有促进作用,其中固定资产投资与政府干预显著性较高;而人力成本变量对知识溢出的发展起到了负向作用。

3.4.4　长江三角洲港口产业集聚影响区域经济增长的启示

从全要素生产率角度出发实证港口产业集聚对区域经济增长的影响发现,考虑空间因素后,空间回归模型与普通 OLS 回归模型相比,拟合优度明显改善,方程的解释也更加合理。区域间全要素生产率具有显著的空间相关性,相邻区域的全要素生产率提高会影响本地区的全要素生产率。考虑到空间因素,港口产业集聚强度与集聚广度对提高全要素生产率起到了负向作用,港口产业集聚深度对提高全要素生产率起到了正向作用,但是均不显著。空间杜宾模型与普通 OLS 回归模型相比而言,港口产业集聚对提高全要素生产率的作用有所改变,考虑空间因素后,只有港口产业集聚广度对提高全要素生产率具有显著的正向作用,而港口产业集聚强度和集聚深度对于全要素生产率影响并不显著。

从知识溢出角度出发实证港口产业集聚对区域经济增长的影响发现,考虑空间因素后,空间回归模型较普通 OLS 回归模型拟合优度明显改善,方程的解释也更加合理。对于港口产业集聚对知识溢出的影响来说,普通 OLS 回归和 SDM 模型的回归结果有所不同,主要是因为考虑空间因素的影响,港口产业集聚对区域知识溢出的影响程度有所减小。

───── · **本章小结** · ─────

党的二十大报告强调了"战略性新兴产业融合集群发展""数字产业集群"等,阐明了产业集群对我国"建设现代化产业体系"的重要性。同时海洋强国战略也成为我国海陆区域发展的方向。作为建设海陆交通网的关键一环,我国港口产业集群对陆海区域经济的发展起着至关重要的作用。

本章主要通过梳理相关理论发展,明确了产业集聚对区域经济增长带来的贡献,并基于港口产业集聚这一研究领域,对港口产业集聚如何影响区域经济的发展进行深入探究。首先,本章梳理了与产业集聚相关的经济理论起源,并在此基础上详细论述了产业集聚影响区域经济增长的理论基础,进而梳理产业集聚与区域经济增长的相关研究,分析得出港口产业的集聚对区域经济增长的作用这一研究领域仍然具有研究价值,从而引出了本章的研究内容;其次,本章科学界定了港口产业的范围,进而对港口产业集聚进行了科学有效的表达,结合经济增长的相关理论基础分析了区域经济增长的影响因素,并据此具体论述了港口产业集聚影响区域经济增长的作用机制;再次,详细论述了研究港口产业集聚与区域经济增长的方法及其可行性,包括港口产业集聚程度的测度方法以及港口产业集聚影响区域经济增长的研究方法;最后,搜集长江三角洲港口群的空间面板数据,对港口产业集聚对区域经济增长的作用进行了实证检验,研究发现港口产业集聚广度对知识溢出具有显著的积极作用。

【知识进阶】

1. 港口产业集群作为海陆交通网的关键一环,对区域经济的发展有何重要作用?

2. 港口产业集聚对知识溢出具有怎样的积极作用?

4 港口的选址与优化

知识导入:港口的选址与优化是影响港口规划布局与运行协调最重要、最基础的问题之一。党的二十大报告中强调"促进区域协调发展,深入实施区域协调发展战略,优化重大生产力布局,构建优势互补、高质量发展的区域经济布局"。港口生产力的规划布局同样也存在着高质量发展的需求。近年来,各地港口盲目扩张、岸线资源过度开发与浪费,严重制约了港口的协调布局能力。因此,通过科学合理的港口选址与优化来解决港口布局不合理、低效协调运作等问题,有助于降低港口资源浪费,提高资源利用率,进而提高整体的物流效率,对促进区域经济的协调与可持续发展方面具有重要意义。

本章首先阐述了港口选址与优化的理论基础和近些年国内外相关研究概况;其次,梳理出了港口选址与优化的主流方法,同时选取 TOPSIS 多属性决策方法与遗传算法作为研究工具;再次,以我国陆港节点城市选址和海上丝绸之路沿线集装箱枢纽港的选址与优化为案例进行实证研究,对其结果进行分析总结,以探索港口选址与优化如何影响港口竞争力;最后,为港口的选址与优化提出了对策与建设性意见。

4.1 港口选址与优化的理论基础与研究现状

本节将讨论港口选址与优化的主流理论学说,并分别从海港与陆港两个方面简单介绍国内外学者对港口发展模式、网络布局问题的研究现状。显然,了解这些相关理论基础和研究现状对港口选址与优化进行深层分析是十分必要的。

4.1.1 港口选址与优化的理论基础

科学是根植在理论基础之上的,而理论是对经验现象或事实的科学解说和系统解释。通过文献梳理,我们总结出了当前港口选址与优化的主流方法。本部分主要的支撑理论为轴辐式网络理论及复杂网络理论。

1. 轴辐式网络理论

1987 年,轴辐式网络概念在 O'kelly 研究美国城市群网络关系时被首次提出。轴辐式网络是指由非枢纽点与枢纽点通过一定方式连接而成的运输网络,在军事、航空、通信、邮政、旅游等行业中广泛运用。与传统的全连通式运输网络结构不同,轴辐式网络的节点分为枢纽节点与非枢纽节点,非枢纽节点之间互不相连,枢纽节点连接多个非枢纽节点,并可与其他枢纽节点直接相连,在轴辐式网络中起到中转作用。因此零散的非枢纽节点上的小规模运输流可以在枢纽节点汇聚成为规模较大的运输流,再根据目的地集中发送,形成规模经济效应,从而降低物流运输成本,并在所处区域内产生产业集群效应,推动区域经济增长。

轴辐式网络中枢纽节点间直接相连的线路,即轮轴,称作干线,构成干线网络;从枢纽节点到非枢纽节点或从非枢纽节点到枢纽节点的线路,即辐条,称作支线,构成支线网络。轴辐式网络按照不同的分类方法,其分类也不尽相同。目前轴辐式网络的分类主要有按枢纽节点个数、按连接路径两种分类方法。

(1)按枢纽节点个数分类

按枢纽节点个数来分,轴辐式网络可以分为单枢纽节点轴辐式网络和多枢纽节点轴辐式网络(图 4-1)。其中单枢纽节点轴辐式网络的拓扑结构比较简单,其非枢纽节点的运输都是通过枢纽节点进行中转运输。多枢纽节点轴辐式网络又可以分为单一分配轴辐式网络和多重分配轴辐式网络(图 4-2)。

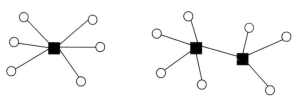

图 4-1 单枢纽节点轴辐式网络和多枢纽节点轴辐式网络

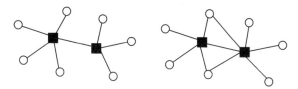

图 4-2 单一分配轴辐式网络和多重分配轴辐式网络

(2)按照连接路径分类

按照连接路径来分,轴辐式网络可以分为纯轴辐式网络和混合轴辐式网络(图 4-3)。纯轴辐式网络是指非枢纽节点之间不能直接连接,必须经过一个或者两个枢纽节点才能连接到其他非枢纽节点,而混合轴辐式网络是指非枢纽节点不仅可以通过枢纽节点进行连接,也可以直接相连,但是直接相连的路径数量较少。

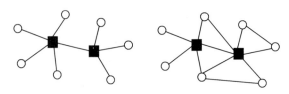

图 4-3　纯轴辐式网络和混合轴辐式网络

轴辐式网络相较于节点互相连通的全连通式网络有着如下所述的诸多优势。

① 形成规模经济效应，降低物流运输成本。全连通式网络节点之间两两相连，不同节点之间的货物流量可能存在相当大的差异，这样在规划全连通式网络时就需要对每一对节点之间的运输需求预先做出估计。然而在实际应用中这一点很难实现，极易因错估而浪费大量的运营成本。并且部分节点间的货物流量较少，运输工具装载率长期处于较低的状态，无形间增加了物流运输成本。而轴辐式网络采用了将多条非枢纽节点的货物流经由支线汇集到枢纽节点中，再依据具体需求通过干线集中运输的模式，既保证了运输工具的满载率能够长期稳定地处于较高水平，也节约了大量人力物力，并且形成了规模经济效应，降低了物流运输成本。

② 网络建设成本和网络运营成本都大幅降低。全连通式网络由于其节点两两相连的特征，节点度值较高，网络内部线路数量远高于轴辐式网络，为了保证并维持每一条线路的正常运营，满足节点间的物流运输需求，势必需要在每一个节点都投入大量的资源，造成运营成本的升高。在全连通式网络中，节点的权重被视为相同的，这就意味着每一个节点投入的资源都是相等的，必然导致资源的浪费、建设成本的升高。轴辐式网络中对节点进行了分类，枢纽节点相比非枢纽节点拥有更高的权重，而非枢纽节点的节点度值较低，因此在建设网络时就可以有主有次，将更多的资源向枢纽节点倾斜，控制非枢纽节点的建设成本，并且由于轴辐式网络中的线路相对较少，并且明确区分了干线与支线，所以在配置运输工具及其配套设施以及人力时就可以加以优化，降低网络运营成本。

③ 运输流控制管理高效便捷。全连通式网络中节点互相关联、线路数量繁多、网络结构复杂、交通流不均衡，在控制管理运输流方面有着较大的难度。轴辐式网络优化了网络结构，把节点之间的关系简化为非枢纽节点且只与枢纽节点建立连接关系，干线之间与支线之间的交通流相对均衡，便于控制与管理，提升了网络整体的管理效率。

2. 复杂网络理论

复杂网络是一种很好地描述自然科学、社会和科学工程技术之间相互关联的系统的模型,应用了数学上图的概念:复杂网络可以看作由一些具有独立特征的又与其他个体相互连接的节点的集合,每个个体可以视为图中的一个节点,节点间的相互连接视为图中的边。它可以用图论的集合图形表示,这样操作的优点是直观形象,且易于理解。网络的描述方式有两种:一般情况下,对于简单网络可以用数据列表方式,包括节点的数量 N、节点间边数、节点之间的连接关系;对于数据量较大、节点间联系多的网络可以用矩阵形式,有利于计算机存储和运算。通常情况下,把仅用于描述节点相对位置和边的连接状态的网络称为拓扑网络。在复杂网络中,可以建立邻接矩阵 A_{ij} 表示拓扑网络的结构信息,矩阵元素 a_{ij} 表示节点 i 与节点 j 的连接状态,若节点 i 与节点 j 相互连接,则令 $a_{ij}=1$,否则令 $a_{ij}=0$。邻接矩阵 A_{ij} 反映了网络最基本的信息,是分析网络行为和网络特性的基础。

作为复杂网络节点的重要指标,度用来衡量一个节点连接其他节点的数目,度值越大表示该节点在该网络中与其他节点之间的联系愈加紧密,其对网络整体的影响力也就愈大。在航运网络中,将港口理解为节点,各港口之间的航线便成为定义各个港口之间相连的关联边。i 港口的度的定义即与该港口相连的其他港口节点的数目或者与该港口相连的边的数量。这里刻画度值的公式如下:

$$C_D(i) = \sum_{j}^{53} x_{ij} \tag{4-1}$$

式中,$x_{ij} = \begin{cases} 1, i \text{ 港口与 } j \text{ 港口有关联边} \\ 0, i \text{ 港口与 } j \text{ 港口无关联边} \end{cases}$,即港口在航运网络中关联边的数量越多,港口的度值也就越大,表明该港口在航运网络中与其他港口的联系也就越密切,其对航运网络的整体影响力也就越大。

复杂网络包括两个层面:作为连接拓扑结构的图与作为状态和功能的系统。顾名思义,复杂网络就是呈现高度复杂性的网络。在现实世界中有很多的复杂网络,如食物网、万维网、社会交际网、交通运输网等。对于复杂网络的研究,其复杂性主要表现在以下几个方面。

① 结构复杂性:表现在节点数目巨大,成百上千,甚至更多,且网络结构呈现多种不同特征,从而使大规模的网络行为具有统计特征。

② 网络进化性:表现在节点或链接会随着时间的变化而产生或消失。

③ 链接多样性:节点之间的链接权重存在差异,且有可能存在方向性。

④ 连接结构的复杂性:网络连接结构既非完全规则也非完全随机,而且存在一些其他结构。

⑤ 节点多样性:复杂网络中的节点可以代表任何事物,同一个网络可能存在代

表不同事物的节点,节点集可能属于非线性动力学系统,节点状态可能会随时间发生复杂变化。

⑥ 多重复杂性融合:即以上多重复杂性相互影响,导致更为难以预料的结果。实际的复杂网络会受到多种因素的影响和作用,各种网络之间密切的联系也会使它们相互产生影响,从而加大对复杂网络分析的难度。

复杂网络为学者们研究真实世界系统的结构以及网络与其实体间的关系提供了有效的方法和工具,已经有很多研究从复杂网络的角度对交通运输网络进行分析。在复杂网络研究中,有多种分析衡量交通网络节点重要性的量化指标,用以评价节点的地位和功能。

4.1.2 研究现状

以下通过对国内外文献的梳理,分别从海港与陆港两个方面深入探讨当前港口选址的研究现状。

1. 海港选址的研究现状

近些年来,有关集装箱港口网络方面的研究,得到了国内外学者的重视。主要的研究方向有两个方面:一个是对集装箱枢纽港的选择,另一个是根据轴辐式网络构建集装箱港口网络。对于集装箱枢纽港的选择的研究,主要侧重于集装箱港口的竞争力与枢纽节点的潜力评价研究。对于枢纽节点潜力评价采取的方法主要有主成分分析法、模糊综合评价法、BP 神经网络、数据包络分析以及因子分析等。对于港口的竞争力研究,不同学者从不同的视角展开。Notteboom 等人从枢纽港选择的角度,指出提升集装箱港口自身的发展潜力相对于扩大腹地经济范围来说更为重要;鲁渤等在利用港口硬件指标的同时,创造性地引进软件竞争力指标,对九大港口竞争力和腹地发展的协同关系进行研究,指出区域经济总量指标并不是影响竞争力的主要指标,经济结构对港口竞争力作用更为明显;Fostert 则指出与港口有关联的航线的数量、服务水平、港口处理拥堵的效率以及收费率等因素都应作为港口竞争力评价的主要指标;郑辉从系统的角度研究对港口竞争力评价,得出应该将资源、结构以及能力三个子系统纳入影响因素之中;Starr 认为港口竞争力的影响因素包括港口基础设施完善程度、港口区位因素以及铁路衔接运输便利性等方面;杨忍等对海上丝绸之路沿线 51 个国家的 99 个重要港口的竞争力分析得出,港口的网络地位对港口竞争力影响最大,竞争力较强的港口突出特点是在海运网络中的网络地位高,通达性强,辐射范围广,而政府廉洁度对竞争力影响较小;Wei 指出应将港口的生产率、服务水平、腹地范围以及港口信誉度等方面因素纳入港口竞争力的影响因素考虑之中;Hwang 认为航运公司的决策以及码头运营商采取的发展策略会对港口竞争力产生间接影响。

轴辐式网络模型的构建,主要以枢纽节点与非枢纽节点连接方式将研究内容分为单一分配轴辐式网络模型与多重分配轴辐式网络模型,相同点在于在设计求解模型时大多数都以轴辐式网络模型总成本最小为目标函数展开。单一分配轴辐式网络模型即每个非枢纽节点只能分配连接到一个枢纽,进出流量都通过这个枢纽中转;多重分配网络模型则允许每个非枢纽节点连接到多个枢纽节点,然后从中选择出成本最小的中转路线。其中,Corrcia 以运输成本最小为目标函数,将规模效应和网络平衡等因素纳入模型考虑范围内建立了单一分配轴辐式网络模型;Campbell 同样以总的运输成本最小为目标值,建立了考虑节点容量限制的多重分配轴辐式网络的混合整数规划模型。Skorin 等重点研究了单一分配轴辐式网络模型与多重分配轴辐式网络模型,并设计相应的算法对其进行求解。Sung 从实际出发,考虑非枢纽节点间存在连接,提出了混合轴辐式网络模型。

在模型求解方面,Jozef 针对单分配轴辐式网络模型中枢纽节点的合理布局,提出了一种新的遗传算法来求解模型;Ebery 提出了一种无容量限制的混合整数规划模型,不仅简化了模型的求解过程,还缩短了模型的求解时间;Topcuoglu 等人为缩短计算时间,为轴辐式网络模型的求解提出了一种新的遗传算法;Pirkul 等人着手于模型求解时间的控制,通过对拉格朗日算法的改进将轴辐式网络求解的算法时间控制在 5～10 分钟;Sasaki 通过将分支定界法与贪婪搜索算法整合为分配轴辐式网络模型求解提出新的算法;傅少川利用改进的禁忌搜索算法对没有容量限制的单分配轴辐式网络所构建的混合整数线性规划模型进行求解,并采取算例验证,证实禁忌搜索算法能够得出有效解;王帮俊和吴艳芳建立了考虑失效和拥堵情形的单分配轴辐式物流网络枢纽点选址及路径分配模型,并通过采用改进的粒子群算法(PSO)对模型进行了编程求解。

2. 陆港选址研究现状

国外陆港建设方面欧美较为领先,关于陆港的研究主要以欧美学者为主。美国国土面积广阔,在经济发展过程中同样存在经济发展不平衡的问题,沿海发展迅速而内陆地区相对落后,特别是内陆物流成本高昂制约其竞争力的提高。为了降低内陆地区的物流成本,美国最先发展了海铁联运,在内陆交通枢纽和经济发达地区建立了很多集装箱联运设施,被称作内陆集装箱中转站。20 世纪 90 年代,内陆集装箱中转站的功能逐步完善,除船舶装卸作业功能外,配置了港口大多数的功能,于是被称为"dry port"。"dry port"在我国一般被翻译成无水港或干港。无论翻译成什么,其含义和陆港应该是对应的,因此国外对陆港的研究可以认为始自对无水港及干港的研究开始。

Munford 等在对布宜诺斯艾利斯港研究后指出,装卸能力和堆场空间不足导致港口货物运输的拥堵,将会严重影响到港口的枢纽港地位,在港口附近建设无水港是缓解这一矛盾的关键。Hayuth 以美国集装箱港口系统为研究对象,阐述港口与腹地之间的关系向合理化、集中化发展。此项研究表明,集装箱运输和多式联运确实对拓展港口物流的腹地范围有重大的意义。Slack 对美国和加拿大多式联运的发展变化进行了分析,总结了港口物流腹地范围内货流的集中化的趋势,即随着科技的进步,货流将逐步向几个内陆集装箱枢纽集中,从而形成公路和铁路并举的区域性陆路物流节点——陆港。Roso 认为无水港是海港部分功能向内陆地区的扩展,提高了海港外部的集疏运条件,提高了港口的内部作业能力。研究认为,无水港是解决港口发展过程中遇到的空间不足问题的重要思路,分析了交通基础设施、土地规划利用、环境和制度设计对无水港发展建设的影响,特别是从环境影响的角度对无水港的发展做了评价。Roso 还对无水港概念进行总结,提出了无水港的作用在于连接内陆城市与港口,把无水港分为远距离、中距离和近距离无水港,并论证了这种划分有利于采用各种更节能的运输方式,减少环境危害,缓解港口拥堵和促进托运人物流解决方案的改善。Rodrigue 和 Notteboom 认为跨区域的港口之间的竞争不断增加,迫使港口去竞争对手的内陆腹地需求商业机会,加深与内陆腹地的联系已经成为港口应对竞争环境的有力武器。鉴于陆港作为国际供应链竞争中的一个环节,其运行效率对于沿海港口的运行效率的提升所起的作用越来越大,港口对陆港支持力度逐步增大,使陆港具备更强的自主性。Hanaoka 在对亚洲地区的陆港发展研究之后,认为陆港作为多式联运的一个重要组成部分,在促进亚洲地区多式联运发展方面起到很重要的作用。在具备了海关及其相关服务设施以及开通铁路连接线之后,陆港能很好地起到转运、转载以及配送服务,从而减轻道路交通拥堵。因此,他建议亚洲地区要大力发展多式联运。

与国外相比,陆港及相近的无水港、干港概念在我国出现的时间较晚。有书面文献可查的国内对陆港建设的研究起始于 20 世纪 90 年代初期。这些研究主要是针对以下几个方面展开的:陆港的概念及发展模式;陆港作为国际贸易的节点在区域经济中的作用;陆港作为海港功能在内陆的延伸对于港口吞吐能力的影响;陆港作为港口与内陆腹地的对接点,对于港口在行业内竞争力提升的作用。

国内较早提出陆港这一概念的是席平,他提出了"沿海港口内陆港务区"的概念和实施方法。并且,席平指出了创建陆港的功能和意义、陆港运行的形式以及怎样推动陆港发展的对策。张戎和黄科从运营机制角度深入阐述了无水港的含义,并提出了依托铁路集装箱物流中心建设内陆无水港的设想。蔡玉凤和陈宁指出了陆港与沿海港口的联动发展模式,这一模式包括功能联动、规划联动、信息联动和运营联动,并提出了联动模式下加强监管的重要性。程露露从供应链和港城互动的角度,对我国陆港的功能及规划进行了分析。黄志勇和李京文认为加快发展陆港是促进东中西部地区联动开放、提升内陆地区对外开放水平、完善我国区域开放格局的重要举措。他们提出了要加强对陆港建设的宏观管理、大力发展内陆地区开放型经济、加快发展多式联运、加强电子口岸建设、积极构建多元投融资机制的政策建议。魏海蕊和盛昭瀚在"一带一路"倡议背景下,从流通网络对贸易的促进作用入手,以内陆省份辖域内无水港与海港定向协议关系带给内陆省份对外贸易的外向型流通功能为视角,研究了内陆省份在 21 世纪海上丝绸之路贸易流通网络中的外向型特征与优化策略。

国外学者对陆港布局的研究始于对集装箱中心站的选址研究。在之后的研究中,学者们也只是针对选址问题做出了更多探索性的研究。Yang 选用多目标决策方法,研究了得克萨斯州陆港的选址和投资决策问题,认为陆港的建设能有效降低内陆区域的社会运输成本。Henttu 和 Hilmola 开发了引力模型和一个线性整数程序,以研究陆港对运输成本和二氧化碳排放量的影响。Lättiläl 和 Hilmol 提供了一种构建离散事件仿真模型的方法,其中模型以最小化托运人成本为目标,并据此在仿真结果中得到潜在的无水港位置。Ambrosino 和 Sciomachen 指出海港现在正面临着海运码头缺乏空间以及内陆连接通道日益拥堵的局面,此时最好的选择就是在内陆地区建立无水港。他们给出了一个混合整数线性规划模型,旨在为服务意大利热那亚港海运码头集装箱化进出口流程的无水港网络寻找最佳枢纽定位。Wang 等开发了一个位置模型来研究无水港选择问题。在这个模型中,除了像传统位置理论那样对每个潜在的干港有能力约束外,同时为每个干港设定了捕获需求的下限,使问题在经济上可行。该案例研究基于天津港在中国陆港发展中处于领先地位的现状。该模型表明,虽然天津港应开放一些新的陆港,但关闭那些没有足够吞吐量的现有陆港可能会更好。Wei 等考虑到跨境多式联运物流网络中无水港的一体化、中转、辐射功能,利用两阶段物流引力模型建立了一个通过无水港连接内陆地区的物流网络。具体是采用主成分分析(PCA)方法建立无水港城市评价指标体系,对无水港物流质量进行测算。在第二阶段的模型中,根据实际经济和政治上的不同影响,无水港和海港之间的不同关系,通过有序加权平均(OWA)算子,重点考虑地方政府或港口企业的物流成本折扣、通关政策、无水港与海港之间的铁路通达性。

在陆港的空间布局研究上，我国学者的研究大多数从海港企业的角度出发，较为关注海港在内陆地区建设属于自身企业的内陆型"喂给港口"。为将海港除装船之外的其他业务延伸至内陆地区，海港企业需要加强与内陆腹地的联系，通过在内陆建立陆港或者与内陆城市政府合作建立只为特定港口提供服务的陆港。史丽平简要阐述了无水港的内涵及分类，从港口企业角度解析了港口企业发展无水港的微观动因，并结合天津港已建成的无水港的运营状况，以天津港的无水港发展战略为依据，对天津港在腹地布局建设无水港提出了建议。

冯社苗对陆港枢纽在陆港系统中的地位与功能进行剖析，提出了陆港枢纽布局三要素法，即"由线到点、点适应面"的研究思路，并划分了陆港的空间服务范围。常征等为促进资源的合理利用，减少内陆港的重复建设，以系统总成本，包括建设成本和运输成本最小为目标函数，并考虑内陆港的通过能力限制，构建了两阶段的带有多重能力等级选择的内陆港选址模型，同时设计遗传算法进行了求解。梁承姬和高瑞瑞针对无水港选址问题，提出了一种结合模拟退火算法的混合遗传算法进行整体求解，主要在集装箱多式联运的基础上研究了无水港选址，同时考虑了建立无水港所形成的规模经济效应，在模型中加入了成本折扣系数。魏海蕊等重点考虑海港与无水港的合作关系机制、拥堵与碳排放等环境因素，研究了内陆地区利用无水港参与到海上丝绸之路的物流网络布局与货流配置问题。他们根据海港与无水港的合作关系特征，设计了基于 OWA 的海港-无水港合作成本折扣评价模型，以物流总成本和碳排放量最低为目标，建立了一个腹地-无水港-海港物流网络布局与配置的双目标混合整数规划模型，并通过多目标遗传算法求得 pareto 最优解。宫银峰指出枢纽经济是以交通枢纽作为经济要素资源的主要集疏平台，枢纽与产业相互作用、互动反馈而形成特色经济，枢纽与经济具有内在的联动关系、匹配关系、迭代关系。枢纽型城市因枢纽类型、能级的不同能够形成特色各异的产业，但都具有枢纽经济共同的属性和特征，主要是经济开放性、资源集聚性、产业辐射性、枢纽驱动性、产业融合性等。当前我国综合交通枢纽布局正在加速完善，大产业格局快速形成，但也存在枢纽经济发展规划滞后、枢纽与产业协同性不足等问题。为此，必须加强对枢纽经济特别是产业发展的规划引导，进一步完善国际化综合交通枢纽及其经济体系。封学军等从多维度解析陆港型物流枢纽的发展机制，运用面板数据测度中国陆港型物流枢纽的综合发展实力，并采用空间分析、基尼系数等方法揭示枢纽的空间格局及演化特征，探究中国陆港型物流枢纽发展的主要驱动因素。

4.2 港口选址与优化的研究方法

通过梳理和分析各种方法,我们发现层次分析法和模糊综合评价理论应用较多,具有系统性、简洁性和实用性等优点,但决策者的主观影响较大,不利于客观评价,且指标过多时往往难以求解,因此层次分析法在实际运用中具有较大的局限性;聚类方法和灰色关联度法是评价选择方面常用的方法,但由于模型相对简单,不利于大量数据处理;数据包络分析在港口竞争力评价方面有较多应用,但模型应用到港口选点有一定的偏差;重心法只是一种静态方法,一般只适用单个配送中心选址问题,对于影响因素考虑得不全面,模型构建一般也比较简单,所以重心法通常并不适用解决实际问题;遗传算法是一种十分有效的全局搜索优化方法,通过简便的编码和遗传过程实现对复杂问题的有效解决,一般对求解全局最优解比较容易,而不是仅限于局部最优,尤其对于复杂的大型文体,该算法运算速度较快,优点十分明显。而如果最终最优解不止一个,那就要根据实际来确定最终决策方案。

4.2.1 TOPSIS 多属性决策方法

下面将详细介绍 TOPSIS 多属性决策方法的发展历程与基本原理,以便更好地将此方法应用与实证研究。

1. TOPSIS 多属性决策方法概述

TOPSIS 法由 Hwang 和 Yoon 于 1981 年首次提出。TOPSIS 法是根据有限个评价对象与理想化目标的接近程度进行排序的方法,是在现有的对象中进行相对优劣的评价。理想化目标有两个,一个是肯定的理想目标或称最优目标,一个是否定的理想目标或称最劣目标,评价最好的对象应该是与最优目标的距离最近,而与最劣目标最远,距离的计算可采用明考斯基距离,常用的欧几里得几何距离是明考斯基距离的特殊情况。

TOPSIS 法是一种理想目标相似性的顺序选优技术,在多目标决策分析中是一种非常有效的方法。它通过归一化后的数据规范化矩阵,找出多个目标中最优目标和最劣目标(分别用理想解和负理想解表示),分别计算各评价目标与理想解和负理想解的距离,获得各目标与理想解的贴近度,按理想解贴近度的大小排序,以此作为评价目标优劣的依据。贴近度取值在 0~1 之间,该值愈接近 1,表示相应的评价目标越接近最优水平;反之,该值愈接近 0,表示评价目标越接近最劣水平。该方法已经在土地利用规划、物料选择评估、项目投资、医疗卫生等众多领域得到成功应用,明显提高了多目标决策分析的科学性、准确性和可操作性。

2. TOPSIS 法的基本原理

TOPSIS 法的基本原理，是通过检测评价对象与最优解、最劣解的距离来进行排序，若评价对象最靠近最优解同时又最远离最劣解，则为最好；否则为最差。其中最优解的各指标值都达到各评价指标的最优值。最劣解的各指标值都达到各评价指标的最差值。

"理想解"和"负理想解"是 TOPSIS 法的两个基本概念。所谓理想解是一设想的最优的解（方案），它的各个属性值都达到各备选方案中的最好的值；而负理想解是一设想的最劣的解（方案），它的各个属性值都达到各备选方案中最坏的值。方案排序的规则是把各备选方案与理想解和负理想解进行比较，若其中有一个方案最接近理想解，而同时又远离负理想解，则该方案是备选方案中最好的方案。

4.2.2 遗传算法

下面将详细介绍遗传算法的基本思想与发展历程，并逐一介绍遗传算法的实施步骤，以此更深入系统地了解学习遗传算法，有助于该方法在实证研究中的灵活运用。

1. 遗传算法的基本思想

遗传算法是由美国密歇根大学的 Holland 教授于 1969 年提出之后，Goldberg 等人归纳总结所形成的一类模拟进化算法。它来源于 Darwin 的进化论、Weismann 的物种选择学说和 Mendel 的群体遗传学说。遗传算法是模拟自然界生物进化过程与机制求解极值问题的一类自组织、自适应人工智能技术。遗传算法的思想来源于生物进化论，根据"物竞天择，适者生存"的思想，即群体愈适应其所处的环境，其后代群体规模一般愈庞大。面对时刻变动的复杂环境，种群在进化过程中会寻求最优的适应方式。种群在逐代演化中获取的知识会被嵌入其成员的染色体组成当中。

对一个给定的问题，遗传算法包括以下基本构成要素。

① 对问题潜在解的遗传表达。

② 产生潜在解初始群体的方法。

③ 起环境作用的用适应值评价解的适应程度的评价函数。

④ 改变后代组成的各种遗传算子。

⑤ 遗传算法所使用的各种参数：群体规模、应用遗传算子的概率等。

2. 遗传算法的一般步骤

遗传算法基于遗传学理论，模仿遗传与进化过程中的选择、交叉、变异等步骤，通过提高群体中个体的适应性来实现自适应搜索所求问题的最优解。遗传算法提供了一种求解复杂系统优化问题的通用框架,对于最优化的问题,相应的遗传算法构建有以下几个步骤(图 4-4)。

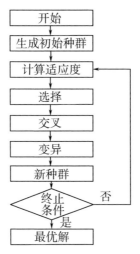

图 4-4　简单遗传算法流程图

（1）编码

遗传算法主要是通过遗传操作对群体中具有某种结构形式的个体施加结构重组处理,从而不断地搜索出群体中个体间的结构相似性,形成并优化积木块以逐渐逼近最优解。由此可见,遗传算法不能直接处理问题空间的参数,必须把参数转换成遗传空间的由基因按一定结构组成的染色体或个体。在遗传算法中如何描述问题的可行解,即把一个问题的可行解从其解空间转换到遗传算法所能处理的搜索空间的转换方法就称为编码。

（2）群体初始化

一般来讲,初始群体的设定可采取如下策略。

① 根据问题固有知识,设法把握最优解所占空间在整个问题空间中的分布范围,然后,在此分布范围内设定初始群体。

② 先随机生成一定数目的个体,然后从中挑出最好的个体加到初始群体中。这种过程不断迭代,直到初始群体中个体数达到了预先确定的规模。

（3）构造适应度函数

在研究自然界中生物的遗传和进化现象时,生物学家使用适应度这个术语来度量某个物种对于其生存环境的适应程度。与此相类似,遗传算法中也使用适应度来度量群体中各个个体在优化计算中有可能达到或接近于或有助于找到最优解的优良程度。度量个体适应度的函数称为适应度函数。评价个体适应度的过程包括以下几个方面。

① 对个体编码串进行解码处理后可得到个体的表现型。

② 由个体的表现型可计算出对应个体的目标函数值。

③ 根据最优化问题的类型,由目标函数值按一定的转换规则求出个体适应度。

(4) 选择

选择又称繁殖或复制,是一个从旧种群中选择生命力强的个体位串产生新种群的过程。遗传算法中的选择算子就是用来确定如何从父代群体中按某种方法选取哪些个体遗传到下一代群体中的一种遗传算子。选择操作是建立在对个体的适应度进行评价的基础之上的,其主要目的是避免基因缺失、提高全局收敛性和计算效率,其作用是从当前代群体中选择出一些比较优良的个体,并将其复制到下一代群体中。

(5) 交叉

遗传算法中使用交叉算子来产生新的个体。遗传算法中的所谓交叉运算,是指对两个相互配对的染色体按某种方式相互交换其部分基因,从而形成两个新的个体。交叉运算是遗传算法区别于其他进化算法的重要特征,在遗传算法中起着关键作用,是产生新个体的主要方法。交叉算子的设计和实现与所研究的问题密切相关,一般要求它既不要太多地破坏个体编码串中表示优良性状的优良模式,又能够有效地产生一些较好的新个体模式。另外,交叉操作数的设计要和编码设计统一考虑。

(6) 变异

生物细胞分裂复制时有一定概率发生基因变异,生成全新的染色体,进而产生全新的生物性状。基于这一原理,遗传算法中也引入了变异算子来产生出新的个体。遗传算法中的所谓变异算子,是指将个体染色体编码串中的某些基因座上的基因值用该基因座的其他等位基因来替换,从而形成一个新的个体。遗传算法导入变异的目的有两个:一是使遗传算法具有局部随机搜索能力;二是确保群体多样性,抑制早熟现象的出现。

4.3 我国陆港节点城市选址与网络布局

本节讨论的是我国陆港节点城市选址与网络布局的发展现状与存在问题。首先根据目前存在的缺陷,在前文阐述的理论依据和研究方法的基础上设定相应的模型并求解,进而对实证结果进行分析,最终为我国陆港节点城市选址与网络布局提供合理的建议。

4.3.1 我国陆港建设布局中的发展现状与存在问题

1. 发展现状

近年来,沿海港口竞争日趋激烈,提高货物吞吐量成为各大港口竞争的目标。2002 年我国的陆港建设开始起步,随着北京朝阳口岸与天津港开始直通,天津港将港口功能延伸到了北京,有效缓解了货物的拥堵,也提高了在京企业的通关速度,实现两港直通后,到北京的集装箱可直接转至朝阳口岸办理相关的通关和检验检疫手续。天津港为北京陆港实行"一次报关、一次放行"的物流运作模式。此种模式实施第一年就大大促进了北京陆港集装箱货量的增长,当年达到 7.67 万标准箱。此后各大港口纷纷向内陆腹地辐射,与内陆腹地政府共同规划建设了一大批陆港项目,我国陆港建设由此进入了起步阶段。据天津港集团统计,截至 2016 年底,天津港在内陆14 个省市区共建设了 25 个陆港,基本形成了辐射东北、华北、西北等内陆腹地的物流网络。2016 年天津港完成无水港整体操作量 33 万标准箱,完成集装箱海铁联运量 32 万标准箱,分别比 2015 年增长了 3.1% 和 3.2%,居全国沿海港口前列。在天津港的带动下,通过建设陆港以拓展内陆腹地资源,从而获取更多的集装箱量成为各大港口进行竞争的发展重点。虽然陆港在中国还只是处于起步阶段,但各地对陆港的建设热情和投资规模都非常大。在近几年的发展中,许多有代表性的陆港已经落成。在目前已知的投入运营和规划建设中的陆港中,从空间布局与陆港海港联系上看,存在以下五大陆港群,分别是东北陆港群,西北、华北陆港群,东南、中部陆港群,华南、中部陆港群及广西陆港群(表 4-1)。

表 4-1 我国陆港主要分布情况

陆港群	分布
东北陆港群	哈尔滨、佳木斯、牡丹江、齐齐哈尔、大庆、绥化、穆棱、长春、吉林、通化、沈阳、通辽、满洲里、赤峰
西北、华北陆港群	朝阳、平谷、石家庄、保定、邢台、邯郸、张家口、郑州、安阳、洛阳、濮阳、商丘、鹤壁、济南、潍坊、德州、淄博、临沂、东营、太原、大同、临汾、侯马、长治、呼和浩特、乌兰察布、包头、二连浩特、鄂尔多斯、巴彦淖尔、西安、宝鸡、延安、榆林、汉中、银川、兰州、威武、酒泉、嘉峪关、天水、银川、石嘴山、乌鲁木齐、霍尔果斯、阿拉山口、喀什、哈密、库尔勒、都拉塔、西宁、格尔木、成都、遂宁、泸州、雅安、自贡、达州、重庆

续表

陆港群	分布
东南、中部陆港群	金华、义乌、绍兴、余姚、衢州、南京、徐州、昆山、合肥、蚌埠、宣城、武汉、襄阳、荆州、三明、武夷山、沙县、龙岩、晋江、德化、南安、赣州、吉安、新余、拉萨
华南、中部陆港群	鹤山、昆明、曲靖、长沙、衡阳、株洲、郴州、韶关、醴陵、南昌、鹰潭、萍乡、上饶、贵阳、遵义
广西陆港群	南宁、柳州、南州、河池、百色、贵港、贺州

东北陆港群依托大连港、营口港、丹东港等海港,沈阳、长春、大庆、哈尔滨等内陆城市通过铁海联运构筑区域一体化的物流体系。东北地区是我国传统的老牌经济区,然而近年来,东北老工业区的发展却严重滞后于东部地区,产能过剩、观念陈旧、资源枯竭等问题宛若悬在东北老工业基地上的达摩克斯之剑。从发展模式上,东北老工业区属于内陆性封闭体系,开放程度低,这样的发展模式下东北地区故步自封,加速衰落。要打破这一模式,最直接的方式就是与相关海港合作,在本区建设陆港,实现东北振兴。因此,东北陆港群有着其自身的特点,即陆港建设、陆海通道建设同步进行,以构建统筹区域一体化发展的物流网络体系。

从地域覆盖和发展规模上来看,依托天津港、青岛港、连云港的西北、华北陆港群是我国目前最大的陆港群,最远可达都拉塔口岸、乌鲁木齐,也有近距离的淄博陆港、保定陆港等。陆港类型有二连浩特等口岸型陆港,北京朝阳、平谷等公路型陆港,包头等铁路型陆港,侯马等保税型陆港,西安、郑州等综合型陆港。另外,连云港的腹地陆港基本是在欧亚大陆桥沿线,包括郑州、洛阳、侯马、西安、兰州等。

东南、中部陆港群主要依托宁波-舟山港、上海港、厦门港,相较于东北陆港群,该陆港群分布更为广泛,主要分布在浙江、江西和福建。其中,在宁波港经济腹地的陆港中,义乌港最具特色,是依托义乌这一全球最大的小商品集散中心而建成的陆港。

华南、中部地区依托广州港、深圳港建立华南、中部陆港群。华南、中部陆港群的主要特征是探索铁海联运与江海联运的模式,因此陆港的规划中多从全局统筹考虑,这从深圳港的发展战略中可见一斑,深圳制定了港口发展五大战略,其中包括珠江战略与拓展货源腹地战略,核心理念覆盖泛珠三角区域的物流网络。

广西陆港群依托北部湾港口。目前,广西已经完成南宁、柳州、河池、百色、贵港、贺州等陆港建设,将北部湾的海港功能延伸至广西全境。由于广西是中国-东盟自由贸易区的最前沿,借此地缘优势,广西陆港群特征鲜明,以北部湾为龙头,陆港作为节点,海陆联动,建立北部湾地区综合性报税物流网络,为中国-东盟自由贸易区服务。

2. 存在问题

目前陆港建设运营中存在的主要问题有如下几点。

(1) 系统规划不足,缺乏整体发展规划

现有陆港设施大多分散规划、自发建设,缺乏全国性宏观层面的系统布局;骨干组织作用发挥不足,盲目建设下的陆港间协同效应不明显,没有形成顺畅便捷的全国性陆港网络。

(2) 空间布局不完善,陆港分布不均衡

西部地区明显滞后,部分地区还存在空白;一些陆港与铁路、港口等交通基础设施以及产业集聚区距离较远,集疏运成本较高。

(3) 资源整合不充分

部分陆港存在同质化竞争、低水平重复建设问题,内部缺乏有效分工,集聚和配置资源要素的作用没有充分发挥。

(4) 发展方式较为粗放

一些已建成陆港的经营方式落后、功能单一;有的枢纽盲目扩大占地面积,物流基础设施投入不足,服务质量有待提高。

4.3.2 模型设定

1. 问题描述

考虑到跨境多式联运网络中陆港的一体化运输和辐射功能,本书探讨多层次陆港基于多式联运系统的最佳规划方法。对于内陆地区(内陆城,进出口货物具有分散性和不确定性,货物从内陆地区直接运输到海港会导致运输资源配置不当,增加运输成本。因此,本书提出了轴辐式运输网络作为内陆地区基于枢纽陆港的运输网络的基本网络结构,以应对货物直接运输的缺点。在轴辐式网络中,OD 流(Origin-Destination Flow)起始点-目的地流量首先汇聚到相应的枢纽点,再由枢纽点转运至指定的辐节点,这一方式依靠枢纽点的集货和散货功能,增大了运输网络中干线的货运输量,从而形成了枢纽之间的规模经济效应,降低了运输成本。本书所研究的轴辐式集装箱联运网络为单分配形式的轴辐式网络,集装箱 OD 流既可能直达,也可能经由一个枢纽陆港中转,即本书的研究问题为枢纽位置问题(A hub location problem,HLP)。本书从母港及现有众多小中型陆港的角度出发,在枢纽陆港将货物集结,并统一通过铁路运输方式将货物运送至海港,再由海港运送出口,其中不排除距离海港较近的陆港无需经过枢纽就可直接经公路将货物运输至海港。该问题最终目的是在满足考虑陆港建设成本、转运成本、运输成本以及碳排放成本等系统总成本总和最低时的最佳枢纽选址及运输过程中公路或铁路方式的选择，构建陆港-海港综合物流系统（图 4-5）。

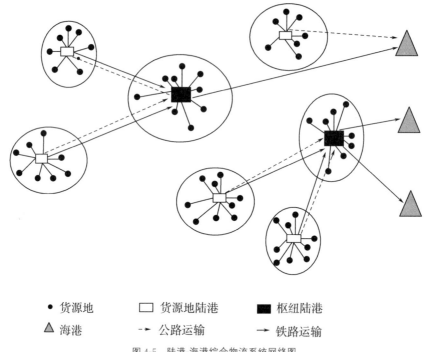

- ● 货源地　　　□ 货源地陆港　　　■ 枢纽陆港
- ▲ 海港　　　- ► 公路运输　　　→ 铁路运输

图 4-5　陆港-海港综合物流系统网络图

2. 基本假设

为更好地呈现数学模型，先做以下假设：

① 本书只考虑标准 20 英尺（1 英尺＝0.304 8 米）集装箱，运输方式考虑铁路运输和公路运输。

② 内陆节点城市货运需求已知。

③ 假设每个海港都至少与一个陆港相连接。

④ 不同运输方式的单位运输成本已知。

⑤ 货源地陆港-枢纽陆港-海港系统总体成本包括枢纽陆港固定建设成本、转运成本，运输成本和运输过程碳排放成本。

⑥ 固定建设成本、建设周期和资金折现率已知。

⑦ 不考虑货物运输过程中的运输能力限制，假定道路通过能力足够，铁路班列充足；不考虑枢纽容量约束。

⑧ 系统内集装箱运输为单向运输，只研究集装箱由运输需求城市运输到海港这

一阶段,而反向运输不做研究,故不考虑集装箱运至海港后空箱运回陆港的调用
费用。

3. 各参数及说明(表 4-2)

表 4-2　各参数及说明

参数	定义
I	货源地陆港集合,用 i 表示 $I=\{1,2,3\cdots,41\}$
H	备选枢纽陆港集合,用 H 表示,$H\in I$, $H=\{20,34,1,22,14,18,23,13,2,12,27,36,24,28,9,26,16,40,39,3\}$
J	海港集合,用 J 表示 $I=\{$大连港,天津港,青岛港,上海港,深圳港$\}$
L	运输方式集合,用 L 表示,$L=1$,代表铁路运输,$L=2$,代表公路运输
D_i	内陆节点城市的货运需求
f_h	备选节点城市 h 建立枢纽陆港的固定成本
S	陆港建设计算期
u	资金折现率
R_h	枢纽陆港的单位集装箱转运成本
Z_{ih}^l	以 l 运输方式将集装箱从货源地陆港 i 运送至枢纽陆港 h 所需的单位集装箱货运成本
Z_{ij}^1	以铁路运输方式将集装箱从枢纽陆港 h 运送至海港 j 所需的单位集装箱货运成本
Z_{ij}^2	以公路运输方式直接从货源地陆港 i 运送货物至海港 j 所需的单位集装箱货运成本
Q_{ih}^l	货源地陆港 i 到枢纽陆港节点 h 的集装箱货运量
Q_{hj}	枢纽陆港节点 h 到海港 j 的集装箱货运量
Q_{ij}	货源地陆港 i 直接到海港 j 的集装箱货运量
d_{ih}^l	货源地陆港 i 到枢纽陆港 h 的距离
d_{hj}^1	枢纽陆港 h 到海港 j 的铁路距离
d_{hj}^2	货源地陆港 i 到海港 j 的公路距离
E_{ih}^1	单位运输碳排放成本
E_{hj}^1	单位铁路运输碳排放成本
E_{hj}^2	单位公路运输碳排放成本

参数	定义
α_{hj}	集装箱运输规模效应折扣系数，取值在 0～1
T_j	海港的集装箱最大通过能力
y_h	0-1 决策变量，在备选节点城市 h 建立枢纽陆港时为 1，否则为 0
m	枢纽陆港数目，$m \leqslant 20$
x_{ih}	节点 i 的货物经过枢纽陆港 h，则 $x_{ih}=1$；否则 $x_{ih}=0$
x_{ij}	节点 i 的货物运送至节点 j，则 $x_{ij}=1$；否则 $x_{ij}=0$

4.3.3 构建混合整数规划模型

C_1 为陆港建设固定成本。它将陆港建设总费用均摊到建设期的每一年可以得到每年的建设固定成本。

$$C_1 = \sum_{h \in H} f_h y_h \frac{u(1+u)^S}{(1+u)^S - 1} \tag{4-2}$$

式中，C_1 为陆港建设固定成本；H 为备选枢纽陆港集合；f_h 为备选节点城市 h 建立枢纽陆港的固定成本；S 为陆港建设计算期；u 为资金折现率；y_h 为 0-1 决策变量，是否在备选节点城市 h 建立枢纽陆港，是则值为 1，否则值为 0。

C_2 为枢纽陆港转运成本。

$$C_2 = \sum_{l \in L} \sum_{i \in I} \sum_{h \in H} R_h Q_{ih}^l \tag{4-3}$$

式中，C_2 为枢纽陆港转运成本；R_h 为备选城市 h 若被设置为枢纽陆港，处理单位集装箱的转运成本；Q_{ih}^l 为货源地陆港 i 到枢纽港节点 h 的集装箱运量。运输成本包含弧 E_{ihj} 和 E_{ij} 上的运输成本，弧 E_{ihj} 上运输成本 C_{ikj} 为货物从运输起点城市 i 到枢纽陆港 h 的运输费用和货物从枢纽陆港 h 经铁路运输到海港 j 的运输费用；C_{ij} 为弧 E_{ij} 上货物经公路运输直达港口模式的运输成本。用 C_3 表示陆港-海港系统的运输成本即 $C_3 = C_{ihj} + C_{ij}$。

$$C_{ihj} = \sum_{l \in L} \sum_{i \in I} \sum_{h \in H} Z_{ih}^l Q_{ih}^l d_{ih}^l + \sum_{h \in H} \sum_{j \in J} Z_{hj}^1 Q_{hj} d_{hj}^1 \alpha_{hj} \tag{4-4}$$

$$C_{ij} = \sum_{i \in I} \sum_{j \in J} Z_{ij}^2 Q_{ij} d_{ij}^2 \tag{4-5}$$

式中，Z_{ih}^l 为以 l 运输方式将集装箱从货源地陆港 i 运送至枢纽陆港 h 所需的单位集装箱货运成本；Q_{ih}^l 为货源地陆港 i 到枢纽陆港节点 h 的集装箱货运量；d_{ih}^l 货源地陆港 i 到枢纽陆港 h 的距离；Z_{hj}^1 为以铁路运输方式将集装箱从枢纽陆港 h 运送至海港

j 所需的单位集装箱货运成本；Q_{hj} 为枢纽陆港节点 h 到海港 j 的集装箱货运量；d_{hj}^1 为以铁路运输方式将集装箱从枢纽陆港 h 运送至海港 j 的距离；a_{hj} 为集装箱运输规模效应折扣系数，取值在 $0 \sim 1$；Z_{ij}^2 为以公路运输方式直接从货源地陆港 i 运送货物至海港 j 所需的单位集装箱货运成本；Q_{ij} 为货源地陆港 i 直接到海港 j 的集装箱货运量；d_{ij}^2 为货源地陆港 i 到海港 j 的公路距离。C_4 为运输过程中产生的碳排放成本。在本书研究的问题中，碳排放主要来源于运输过程，一是铁路运输产生的碳排放，二是公路运输产生的碳排放。公路运输的主要运输工具是燃油动力汽车，这类汽车在运作时会排放出成分复杂的多种碳化合物，基于以上对这类汽车的分析，可以得出碳排放主要是由尾气中的二氧化碳与一氧化碳的排放量构成。目前，学术界对于碳排放的计算尚无统一的计算方法和标准，大多以汽车的能耗和碳排放因子的乘积进行计算，本书也是采用这种方式计算碳排放的。

铁路运输通常采用的是电力机车，其碳排放并不是在运输过程中产生，因而相较公路运输等同货量的运输下碳排放大大少于公路运输。关于电力机车的碳排放计算，是根据消耗的电能来计算，再通过电能的碳排放系数进行和调整。本书为了和公路运输碳排放具有可比性和一致性，也采取能耗和碳排放因子的乘积进行计算。

$$C_4 = \sum_{l \in L} \sum_{i \in I} \sum_{h \in H} E_{ih}^l Q_{ih}^l d_{ih}^l + \sum_{h \in H} \sum_{j \in J} E_{hj}^1 Q_{hj} d_{hj}^1 + \sum_{i \in I} \sum_{j \in J} E_{ij}^2 Q_{ij} d_{ij}^2$$

$$(4\text{-}6)$$

所以，建立陆港-海港系统总成本最低的最优化模型如下：

$$MinC = C_1 + C_2 + C_3 + C_4 = \sum_{h \in H} f_h y_h \frac{u(1+u)^S}{(1+u)^S - 1} + \sum_{l \in L} \sum_{i \in I} \sum_{h \in H}$$

$$R_h Q_{ih}^l + \sum_{l \in L} \sum_{i \in I} \sum_{h \in H} Z_{ih}^l Q_{ih}^l d_{ih}^l + \sum_{h \in H} \sum_{j \in J} Z_{hj}^1 Q_{hj} d_{hj}^1 a_{hj} + \sum_{i \in I} \sum_{j \in J}$$

$$Z_{ij}^2 Q_{ij} d_{ij}^2 + \sum_{l \in L} \sum_{i \in I} \sum_{h \in H} E_{ih}^l Q_{ih}^l d_{ih}^l + \sum_{h \in H} \sum_{j \in J} E_{hj}^1 Q_{hj} d_{hj}^1$$

$$+ \sum_{i \in I} \sum_{j \in J} E_{ij}^2 Q_{ij} d_{ij}^2$$

$$(4\text{-}7)$$

$$\sum_{i \in I} Q_{ih} = \sum_{j \in J} Q_{hj}, \forall h \in H \tag{4-8}$$

$$\sum_{l \in L} \sum_{h \in H} Q_{ih}^l = D_i, \forall i \in I \tag{4-9}$$

$$\sum_{h \in H} y_h \leqslant m \tag{4-10}$$

$$\sum_{h \in H} Q_{hj} \leqslant T_j, \forall j \in J \tag{4-11}$$

$$y_h \in \{0,1\}, \forall h \in H \tag{4-12}$$

$$\sum_{h \in H} x_{ih} = 1, \forall i \in I \tag{4-13}$$

$$\sum_{i \in I} x_{ij} \geqslant 1, \forall i \in I \qquad (4\text{-}14)$$

$$l \in \{1,2\} \forall l \in L \qquad (4\text{-}15)$$

$$Q_{ih}, Q_{hj}, Q_{ij}, D_i \geqslant 0, \forall i \in I, \forall j \in J, \forall h \in H, \forall l \in L \qquad (4\text{-}16)$$

式(4-7)为系统总成本最小化目标函数;式(4-8)表示枢纽陆港货物进出平衡;式(4-9)表示每个运输需求城市的运输需求都能得到满足;式(4-10)表示枢纽陆港数目限制;式(4-11)表示各枢纽陆港点运往某个海港的货物总和不超过该港口的集装箱最大通过能力;式(4-12)保证决策变量的取值为 0 或 1;式(4-13)确保一个货源地只能选择一个枢纽陆港;式(4-14)表示每个海港至少与一个节点相连接;式(4-15)表示只能采用铁路运输或公路运输中的任一种;式(4-16)定义相应参数为非负的。

4.3.4 数据整理及算法设计

1. 数据来源与整理

由于现有的数据很少,本书根据已建设运营的大型陆港建设成本,将建立国际型枢纽陆港的固定成本 f_h 设定为 3.5×10^8 元人民币。资金折现率 u 取 8%,建设计算期 s 取 15 年。设置枢纽陆港的平均转运成本 R_h 约为 400 元/箱。《铁路货物运价规则》中铁路货物运价率表集装箱运价率为:20 英尺基价 1 为 440 元/箱,基价 2 为 3.185 元/(箱·千米);40 英尺基价 1 为 532 元/箱,基价 2 为 3.357 元/(箱·千米)。集装箱货物每箱运价=基价 1+基价 2×运价·千米。由于本书将集装箱尺寸限定为 20 英尺标准箱,所以单位集装箱的铁路运价为 440 元/箱+3.185 元/(箱·千米)。《国际集装箱汽车运输费收规则》汽车载运国际集装箱在长途营运线路上运输一般货物的运价,全国统一的基本运价为:20 英尺标准集装箱运价为 3 元/(箱·千米);40 英尺标准集装箱基本运价为 5.2 元/(箱·千米),所以本文给定单位集装箱的公路运价为 6 元/(箱·千米)。

关于单位运输碳排放成本 E^l 的设置,根据 1997 年开始接受签署的《京都议定书》,若采用征收碳税的市场手段实现 5% 或 10% 的减排目标,需要分别征收每吨碳 90.71 元和 192.9 元的碳税;本书采用减排目标 5% 对应的碳税即 90.71 元/吨。铁路运输和公路运输的单位碳排放量采用蒋玲茜等研究中的数值,即铁路运输碳排放量取 0.079 千克/(箱·千米);公路运输碳排放量取 1.641 千克/(箱·千米),对应 $E^1 = 0.090\,71 \times 0.079 = 0.007\,2$ 元/(箱·千米),$E^2 = 0.090\,71 \times 1.641 = 0.148\,9$ 元/(箱·千米)集装箱运输规模效应折扣系数 α_{hj} 是可变的,其大小随着枢纽陆港货运量的增大而减少。

$$\alpha_{hj} = \begin{cases} 0.920 \leqslant Q_{hj} \leqslant 40 \times 10^4 \text{TEU} \\ 0.840 \leqslant Q_{hj} \leqslant 60 \times 10^4 \text{TEU} \\ 0.760 \leqslant Q_{hj} \end{cases} \qquad (4\text{-}17)$$

基于前面对全国 41 个陆港节点的重要性综合评价,在进行陆港网络布局规划时以这 41 个节点为主要研究对象,选取节点重要性排名前 20 的节点城市作为备选枢纽陆港节点,备选枢纽集合 $H=\{$郑州,西安,石家庄,武汉,杭州,济南,长沙,徐州,保定,南京,重庆,兰州,衡阳,成都,长春,柳州,南昌,哈密,乌鲁木齐,太原$\}$。在各区域分别选取规模较大的海港作为出海口,海港集合 $J=\{$大连港,天津港,青岛港,上海港,深圳港$\}$。陆港节点与海港间的铁路距离及公路距离数据来源于《全国沿海港口布局规划》和谷歌地图,由于 41 个陆港节点城市间的铁路距离矩阵、公路距离矩阵数据量较大,暂不做列示。

每个运输需求城市的集装箱出口需求量可通过该城市的出口额计算出,因此出口集装箱生成量即为内陆城市的运输需求量,可通过式(4-18)估算。

$$Q = V \cdot K_1 \cdot K_2 \cdot \alpha \qquad (4\text{-}18)$$

式中,Q 是出口集装箱生成量(TEU);V 是出口额(万美元);K_1 是出口适箱货金额比重(%);K_2 是出口适箱货生成系数(TEU/万美元);α 是不平衡系数,可描述运输需求在未来的增长趋势。结合海关历年统计数据,K_1 取值 80%,目前 1 个标准箱货物价值在 3 万美元左右,令 K_2 取值为 0.35,α 取值为 1。按照这一计算方法,本书首先收集各内陆城市的出口贸易额,数据均来源于各城市《国民经济和社会发展统计公报》。其次,我国 70% 以上的外贸物资通过海运完成,因此可估算出海运出口额。最后,根据其海运出口额预测年集装箱海运出口运输需求量(表 4-3)。海港的集装箱建议最大通过能力用该港口 2017 年集装箱吞吐量表示(表 4-4)。

表 4-3　各城市集装箱运输需求预测量　　　　　　　　　单位:$\times 10^4$TEU

节点城市	运输需求量	节点城市	运输需求量	节点城市	运输需求量
石家庄	15.09	合肥	28.55	遂宁	0.35
保定	6.96	南昌	12.17	贵阳	4.45
太原	16.25	鹰潭	1.79	遵义	2.11
大同	0.52	济南	12.81	昆明	5.77
临汾	0.31	潍坊	27.07	拉萨	0.84
呼和浩特	3.14	郑州	61.25	西安	44.10

续表

节点城市	运输需求量	节点城市	运输需求量	节点城市	运输需求量
乌兰察布	0.46	安阳	4.73	延安	0.03
沈阳	9.02	武汉	32.88	兰州	2.07
长春	3.69	长沙	17.05	酒泉	0.14
哈尔滨	2.80	衡阳	4.78	格尔木	0.01
佳木斯	0.80	南宁	7.83	乌鲁木齐	10.25
南京	67.45	柳州	1.54	哈密	0.10
徐州	12.16	重庆	81.91	库尔勒	0.38
杭州	98.17	成都	59.90		

表 4-4　各海港 2017 年集装箱吞吐量

港口	集装箱吞吐量/$\times 10^4$ TEU
大连港	990
天津港	1 520
青岛港	1 830
上海港	4 030
深圳港	2 600

2. 模型的遗传算法设计

多式联运选址问题在求解算法上有多种，本书采用遗传算法求解。具体算法流程设计包括以下几个方面。

(1) 编码设计，染色体分三段进行编码：第一段采用实数编码方式，表示对枢纽陆港的选择情况，若货源城市 i 分配给枢纽陆港 h 时，则标记值为 h；第二段采用二进制编码方式，0 代表铁路运输，1 代表公路运输；第三段枢纽陆港到海港之间的连接采用实数编码方式。

(2) 初始种群生成，采取随机方法生成初始种群的方法，作为初始点进行搜索迭代。

(3) 确定适应度函数，针对基于枢纽选址规划模型最小值目标函数问题，将适应度函数设计为：

$$Fit = 1/(C_1 + C_2 + C_3 + C_4) \tag{4-18}$$

式中,Fit 为适应度函数;C_1 为陆港建设固定成本;C_2 为枢纽港转运成本;C_3 为陆港—海港系统运输成本;C_4 为运输过程中产生的碳排放成本。

（4）选择操作,采用轮盘赌法作为群体中染色体的选择方法,个体被选中的概率与其适应度大小成正比。

（5）交叉操作,交叉算子采用单点均匀算子。

（6）变异操作,变异运算采用均匀变异算子。

（7）终止条件,对于多式联运路径优化模型最优解求解过程中,经过 N 代的种群繁衍,当适应度函数值趋向稳定,即适应度函数收敛时,则算法终止。

4.3.5 实证结果与分析

采用 Matlab R2017a 实现上述遗传算法,设置最大迭代次数 2 000 次,种群规模为 200,交叉概率设置为 0.8,变异概率设置为 0.05,得到目标函数值 $1.415\ 4\times10^{10}$,运行得到节点与枢纽运输方式（表 4-5）。

表 4-5 节点与枢纽及运输方式运行结果

货源地陆港	枢纽陆港	海港	货源地到枢纽或海港运输方式
保定	石家庄	天津港	铁路运输
乌兰察布			铁路运输
乌鲁木齐			铁路运输
哈密			铁路运输
大同	太原	天津港	铁路运输
临汾			铁路运输
呼和浩特			铁路运输
酒泉			铁路运输
库尔勒			铁路运输
哈尔滨	长春	大连港	铁路运输
佳木斯			铁路运输
徐州	南京	上海港	铁路运输
合肥			铁路运输
鹰潭	杭州	上海港	铁路运输
南昌	武汉	上海港	铁路运输
安阳	郑州	天津港	铁路运输

货源地陆港	枢纽陆港	海港	货源地到枢纽或海港运输方式
衡阳	长沙	深圳港	铁路运输
南宁	柳州	广州港	铁路运输
昆明			铁路运输
贵阳	重庆	上海港	铁路运输
遵义			铁路运输
遂宁	成都	上海港	铁路运输
拉萨			铁路运输
延安	西安	天津港	铁路运输
兰州			铁路运输
格尔木			铁路运输
沈阳		大连港	公路运输
济南		天津港	公路运输
潍坊		青岛港	公路运输

运行结果为选择石家庄、太原、长春、南京、杭州、武汉、郑州、长沙、柳州、重庆、成都和西安共 12 个节点城市作为国际型枢纽陆港的承载城市,这些城市分布于我国华北、东北、华东、华中、华南、西南、西北地区,是典型的内陆发达城市。石家庄辐射保定、乌兰察布、乌鲁木齐、哈密,即河北、内蒙古、新疆北部三地区。太原辐射大同、临汾、呼和浩特、酒泉、库尔勒,即山西、内蒙古、甘肃西北部、新疆南部。南京辐射徐州、合肥,即江苏、安徽两省。杭州辐射鹰潭,即浙江和江西东部。武汉辐射南昌,即湖北和江西西部。郑州辐射安阳,即河南本省。长沙辐射衡阳,即湖南本省。柳州辐射南宁、昆明,即广西、云南。重庆辐射贵阳、遵义,即重庆、贵州省。成都辐射遂宁、拉萨、格尔木,即四川、西藏、青海。西安辐射延安、兰州,陕西和甘肃中部。

4.4 21 世纪海上丝绸之路沿线枢纽港布局选址与优化

本节以"21 世纪海上丝绸之路"为例,讨论了沿线枢纽港布局选址的发展现状,针对目前存在的问题,在前文阐述的理论依据和研究方法的基础上设定相应的模型并求解,进而对实证结果进行分析,最后为 21 世纪海上丝绸之路沿线枢纽港布局选址提供更优的结果选择。

4.4.1 21世纪海上丝绸之路集装箱港口运输发展现状

21世纪海上丝绸之路是沿线各国经贸文化交流的天然纽带。共建21世纪海上丝绸之路,是全球政治、贸易格局不断变化形势下中国连接世界的新型贸易之路,其核心价值是通道价值和战略安全。21世纪海上丝绸之路以沿线港口为依托,以点带线、以线带面,增进同沿线国家和地区的经济政治交流与往来。

21世纪海上丝绸之路共分东线、南线和西南航线,其中西南航线自古以来都是最繁荣的航线,从中国东南沿海出航,经东南亚,穿过马六甲海峡进入印度洋,连接红海,经波罗的海穿过苏伊士海峡到地中海沿岸区域,是连接亚洲、非洲、欧洲地区的最重要的航线之一。随着全球贸易对海洋运输的依赖不断增加,海上丝绸之路沿线的港口也得到了飞速发展。

4.4.2 模型设定

根据4.4.1对21世纪海上丝绸之路沿线集装箱港口航运网络现状的分析,提出以网络的总成本最小为目标函数,构建单分配轴辐式网络模型,本章从模型设定、算法设计以及研究区域、数据说明等三方面对21世纪海上丝绸之路沿线集装箱枢纽港选择的具体过程进行阐述。

1. 基本假设

21世纪海上丝绸之路沿线区域集装箱港口轴辐式网络构建影响因素众多,为了简化问题的求解,做出如下假设。

① 枢纽港、支线港货物处理能力都不存在容量限制。

② 假定折扣系数为离散系数,随运量变化而变化,即随着货运量的增加,网络成本会不断降低。

③ 21世纪海上丝绸之路沿线区域集装箱港口网络为单分配枢纽网络,即一个支线港只允许与一个枢纽港相连,且支线港之间不存在连接。

2. 符号说明

S 表示集装箱港口网络运输总成本;

N 表示网络中全部节点数;

P 表示枢纽港个数;

M 表示支线港个数;

α_{ij} 表示港口 i 与港口 j 之间的运输成本折扣系数,本书采取离散系数表示;

F_{ij} 表示节点 i 与节点 j 之间的货运量;

i、j 表示网络中节点;

T_i 表示节点 i 的吞吐量；

L_{ij} 表示节点 i 与 j 的海运距离；

U 表示集装箱单位运输成本；

$$x_{ik} = \begin{cases} 1, \text{支线港 } i \text{ 与枢纽港 } k \text{ 相连} \\ 0, \text{其他} \end{cases};$$

$$x_{km} = \begin{cases} 1, \text{枢纽港 } k \text{ 与枢纽港 } m \text{ 相连} \\ 0, \text{其他} \end{cases};$$

$$x_{mj} = \begin{cases} 1, \text{支线港 } j \text{ 与枢纽港 } m \text{ 相连} \\ 0, \text{其他} \end{cases}$$

3. 建立模型

根据现阶段集装箱港口复杂的航运网络布局,本书在单分配轴辐式网络的基础上提出了线性单分配轴辐式网络(图 4-6),通过对比两种网络模式下枢纽选址、干线规模效益以及总成本等方面的结果分析,选择适合 21 世纪海上丝绸之路沿线集装箱港口的航运网络。关于支线港或"喂给港"与枢纽港之间的分配关系,为了方便计算与研究,本书设计为单分配轴辐式网络模型。

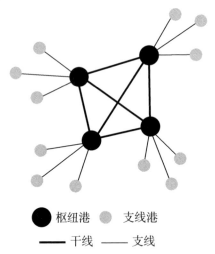

● 枢纽港　　● 支线港

—— 干线　　—— 支线

图 4-6　21 世纪海上丝绸之路沿线集装箱港口网络示意图

(1) 目标函数的构建

在模型中,本书考虑航运网络总成本为实际航运网络中成本占比最多的运输成本,关于运输成本的核算,主要从货物流的方向来入手。由图 4-6 可知,无论是单分配轴辐式网络还是线性单分配轴辐式网络模型,其货物流根据起点与终点的不同,都可以将节点之间的货物流分为三种类型:区内货物流、区际货物流以及过境货物流。

区内货物流是指枢纽港与支线港之间的货物流；区际货物流是指枢纽节点之间的货物流；过境货物流是指支线港经由枢纽港运输到另一支线港的货物流。因此两个模型的路径均可以简化为如图4-7所示的模式。

枢纽港　　●支线港

图 4-7　运输路径示意图

对于网络总成本的核算，可根据货物流运输路线分段求得成本（图4-8）。

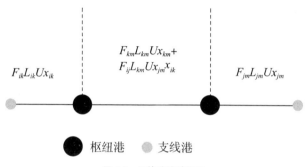

枢纽港　　●支线港

图 4-8　运输路线情形图

则集装箱港口网络总成本可以分为以下三个部分。

① 区内货物流的成本，即支线港与枢纽港之间的成本，用 S_1 表示；

$$S_1 = \sum_i \sum_k F_{ik} U \left(\sum_{ik} x_{ik} L_{ik} \right) + \sum_j \sum_m F_{jm} U \left(\sum_m x_{jm} L_{jm} \right) \tag{4-1}$$

② 区际货物流的成本，即枢纽港之间的货物流成本，用 S_2 表示；

$$S_2 = \sum_k \sum_m F_{km} U \left(\alpha \sum_k x_{km} L_{km} \right) \tag{4-2}$$

③ 过境货物流的成本，即支线港经由枢纽港转运的货物流成本用 S_3 表示。

$$S_3 = \sum_i \sum_j F_{ij} U \left(\alpha \sum_k \sum_m (x_{ik} x_{mj}) L_{km} \right) \tag{4-3}$$

则网络总成本为：

$$S = S_1 + S_2 + S_3 = \sum_i \sum_k F_{ik} U \left(\sum_k x_{ik} L_{ik} \right) + \sum_j \sum_m F_{jm} U \left(\sum_m x_{jm} L_{jm} \right) +$$

$$\sum_k \sum_m F_{km} U \left(\alpha \sum_k x_{km} L_{km} \right) + \sum_i \sum_j F_{ij} U \left(\alpha \sum_k \sum_m (x_{ik} x_{mj}) L_{km} \right) \tag{4-4}$$

因此，依据网络总成本构建的目标函数应为：

$$\min S = S_1 + S_2 + S_3 \tag{4-5}$$

（2）约束条件设立

$$N = P + M \tag{4-6}$$

$$\sum_{k \in p} x_{ik} = 1 \tag{4-7}$$

$$\sum_{k \in p} x_{ik} + \sum_{k \in p} \sum_{m \in p} x_{km} = p \tag{4-8}$$

$$x_{ik} x_{kj} + x_{ik} x_{km} x_{mj} = 1 \tag{4-9}$$

$$x_{ik}, x_{kj}, x_{km}, x_{mj} \in (0,1) \tag{4-10}$$

其中,式(4-5)为目标函数,表示网络总成本最小。约束条件式(4-6)限定了枢纽港与支线港的数量之和等于除始发港与目的港之外的所有港口数;约束条件式(4-7)确保了支线港仅与一个枢纽港连接,反映单分配网络模型的性质;约束条件式(4-8)限定了主枢纽港与枢纽港之间的航线数量等于枢纽港数量;约束条件式(4-9)保证所有节点的货运需求都被满足;约束条件式(4-10)限定约束变量的取值范围只能是 0 或者 1。

4.4.3 遗传算法与求解设计

现阶段求解枢纽选址问题的启发式算法包括遗传算法、粒子群优化技术以及邻域搜索等方法。本书在求解单分配轴辐式网络模型时,采用的方法为遗传算法(图 4-9)。

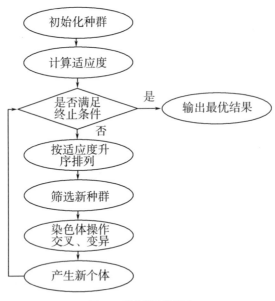

图 4-9 遗传算法流程图

1. 染色体编码及初始化种群

本书采用实数连续编码的方式构造染色体,各染色体编码的实数的取值范围设为0～1。初始化种群 p,包含 p 个染色体 $pi(i_1, i_2, \cdots)$,基因位上对应的实数值按从大到小的顺序排列,前 p 个被选为枢纽节点。例如,其中随机产生的一条染色体中被选为枢纽节点的位置为:21,1,2,22,35,39,36,45,48(表4-6)。

表 4-6 遗传算法染色体编码表

节点序号	随机编码值	节点序号	随机编码值
21	0.986	23	0.683
1	0.954	40	0.646
2	0.937	34	0.618
22	0.848	48	0.578
35	0.821	8	0.516
39	0.819	17	0.492
36	0.796	41	0.453
45	0.785	48	0.298
48	0.781	49	0.263
3	0.743	55	0.162
5	0.720	……	……

确定枢纽节点之后,根据就近原则将各个非枢纽节点分配到距离最近的枢纽节点(图4-10)。当枢纽节点间为线性连接时,选择枢纽节点之间最短的路径,对连接方式进行优化。

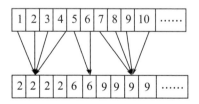

图 4-10 非枢纽节点分配到枢纽节点示意图

2. 适应度函数

适应度函数是进行遗传操作的前提条件,通常适应度较高,个体越优秀。而本书的目标函数表述的是网络总成本最小,因此将适应度函数定义为总成本的倒数。公式为:

$$f = \frac{1}{S} \tag{4-11}$$

式中，f 为适应度函数；S 为网络总成本。

3. 遗传操作

（1）选择

遗传算法中的选择以适应度函数作为依据。适应度越大，代表个体越优秀，则被选中的概率就会越大；相反适应度越小，被选中的概率也就越小。本书选取轮盘赌法，一种基于比例的选择方法，主要是根据个体的适应度占比计算下一代被保留的概率，因此选择概率（P_j）的公式为：

$$P_j = \frac{f_j}{\sum_{j=1}^{m} f_j} \tag{4-12}$$

式中，P_j 为个体 j 下一代被保留的概率；f_j 为个体 j 的适应度。

（2）交叉

交叉是指将两个父代染色体的部分进行替换，从而形成适应度更高的新个体。实现这个过程需要两个步骤：一是交叉位置的确定，二是按照某一概率在确定的位置进行父代基因的替换。

本书采取的交叉方法为两点交叉，即对一组子代染色体，依据交叉概率选择需要交叉的两个个体，随机产生两个交叉点，通过交换两个交叉点的基因产生新的个体。

（3）变异

本书遗传算法的变异过程采用倒位变异，具体过程是将变异区随机定位于染色体中的某一段，通过对变异区内染色体所携带的信息进行倒位操作，获取新的染色体。

4.4.4 研究区域与数据选择

1. 研究区域

目前，21世纪海上丝绸之路形成了中国沿海经南海至印度洋并延伸到欧洲和经南海到南太平洋两条主线，途经东南亚、南亚、西亚北非，最终到达地中海沿岸五大区域。因此，本书将研究范围界定在中国、东南亚、南亚、西亚北非以及地中海沿岸五大区域。

21世纪海上丝绸之路沿线港口众多，考虑到数据可获得性等各方面因素，本书以下三个方面作为参考选取具有代表性的港口作为研究对象。

① 以21世纪海上丝绸之路战略涉及的国家为主要框架，选择沿线区域的港口。

② 在此基础上,考虑集装箱港口在全球的地位,选取排名在 2017 年全球集装列表前 100 的港口。

③ 考虑到国家战略层面的影响因素,本书将巴基斯坦的瓜达尔港也纳入了样本的考虑范围。该港是中国政府参与投资、建设与开发的,并且掌握港口运营权。它位于具有重要战略意义的波斯湾的咽喉附近,紧扼从非洲、欧洲经红海、霍尔木兹海峡、波斯湾通往东亚、太平洋地区数条海上重要航线的咽喉,距离全球石油供应的主要通道——霍尔木兹海峡大约 400 千米。

最终选取了沿线区域共计 55 个港口,其中中国 20 个,东南亚 9 个,南亚 7 个,西亚和北非 9 个,地中海地区 10 个(表 4-7)。

表 4-7　21 世纪海上丝绸之路沿线区域港口选择

区域	港口
中国	上海港、深圳港、宁波-舟山港、香港港、广州港、青岛港、天津港、大连港、厦门港、营口港、连云港港、太仓港、东莞港、南京港、日照港、烟台港、福州港、泉州港、丹东港、唐山港
东南亚	新加坡港、巴生港、丹戎帕拉斯帕港、丹戎不碌港、丹绒佩拉港、林查班港、曼谷港、马尼拉港、胡志明港
南亚	尼赫鲁港、蒙德拉港、钦奈港、卡拉奇港、瓜达尔港、吉大港、科伦坡港
西亚北非	吉达港、达曼港、塞拉莱港、迪拜港、沙迦港、阿布扎比港、阿巴斯港
地中海沿岸	阿姆巴利港、梅尔辛港、比雷埃夫斯港、瓦伦西亚港、阿尔赫西拉斯港、巴塞罗那港、焦亚陶罗港、热那亚港、丹吉尔港、马尔萨什洛克港、塞得港、亚历山大港

2. 数据说明

(1) 港口间集装箱货运量

21 世纪海上丝绸之路沿线集装箱港口航运网络模型的求解需要沿线集装箱港口之间的货运量数据。对于港口间货运量的数据,本书根据港口所在国家之间的进出口商品贸易额以及各集装箱港口吞吐量占本国集装箱吞吐量的比例通过计算公式估算得到,具体的算法表示如下:

$$F_{ij} = \beta TR_{ij} = \beta TRC_{uv} \frac{T_i}{TC_u} \frac{T_j}{TC_v} \ (i \in U, j \in V) \tag{4-13}$$

式中,β 为外贸集装箱生成系数(TEU/万美元),本书参考 Meng 等学者的研究,此处 β 取定值为 0.35;TR_{ij} 为港口 i 与港口 j 之间的进出口贸易额总和;TRC_{uv} 为港口 i 与港口 j 所在的国家 u 与 v 之间的进出口贸易额总和,T_i 与 T_j 分别代表港口 i 与港

口 j 的集装箱吞吐量; TC_u 与 TC_v 分别表示国家 u 与 v 的集装箱吞吐量。另外,同一国家港口之间的贸易完全可以通过内陆运输完成,因此不考虑区内的货物流情况。港口集装箱吞吐量数据来源于英国《劳氏日报》发布的 2017 年世界集装箱港口 100 强排名,各国的集装箱吞吐量数据来源于世界银行网站,国家与国家之间的贸易额数据来源于 IMF-Date:Direction of Trade Statistics(DOTS)。

（2）港口间的海运距离

港口间的海运距离数据来源于 BLM-shipping 航运数据库。

（3）单位运输成本 U

运输成本的很大一部分源于燃油成本,因此在本书中航线单位集装箱运输成本中仅选取燃油成本作为考虑因素,具体公式如下所示:

$$U=\frac{1}{V}(Q_w S_w + Q_g S_g) \tag{4-14}$$

式中, V 表示集装箱船的速度; Q_w, Q_g 分别代表集装箱船重油与轻油的单位耗油量; S_w, S_g 分别代表集装箱船重油与轻油的价格。

由以上公式可以看出,单位集装箱运输成本与船舶行驶的速度、燃油的消耗量以及价格相关。

对集装箱船舶的速度 V,本书选取标准集装箱船舶的设计航速。借鉴 Cullinane 和 Khanna 的研究,标准集装箱船舶的航速设计公式为:

$$\ln(V)=1.574\,7+0.192\ln(q) \tag{4-15}$$

式中, V 代表标准集装箱船舶的航速; q 代表集装箱船舶的载重量。因此,本书在计算船舶的单位运输成本时采用的是标准集装箱船舶载重量为 8 000 TUE,由以上公式共同求解得出单位运输成本为 0.743 美元/TEU。

（4）折扣系数取值

O'Kelly 等的研究中曾提到当 α 按 0.2 个单位取值递减时,节点的枢纽性会发生变化。本书在考虑折扣系数的取值时参考不同规模的集装箱船舶单位运输成本,主要选取了市场上常见的 8 000 TUE、10 000 TUE 以及 12 000 TUE 的集装箱船舶为研究对象。

根据相关文献研究,选定不同船舶集装箱运输的单位耗油情况(表 4-8)。

表 4-8　不同规模船舶耗油量

船舶规模/TEU	耗油量/[千克/(TEU・小时)]		价格/(美元/吨)	
	重油	轻油	重油	轻油
8 000	0.55	0.016	350	550
10 000	0.45	0.011	350	550
12 000	0.38	0.006	350	550

根据式(3-16)与式(3-17)可以计算出,不同规模的船舶的设计航速以及单位运输成本(表 4-9)。

表 4-9　不同规模船舶的设计航速及单位运输成本表

船舶规模/(TEU)	船速/(海里/小时)	单位运输成本/(美元/TEU)	折扣率
8 000	27.1	0.743	—
10 000	28.3	0.578	0.78
12 000	29.3	0.469	0.63

由此,设定本文的折扣系数为:

$$\alpha = \begin{cases} 0.8 & 1\,000 \leqslant F \leqslant 3\,000 \\ 0.7 & 3\,000 < F \leqslant 5\,000 \\ 0.6 & 5\,000 < F \end{cases} \tag{4-16}$$

式中,F 为港口间的货运量,单位为万 TEU。

4.4.5　实证结果与分析

根据前文中设计的遗传算法,通过 Matlab 进行求解,有关参数的设置情况为:沿线区域集装箱港口节点数目为 55 个,最大迭代次数为 500 次,交叉概率为 0.7,变异概率为 0.05,种群规模为 50。经过多次运行分别得出不同枢纽数量下的成本(表 4-10)。

表 4-10　不同数量枢纽港目标函数值

枢纽个数	总成本/美元	枢纽个数	总成本/美元	枢纽个数	总成本/美元
2	4.662×10^9	12	3.270×10^9	22	3.650×10^9
3	3.667×10^9	13	3.311×10^9	23	3.490×10^9
4	3.649×10^9	14	3.600×10^9	24	3.458×10^9
5	3.521×10^9	15	3.451×10^9	25	3.496×10^9

续表

枢纽个数	总成本/美元	枢纽个数	总成本/美元	枢纽个数	总成本/美元
6	3.665×10^9	16	3.401×10^9	26	3.558×10^9
7	3.582×10^9	17	3.377×10^9	27	3.601×10^9
8	3.317×10^9	18	3.487×10^9	28	3.752×10^9
9	3.487×10^9	19	3.546×10^9	29	3.626×10^9
10	3.245×10^9	20	3.407×10^9	30	3.738×10^9
11	3.218×10^9	21	3.419×10^9		

根据不同数量枢纽的网络成本绘制成本变化趋势图(图 4-11)。

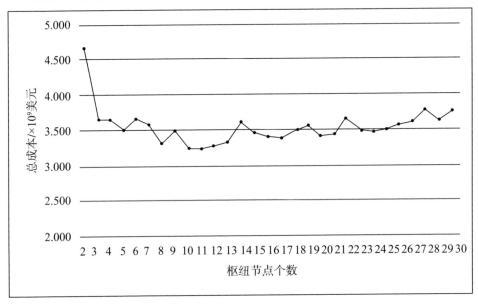

图 4-11　成本变化趋势图

最优方案(图 4-12)为枢纽节点个数为 11 时,网络总成本最低(表 4-10、图 4-11)。枢纽港为上海港、深圳港、广州港、新加坡港、巴生港、胡志明港、科伦坡港、迪拜港、吉达港、塞得港、马尔萨什洛克港。

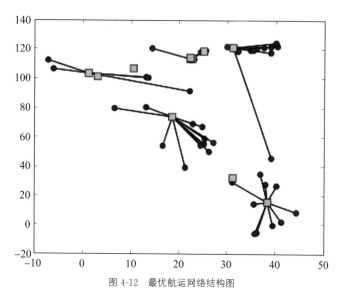

图 4-12 最优航运网络结构图

单分配轴辐式网络中,当选择 11 个节点港口作为网络枢纽时,整体货运需求得到满足且网络总成本最小为 3.221×10^9 美元。在单分配轴辐式网络中,上海港、深圳港、新加坡港、科伦坡港、迪拜港等港口被选为枢纽节点港口,承担整个航运网络的中转运输,主要原因是这些港口在 21 世纪海上丝绸之路沿线国家之间进出口贸易量较大,因此选择该节点作为枢纽节点将具有更高效的总转处理效率以及更广的辐射作用。与此同时还有胡志明港、吉达港、马尔萨什洛克港等因为自身进出口贸易量相对较大、地理位置优越,也被选为枢纽节点连入中转路线。表 4-11 为单分配轴辐式网络模型的最优结果。

表 4-11 单分配轴辐式模型最优结果

总成本/美元	枢纽个数	枢纽港	支线港
3.221×10^9	11	上海港、深圳港、广州港	宁波-舟山港、天津港、大连港、厦门港、营口港、连云港港、太仓港、东莞港、南京港、日照港、烟台港、泉州港、丹东港、唐山港、香港港、福州港、青岛港
		新加坡、巴生港、胡志明	巴生港、丹戎佩拉、曼谷、马尼拉、丹戎不碌、林查班
		科伦坡	蒙德拉、钦奈、卡拉奇、吉大、尼赫鲁、瓜达尔
		迪拜、吉达	达曼、阿巴斯、阿布扎比、沙迦港、塞拉莱
		赛得、马尔萨什洛克	阿姆巴利、梅尔辛、阿尔赫西斯拉、巴塞罗那、焦亚陶罗、热那亚、丹吉尔、比雷埃夫斯、亚历山大

单分配轴辐式网络结构是符合 21 世纪海上丝绸之路特定网络结构所建立的海运枢纽网络,适合于沿线进出口海运贸易,可通过枢纽节点的合理布局有效降低干线运输成本,通过规模效应集聚带动航运发展。

──── · 本章小结 · ────

在本章中,我们研究了港口的选址与优化问题,分别从海港与陆港两个方面总结了国内外学者对港口发展模式、网络布局问题的研究现状,介绍了我国港口的发展趋势,分析了轴辐式网络的分类及基本模型。针对目前海港与陆港物流框架及其运营方面存在的问题,构建了轴辐式枢纽选址模型框架,使用遗传算法对模型进行算例研究,为港口选择适合的网络模型。我们要以党的二十大报告中提到的,加快建设交通强国,推动共建"一带一路"高质量发展等目标任务为出发点、着力点,以一流的设施、一流的技术、一流的管理、一流的服务坚定不移地推进世界一流港口建设,为港口未来发展规划、合理利用资源、改善自身限制性因素、推动经济发展提供帮助。

【知识进阶】

1. 请简述港口选址与优化问题的重要性,并结合党的二十大报告中的相关内容,说明港口选址与优化在推动区域协调发展和构建高质量发展区域经济布局中的作用。

2. 在港口选址与优化的数学模型构建中,有哪些基本假设被提出? 这些假设在模型构建中起到了怎样的作用? 请结合文本内容,举例说明其中至少两个假设对模型构建的影响。

5 航运供应链决策与契约协调

知识导入:党的二十大报告指出:"我们要坚持以推动高质量发展为主题,把实施扩大内需战略同深化供给侧结构性改革有机结合起来,增强国内大循环内生动力和可靠性,提升国际循环质量和水平,加快建设现代化经济体系,着力提高全要素生产率,着力提升产业链供应链韧性和安全水平,着力推进城乡融合和区域协调发展,推动经济实现质的有效提升和量的合理增长。"本章对航运供应链的决策与契约协调进行分析,确保航运供应链的长久稳定合作,着力提升供应链韧性和安全水平。

在经济全球化的背景下,航运供应链在全球供应链中占据重要地位,承担着80%以上的贸易量。自2008年金融危机以来,世界经济低迷使航运市场需求停滞,2020年新冠疫情更加剧了航运市场波动。在竞争激烈的航运市场中,获取充足的市场份额是航运企业生存面临的首要问题,货代公司作为航运供应链中的重要成员也在激烈的货源竞争中不断压缩利润空间。因此,除了航运企业间的横向联盟外,部分航运企业也开始考虑通过与货代公司组建航运供应链上的"纵向联盟",以保持市场份额和对货源的竞争力。货代公司为获取市场份额,营销投入如广告宣传和销售渠道建设时常成为货代公司的一大经济负担。货代公司与船公司相比实力较弱,不断加大的营销成本压力使得船代企业更加厌恶市场风险,进而采取风险规避行为。这种策略的负面作用也包括了降低船公司和整体航运供应链的收益。当前航运市场,船公司与船代公司纵向联盟趋势明显,但操作、法律、股东层面仍存在困难。因此,船公司采用"利他偏好"策略示好货代公司是否能够以及能够在何种程度上实现纵向联盟的效果,已逐渐成为航运学术界和实践界都感兴趣的问题。

本章首先对航运供应链的研究现状进行梳理总结,并总结了航运供应链的理论基础与研究方法,指出研究方法的可行性;其次通过构建"利他偏好"策略的风险厌恶型航运供应链博弈模型,以研究船公司"行为偏好"对航运供应链上各成员的决策、市场份额以及收益的影响;最后对比分析"行为偏好"场景下与纵向联盟(集中决策)场景下各方策略和收益的差异,进而讨论如何通过设计协调契约以实现航运供应链上各方收益的优化,为航运供应链上各方成员优化经营策略提供决策依据。

5.1 航运供应链概述

本节将对航运供应链成员及其关系概念进行界定与阐述,梳理航运供应链和行为偏好下的供应链管理研究现状,以准确揭示船公司在当前航运背景下产生非理性行为因素时自身的策略以及货代公司为应对市场竞争所采取的策略,以期使得本书的研究更加贴近实际。

5.1.1 航运供应链成员及关系

航运供应链是由上游节点企业(主要是为航运服务供应商船的公司以及由船公司衍生的相关配套企业,如造船厂、燃料供应商、船员供应商),中间节点企业港口和下游节点企业(主要包括航运服务需求商货主和货代公司以及衍生出的服务行业)组成,通过对信息流、资金流以及物流的控制,以为客户提供航运物流服务为目的将节点企业连成整体的网链结构。

航运供应链的运作核心是为客户提供航运物流服务,其中船公司以及货代公司为航运供应链上的核心节点企业,船公司向货主提供货物的运输服务,货代公司则向货主提供订舱、报关以及物流跟踪等服务。

5.1.2 航运供应链研究现状

航运供应链在全球贸易与物流运输体系中占据着核心地位,吸引了众多国内外学者深入探究。部分学者致力于港口在供应链中的定位剖析与绩效度量,如 Carbone 与 Martino 以雷诺汽车供应链中的勒阿弗尔港为例,深入分析了港口应对供应链竞争的策略,为企业打破内部职能间的界限及其与关键合作伙伴间的界限提供了思路。Bichou 和 Gray 从供应链视角构建的港口绩效评价框架体系,突破了传统局限,将港口绩效与供应链整体价值创造相挂钩,为港口绩效评估提供了全新视角。而 Tongzon 考虑了双重视角,以韩国仁川港为例,分别站在港口运营商与航运企业视角,剖析了港口发展供应链的价值取向度,并对仁川港的角色定位、业务拓展与合作模式等方面进行了深入研究,补充了学界在该方向上实证研究的空白。许利枝和汪寿阳结合前人研究,以系统科学和港口经济理论为基础,构建了港口系统研究分析框架,并提出了港口系统集成预测研究方法,最后以中国香港港集装箱运量为实例进行预测,证明该方法优于现有模型。也有部分学者关注运输服务采购问题与企业协作增效策略,如 Caplice 和 Sheffi 构建的二级航运供应链模型,聚焦货主与承运人运输服务采购问题,其设计的契约机制有效提升了运输资源配置效率、平衡了双方利益。Krajewska 和 Kopfer 进一步运用博弈论构建货代企业联盟模型并进行了优化,该模型契合当下货代企业在激烈航运市场竞争中对成本控制与经营方式转变的需求,增强了联盟成员竞争力。而王文杰等则针对承运人联盟问题构建了博弈模型,以联盟收益最大化为目标,实现了联盟整体与成员个体收益的双赢,为航运企业联盟决策提供了关键参考。还有部分学者考虑航运供应链整合与风险管理,如刘家国等建立了一种考虑服务竞争的航运供应链模型,深入探讨港口、承运商和货运代理人的竞合关系,剖析港口服务投资成本与竞争程度对承运商利润及决策的影响,为各节点企业竞争合作策略制定提供了理论依据。路遥等创新性地将金融领域"运费期权"概念引入航运市场,深入研究托运人收益优化问题,通过对托运人决策的精准分析,设计契约机制协调航运供应链,实现整体收益最优,并经算例分析验证了其可行性,为航运供应链风险管理与收益管理开拓了新路径。

5.2 航运供应链理论基础与研究方法

本书的理论基础主要包括行为偏好理论和供应链契约理论两个方面,所采用的方法为博弈论。

5.2.1 斯坦克伯格博弈

斯坦克伯格博弈属于完全信息动态博弈,1934 年由 Stackelberg 首次提出,用于研究两个决策者之间的相互作用。两个决策者拥有不同的地位,地位较高的一方为领导者和先决策者,另一方地位较低,为跟随者和后决策者。博弈过程如下:两方中的领导者率先根据掌握的信息集,在满足生产或服务技术基础上做出决策,跟随者将该决策纳入自身的信息集再做出决策,双方均以利益最大化为目标做出有益于自身的决策。当博弈达到均衡时双方决策为最优,不再需要调整决策,关系处于稳定状态,此时决策者的利益最大。

为获得双方的最优决策,学者们一般采用逆向归纳法求解,其最早被用来研究国际象棋问题,之后在完全信息动态博弈中被应用于求解均衡问题。逆向归纳法可以将多阶段博弈过程拆解开,通过对单个决策者分析逆向求解,从最后一个阶段决策者的行为开始,倒退至前一个阶段决策者的行为决策,直到博弈最开始阶段的行为决策为止,以此确定各阶段中决策者的最优行动,从而达到均衡。在最后阶段决策时不需要考虑后动决策者的行为,仅根据观察的信息和其他人行为即可做出决策,因此逆向归纳法能够排除制约因素的影响,得到了广泛使用。

5.2.2 行为偏好理论

早期博弈研究是建立在假设参与主体的决策者完全理性下进行的,参与主体追求自身收益最大化,然而越来越多的实际案例不再适用上述的自利经济人的假设,促使越来越多的学者对其背后原因的探索,促进了行为偏好理论的出现。行为偏好是指人们在关注自身收益的同时也会关注他人的收益,这说明行为的选择不仅受个体经济性的作用,同时也受外界社会性的影响。例如,行为中的互惠、利他和公平倾向都是行为偏好理论的具体体现。基于本书的研究,本章将对风险偏好和利他偏好展开论述。

1. 风险偏好理论

在现实的企业经营管理中,市场需求的不确定性往往使得企业面临一定的市场风险,而风险偏好是指企业管理者在经营过程中面对风险的不同态度。企业管理者面对风险一般存在三种态度:风险偏好、风险中性、风险厌恶。风险偏好的具体表现为主动追求风险,相较于稳定收益更喜欢收益的动荡。这一类型认为这能更快地带来更大的收益和效用。而风险厌恶与风险偏好恰恰相反,当预期收益率相同时,偏好于选择低风险的资产。若资产衡量后具备同样风险,则钟情于追求高预期收益率的事物。风险中立型介于两者之间,通常展示出既不回避风险的消极姿态,也不主动追求风险的积极心理。

企业管理者对于风险的态度会对企业经营决策产生重大的影响,并且也会对供应链上其他合作伙伴的决策及收益产生影响。在航运供应链中,货代公司在需求波动以及营销投入双重成本压力下,公司决策者在面对激烈的市场竞争往往会对风险产生厌恶态度,从而会在经营过程中采取保守决策,影响整个航运供应链的收益。

2. 利他偏好理论

在实验经济学、行为经济学和心理学等研究领域中,大量学者通过不同的方式证实了利他偏好确实存在于人们的决策行为中。近年来,随着行为经济学研究逐渐被人们所重视,利他行为在众多领域也得到了广泛研究,但目前对于利他并没有一个统一的定义。学者贝尔认为利他是一种降低自身收益来增加他人收益的行为。也有学者认为利他是人们的一种情感行为,对于利他的判断应该注重决策者的动机而不是结果。决策主体的决策动机应该是以增加他人福利为目的,是无私的。稻田和夫指出应该将利他作为企业的经营理念,以利他的动机去决策,从而无意间增加自己的收益。这里借鉴浦徐进关于利他偏好的定义,利他偏好是指决策者在做决策时不仅会考虑到对自身效益的影响,也会考虑到对其他人效益的影响。

在实际的企业经营过程中,处于主导地位的企业在进行决策时会考虑对合作伙伴的影响。在考虑自身收益的同时,也会以增加合作伙伴的收益为动机去进行决策。尤其是在市场需求不确定且竞争激烈的环境下,主导企业为维护自己的市场范围与竞争力,不得不去关心自身下游合作伙伴的收益,以保证自身稳定的市场份额。

5.2.3　供应链契约理论

19 世纪,供应链管理体系建立,并在实践过程中得到肯定和推广。企业追求供应链管理的目标是在最大程度上满足顾客产品需求基础上,实现供应链整体收益的最大化和成本最低。然而供应链上的各成员企业是相对独立的,在决策运营过程中会以自身利润最大化为运营目标,不可避免地会出现"双重边际化效应"。即实践工作中分散决策下的供应链收益效果远不如理论上理想化的总收益。为提高供应链的收益,供应链系统内的各成员企业之间通过谈判协商在某些方面达成共识形成具有法律效力的文件,来进行协调。1985 年,学者 Pasternack 首次提出供应链契约理论。供应链契约是指能够优化和提升供应链整体绩效的一系列条款协议,并根据达成的共识各方采取相应措施,实现供应链系统内各方成员企业的协调共赢局面。供应链契约一般以调整批发价格、销售价格以及订购数量等契约参数实现协调。自揭开供应链契约理论的面纱,关于供应链契约的理论拓展和实践应用研究均得到迅速发展。在供应链契约理论方面,学者们根据行业、领域等因素进行探讨相继提出各类供应链契约,如批发价格契约、成本共担契约、回购契约、收益共享契约、数量弹性契约、销售利返契约、数量折扣契约以及各类组合契约等。

5.2.4　考虑行为偏好的供应链管理研究

关于利他偏好在供应链中的研究众多,在利他偏好在传统供应链中的影响研究方面,学者覃燕红等将利他偏好引入供应链决策模型,并根据供应链中成员是否具有利他偏好分四种情况讨论了利他偏好对供应链决策的影响。浦徐进等构建了制造商与供应商的供应链,基于斯坦克伯格博弈分析了企业利他行为偏好对企业决策和供应链运作绩效的影响,其研究表明供应商的利他偏好对提高供应链整体效用的作用较大。王磊等构建了由生产商和零售商组成的三种权利结构下的供应链,通过将行为偏好引入博弈模型,分析了企业利他偏好行为对供应链各方均衡策略的影响。在利他偏好在其他类型供应链中的影响研究方面,学者 Shi 等通过构建由制造商和零售商组成的二级双渠道供应链,并将利他偏好引入供应链分析了利他偏好行为对企业定价决策的影响。林志炳研究了双渠道供应链中企业的利他偏好行为对企业决策以及供应链的影响,同时还分析了双渠道之间的渠道替代率对供应链的影响。王建华等则将利他偏好思想引入了闭环供应链,通过构建博弈模型分别研究了供应商与零售商利他偏好行为对供应链各方收益的影响。骆正清和刘思绮将利他偏好引入双渠道供应链,分析了供应商和零售商在三种博弈结构情形下的最优定价。利他偏好在引入其他因素供应链中的研究方面,学者石岜然等构建了电子商务环境下的双渠道供应链,并且考虑了企业创新投入,分析了企业利他偏好对供应链各方均衡策略的影响,揭示了供应链管理中利他行为存在的必要性和适度性。程茜等考虑消费者具有低碳偏好和政府征收碳税,引入供应链成员的利他偏好属性,分别建立不同情形的博弈模型并分析了供应链利他偏好对企业决策的影响。孙玉玲等构建了鲜活农产品供应链,分析了企业不同权利地位下自身利他偏好对供应链的影响,发现企业地位不同利他偏好对供应链运作效率的影响不同。

此外,利他偏好也被引入供应链契约领域,学者们针对不同类型的供应链进行了研究。如学者 Liu 等考虑在随机需求下,以批发价格契约为基础探讨了企业利他偏好行为对供应链决策的影响。代应等构建了低碳供应链,分析了批发价格契约下企业利他偏好对低碳供应链决策的影响,发现批发价格契约不能实现供应链协调。

5.3 行为偏好因素下航运供应链价格决策分析

在航运供应链中,船公司与货代公司进行纵向合作,一般表现为船公司提供航运运输服务并制定航运服务批发价格,货代公司从船公司购买舱位后再将其出售给托运人,此时货代公司会根据船公司提供的航运服务批发价格决定出售给托运人的航运市场价格。因此,本节构建由船公司与货代公司组成的二级航运供应链,且双方遵循以船公司为主导者的博弈。

5.3.1 问题描述与基本假设

1. 问题描述

在航运市场需求低迷波动的情形下,货代公司一方面要承担市场需求波动的风险,另一方面要为拓展市场份额和保证货源保持相当的营销投入。在营销投入以及需求波动的双重成本压力下,实力较弱的货代公司不由自主地会对市场风险产生厌恶。同时,船公司为了维持市场占用率,保证收益稳定,避免寻求新的合作伙伴带来的额外成本,在做决策时会考虑货代公司的收益,愿意将一部分收益转移到货代公司,对货代公司产生利他偏好行为(图 5-1)。

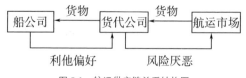

图 5-1　航运供应链关系结构图

因此,本节将风险厌恶型决策者货代公司设为基准场景,建立航运供应链集中决策、一般分散决策、船公司利他偏好下分散决策三种情形下的斯坦克伯格博弈模型，通过对比分析不同情形下的均衡结果，探讨市场需求波动以及货代公司风险厌恶下船公司利他偏好行为对航运供应链上各方决策和收益的影响，进而尝试通过设计契约实现船公司利他偏好分散决策情形下航运供应链的协调。

2. 基本假设

考虑到航运供应链中的实际复杂情形，在不改变现实本质的前提下尽可能简化模型，总结出如下假设。

假设1：航运供应链是由一个船公司和一个货代公司组成的两级供应链，船公司制定航运服务批发价格 k 给货代公司，航运服务的边际固定成本为 c。货代公司根据船公司提供的航运服务批发价格 w 制定航运市场价格 p 给托运人。

假设2：货代公司为销售航运服务和拓展市场进行营销投入，产生的营销成本为 $s = \eta k^2$。其中，k 为货代公司所做的营销投入（如广告宣传、渠道拓展），$\eta > 0$ 为营销投入成本系数，可表示货代公司进行营销投入的难度。

假设3：航运市场总需求为 $A = a + \varepsilon, \varepsilon \sim N(0, \delta^2)$。其中，$a$ 为基础市场需求，ε 为市场需求的随机波动部分。借鉴文献航运市场需求函数设为 $Q = A - p + \lambda k$。其中，λ 为市场需求对货代公司营销投入的敏感系数，表示货代公司营销投入对市场需求的影响程度。

假设4：系数比 $\dfrac{\lambda^2}{\eta}$ 与货代公司营销投入成本系数和市场需求对货代公司营销投入的敏感系数相关，将系数比 $F = \dfrac{\lambda^2}{\eta}$ 定义为货代公司的营销收益系数，表示货代公司营销投入的单位变化带来的单位收益变化。

假设5：在航运供应链中，货代公司为风险厌恶型企业，船公司为风险中性企业。船公司与货代公司信息对称，且市场需求为正。结合上述假设，为更好地说明后续模型中使用的符号含义，统一对后续模型建立中使用到的符号在表5-1中进行说明。

表5-1　模型符号说明表

符号	符号含义	符号	符号含义
a	基础市场需求	θ	船公司利他偏好系数
ε	市场需求随机波动	$E(Q)$	期望市场需求
w	船公司航运服务批发价格	$E(\pi)$	期望利润
p	货代公司航运市场价格	U	企业效用

续表

符号	符号含义	符号	符号含义
c	船公司航运服务边际成本	下标$_s$	船公司
η	货代公司营销成本系数	下标$_f$	船代公司
k	货代公司营销投入决策	下标$_{sc}$	航运供应链
λ	市场需求对营销投入的敏感系数	上标^c	集中决策
F	货代公司营销收益系数	上标$^\gamma$	一般分散决策
γ	货代公司风险厌恶系数	上标$^\theta$	船公司利他偏好时分散决策
σ	市场需求波动标准差	上标*	最优决策
s	营销成本	上标^d	无契约决策模型
A	航运市场总需求	上标^g	收益共享契约下的博弈模型
g	船公司自身保留销售收入系数	上标$^{\bar\omega}$	收益共享成本共担契约下博弈模型
Var	样本方差	$\bar\omega^{\bar\omega^*}$	契约合同中成本分担参数
π	利润	$\bar\omega$	船公司自身承担营销成本系数

3. 利润函数

由上述模型假设以及符号说明可知，船公司的决策变量为 w，货代公司的决策变量为 p 和 k。这里用 ^{d} 表示航运供应链完全理性情形，此时船公司和货代公司的利润函数为：

$$E(\pi_s)^d = (w-c)(A-p+\lambda k) \tag{5-1}$$

$$E(\pi_f)^d = (p-w)(A-p+\lambda k) - \eta k^2 \tag{5-2}$$

命题 1：当 $4\eta-\lambda^2 > 0$ $4\eta > \lambda^2$ 时，货代公司的利润函数是关于航运市场价格 p 和营销投入 k 的联合严格凹函数，船公司的利润函数是关于航运服务批发价格 w 的严格凹函数，且基础市场需求 $a > c$ 是航运供应链盈利的条件。

证明：在分散决策情形下，航运供应链双方是完全信息的动态博弈。船公司为供应链主导者，船公司以自身利润最大化为目标先行确定自身的航运服务批发价格，作为跟随者的货代公司以自身利润最大化为目标确定自身的航运市场价格以及营销投入决策。因此，根据逆向递推法，货代公司以利润最大化为目标，结合式（5-2）可以求得货代公司利润函数关于航运市场价格 p 和营销投入决策 k 的 Hessian 矩阵为：

$$H_f^d = \begin{pmatrix} -2 & \lambda \\ \lambda & -2\eta \end{pmatrix} \tag{5-3}$$

首先,通过观察式(5-3)的海赛矩阵可知,当 $4\eta>\lambda^2$ 矩阵负定时,货代公司的利润函数是关于航运市场价格 p 和营销投入决策 k 的联合凹函数,货代公司可以实现利润最大化。

其次,对式(5-2)分别求解关于 p 和 k 的一阶偏导数并令其等于零,联立方程组可得货代公司关于 p 和 k 的反应函数为:

$$p=\frac{2A\eta+(2\eta-\lambda^2)w}{4\eta-\lambda^2} \tag{5-4}$$

$$k=\frac{\lambda(A-w)}{4\eta-\lambda^2} \tag{5-5}$$

最后,将式(5-4)、(5-5)代入船公司的利润函数式(5-1),求解关于的二阶导数可得: $\frac{d^2E(\pi_s)^d}{dw^2}=-\frac{4\eta}{4\eta-\lambda^2}<0$ $\frac{d^2E(\pi_s)^d}{dv^2}=-\frac{4\eta}{4\eta-\lambda^2}<0$,可知船公司的利润函数为关于 w 的凹函数,船公司可以达到自身利润最大化。

将反应函数式(5-4)、(5-5)代入船公司的利润函数式(5-1),求其关于 w 的一阶导数,并令其等于零,可得船公司的航运服务批发价格决策为: $w^{d^*}=\frac{a+c}{2}$ $w^{d^*}=\frac{A+c}{2}$。再将 w^{d^*} 带回反应函数式可得: $p^{d^*}=\frac{2\eta(3a+c)-(a+c)\lambda^2}{2(4\eta-\lambda^2)}$, $k^{d^*}=\frac{(a-c)\lambda}{2(4\eta-\lambda^2)}$, $p^{d^*}=\frac{2\eta(3A+c)-(A+c)\lambda^2}{2(4\eta-\lambda^2)}$, $k^{d^*}=\frac{(A-c)\lambda}{2(4\eta-\lambda^2)}$。

任何企业都是以盈利为目的,双方能够获取利润才是企业进行合作的基础。故船公司与货代公司的价格决策应该要满足 $p^{d^*}>w^{d^*}>c$,根据此项条件得出当基础市场需求 $a>c$ 时,航运供应链可以盈利。命题1证毕。

命题1说明,在当前假设条件情形下,船公司与货代公司的利润函数均存在最优解,能够实现各自利润最大化。同时根据条件 $4\eta-\lambda^2>0$ 可知 $0<\frac{\lambda^2}{\eta}<4$,即 $0<F<4$ 是模型的可行性条件,在后文中同样适用。

4. 效用函数

一般分散决策情形下,货代公司在市场需求波动以及营销投入的压力下是风险厌恶型决策者。这里借鉴学者 Arcelus 和叶飞的研究使用均值—方差法刻画风险厌恶型货代公司的效用函数: $U_f^r=E(\pi_f)-\gamma\sqrt{Var[\pi_f]}$。其中, $\gamma>0$ 为货代公司风险厌恶系数,表示货代公司面对风险时的态度, γ 越大代表对风险的厌恶态度越强硬。根据文献研究以及前文假设可得:

$$\sqrt{Var[\pi_f]} = \sqrt{E\{[\pi_f - E(\pi_f)]^2\}} = (p-w)\sigma$$

因此，在一般分散决策情形下货代公司的效用函数为：

$$U_f^r = (p-w)(a-p+\lambda k) - \eta k^2 - \gamma(p-w)\sigma \qquad (5\text{-}6)$$

而船公司效用函数不变，仍如式(5-1)。

船公司利他偏好分散决策情形下，船公司为了维持与货代公司的合作关系，保证有稳定的货源，在决策时采取考虑货代公司的收益的利他偏好行为。这里借鉴王磊的研究，将船公司具有利他偏好行为时的效用函数设为 $U_S^\theta = E(\pi_S) + \theta E(\pi_f)$，其中，$0 < \theta < 1$ 为船公司的利他偏好系数。因此，在船公司利他偏好分散决策情形下，船公司的效用函数为：

$$U_x^\theta = [(1-\theta)w + \theta p - c](A - p + \lambda k) - \theta \eta k^2 \qquad (5\text{-}7)$$

而货代公司效用函数仍然如式(5-6)。

5.3.2 船公司与货代公司集中决策

在航运供应链集中决策情形下，船公司与货代公司作为一个整体进行决策，整体决策的目标是实现供应链整体利润的最大化。在集中决策情形下，供应链决策变量只有航运市场价格 p 和营销投入决策 k。此时，航运供应链的利润函数为：

$$E(\pi_{sc})^c = (p-c)(A - p + \lambda k) - \eta k^2 \qquad (5\text{-}8)$$

在集中决策情形下，航运供应链上各方作为一个整体进行决策，以整条供应链的利润最大化为目标决定航运市场价格 p 和营销投入决策 k。因此根据式(5-8)可以求出航运供应链的利润函数关于 p 和 k 的海赛矩阵为：

$$H_{sc}^c = \begin{pmatrix} -2 & \lambda \\ \lambda & -2\eta \end{pmatrix} \qquad (5\text{-}9)$$

根据式(5-9)可知当 $4\eta - \lambda^2 > 0$ 时，海赛矩阵负定，利润函数式(5-8)为关于 p 和 k 的联合凹函数，存在唯一的 p^{c^*} 和 k^{c^*} 的一阶偏导数并令其等于 0，联立方程组可得：

$$p^{c^*} = \frac{2\eta(A+c) - c\lambda^2}{4\eta - \lambda^2} \qquad (5\text{-}10)$$

$$k^{c^*} = \frac{\lambda(A-c)}{4\eta - \lambda^2} \qquad (5\text{-}11)$$

根据上述均衡解，可以求得航运供应链集中决策情形下整条供应链的均衡市场需求和均衡利润分别为：

$$E(Q)^{c^*} = \frac{2\eta(A-c)}{4\eta - \lambda^2} \qquad (5\text{-}12)$$

$$E(\pi_{sc})^{c^*} = \frac{\eta(A-c)^2}{4\eta-\lambda^2} \tag{5-13}$$

5.3.3 货代公司风险厌恶下一般分散决策

在该情形下,货代公司为风险厌恶型决策者,船公司为完全理性决策者。双方博弈过程为:首先船公司以自身利润最大化为目标确定航运服务批发价格 w 给货代公司,货代公司根据航运服务批发价格 w,以自身效用最大化为目标确定自己的航运市场价格 p 和营销投入决策 k。

根据上述博弈情形,采用逆向递推法并结合式(5-6),可以求解出货代公司的效用函数关于 p 和 k 的海赛矩阵为:

$$H_f^{\gamma} = \begin{pmatrix} -2 & \lambda \\ \lambda & -2\eta \end{pmatrix} \tag{5-14}$$

根据式(5-14)可知当 $4\eta-\lambda^2>0$ 时,海赛矩阵负定,货代公司效用函数是关于 p 和 k 的联合凹函数。因此,对式(5-6)分别求解关于 p 和 k 的一阶偏导数并令其等于零,联立方程组可得货代公司关于 p 和 k 的反应函数为:

$$p = \frac{(2A-2\gamma\sigma+2w)\eta-\lambda^2 w}{4\eta-\lambda^2} \tag{5-15}$$

$$k = \frac{(A-w-\gamma\sigma)\lambda}{4\eta-\lambda^2} \tag{5-16}$$

然后将式(5-15)、(5-16)代入船公司的效用函数式(5-1),求解关于 w 的二阶导数可得:$\dfrac{d^2 U_s^{\gamma}}{dw^2} = -\dfrac{4\eta}{4\eta-\lambda^2}<0$,可知船公司的效用函数为关于 w 的凹函数,可以达到自身效用最大化。因此将式(5-15)、(5-16)代入船公司的效用函数式,求解关于 w 的一阶导数并令其等于零可得船公司的航运服务批发价格:

$$w^{\gamma^*} = \frac{2\eta(A+c+\gamma\sigma)-\lambda^2\gamma\sigma}{2\eta} \tag{5-17}$$

最后将式(5-17)分别代入反应函数式(5-15)、(5-16)可得:

$$p^{\gamma^*} = \frac{4\eta^2(3A+c-\gamma\sigma)-2\eta\lambda^2(A+c+2\gamma\sigma)+\lambda^4\gamma\sigma}{4\eta(4\eta-\lambda^2)} \tag{5-18}$$

$$k^{\gamma^*} = \frac{\lambda\left[2\eta(A-c-3\gamma\sigma)+\lambda^2\gamma\sigma\right]}{4\eta(4\eta-\lambda^2)} \tag{5-19}$$

综上,根据船公司与货代公司的均衡决策可以求得该情形下航运供应链的均衡市场需求、企业各自的利润以及航运供应链的整体利润分别为:

$$E(Q)^{\gamma^*} = \frac{2\eta(A-c+\gamma\sigma)-\lambda^2\gamma\sigma}{2(4\eta-\lambda^2)} \tag{5-20}$$

$$E(\pi^S)^{\gamma^*} = \frac{[2\eta(A-c+\gamma\sigma)-\lambda^2\gamma\sigma]^2}{8\eta(4\eta-\lambda^2)} \tag{5-21}$$

$$E(\pi^f)^{\gamma^*} = \frac{[2\eta(A-c-3\gamma\sigma)+\lambda^2\gamma\sigma][2\eta(A-c+\gamma\sigma)+\lambda^2\gamma\sigma]}{16\eta(4\eta-\lambda^2)} \tag{5-22}$$

$$E(\pi_x)^{\gamma^*} = \frac{4\eta[\eta(3A-3c-\gamma\sigma)(A-c+\gamma\sigma)]-4\eta\lambda^2\gamma\sigma(A-c+3\gamma\sigma)-3(\lambda^2\gamma\sigma)^2}{16\eta(4\eta-\lambda^2)}$$

$$\tag{5-23}$$

5.3.4 船公司利他偏好下分散决策

在此情形下,船公司对货代公司具有利他偏好。双方博弈过程为:首先船公司以自身效用最大化为目标确定航运服务批发价格 w 给货代公司。货代公司根据航运服务批发价格 w,以自身效用最大化为目标确定自己的航运市场价格 p 和营销投入决策 k。在此决策情形下,货代公司的效用函数没有改变,故关于决策变量 p 和 k 的反应函数仍然为式(5-15)和式(5-16)。将两式带入船公司的效用函数式(5-7),求解关于决策变量 w 的二阶导数可得: $\frac{d^2 U_s^\theta}{dw^2} = \frac{2\eta(\theta-2)}{4\eta-\lambda^2} < 0$,可知船公司的效用函数为关于 w 的凹函数,可以达到自身效用最大化。因此将式(5-15)、(5-16)代入船公司的效用函数式,求解关于 w 的一阶导数并令其等于零可得船公司的航运服务批发价格决策:

$$w^{\theta^*} = \frac{2\eta[(1-\theta)A+c+\gamma\sigma]-\lambda^2\gamma\sigma}{2\eta(2-\theta)} \tag{5-24}$$

最后将式(5-24)分别代入反应函数式(5-15)和式(5-16)可得:

$$p^{\theta^*} = \frac{2\eta[2\eta(3A-2\theta A+c-(1-\theta)\gamma\sigma)-\lambda^2(A-\theta A+c+2\gamma\sigma)]-\lambda^4\gamma\sigma}{2\eta(2-\theta)(4\eta-\lambda^2)} \tag{5-25}$$

$$k^{\theta^*} = \frac{\lambda[2\eta(A-c-3\gamma\sigma+\theta\gamma\sigma)+\lambda^2\gamma\sigma]}{2\eta(2-\theta)(4\eta-\lambda^2)} \tag{5-26}$$

综上,根据船公司与货代公司的均衡决策可以求得该情形下航运供应链的均衡市场需求、企业各自的利润以及航运供应链的整体利润为:

$$E(Q)^{\theta^*} = \frac{2\eta[A-c+(1-\theta)\gamma\sigma]-(1-\theta)\lambda^2\gamma\sigma}{(2-\theta)(4\eta-\lambda^2)} \tag{5-27}$$

$$E(\pi^f)^{\theta^*} = \frac{\{2\eta[A-c+(1-\theta)\gamma\sigma]-(1-\theta)\lambda^2\gamma\sigma\}\{2\eta[(A-c)(1-\theta)+\gamma\sigma]-\lambda^2\gamma\sigma\}}{2\eta(2-\theta)^2(4\eta-\lambda^2)}$$

$$\tag{5-28}$$

$$E(\pi^f)^{\theta^*} = \frac{\{2\eta[A-c-(3-\theta)\gamma\sigma]+\lambda^2\gamma\sigma\}\{2\eta[A-c+(1-\theta)\gamma\sigma]+\lambda^2\gamma\sigma\}}{4\eta(2-\theta)^2(4\eta-\lambda^2)}$$

$$\tag{5-29}$$

$$E(\pi_k)'' = \frac{4\eta\{[(A-c)(3-2\theta)-(1-\theta)\gamma\sigma][A-c+(1-\theta)\gamma\sigma]\}}{4\eta(2-\theta)^2(4\eta-\lambda^2)}$$

$$-\frac{\lambda^2\gamma\sigma[(1-\theta)^2(A-c)+(3-2\theta)\gamma\sigma]-(3-2\theta)(\lambda^2\gamma\sigma)^2}{4\eta(2-\theta)^2(4\eta-\lambda^2)} \tag{5-30}$$

5.3.5　均衡结果对比分析

为了更加深入地讨论船公司的利他偏好行为及其对航运供应链各方的影响,本节从企业价格决策、货代公司营销投入决策、市场需求量、企业利润以及航运供应链整体利润等五个方面,对一般分散决策和船公司利他偏好下分散决策两种不同情形下的均衡结果进行对比分析。

结合假设 4,为使比较结果更加简洁直观,后续的分析中将把货代公司营销收益系数 $F=\dfrac{\lambda^2}{\eta}$ 代入均衡结果表达式中。考虑到在实际经营过程中企业以盈利为最终目的,船公司与货代公司也是建立在各自可以获取利润的基础上才会选择组成供应链进行合作,基于此可以得出命题 2。

命题 2(风险厌恶条件):在航运市场中,货代公司对市场风险的厌恶态度必须满足条件:$0<\gamma<\dfrac{2(A-c)}{(6-F)\sigma}$,同时,当船公司具有利他偏好且利他偏好系数为 $0<\theta<1$ 时,此条件仍然适用。

证明:在一般分散决策下,由船公司与货代公司各自的价格决策可知,双方价格决策需要满足:$p^{\gamma*}>w^{\gamma*}>c$,因此具有以下两种情况。

情况 1:令 $p^{\gamma*}>w^{\gamma*}>0$ 时,具有 $\dfrac{2(A-c)-(6-F)\gamma\sigma}{2(4-F)}>0$,结合前面模型假设并进行求解可以得出货代公司风险厌恶系数需要满足:$0<\gamma<\dfrac{2(a-c)}{(6-F)\sigma}$。

情况 2:令 $w^{\gamma*}-c>0$ 时,具有 $\dfrac{2(A-c)+(2-F)\gamma\sigma}{4}>0$,结合前面模型假设并进行求解可以得出:当 $0<F<2$ 时,货代公司的风险厌恶系数不会影响船公司利润;当 $2<F<4$ 时,货代公司风险厌恶系数需要满足:$0<\gamma<\dfrac{2(a-c)}{(F-2)\sigma}$。

联立情况 1 和情况 2,可以得出货代公司的风险厌恶系数需要满足条件 $0<\gamma<\dfrac{2(A-c)}{(6-F)\sigma}$。

同时,在船公司利他偏好分散决策情形下,根据船公司与货代公司各自的价格决策,使得双方价格决策满足 $p^{\theta*}>w^{\theta*}>c$,即可证船公司利他偏好情形下此条件同

143

样适用。命题 2 证毕。

命题 2 说明在航运市场中，货代公司的风险厌恶度要根据市场需求规模、需求波动情况以及自身的营销收益系数而定。当航运供应链基础市场需求规模较小时，企业较高的风险厌恶度会导致企业自身的利润受损，甚至会亏本。对货代公司风险厌恶条件进行分析，可以求得：

$$\frac{\partial \gamma}{\partial F} = \frac{2}{(6-F)\sigma} > 0, \frac{\partial \gamma}{\partial F} = \frac{2(A-c)}{(6-F)^2\sigma} > 0, \frac{\partial \gamma}{\partial c} = \frac{2}{(6-F)\sigma} < 0, \frac{\partial \gamma}{\partial \sigma} = \frac{2(A-c)}{(6-F)^2\sigma} < 0。$$

$$\frac{\partial \gamma}{\partial a} = \frac{2}{(6-F)\sigma} > 0, \frac{\partial r}{\partial F} = \frac{2(a-c)}{(6-F)^2\sigma} > 0$$

① 货代公司风险厌恶系数与基础市场规模 a 呈正相关，随着基础市场规模的增大而增大，充足的市场份额允许货代公司采取较为保守的风险规避策略。

② 货代公司风险厌恶系数与船公司边际航运成本 c 呈负相关，随着航运边际成本的增大而减小，航运成本降低货代公司应采取积极的市场策略追求高利润。

③ 货代公司风险厌恶系数与自身营销收益系数呈正相关，随着营销收益系数的增大而逐渐增大，营销投入可以获取更多的市场需求，允许货代公司采取较为保守的风险规避策略。

④ 货代公司风险厌恶系数与市场需求波动标准差呈负相关，随着需求波动的增大而逐渐减小，市场需求波动大潜在市场需求多，货代公司应采取积极策略追求高利润。

1. 船公司与货代公司价格决策比较

命题 3：船公司利他偏好情形下的最优航运服务批发价格小于一般分散决策情形下的最优批发价格，即 $w^{\theta^*} < w^{\gamma^*}$；船公司的航运服务批发价格 w^θ 与利他偏好系呈负相关，即随着利他强度的增大而减小。

证明：根据船公司在两种情形下的价格决策表达式，可以求得：$w^{\theta^*} - w^{\gamma^*} = \frac{\theta[2(A-c)-(2-F)\gamma\sigma]}{4(2-\theta)}$。结合命题 2 中的性质，$0 < \gamma < \frac{2(a-c)}{(6-F)\sigma}$ 可以求得，$2(a-c) - (2-F)\gamma\sigma > 0$，因此可进一步求得，$w^{\theta^*} - w^{\gamma^*} < 0$。

同时根据船公司具有利他偏好时的价格表达式和命题 2 可以求得：$\frac{\partial w^{\theta^*}}{\partial \theta} = -\frac{2(A-c)-(2-F)\gamma\sigma}{(2-\theta)^2} < 0$。命题 3 证毕。

命题 3 说明，在航运市场需求不确定的情况下，船公司考虑到货代公司的利益而产生的利他行为,会通过降低自身航运服务批发价格,为货代公司提供更大的利润空间来缓解应对市场风险的压力;同时,运用低价策略也可以提升货代公司进行市场拓展的积极性与主动性,从而为自己获取更多的市场份额。

货代公司的营销投入决策同样会受到船公司利他偏好行为的影响,最终会导致自身利润以及供应链市场需求的变化。具体的对比如下。

命题4:货代公司在船公司利他偏好分散决策时的最优营销投入大于在一般分散决策时自身的最优营销投入,即 $k^{\theta^*}>k^{\gamma^*}$。且货代公司的营销投入决策与船公司的利他偏好系数呈正相关,随着船公司利他强度的增大而逐渐增大。

证明:根据货代公司在两种情形下的营销投入决策表达式,可以求得:

$$k^{\theta^*}-k^{\gamma^*}=\frac{F\theta\left[2(A-c)-(2-F)\gamma\sigma\right]}{4\lambda(2-\theta)(4-F)}$$

结合命题2中的条件,$0<\gamma<\frac{2(A-c)}{(6-F)\sigma}$,可以求得,$2(A-c)-(2-F)\gamma\sigma>0$,因此可进一步求得,$k^{\theta^*}-k^{\gamma^*}>0$。命题4证毕。

命题4说明在航运市场需求不确定的情形下,船公司对货代公司的利他行为可以刺激到货代公司进行力度更大的营销投入,提高了货代公司应对市场风险的积极性,使得货代公司为获取货源而进行积极的市场拓展。重要的是,货代公司的这种行为也反映出船公司达到了自身采取利他偏好策略时的初衷,即推动合作伙伴积极拓展市场、获取更多市场份额的目的。

2. 船公司与货代公司利润比较

命题5:船公司在利他偏好分散决策时的利润小于在一般分散决策时自身的利润,即 $E(\pi_S)^{\theta^*}<E(\pi_S)^{\gamma^*}$;船公司的利润 $E(\pi_S)^{\theta^*}$ 与其利他偏好系数呈负相关,即随着利他强度的增大而减小。

证明:根据船公司在两种情形下的期望利润表达式,可以求得:

$$E(\pi_S)^{\theta^*}-E(\pi_S)^{\gamma^*}=-\left(\frac{\left[2(A-c-\gamma\sigma)+F\gamma\sigma\right]^2\theta^2}{8(2-\theta)^2(4-F)}\right)$$

结合命题2中的条件,$0<\gamma<\frac{2(A-c)}{(6-F)\sigma}$,可以求得 $A-c-\gamma\sigma>0$,因此可进一步求得,$E(\pi_S)^{\theta^*}-E(\pi_S)^{\gamma^*}<0$。

根据船公司在利他偏好分散决策下的利润表达式以及命题2可以求得:

$$\frac{\partial E(\pi_S)^{\theta^*}}{\partial\theta}=-\frac{\left[2(A-c-\gamma\sigma)+F\gamma\sigma\right]^2\theta}{2(4-F)(2-\theta)^3}<0。$$

船公司利润与自身的利他偏好强度呈负相关,即随着利他偏好系数的增大而逐渐减小。证毕。

命题 5 说明,在航运市场不确定的情形下,船公司利他偏好行为实际降低了自身利润。结合前面推论可知,船公司的利他偏好行为使得自身单位的航运服务批发价格降低,这也是导致自身利润减少的原因。当船公司利他强度过高时,自身利润就会损失过度甚至亏本。

命题 6:货代公司在船公司利他偏好分散决策时的利润大于在一般分散决策时自身的利润,即 $E(\pi_f)^{\theta^*} > E(\pi_f)^{\gamma^*}$;货代公司的利润 $E(\pi_f)^{\theta^*}$ 与船公司利他偏好系数呈正相关,即随着船公司利他强度的增大而增大。

证明:根据货代公司在两种情形下的期望利润表达式,可以求得:

$$E(\pi_f)^{\theta^*} - E(\pi_f)^{\gamma^*} = \frac{\theta(4-\theta)\left[2(a-c-\gamma\sigma)+F\gamma\sigma\right]^2}{16(2-\theta)^2(4-F)}$$

结合命题 2 中的条件,$0 < \gamma < \dfrac{2(a-c)}{(6-F)\sigma}$,可以求得,$a-c-\gamma\sigma > 0$,因此可进一步求得,$E(\pi_f)^{\theta^*} - E(\pi_f)^{\gamma^*} > 0$。

根据货代公司在船公司利他偏好分散决策情形下的利润表达式以及命题 2 可得:

$$\frac{\partial E(\pi_f)^{\theta^*}}{\partial \theta} = \frac{\left[2(A-c-\gamma\sigma)+F\gamma\sigma\right]^2}{2(2-\theta)^3(4-F)} > 0$$

即货代公司的利润与船公司的利他偏好系数呈正相关,即随着利他系数的增大而逐渐增大。命题 6 证毕。

命题 6 说明,船公司利他偏好行为增加了货代公司的利润,一方面船公司的降价行为增加了货代公司的利润获取空间,另一方面船公司的利他行为提高了货代公司的营销投入,使其积极进行市场拓展,得到了更多的市场份额,这在一定程度上增加了合作伙伴的收益。

3. 航运供应链整体比较

命题 7:集中决策情形下的航运供应链整体利润大于分散决策时的利润;而船公司利他偏好分散决策时的航运供应链利润大于一般分散决策时的利润,即 $E(\pi_{sc})^{c^*} > E(\pi_{sc})^{\theta^*} > E(\pi_{sc})^{\gamma^*}$;且航运供应链利润与船公司的利他偏好系数呈正相关。

证明:根据航运供应链在不同情形下的整体利润表达式,可以求得:

$$E(\pi_{sc})^{\theta^*} - E(\pi_{sc})^{\gamma^*} = \frac{\theta(4-3\theta)\left[2(A-c-\gamma\sigma)+F\gamma\sigma\right]^2}{16(2-\theta)^2(4-F)}$$

$$E(\pi_x)^{c^*} - E(\pi_x)^{\theta^*} =$$

$$\frac{4(1-\theta)^2(A-c-\gamma\sigma)^2 + [(4-F)(3-2\theta)\gamma\sigma + 4(1-\theta)^2(A-c)]F\gamma\sigma}{4(2-\theta)^2(4-F)}$$

结合命题 2 中的条件，$0 < \gamma < \frac{2(a-c)}{(6-F)\sigma}$，可以求得：$a-c-\gamma\sigma > 0$，即存在 $E(\pi_{sc})^{c^*} > E(\pi_{sc})^{\theta^*} > E(\pi_{sc})^{y^*}$。

根据航运供应链在船公司利他偏好分散决策情形下的利润表达式以及命题 2，可以求得：

$$\frac{\partial E(\pi_a)^{\theta^*}}{\partial \theta} = \frac{(1-\theta)[2(A-c-\gamma\sigma)+F\gamma\sigma]^2}{2(2-\theta)^3(4-F)} > 0$$

$$\frac{\partial E(\pi_a)^{\theta^*}}{\partial \theta} = \frac{(1-\theta)[2(a-c-\gamma\sigma)+F\gamma\sigma]^2}{2(2-\theta)^3(4-F)} > 0$$ 即航运供应链的整体利润与船公司的利他偏好系数呈正相关，即随着利他偏好系数的增大而逐渐增大。命题 7 证毕。

命题 7 说明，在航运市场需求不确定的情形下，航运供应链上的纵向合作（即集中决策）会最大化航运供应链的整体利润。而船公司对货代公司的利他行为使得航运供应链的整体利润增加。结合命题 5 中船公司的利他行为减少了自己的利润，但航运供应链整体利润增加，在一定程度上提高了整个航运供应链的市场竞争力，揭示了船公司产生"利他偏好"时的初衷与目的。

综上所述，为了更好地展示船公司利他偏好对航运供应链各方的影响，将均衡结果的对比分析进行系统总结（表 5-2）。在当前航运市场需求疲软、风险增大的环境下，船公司对货代公司示好的利他偏好行为通过适当地减少自身利润，提高了合作伙伴收益，进而保证船公司自身市场份额，形成与货代公司抱团取暖、共克时艰的纵向合作联盟。然而，尽管船公司的利他偏好行为可以增加航运供应链整体的市场份额和利润，但仍无法达到纵向合作联盟（即集中决策）下航运供应链的市场份额和利润。基于此，从优化航运企业收益、提高航运供应链市场竞争力的长远角度来看，航运企业间更应该通过设计合适的契约机制寻求航运供应链更深层次的纵向合作。

表 5-2 均衡结果对比分析总结表

对比项	一般分散决策	利他偏好时分散决策	比较结果
航运市场价格	p^{γ^*}	p^{θ^*}	$0 < F < 2$ 时，$p^{\theta^*} < p^{\gamma^*}$；$2 \leqslant F < 4$ 时，$p^{\theta^*} > p^{\gamma^*}$
航运服务价格	w^{γ^*}	w^{θ^*}	$w^{\theta^*} < w^{\gamma^*}$
营销投入	k^{γ^*}	k^{θ^*}	$k^{\theta^*} > k^{\gamma^*}$
市场需求	$E(Q)^{\gamma^*}$	$E(Q)^{\theta^*}$	$E(Q)^{\theta^*} > E(Q)^{\gamma^*}$

对比项	一般分散决策	利他偏好时分散决策	比较结果
船公司利润	$E(\pi_s)^{\gamma^*}$	$E(\pi_s)^{\theta^*}$	$E(\pi_s)^{\theta^*} < E(\pi_s)^{\gamma^*}$
货代公司利润	$E(\pi_f)^{\gamma^*}$	$E(\pi_f)^{\theta^*}$	$E(\pi_f)^{\theta^*} > E(\pi_f)^{\gamma^*}$
供应链整体利润	$E(\pi_{sc})^{\gamma^*}$	$E(\pi_{sc})^{\theta^*}$	$E(\pi_{sc})^{\theta^*} > E(\pi_{sc})^{\gamma^*}$

5.4 航运供应链协调分析

尽管船公司的利他偏好可以增加整条航运供应链的市场份额和利润,但仍无法达到集中决策下航运供应链的市场份额和利润。航运企业间更应该通过设计合适的契约机制以寻求航运供应链更深层次的纵向合作,因此,本节通过考虑利他偏好等行为因素的影响,对航运供应链的契约协调机制进行分析研究。

5.4.1 供应链契约机制

在法律领域中,契约可以看作合同,是企业经营过程中与合作伙伴协商后形成具有一定法律效力的文件。在经济社会中,这样具有法律效力的文件被广泛应用于各行各业领域,因此也具有各种各样的表现形式。在供应链领域中,节点企业进行协商合作通过制定特定的条款规定,优化双方的利益分配与供应链整体绩效,激励双方的合作积极性,避免双方利益冲突实现双方协调,这样的条款规定就是供应链契约。

针对供应链中存在的双重边际效应和牛鞭效应,Pasternack 最早提出了供应链契约的概念,指出供应链契约主要从最大化收益和共担风险两个方面实现供应链的协调。若要实现供应链契约协调,需要满足两个约束条件:一是为减少企业利益损失,实现供应链整体利益的最大化,契约机制下企业决策应该与集中决策下的决策相一致,即激励相容约束(IC);二是要使供应链上两个节点企业能够自愿参与到契约机制中来,就要保证其收益得到优化,实现各自利润的帕累托改进,即个人理性约束(IR)。只有科学合理的契约机制,才能实现供应链各节点企业正常且高效率的协调运营。

5.4.2 收益共享契约协调分析

在契约机制设计中,船公司与货代公司各自的决策需要同时满足激励相容约束以及个人理性约束两个条件时才能实现供应链协调。激励相容约束即船公司与货代公司各自的决策要与集中决策情形下双方的决策相一致,个人理性约束即在该种契约机制下船公司与货代公司的利润能够实现帕累托改进。

在收益共享契约中,船公司与货代公司的契约协调机制如下:在航运服务阶段,船公司将较低的航运服务批发价格 w 提供给货代公司,货代公司则在取得销售收入之后将销售收入的 $1-g$ 倍分享给船公司,自身保留销售收入的 g 倍。在收益共享契约下,船公司与货代公司的博弈仍然为完全信息动态博弈。综上所述可知,船公司与货代公司需要设计的契约合同参数为 $\{w, g\}$,同时为方便区分,使用上标 g 表示收益共享契约下的博弈模型。此时,船公司与货代公司的期望利润函数为:

$$E(\pi_s)^g = (p - gp + w - c)(A - p + \lambda k) \tag{5-31}$$

$$E(\pi_f)^g = (gp - w)(A - p + \lambda k) - \eta k^2 \tag{5-32}$$

根据式(5-31)和式(5-32)可知,一般分散决策情形下船公司与货代公司的效用函数分别为:

$$U_s^g = E(\pi_s)^g = (p - gp + w - c)(A - p + \lambda k) \tag{5-33}$$

$$U_f^g = (gp - w)(A - p + \lambda k) - \eta k^2 - \gamma(gp - w)\sigma \tag{5-34}$$

命题 8:收益共享契约无法实现航运供应链在两种分散决策情形下的契约协调。

证明:根据逆向递推法,首先结合式(5-34)可以求得货代公司效用函数式关于 p 和 k 的海赛矩阵为:

$$H_f^g = \begin{pmatrix} -2g & g\lambda \\ g\lambda & -2\eta \end{pmatrix} \tag{5-35}$$

根据式(5-35)可知,当 $(4\eta - g\lambda^2)g > 0$ 时,海赛矩阵负定,货代公司的效用函数是关于 p 和 k 的联合凹函数,可以实现货代公司效用最大化。因此对式(5-34)求解关于 p 和 k 的一阶偏导数并令其等于零,联立方程组可得货代公司关于 p 和 k 的反应函数为:

$$p^g = \frac{2g\eta(A - \gamma\sigma) + (2\eta - g\lambda^2)w}{g(4\eta - g\lambda^2)} \tag{5-36}$$

$$k^s = \frac{[(A - \gamma\sigma)g - w]\lambda}{4\eta - g\lambda^2} \tag{5-37}$$

首先根据激励相容约束条件,若使收益共享契约能够实现供应链协调,航运市场价格 p 和营销投入决策 k 应该要与供应链集中决策时相一致,即必然要使 $p^g = p^{c^*}$ 和 $k^g = k^{c^*}$ 同时成立。因此根据式(5-10)和式(5-36),式(5-11)和式(5-37),联立方程组可以求得:

$$w^{g^*} = \frac{2\eta(A - c)(c + \gamma\sigma)}{2\eta(A - c - 2\gamma\sigma) + \lambda^2\gamma\sigma}$$

$$g^{k^*} = \frac{2\eta(A-c)}{2\eta(A-c-2\gamma\sigma)+\lambda^2\gamma\sigma}。$$

尽管上述结果可以使得航运市场价格 p 和营销投入决策 k 与供应链集中决策时相一致，但是将 $w^k{}^*$ 和 $g^k{}^*$ 代入船公司利润函数式（5-31）求得船公司的利润为 $E(\pi_s)^k=0$，与实际情况严重不符。根据个人理性约束条件，船公司也不可能参与到这样的契约合作中，因此可知收益共享契约无法实现该决策情形下契约协调。

当船公司具有利他偏好时，货代公司的效用函数仍然为式（5-34），因此货代公司关于 p 和 k 的反应函数不变，最终求得的航运服务批发价格和收益分享比例仍然为 $w^k{}^*$ 和 $g^k{}^*$，推导过程与前文类似故不再赘述。因此进一步断定收益共享契约也无法实现船公司具有利他偏好时的供应链协调。命题 8 证毕。

命题 8 说明在收益共享契约机制下，为了抢占市场份额，一味让船公司降低自身的航运服务批发价格，虽然可以使得整条供应链的市场需求量增加，但是货代公司分享给船公司的收益比例远远小于船公司降价带来的收益损失，最终使得船公司无利可图，导致这一契约机制根本无法实施。这也进一步说明，仅靠收益共享无法实现航运供应链的契约协调，双方企业应该加强纵向合作共同承担市场风险。

5.4.3 成本共担契约协调分析

在收益共享成本共担契约中，船公司与货代公司的契约协调机制如下：在营销阶段，船公司分担货代公司营销投入成本的 $1-\bar{\omega}(0<\bar{\omega}<1)$ 倍，货代公司自身承担 $\bar{\omega}$ 倍。在航运服务阶段，船公司将较低的航运服务批发价格 w 提供给货代公司，货代公司则在取得收入之后将销售收入的 $1-g(0<g<1)$ 倍支付给船公司，自身则保留销售收入的 g 倍。综上所述可知，在该契约机制下，双方需要设计的契约合同参数为 $\{w,g,\bar{\omega}\}$。同时在航运供应链在，货代公司更加靠近航运市场，且货物主要通过货代公司进行揽收，所以在此处存在 $0<\bar{\omega}<g<1$。此外，为方便区分与研究，使用上标 $\bar{\omega}$ 表示收益共享成本共担契约下的博弈情形，此时船公司与货代公司的利润函数为：

$$E(\pi_s)^{\bar{\omega}} = (p-gp+w-c)(A-p+\lambda k)-(1-\bar{\omega})\eta k^2 \tag{5-38}$$

$$E(\pi_f)^{\bar{\omega}} = (gp-w)(A-p+\lambda k)-\bar{\omega}\eta k^2 \tag{5-39}$$

1. 一般分散决策

根据式（5-31）和式（5-32）可知，一般分散决策情形下船公司与货代公司的效用函数分别为：

$$U_s^{\bar{\omega}} = (p-gp+w-c)(A-p+\lambda k)-(1-\bar{\omega})\eta k^2 \tag{5-40}$$

$$U_f^{\bar{\omega}} = (gp-w)(A-p+\lambda k) - \bar{\omega}\eta k^2 - \gamma(gp-w)\sigma \tag{5-41}$$

命题 9：在一般分散决策情形下，结合命题 2 中的条件，$0<\gamma<\dfrac{2(A-c)}{(6-F)\sigma}$，可知收益共享契约合同参数 $\{w,g,\bar{\omega}\}$ 满足下列条件时，收益共享成本共担契约机制能够实现航运供应链的协调，且能够达到帕累托改进。

参数条件如下：$w^{\bar{\omega}^*} = \dfrac{2\eta(A-c)(c+\gamma\sigma)\bar{\omega}}{2\eta(A-c-2\gamma\sigma)+\lambda^2\gamma\sigma}$，$g^{\bar{\omega}^*} = \dfrac{2\eta(A-c)\bar{\omega}}{2\eta(a-c-2\gamma\sigma)+\lambda^2\gamma\sigma}$ 且 $\bar{\omega}_2^* < \bar{\omega}^{\bar{\omega}^*} < \bar{\omega}_1^*$。

证明：在收益共享成本共担契约下，船公司与货代公司的博弈情形未发生改变。船公司根据市场情况以自身收益最大为目标确定航运服务批发价格，货代公司则根据船公司提供的航运服务批发价格确定自身的航运市场价格和营销投入决策。首先根据逆向递推法，结合式（5-38）可以求得货代公司效用函数关于 p 和 k 的海赛矩阵为：

$$H_f^{\bar{\omega}} = \begin{pmatrix} -2g & g\lambda \\ g\lambda & -2\bar{\omega}\eta \end{pmatrix}$$

根据上式可知，当 $4\bar{\omega}\eta - g\lambda^2 > 0$ 时，海赛矩阵负定，货代公司的效用函数是关于航运市场价格 p 和营销投入 k 的联合凹函数，货代公司可以实现效用最大化。因此，对式（5-38）分别求解关于 p 和 k 的一阶偏导数并令其等于零，联立方程组可以求得货代公司关于 p 和 k 的反应函数为：

$$p^{\bar{\omega}} = \frac{2\eta\bar{\omega}(Ag-g\gamma\sigma+w)-g\lambda^2 w}{g(4\bar{\omega}\eta-\lambda^2 g)} \tag{5-42}$$

$$k^{\bar{\omega}} = \frac{[g(A-\gamma\sigma)-w]\lambda}{4\bar{\omega}\eta-\lambda^2 g} \tag{5-43}$$

根据激励相容约束条件，若要实现航运供应链协调，航运市场价格决策 p 和营销投入决策 k 应该要与供应链集中决策时相一致，即必然要使 $p^{\bar{\omega}}=p^{c^*}$ 和 $k^{\bar{\omega}}=k^{c^*}$ 同时成立。因此根据式（5-10）和式（5-42）、式（5-11）式（5-43），联立方程组可以求得：

$$g^{\bar{\omega}^*} = \frac{2\eta(A-c)\bar{\omega}}{2\eta(a-c-2\gamma\sigma)+\lambda^2\gamma\sigma} \tag{5-44}$$

$$w^{\bar{\omega}^*} = \frac{2\eta(A-c)(c+\gamma\sigma)\bar{\omega}}{2\eta(A-c-2\gamma\sigma)+\lambda^2\gamma\sigma} \tag{5-45}$$

最后将式（5-10）、（5-11）、（5-44）和（5-45）分别代入船公司和货代公司利润函数式（5-38）和（5-39），可以求得在收益共享成本共担契约下船公司和货代公司的利润分别为：

$$E(\pi_s)^{\bar\omega^*} = \frac{\eta(A-c)^2(1-\bar\omega)}{4\eta-\lambda^2} \tag{5-46}$$

$$E(\pi_f)^{\bar\omega^*} = \frac{\eta(A-c^2)\bar\omega}{4\eta-\lambda^2} \tag{5-47}$$

此时，航运供应链已经达到了协调，但是要满足个人理性约束条件才能实现双方企业利润的帕累托改进。此时船公司与货代公司各自的利润要大于无契约时双方在该决策情形下各自的利润，即 $E(\pi_s)^{\bar\omega^*} > E(\pi_s)^{d^*}$，$E(\pi_f)^{\bar\omega^*} \geqslant E(\pi_f)^{d^*}$。

由条件 $E(\pi_s)^{\bar\omega^*} > E(\pi_s)^{d^*}$，结合式（5-45）和式（5-21）可知存在：
$\frac{\eta(A-c)^2(1-\bar\omega)}{4\eta-\lambda^2} - \frac{[2\eta(A-c+\gamma\sigma)-\lambda^2\gamma\sigma]^2}{8\eta(4\eta-\lambda^2)} > 0$。进而可以求得：$\bar\omega^{\bar\omega^*} < \bar\omega_1^* = $

$\frac{[4(A-c)^2-8\gamma\sigma(A-c)-4\gamma^2\sigma^2]\eta^2+4\eta\lambda^2\gamma\sigma(A-c+\gamma\sigma)-(\lambda^2\gamma\sigma)^2}{8\eta^2(A-c)^2}$。

由条件 $E(\pi_f)^{\bar\omega^*} \geqslant E(\pi_f)^{d^*}$，结合式（5-45）和式（5-22）可知存在：

$\frac{\eta(A-c)^2\bar\omega}{4\eta-\lambda^2} - \frac{[2\eta(A-c+\gamma\sigma)+\lambda^2\gamma\sigma][2\eta(A-c-3\gamma\sigma)+\lambda^2\gamma\sigma]}{16\eta(4\eta-\lambda^2)} > 0$，进而可以求

得：$\bar\omega^{\bar\omega^{**}} > \bar\omega_2^* = \frac{[2\eta(A-c-3\gamma\sigma)+\lambda^2\gamma\sigma] \cdot [2\eta(A-c+\gamma\sigma)+\lambda^2\gamma\sigma]}{16\eta^2(A-c)^2}$。

综上可知，当成本分担系数满足 $\bar\omega_2^* < \bar\omega^{\bar\omega^*} < \bar\omega_1^*$，收益共享成本共担契约能够实现帕累托改进。命题 9 证毕。

2. 船公司利他偏好分散决策

根据式（5-38）和式（5-39）可知，船公司利他偏好分散决策情形下船公司与货代公司的效用函数分别为：

$$U_s^{\bar\omega} = [(1-g+\theta g)p+(1-\theta)w-c](A-p+\lambda k)-(1-w+\theta w)\eta k^2$$

$$U_s^c = [(1-g+\theta g)p+(1-\theta)w-c](a-p+\lambda k)-(1-w+\theta w)\eta k^2 \tag{5-48}$$

$$U_f^{\bar\omega} = (gp-w)(A-p+\lambda k)-\bar\omega\eta k^2-\gamma(gp-w)\sigma \tag{5-49}$$

命题 10：在船公司利他偏好分散决策情形下，结合命题 2 中的条件，$0<\gamma<$

$\frac{2(a-c)}{(6-F)\sigma}\left(\text{即 } 0<\gamma<\frac{2\eta(A-c)}{(6\eta-\lambda^2)\sigma}\right)$，可知，收益共享契约合同参数 $\{w,g,\omega\}$ 满足下列条件时，收益共享成本共担契约机制能够实现航运供应链的协调，且能够达到帕累托改进。参数条件如下：$w^{\bar\omega^{**}} = \frac{2\eta(a-c)(c+\gamma\sigma)\sigma}{2\eta(a-c-2\gamma\sigma)+\lambda^2\gamma\sigma}$，$g^{\bar\omega^{**}} = \frac{2\eta(a-c)\sigma}{2\eta(a-c-2\gamma\sigma)+\lambda^2\lambda\sigma}$，

$\bar\omega_2^{**} < \bar\omega^{\bar\omega^{**}} < \bar\omega_1^{**}$。同时，可知该情形下引入收益共享成本共担契约后船公司和货

代公司利润仍然为：

$$E(\pi_s)^{\bar{\omega}**} = \frac{\eta(A-c)^2(1-\bar{\omega})}{4\eta-\lambda^2} \tag{5-50}$$

$$E(\pi_f)^{\bar{\omega}**} = \frac{\eta(A-c)^2\bar{\omega}}{4\eta-\lambda^2} \tag{5-51}$$

此时航运供应链已经达到了协调,但是要满足个人理性约束条件才能实现双方企业利润的帕累托改进。此时船公司与货代公司各自的利润要大于无契约时双方在该决策情形下各自的利润,$E(\pi_s)^{\bar{\omega}**} > E(\pi_s)^{d**}$,$E(\pi_f)^{\bar{\omega}**} \geqslant E(\pi_f)^{d**}$,$E(\pi_f)^{\bar{\omega}**} \geqslant E(\pi_f)^{d**}$。

由 $E(\pi_s)^{\bar{\omega}**} > E(\pi_s)^{d**}$,结合式(5-49)和式(5-28)可知存在：

$$\frac{\eta(a-c)^2(1-\sigma)}{4\eta-\hat{\lambda}^2}$$

$$-\frac{\{2\eta[(a-c)(1-\theta)+\gamma\sigma]-\lambda^2\gamma\sigma\}\{2\eta[a-c+(1-\theta)\gamma\sigma]-(1-\theta)\hat{\lambda}^2\gamma\sigma\}}{2\eta(2-\theta)^3(4\eta-\lambda^2)} > 0$$

进而可以求得：$\bar{\omega}^{\sigma**} < \bar{\omega}_1^{**} = \frac{(\eta^2)M+(2\eta\lambda^2\gamma\sigma)N-(1-\theta)(\lambda^2\gamma\sigma)^2}{2n^2(2-\theta)^2(a-c)^2}$。

其中,$M=[2(\theta^2-2\theta+2)(a-c)^2-4\gamma\sigma(\theta^2-2\theta+2)(a-c)-4(1-\theta)\gamma^2\sigma^2]$,$N=[(\theta^2-2\theta+2)(a-c)+2(1-\theta)\gamma\sigma]$。

由 $E(\pi_f)^{\bar{\omega}**} > E(\pi_f)^{d**}$,结合式(5-51)式(5-29)可知存在：

$$\frac{\eta(a-c)^2\sigma}{4\eta-\lambda^2} - \frac{\{2\eta[a-c-(3-\theta)\gamma\sigma]+\lambda^2\gamma\sigma\}\{2\eta[a-c+(1-\theta)\gamma\sigma]+\lambda^2\gamma\sigma\}}{4\eta(2-\theta)^2(4\eta-\lambda^2)} > 0$$

对上式分析进而可求得 $\bar{\omega}^{\sigma**} > \bar{\omega}_2^{**} = \frac{(4\eta^2)R-4\hat{\lambda}^2\gamma\sigma(a-c-\gamma\sigma)-\lambda^2\gamma^2\sigma^2}{4(2-\theta)^2\eta^2(a-c)^2}$。

其中,$R=[(1-\theta)(3-\theta)(A-c)^2+\gamma^2\sigma^2(1-\theta)(3-\theta)+2\gamma\sigma(A-c)]$。

综上可知,当成本分担系数满足 $\bar{\omega}_2^{**} < \bar{\omega}^{\bar{\omega}**} < \bar{\omega}_1^{**}$ 时,收益共享成本共担契约能够实现双方利润的帕累托改进。命题10证毕。

命题9和命题10说明船公司与货代公司通过设计合适的收益共享成本共担契约可以实现航运供应链协调,实现深入的纵向合作,增加双方利润,提高整条航运供应链的市场竞争力。由此表明,在航运供应链中船公司与货代公司应该加强纵向合作,双方企业除了可以共享收益之外还要共同承担市场风险,在深入合作的基础上共同应对航运市场需求不确定的问题,进而才可以保证双方抢占更多的市场份额,提高双方各自的收益以及航运供应链的稳定性。

此外根据上述分析结果可知,契约合同中成本分担参数 $\bar{\omega}^{\omega^{**}}$ 在一定区间内可以进行适当调整。根据式(5-48)和式(5-49)可知,对该参数的决策实际就是对双方企业各自在供应链整体利润中占有比重的决策,因此可以将其看成收益共享成本共担契约的柔性,调整区间越大该契约的柔性越好,双方在该契约下就会有更大的决策空间,更利于双方企业的合作。

5.4.4 结果分析

在船公司利他偏好分散决策情形下,船公司的利他偏好系数对成本分担系数的取值区间具有影响,接下来将进一步分析利他偏好系数对收益共享成本共担契约柔性的影响。根据前文可知,在船公司利他偏好分散决策情形下,契约中成本分担系数需要满足条件 $\bar{\omega}_2^{**}<\bar{\omega}^{\omega^{**}}<\bar{\omega}_1^{**}$。

命题 11:船公司的利他偏好行为对契约中成本分担系数的取值上限产生正向影响,对成本分担系数的取值下限产生负向影响,提高了收益共享成本共担契约的柔性。

证明:首先,对成本分担系数的取值上限进行分析,根据 $\bar{\omega}_1^{**}$ 的表达式可以求得:$\dfrac{\partial \bar{\omega}_1^{**}}{\partial \theta}=\dfrac{\theta[2\eta(a-c-\gamma\sigma)+\lambda^2\gamma\sigma]^2}{(2-\theta)^3\eta^2(a-c)^2}>0$。由此可以看出,收益共享成本共担该契约中船公司利他偏好系数对成本分担系数的取值上限产生正向影响,因此,可知在双方契约合同商定过程中,有利他偏好的船公司倾向于放宽成本分担系数的上限。

其次,对成本分担系数的取值下限进行分析,根据 $\bar{\omega}_2^{**}$ 的表达式可以求得:$\dfrac{\partial \bar{\omega}_2^{**}}{\partial \theta}=-\dfrac{[2\eta(a-c-\gamma\sigma)+\lambda^2\gamma\sigma]^2}{(2-\theta)^3\eta^2(a-c)^2}<0$。由此可以看出,在收益共享成本共担契约中船公司利他偏好系数对成本分担系数的取值下限产生负向影响,因此,可知在双方契约合同商定过程中,有利他偏好的船公司倾向于放宽成本分担系数的下限。命题 11证毕。

命题 11说明船公司的利他偏好行为可以使得契约中成本分担系数的调整空间变大,使得船公司与货代公司在契约合作中有更大的决策调整空间,更利于双方企业的合作。由此表明,在收益共享成本共担契约机制下,船公司的利他偏好行为可以提高该契约的柔性,给予双方企业更大的决策选择空间,更有利于航运供应链的稳定性。

—— • 本章小结 • ——

航运供应链的决策与协调,对于推动我国高质量发展、全面建设社会主义现代化国家、实现中华民族伟大复兴,具有重大而深远的意义。发达的海洋经济是建设社会主义现代化国家的重要支撑,完善航运供应链决策与协调对发展海洋经济具有重要的推动作用。

综合所述背景,本章在国内外研究综述的基础上,将风险厌恶和利他偏好行为引入市场需求不确定且受货代公司营销投入影响的航运供应链中,建立了航运供应链集中决策、一般分散决策、船公司利他偏好分散决策三种情形下的 Stackelberg 博弈模型。通过对比分析不同情形下的均衡结果,本章探讨了船公司利他偏好对航运供应链各方的影响。在此基础上,为保证航运供应链的长久稳定合作,本章探讨了收益共享成本共担的契约机制能否实现上述条件下的供应链协调以及船公司利他偏好对契约决策的影响。最终研究有以下几方面发现。

① 虽然船公司的利他偏好行为降低了自身的航运服务批发价格,给予货代公司较大的价格调整空间,但货代公司仍会根据自身的营销收益系数选择不同的价格决策。当营销收益系数较低时,货代公司会降低自身的航运市场价格,当营销收益系数较高时,货代公司会提高自身的航运市场价格。

② 船公司的利他偏好行为提高了货代公司的营销投入,促进货代公司进行市场拓展,释放了航运市场需求,提高了航运供应链的整体收益和市场竞争力。

③ 尽管船公司的利他偏好行为提高了货代公司和航运供应链整体的收益,但仍未达到纵向合作(即集中决策)情况下航运供应链的市场份额和收益水平。

④ "收益共享成本共担"契约可以实现分散决策情形下航运供应链的协调,提高航运供应链整体利润和稳定性。

⑤ 船公司的利他偏好行为可以提高"收益共享成本共担"契约决策的柔性,更有利于强化双方纵向合作的稳定性。

在当前航运市场背景下,船公司主动加强与货代公司的纵向合作符合当前航运市场的发展趋势。在竞争激烈需求低迷的航运市场中,双方企业在纵向合作的基础上还应该寻求更深层次的合作,通过设计科学合理的企业决策以及合作机制,实现收益共享风险共担的联盟共同体,进而抢占更多的市场份额。

【知识进阶】

1. 面对供应链中的不确定性,航运企业应如何制定灵活的决策策略?

2. 请简述航运供应链的基本构成及其主要功能。

6 港口上市公司治理结构与经营绩效

知识导入:多数中西方学者的研究表明,公司的治理结构是影响公司绩效的主要原因之一。那么,我国港口上市公司所面临的绩效增长不佳的局面与港口公司的治理结构是否相关? 如果相关,港口上市公司的治理结构与港口绩效之间又是怎样的关系? 科学有效的公司治理机制需要从三个方面入手:一是优化股权结构,二是加强董事会建设,三是保障经理层依法行权履职。因此本章将港口上市公司治理结构分为股权结构、董事会治理与经理层激励三部分,从理论基础、研究方法、实证研究等方面深入分析了我国港口上市公司的股权结构、董事会治理及经理层激励与公司经营绩效的关系。

6.1 公司治理结构与经营绩效的理论基础与关系

随着公司所有权与经营权产生分离,公司的管理制度与组织结构也发生变化,进而出现了两权分离与委托代理等公司治理问题,这些问题给公司的经营绩效带来了不同程度的影响。社会各界关注到了公司治理问题,学者们纷纷对公司治理结构与经营绩效的关系展开探究。为了弄清楚这一问题,本节从公司治理结构的理论基础入手,进一步分析公司治理结构与经营绩效的关系。

6.1.1 公司治理结构的理论基础

自 1932 年美国学者 Adolf Berle 和 Gardiner Means 提出公司治理结构的概念以来,众多学者从不同角度对公司治理结构的理论进行了研究,其中最具代表性的是两权分离理论与委托代理理论,它们构成了公司治理结构的主要理论基础。

1. 两权分离理论

两权分离是指公司的所有权与控制权产生分离,即财产所有者仅保留了对财产的收益权,而其他权利则为公司管理者所拥有。收益权是所有权的核心和实质,指所有者凭借对资源的占有、支配和使用而获得收益的权利。利益关系决定所有权的经济意义,因而所有权的权能结构的形成及其分解只能以能否实现收益或实现收益多少为转移。控制权经分解和让渡之后,股东拥有的是名义控制权,董事会和管理层拥有实际控制权。股东行使权力的方式是通过其所持有的具有表决权的股票对公司的决策事项在股东大会上行使表决权,董事会和管理层的实际控制权是对公司资产的运用和支配。股东控制权不同于董事会管理层的实际控制权,前者来源于规制,后者来源于事实。股东控制权由两个层面构成:表决权和实际控制权;所有权与控制权分离有两种形式:一是所有权与表决权分离,二是所有权与实际控制权分离。股东表决权的行使仅限于股东会层面,是法律赋予所有者的权力。股东是否行使该权力,取决于股东行使该权力的激励。股东激励的来源是股东所拥有的剩余索取权的份额,即股权比例,因此所有权与控制权关系的进一步分解取决于不同的股权结构。在股权分散的情况下,全体股东所有权与管理层实际控制权分离,其反映的是全体股东与管理层之间的利益冲突;在股权集中的情况下,多数股权所有者或少数股权控制者的表决权大于所有权,其所有权与实际控制权结合,对于几乎所有的少数股权所有者而言,所有权与控制权几乎完全分离,其反映的是大股东与小股东之间的利益冲突。所有权与控制权分离构成了公司股权结构的基本特征。

两权分离的原因主要包括股权分散与董事会被管理层控制两个方面。19 世纪后期,西方企业规模逐渐扩大,股权变得分散,股东在公司被边缘化为公司的外部人,大批的股票持有人无法也无意参与公司的管理,而此时,经理人地位及权力不断扩张,对企业的管理产生了重大的影响。股权分散的加剧和管理的专业化,使得拥有专门管理知识并垄断了经营信息的经理实际上掌握了对企业的控制权,导致两权分离。总而言之,现代公司治理伴随美国现代股份制公司的出现而兴起,之后依附于所有权的各项职能分离,包括对企业拥有收益的职能、对企业拥有权力的职能以及对企业行使权力的职能,这三项职能分别对应着收益权、控制权和经营自治权。公司的治理体制从所有权与控制权合一、所有者主导的公司治理体制转向所有权与控制权分离、经营者主导的公司治理体制,股东渐渐只拥有公司的所有权,而丧失了公司的控制权,经营者获得了公司的控制权。同时根据 Adolf Berle 和 Gardiner Means 的调查,对于股权极度分散的公司,在董事会选举中,股东有放弃投票、亲自参加股东大会并行使表决权、委托由管理层指定的代理委员会行使表决权这三种选择。在股东大会上,由于个人的表决权只占极小的比例,股东要么不投票要么把他的表决权让渡给其他人。在这种情况下,控制权会落入那些有权选举代理委员会的人手中,因为代理委员会是由公司现行的管理者指定的,所以董事会的选举事实上落入管理层的控制。

我国港口上市公司是由原来的港务局或其他政府部门负责经营的实体重组改制而形成的,上市后港口公司也出现了两权分离问题。2001 年,国务院转发《关于深化中央直属和双重领导港口管理体制改革意见的通知》,港口不再承担行政管理职能,逐步由港务局转制为港务集团或公司，成为自主经营、自负盈亏的法人实体，并按照《公司法》，建立法人治理结构所要求的董事会、监事会和经理层。2004 年，以国务院国资委发布《关于中央企业建立和完善国有独资公司董事会试点工作的通知》为标志，国有独资企业法人治理结构的顶层设计开始探索建立制度。随后几年中，各地港口集团逐步纳入国资系统监管，董事会试点范围逐步扩大，领导机制也从过去的"一长制"逐步向"董事会领导下的经理负责制"转变，港口上市公司也面临着所有权与经营权分离的问题，因此可从股权结构及董事会治理角度来研究港口上市公司治理结构与经营绩效的关系。

2. 委托代理理论

委托代理理论是指一个或多个行为主体根据一种明示或隐含的契约，雇佣另一些行为主体为其服务，同时授予后者一定的决策权利，并根据后者提供的服务数量和质量向其支付相应的报酬。授权者就是委托人，被授权者就是代理人。所有权与控制权的分离之后，股东与经理人之间目标产生分歧，其关系类似于雇主与雇员，因此双方之间形成了委托代理机制，进而在公司相关参与人之间形成了代理成本；股东与经理人利益的不一致决定了委托人希望以较低的成本促使代理人努力工作，即支付给代理人较低的薪酬水平，而代理人则期望工作中只需付出较少的努力就可以获取较高的劳动报酬，所以他们往往选择能够最大化自己利益的行动，通常情况下会对委托人的利益造成损失，因此委托人需要建立经理层的激励机制，实现相互的监督制衡，促使经理层的经营行为符合股东利益最大化的要求，进而降低代理成本。

所有者充当委托人并将公司的经营权委托给代理人去行使，公司的所有者与经营者之间形成委托代理关系。委托代理关系是一种契约关系，但在这组契约关系中存在三方面的问题：第一，由于委托人和代理人双方信息不对称，代理人可能违背委托人的利益去追求自身利益，产生代理的越轨行为，出现"道德风险"。第二，委托人与代理人之间的目标不一致，委托人拥有剩余索取权，追求的目标是资本增值和资本收益的最大化，而代理人在保持必不可少的利润约束条件下，必然追求自身的效用最大化。第三，契约不完备性，个人的有限理性、信息的不对称和不完全性，加之外在环境的复杂性、未来可能出现的不可预见的或然事件等因素的影响，导致契约的当事人无法验证或观察一切，这必然会造成契约条款的不完备。上述三个方面的因素会导致代理人偏离委托人利益，背离委托人的目标。因此伴随着两权分离而产生的代理问题就成为两权分离致命的内伤。从两权分离那一刻起，如何解决两权分离产生的代理问题就成为经济学界一直探索的问题。

委托代理理论的核心是解决在利益相冲突和信息不对称情况下，委托人对代理人的激励问题，即代理问题。委托人为了实现自身效用最大化将其所拥有（控制）资源的某些决策权授予代理人并要求代理人提供有利于委托人利益的服务或行为。代理人也是追求自身效用最大化的经济人，在利益不一致和信息不对称的情况下，代理人在行使委托人授予的资源决策权时可能会受到诱惑把自己的利益置于委托人利益之上，从而损害委托人的利益，即产生代理问题。由于代理问题的存在，委托人就必须建立一套有效的制衡机制（契约）来规范、约束并激励代理人的行为以减少代理问题、降低代理成本、提高代理效率来更好地满足自身利益。上述分析是在委托人与代理人建立了委托关系基础上进行的，而要建立委托代理关系还必须具备两个条件：第一，委托人支付给代理人报酬带来的效用要不低于代理人从事其他事务所获得的效用（市场机会成本），如果低于这一效用代理人就不会参与该契约，则委托代理关系不成立，这一条件构成了委托代理分析的参与约束；第二，在信息不对称情况下，委托人要使契约可以执行，必须考虑代理人自身的利益，委托人由于观察不到代理人的努力水平，所以无法将它写入契约，因此委托人期望的努力水平也必须符合代理人自身的利益。即委托人为实现自身效用最大化而要求的代理人努力程度也要使代理人自身实现效用最大化，这就是激励相容约束条件。

港口公司上市之后，所有权与经营权分离，从而不可避免地造成了委托代理问题。如何在信息不对称和契约不完备的情况下设计最优的经理层激励机制成为港口上市公司治理所要解决的根本性问题，也是传统公司治理理论展开论证的逻辑起点。

6.1.2　公司治理结构与经营绩效的研究现状

公司治理概念最早起源于 20 世纪 30 年代，是随着现代公司制中所有权和控制权的分离而出现的。公司治理是指基于所有权和控制权分离，对公司内部的权力进行配置和安排，是有关公司董事会的结构和功能、公司董事会与经理层的权利和义务方面的制度安排。而公司绩效是公司治理有效性的衡量标准，是优化配置公司内部资源实现股东利益最大化的最终结果。分析公司治理结构与公司绩效的关系成为学者研究的热点和重点。

1. 股权结构与经营绩效的关系

关于股权结构与经营绩效方面的研究主要围绕股权集中度与股权性质两个方面展开。由于研究对象、研究方法的不同，国内外学者均没有得出较为一致的结论。霍尔德内斯和希恩对比分析两种不同特征（股权集中与股权分散）表现的股权结构与公司绩效之间的相关程度，指出：股权结构具体表现出的特征性与绩效之间无相关关系。Mork 等对管理者作为大股东时的股权比例与公司绩效的关系进行了实证分析，认为股权集中度与公司绩效之间并非单调相关。Claessens 在分析经济转型国家股权结构与公司绩效的关系时发现，私有化改造加深了公司股权结构的集中程度，股权集中和公司股价之间相互发生作用。Demsetz 和 Villalonga 则使用托宾 Q 值来衡量公司绩效，用管理层持股比例和大股东持股比例双重指标衡量公司股权集中度。在控制资本结构、资本密集度、研发密集度、公司规模、利润变动率、股市风险以及金融行业虚拟变量后，股权结构对公司绩效没有显著影响，而公司绩效对股权集中度有负向影响。

国内学者关于股权结构与绩效的研究结果同样存在差异。李从刚和许崇正依据中国城市商业银行的经验证据得出股权集中度与绩效呈正相关关系。邓超和张恩道以 519 家 A 股上市公司为研究样本，发现股权集中度与公司的经营绩效之间存在正向的线性关系，而股权的制衡则与之形成倒 U 形的关系。何斐然以沪深地区 359 家公司为研究样本，从股权的性质和集中程度两个维度来探讨其与经营绩效之间的联系，研究结果显示国有股与经营绩效之间存在负相关关系。刘永军选取了利润新三板中 350 家中小创新企业作为研究样本，利用这些企业 2014 年到 2019 年的数据进行实证研究，研究显示股权属性与经营绩效之间并没有直接的关联，但股权集中度和制衡度都与经营绩效呈现出正向关联。

2. 董事会治理与经营绩效的关系

董事会治理与公司绩效的研究主要包括董事会规模、独立董事比例、两职设置状况和董事会成员持股比例等多方面。董事会规模作为一项衡量董事会结构的重要指标，国内外学者对其的研究成果丰富，但研究结论存在差异。Singh 和 Davidson 认为由于董事会成员的增多，董事会成员之间在企业决策方面会滋生很多问题，导致决策效率降低、经营绩效下降。Drobrtz 和 Schmid 的研究结果则表明董事会规模并不显著影响公司治理。我国大多数学者认为董事会规模与企业经营绩效存在一定的相关关系。黄业德研究发现董事会规模对经营绩效有积极影响，董事会越大对行为的监督效果越好，从而间接促进经营绩效。郭馨梅通过对民营企业的调研发现，董事会减少了权益资本，权益资本的降低与之产生的结果是经营绩效的提升。王洪盾认为独立董事比例增加可以显著促进经营绩效的提高。周丽研究发现独立董事在不同发展阶段都与经营绩效呈负相关关系。黄业德研究发现董事长与总经理的双重身份不利于经营绩效，可能出现谋取私利的情况。刘淑萍认为两职合一削弱了高管对经营绩效的敏感度，从而影响企业长远发展。而王洪盾通过对我国零售业公司实证调查发现,董事长与总经理由同一人担任有助于提升经营绩效,因为两职兼任在一定程度上降低了"内部消耗",从而降低效率损失。

3. 经理层治理与经营绩效的关系

国外学者涉及经理层治理与公司绩效的研究相对较少,主要集中在经理层薪酬方面。Hall 和 Liebman 以美国近 100 家公众持股的大型商业公司近几年的数据为样本,研究发现经营者报酬和公司绩效强相关,而这种强相关几乎都是由于所持股票和股票价值的变化引起的。国内学者则主要从经理层薪酬、股权激励等方面进行研究。杨向阳和李前兵以 679 家 A 股制造业上市公司 2007—2009 年的时间序列的观测值为研究样本,发现对制造业上市公司而言,高管薪酬与业绩是同向变化的,两职兼任利于管理层制定高薪酬,但是并没有显著提高企业绩效;管理层股权激励并没有显著提高公司业绩,但有助于管理层利用权力获取高额薪酬。张曦和许琦基于 2007—2008 年部分上海证券市场上市公司的薪酬数据,发现经理层持股与公司绩效没有显著的相关关系。李继伟以 1 163 家上市公司的 2009—2012 年数据为研究样本,发现经理层薪酬与公司绩效显著正相关,经理层持股比例也与公司绩效显著正相关,且两者对非国有上市公司绩效的影响均强于国有企业。周利琼和袁桂秋基于不完全契约视角分析股权激励对公司的绩效影响,以 2008—2021 年我国的 A 股上市公司为样本,采用倾向得分匹配和双重差分实证方法,证实股权激励在实施前期能够提升公司绩效,但长期来看对公司的经营业绩无促进作用。

6.2 港口上市公司治理结构与经营绩效的作用机制

港口上市公司治理结构是一种由股东、董事会及高级执行人员即经理层三者组成的管理和控制港口公司的组织结构,决定了港口公司的内部决策过程以及港口公司相关主体如何参与港口公司治理,通过协调港口公司内部股东之间的利益矛盾,保证港口公司以其长远战略目标为准则开展各项日常经营活动。本节通过股权结构、董事会治理以及经理层激励三个层面分析描述港口上市公司治理结构与其经营绩效的作用机制。

6.2.1 港口上市公司股权结构与经营绩效的作用机制

港口上市公司的股权结构表现在股东持股比例、股东身份与背景、股权集中度和股权制衡机制等方面。这些方面共同构成了公司股权结构的整体框架和特征,对公司绩效产生着重要影响。其主要表现在股权性质和股权集中度两方面。

1. 股权性质

(1) 国有股比例与港口绩效的关系

港口上市公司国有股的分布主要集中在低端,并存在"均匀分布"的现象,其中有35.29%的上市公司中国有股比例超过50%,23.53%的上市公司中国有股比例为0,而处于中间状态的仅占41.18%(表6-1)。有35.29%的港口上市公司国有股比重超过了50%,但都没有超过80%,也就是说国有股处于绝对控股地位的港口上市公司中,国有股没有像流通股那样占到很大比重。值得注意的是在多数港口上市公司中,第一大股东是国有股,国有法人对公司决策的影响力是不容小觑的。

表 6-1 港口上市公司国有股份股权所占比重

序号	所占比重区间/%	区间公司数	占总体比重/%
1	0	4	23.53
2	0~30	4	23.53
3	31~50	3	17.65
4	51~70	5	29.41
5	71~80	1	5.88

我国港口上市公司国有股比例对港口绩效的影响主要体现在以下两个方面:从内部治理方面讲,随着国有股比例增加,国有股东在港口上市公司制定经营决策时的影响力也会随之增强,从而使公共利益有较强力度的保障;同时董事会对港口上市公司经理层的监督力度也随之增强,有利于公司实现长远发展;但此时的监事会成员会因很难区分其自身的行政身份和企业职位身份而不能有效地发挥对港口上市公司董事会及经理层的监督作用,削弱了港口上市公司的内部制衡效果。从外部治理方面讲,港口上市公司国有股东具有国有性质,因此其行为决策不可避免地会受到某些政策因素的干扰,例如,当很可能会改善上市公司绩效但又没有政府背景的收购兼并方案与地方政府实现利益最大化的目标相冲突时,往往由于得不到政府的支持而夭折。此外,市场上经理人员也可能由于与政府部门的用人理念不符而空有一身才华得不到施展。因为港口绩效往往受到后者的影响会更大一些,所以本节就港口上市公司

国有股比例与港口绩效的关系提出以下假设。

H1:我国港口上市公司国有股比例与港口绩效负相关。

（2）法人股比例与港口绩效的关系

港口上市公司中,仅有5家港口上市公司具有法人股股东,而且所占比例均不超过5%(表6-2),可见,法人股在港口上市公司中的比重是很低的。

表 6-2　港口上市公司法人股股权所占比例

序号	所占比重区间/%	区间公司数	占总体比重/%
1	0	12	70.59
2	(0,1]	2	11.76
3	(1,5]	3	17.65
4	(5,10]	0	0
5	(10,+∞)	0	0

法人股不同于国家股,也不同于流通股,而是介于两者之间;法人股股东相比国有股股东在选择经理人的时候方法更加科学,可以通过收购足够数量的流通股而成为公司的第一大股东,并选择合意的公司经理来影响公司的经营决策。法人股股东较流通股股东的股权更加集中,法人股持有者是法人机构,随意"搭便车"的行为经常会发生在流通股股东身上,但这种行为不会发生在法人股股东身上,因为他们持有港口上市公司较多的股份而能够对公司的经营决策进行有效的监控。另外,法人股不能流通的特性也使得其持有者不会因短期利益而忽视港口上市公司的长远发展。法人股有明晰的产权,股东在雇佣自己信任的代理人后愿意将权力下放,从而能够充分调动管理者积极治理公司的热情,港口上市公司的绩效与内部治理也会因管理者的有效管理而得到改进。可以看出,提高法人股比例对港口上市公司经营管理及绩效均有利好的影响,故本节对港口上市公司法人股比例与港口绩效的关系提出以下假设。

H2:我国港口上市公司法人股比例与港口绩效正相关。

（3）流通股比例与港口绩效的关系

分析港口上市公司流通股股权比重(表6-3)很容易看出,流通股在港口上公司中不仅分布范围广,而且与其他股权种类相比具有较大优势。在17家港口上市公司中,有11家流通股是超过50%的绝对控股股东,占总数的64.71%,其中有2家公司流通股所占比重为100%,处于完全控股状态;另有5家是属于31%～50%的相对控股股东,占总数的 29.41%;仅有一家上市公司的流通股比例低于 30%。

表 6-3　港口上市公司流通股股权所占比重

序号	所占比重区间/%	区间公司数	占总体比重/%
1	0~30	1	5.88
2	31~50	5	29.41
3	51~70	3	17.65
4	71~90	1	5.88
5	91~100	7	41.18

能在市场上自由流通的流通股具有很强的灵活性,其持有者规模一般较小且比较分散,大都是性质不同的中小投资者。在我国,分散的流通股股东通常对港口上市公司的了解比较少,因此难以有效监督股东的行为,但持有较高比例流通股的机构投资者则会与第一大股东形成一定的制衡而能够在一定程度上监督港口上市公司的治理行为。个人的流通股股东往往持有较低比例的流通股而一般不参加股东大会,他们由于对港口上市公司缺乏足够的了解而易受到大众导向的影响买卖所持有流通股,且出于分散风险的考虑分散持有不同公司的流通股,这会间接影响上市公司的股票价格。因此,流通股持有比例和持有股东的性质决定其对港口上市公司绩效的影响,个人和机构投资者流通股持有比例分别与港口绩效有负相关和正相关关系。考虑到我国港口上市公司的流通股股东大多为个人性质,故本节对港口上市公司流通股比例与港口绩效的关系提出以下假设。

H3:我国港口上市公司流通股比例与港口绩效负相关。

2. 股权集中度

为了便于描述股权集中度,本节根据理论部分中所介绍衡量股权集中度的指标来分析港口上市公司的股权集中度情况,主要是从第一大股东持股比例(CR1),前五大股东持股比例(CR5),赫芬达尔指数($H5$)以及第一大股东与第二大股东持股比例之比(Z 值)来说明(表 6-4)。

表 6-4   港口上市公司股权集中度指标统计

指标	区间分布/%	公司数	所占比重/%
CR1	10～30	2	11.76
	31～50	7	41.18
	51～60	4	23.43
	61～70	2	11.76
	＞70	2	11.76
CR5	20～50	2	11.76
	51～60	4	23.53
	61～70	3	17.65
	71～80	4	23.53
	81～91	4	23.53
$H5$	0～0.1	2	11.76
	0.1～0.2	2	11.76
	0.2～0.4	9	52.96
	0.4～0.5	2	11.76
	＞0.5	2	11.76
Z	0～5	6	35.30
	5～10	4	23.53
	10～30	2	11.76
	50～70	3	17.65
	＞100	2	11.76

一般而言,如果第一大股东持股比例超过 50%,即绝对控股,公司的投资融资、经营方向等重大决策一般由第一大股东决定,其他股东不会对经营决策有较大的影响;如果第一大股东持股比例介于 20%～50% 时,即相对控股,公司的各项重大决策一般都是通过召开董事会,由董事会成员投票决定;如果第一大股东比例未达到 20%,则认为无控股股东,即股权相对分散。从表 6-4 可以看出,有 47.05% 的港口上市公司第一大股东持股比例超出 50%,掌握公司的控制权,其中持股 51%～60% 的区间最密集,第一大股东持股比例在 31%～50% 的上市公司最多,达到了 41.18%;除 29.29% 前五大股东持股比例最低为珠海港外,其余港口上市公司前五大股东持

股比例都超过了 40％,而且有 88.24％的公司前五大股东持股比例超过了 50％,掌握了公司的控制权;马太效应中,H_1、H_2、…H_n 分别代表市场上前 n 位股东的持股比例,该取值范围为 0~1,数值越大表明前 n 位股东的持股比例差距越大,马太效应越明显越接近 1,股权就越集中,说明前 n 位股东的持股比例差距越大,有 76.48％的公司 H_5 小于 0.4,说明这些公司前五大股东实力都差不多,相差不是很悬殊;有 64.7％的公司 Z 值大于 5,说明大部分港口上市公司是由第一大股东绝对控股,第一大股东和第二大股东的差距还是很大的。根据对衡量股权集中度指标的统计分析可以看出,港口上市公司的股权集中度较高。

由于股东与经理层是委托代理关系,股东为保证经理层的经营行为不与港口上市公司的经营目标相偏离会产生一定程度的监督、经营激励等成本,随着港口上市公司股权集中度的提高,控股股东支付该监督、经营激励成本的意愿会增强,从而有利于提高港口绩效,实现港口上市公司的可持续发展;同时,随着港口上市公司股权集中度的提高,股东选择合意经理人的能力也随之增大,经理人在公司股权高度集中以及高度分散时都不太容易被更换,港口上市公司代理权的竞争在股权相对集中时表现得更为激烈,此时通过公司治理来提高港口绩效也会获得更好的效果;此外,随着港口上市公司最大股东持股比例的增高,收购和接管该公司所需付出的成本和精力也会随之变大,港口上市公司被收购的可能性也就越小,从而有利于公司的稳定发展。综上,港口上市公司的股权相对集中时更有利于港口绩效的提高,故本节提出以下假设。

H4:我国港口上市公司第一大股东持股比例与港口绩效正相关。

H5:我国港口上市公司前五大股东持股比例与港口绩效正相关。

H6:我国港口上市公司的赫芬达尔指数与港口绩效呈倒 U 形关系。

H7:我国港口上市公司的 Z 指数与港口绩效呈倒 U 形关系。

6.2.2 港口上市公司董事会治理与经营绩效

1. 董事会规模与港口绩效的关系

我国 17 家港口上市公司的董事会人数平均为 10 人,董事会人数为 9 的公司数最多,按照我国《公司法》规定,董事会人数需有 5~19 人,此规模适中。其中,董事会人数最多的是唐山港,为 15 人,最少的是天津港,为 8 人。此外,我国港口上市公司的独立董事人数一般比照证监会不得少于 1/3 的规定设置,为 3~4 人,其占董事会的平均比例为 34％,64.71％的港口上市公司的独立董事比例为 33％,基本处于下限。表 6-5、表 6-6 为港口上市公司董事会治理指标统计结果。

表 6-5　港口上市公司董事会治理指标统计 1

序号	董事会人数区间/人	区间公司数	占总体比重/%
1	8	1	5.88
2	9	9	52.94
3	10—12	6	35.30
4	15	1	5.88

表 6-6　港口上市公司董事会治理指标统计 2

序号	独立董事比例/%	区间公司数	占总体比重/%
1	<33	1	5.88
2	33	11	64.71
3	33~40	4	23.53
4	>40	1	5.88

港口上市公司的董事会运作效率会受到董事会规模的影响。随着港口上市公司董事会规模的扩大,成员之间信息传递以及沟通协调方面会形成障碍,会导致整个董事出现办事效率低下的现象,甚至会引发因为董事会成员难以达成一致的决策而使公司不得不放弃原本有利于公司的方案和策略的情况。同时董事会成员之间也容易发生荣誉争夺、责任逃避推诿而导致成员关系恶劣,内部斗争损耗公司资源的现象,这些都会导致董事会运作异常而影响港口绩效。此外还需注意,董事会成员的"行为惰性"可能会随着港口上市公司董事会规模的变大而被诱发产生,特别是持有公司股份较少的董事往往会忽略自己的作用而随意地"搭便车"。故本节就两者之间的关系提出以下假设。

H8:我国港口上市公司董事会规模与港口绩效负相关。

2. 独立董事比例与港口绩效的关系

董事会由执行董事及非执行董事构成。非执行董事也称为独立董事,独立董事一般不拥有港口上市公司的股份,因此他们在港口上市公司工作的独立性能够得以保证;独立董事不代表投资人或经营者的利益,而是社会公正力量的代表,从而保证了他们身份的独立性。独立董事通常由各种专家学者组成,他们多方面的信息和专业的知识可以为董事会制定决策时提供参考,同时他们可以保证对经理层管理绩效评价及港口上市公司业务监督的客观性,遏制港口上市公司弄虚作假等行为的发生,有助于港口上市公司提高绩效、健康发展。故本节就两者之间的关系提出以下假设。

H9：我国港口上市公司独立董事比例与港口绩效正相关。

3. 董事与经理两职合一

我国现有的 17 家港口上市公司均做到了董事长和总经理的两职分离,从而避免了在现实实践中,董事会成员与执行层人员的重合易于引致"内部人控制"情况的发生。

6.2.3 港口上市公司经理层激励与经营绩效

港口上市公司经营者和股东因两权分离会产生代理成本,良好的激励机制能够大幅度降低该代理成本。对经理层的激励形式随着经理层激励约束机制的不断完善而逐渐变得丰富起来,一开始的年薪等激励方式属于港口上市公司对经理层的短期激励,这种激励能够在一定程度上约束经理层的行为,但当有更大的短期利益可以获得时,这种手段就会失效。之后衍生出了股票期权等多种长期激励手段,后者将经理层的个人收益挂钩港口上市公司绩效,使港口上市公司获得高绩效成为经理层人员实现自身价值最大化的前提条件,将经理层因眼前利益危害公司利益的想法扼杀于摇篮中,有利于实现港口上市公司的长期发展。故本节就两者之间的关系提出以下假设。

H10：我国港口上市公司经理层持股比例与港口绩效正相关。

H11：我国港口上市公司经理层年薪与港口绩效正相关。

1. 少数港口上市公司有经理层持股情况

我国现有的 17 家港口上市公司中,82.36% 的港口上市公司无经理层持股人员,仅有 3 家上市公司的经理层有持股现象,且所占比例不超过 20%,分别为北海港(33%)、深赤湾(71%)、珠海港(20%)(表 6-7)。

表 6-7　港口上市公司经理层持股人员比例

序号	经理层持股人员比例区间/%	区间公司数	占总体比重/%
1	0	14	82.36
2	20~40	2	11.76
3	70~80	1	5.88

2. 经理层年薪高低不等

据我国现有的 17 家港口上市公司 2012 年底的年报可得,我国港口上市公司排名前三的经理层平均收入的均值为 54.77 万元,港口上市公司经理层的年薪分布在

40 万～70 万元区间内的较多,占 58.82%(表 6-8)。但经理层年薪高低不等,差距较大,其中,南京港经理层年薪最低,仅为 22.2 万元,而最高的深赤湾的经理层年薪则高达 114.43 万元。

表 6-8　我国港口上市公司经理层年薪

序号	经理层年薪区间/万元	区间公司数	占总体比重/%
1	20～40	4	23.53
2	41～60	5	29.41
3	61～70	5	29.41
4	>71	3	17.65

6.2.4　港口上市公司治理结构与经营绩效的作用机制

在港口上市公司中,董事会和经理层处于公司治理结构与港口绩效的关系模型中的核心位置,经理层通过制定和实施港口上市公司具体的经营管理决策而直接对港口上市公司绩效产生影响,同时该影响由于经理层是公司经营决策的执行人的身份而会是所有对港口绩效的影响中最大的。港口上市公司的经理层会因公司优厚的年薪与股权激励而更加努力地经营管理公司,从而提高港口绩效(H10-H11)。其次是董事会,董事会通过制定港口上市公司的长远发展战略以及选择和监督经理层的经营行为而对港口上市公司的绩效产生影响。董事会的运作效率及其对经理层的监督效率反映了董事会对港口绩效的影响,港口上市公司的董事会规模过大而降低董事会运作效率时会对港口绩效产生负向的影响(H9);港口上市公司拥有较高的独立董事比例时,其对经理层的监督力度也会变大,从而产生对港口绩效的正向影响(H8)。港口上市公司的股东会在对董事会控制的过程中间接对港口绩效产生影响,也可以通过股东大会影响公司战略和长远发展规划而直接对港口绩效产生影响。港口上市公司有较高的股权集中度时,控股股东在股东大会会拥有更大的话语权,也会对董事会有更强的控制力度,从而导致控股股东通过上述两种途径对港口绩效的影响力也会越大;但当港口上市公司的股权集中度增大到某种程度时,第二大股东对第一大股东的制衡能力也会在一定程度上影响港口绩效(H1-H7)(图 6-1)。

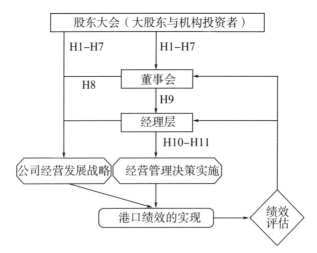

图 6-1　港口上市公司治理结构与港口绩效的关系模型

6.3　港口上市公司治理结构与经营绩效的研究方法

6.3.1　假设检验

　　统计假设检验的思想最早是由统计学家 Ronald Fisher 提出的，后经奈曼和皮尔逊等统计学家的改进完善，已经形成了一种程式化的统计推断模式：建立假设→选择检验用的统计量并计算统计量取值→在给定的显著性水平下，用决策准则检验拒绝原假设是否显著。

　　对它的研究始于 1920 年 L. Bouthilet 在研究人工概念的形成中首次提出了概念形成的假设检验模型。Kurt Lewin 等人认为"假设—检验—再假设—再检验……直至成功"是假设检验模型的基本程式。此后关于假设检验思维策略的研究主要集中在概念形成、规则发现、命题检验、问题解决等方面。

　　假设检验顾名思义包含两个关键步骤：第一，提出假设；第二，进行检验。提出假设的含义是指依据客观事物的惯常规律对其提出一个常态假设。

6.3.2　主成分分析

　　主成分分析（Principal Component Analysis，PCA），最早由 Karl Pearson 在 1901年提出，1933 年 Harold Hotelling 将这个概念推广到随机向量。主成分分析也称主分量分析，是一种利用降低数据空间维度的原理，把多项评价指标整合为较少的几个有效指标，即是将多个指标整合为少数几个互相无内在关联的综合指标的统计方法。在具体研究问题的过程中，为了全面、系统、有效地进行绩效评价，我们需要考虑许多影响因素，所涉及的因素被称为评估指标，在多元统计分析理论中也被称为变量。每个变量都在不同程度地反映着所研究问题的某些信息，并且指标之间有一定的相关性,因此取得的统计数据所表现的信息在一定程度上有渗透和重叠。在用统计方法研究多变量问题时,变量太多会使得分析的过程变得复杂,我们的目的是在进行定量分析的时候,尽量使涉及的变量减少,使获得的信息量最大化。但经常性地减少变量又会丢失有意义的信息,致使评估结论错误。综合指标就是反映新的变量的终结者,是原来多个变量的线性组合,彼此无内在交叉性,并且能表达原来多个变量的信息,从而简化系统结构内在的不确定性,而抓住问题的要领。因此综合指标叫作原来变量的主成分。

主成分分析是一种降维的统计方法,可以用尽量少的综合指标代替众多的原始数据,并尽可能多地反映原始数据所提供的信息。该方法是一种成熟的综合评价方法,在保证信息损失尽可能少的前提下,剔除高度相关的因子,经过线性变换对指标进行"聚集",并舍弃一小部分信息,从而达到降维的效果。主成分分析的计算步骤包括以下几个方面。

① 为了消除数量级和量纲带来的误差的影响,对原始数据进行标准化处理。数据标准化的原理是借助于函数的变换将原始数值映射到某个数值区间,通过数值的大小来反映指标值的优劣程度。目前,常见的无量纲化处理方法主要有极值化、标准化、均值化以及标准差化方法,一般选用标准化方法对原始数据进行标准化处理。评价指标主要分为两类,即正向指标和逆向指标。正向指标指的是在一定范围内数值越大越好,逆向指标则是指在一定范围内数值越小越好。

$$\text{正向指标的归一化公式为}:X_{ij}^{*}=\frac{x_{ij}-\min\{x_{i}\}}{\max\{x_{i}\}-\min\{x_{i}\}} \tag{6-1}$$

$$\text{逆向指标的归一化公式为}:X_{ij}^{*}=\frac{\max\{x_{i}\}-x_{ij}}{\max\{x_{i}\}-\min\{x_{i}\}} \tag{6-2}$$

式中,X_{ij}^{*} 为第 j 个样品第 i 个指标的标准化值;x_{ij} 为第 j 个样品第 i 个指标的原始值;$\min\{x_{i}\}$ 为第 i 个指标原始值中的最小值;$\max\{x_{i}\}$ 为第 i 个指标原始值中的最大值。进行标准化处理后,$0 \leqslant x_{ij} \leqslant 1$。

② 计算标准化后的样本的相关系数矩阵;将标准化后的数据矩阵记为 X^{*},则有 $X^{*}RX^{T}=\Lambda$,即 $R=\frac{1}{n-1}X^{*}X^{*T}$。原始变量指标的相关系数矩阵 R 就等于指标数据的协方差矩阵 $\sum$,即有 $\sum=R$。计算标准化后数据表的相关系数矩阵 R:

$$R=\begin{pmatrix} r_{11} & \cdots & r_{1p} \\ \cdots & \cdots & \cdots \\ r_{p1} & \cdots & r_{pp} \end{pmatrix}$$

其中：$r_{ij} = \dfrac{\sum_{k=2}^{n}(X_{kj}-\overline{X}_1)^2(X_{ki}-\overline{X}_j)^2}{\sqrt{\sum_{k=1}^{n}(X_{ki}-\overline{X}_1)^2\sum_{k=1}^{n}(X_{ki}-\overline{X}_j)^2}}(i,j=1,2,\cdots,p)$

R 是实对称矩阵，因此只需计算其上三角或下三角元素即可。

③ 计算特征值和特征向量并确定主成分个数。求解特征方程 $|\lambda I - R| = 0$，得出非负特征值 $\lambda_i(i=1,2,\cdots,p)$，并按其大小顺序排列，即 $\lambda_1 \geqslant \lambda_2 \geqslant \cdots \geqslant \lambda_p \geqslant 0$。各个主成分 z_j 对应的特征值 λ_j 就等于其方差。λ_j 又称为主成分 z_j 的方差贡献，而 $\dfrac{\lambda_j}{\sum_{i=1}^{p}\lambda_j} \times 100\%$ 则称为 z_j 的方差贡献率，前 m 个主成分 $z_1,z_2,\cdots,z_m$ 的方差贡献率之和 $\dfrac{\sum_{i=1}^{m}\lambda_i}{\sum_{j=1}^{p}\lambda_j} \times 100\%$ 称为 $z_1,z_2,\cdots,z_m$ 的累积贡献率。选取的主成分个数 m 一般小于原始变量个数 p，通常都是以累计贡献率大于 80% 为标准。这样，省略后边的主成分既不会损失信息，又能达到减少变量个数的目的。

④ 计算各主成分的值。在确定了主成分的个数 m 后，需要求出特征值 λ_i 对应的特征向量 $e_i(i=1,2,\cdots\cdots,m)$，写出 m 个基本方程组：

$$\begin{cases} r_{11}X_1^{(j)} + r_{12}X_2^{(j)} + \cdots + r_{1p}X_p^{(j)} = r_j X_1^{(j)} \\ r_{21}X_1^{(j)} + r_{22}X_2^{(j)} + \cdots + r_{2p}X_p^{(j)} = r_j X_2^{(j)} \\ r_{p1}X_1^{(j)} + r_{p2}X_2^{(j)} + \cdots + r_{pp}X_p^{(j)} = r_j X_p^{(j)} \end{cases}$$

其中，$j=1,2,\cdots\cdots,m$。

求出基本方程组的解 $X_1^{(j)}$、$X_2^{(j)}$、$\cdots$、$X_p^{(j)}$，即为特征值 λ_j 对应的特征向量，接下来对 $X_1^{(j)}$、$X_2^{(j)}$、$\cdots$、$X_p^{(j)}$ 采用施密特正交化法，并令 $l_{ij} = \dfrac{X_i^{(i)}}{\sqrt{\sum_i (X_i^{(i)})^2}}$，则可求出 λ_j 对应的单位特征向量，从而得到用标准化变换后的变量指标 $X_1^*,X_2^*,\cdots,X_p^*$ 所表示的主成分 $z_j = \sum_i l_{ij}X_i^*$。

⑤ 计算因子载荷，解释主成分意义。计算原始指标变量与主成分相关系数即因子载 $r(z_j,x_i^*) = \dfrac{\cos(z_j,x_i^*)}{\sqrt{D(z_j)D(x_K^T)}} = \dfrac{\gamma_j l_{ki}}{\sqrt{\gamma_j}} = \sqrt{\gamma_j l_{kj}}$，称 $r(z_j,x_i^*)$ 为 x_k^* 在 z_j 上的因子载荷。根据相关系数的意义，主成分与原变量指标之间的相关性水平和性质可以由因子载荷的绝对值及符号反映出来。

假设有 p 个指标，用向量表示为 $X=(X_1,X_2,\cdots,X_p)$，其中 $X_i=(x_{1i},x_{2i},\cdots,x_{ni})'$，$x_{ni}$ 代表第 n 个样本在第 i 个 $(i=1,2,\cdots,p)$ 指标上的观测值。那么，第 i 个主

成分就可以表示为：$P_i = a_{1i}X_1 + a_{2i}X_2 + \cdots + a_{pi}X_p$，满足

    a. $a_{21i} + a_{22i} + \cdots + a_{2pi} = 1$；

    b. P_i 与 $P_j(i \neq j, i, j = 1, 2, \cdots, p)$ 不相关；

    c. $Var(P_i) > Var(P_i + 1) \forall i = 1, 2, \cdots, p-1$。

第 i 个主成分 P_i 是 $X_1, \cdots, X_p$ 的一切线性组合中方差第 i 大的，而对应的系数向量 $(a_{1i}, a_{2i}, \cdots, a_{pi})$ 则恰好是 X 的协方差矩阵（$\sum$）的第 i 个最大的特征值所对应的特征向量。在进行主成分分析时，既可以使用协方差矩阵（$\sum$），又可以使用相关系数矩阵（R），二者各有优缺点，后面会有具体讨论。必须指出主成分线性表达中 $X_i(i = 1, 2, \cdots, p)$ 的含义并不是固定的。如果使用协方差矩阵，则 X_i 指的是均值调整（mean-corrected）后的数据；而如果使用相关系数矩阵，则 X_i 指的是正态标准化后的数据，等同于均值调整后的数据除以标准差。为了消除因量纲不同所带来的影响，在使用协方差矩阵时，常常需要采用一定的技术对原始指标进行标准化，如 0～1 标准化、取对数、正态标准化等。如果对数据进行正态标准化后再使用协方差矩阵，等同于直接使用相关系数矩阵。

Spearman 秩相关系数是 Pearson 相关系数的非参形式，用于测量两组定序变量之间的相关性。在求秩相关系数之前，首先要将两组变量（假设为 X 和 Y）的测量值换成等级值（或秩），如果两组变量已经用秩表示的话，则可以直接计算。Spearman 秩相关系数的计算公式为：

$$\rho = \frac{\sum (R_i - \overline{R})(S_i - \overline{S})}{\sqrt{(R_i - \overline{R})^2 (S_i - \overline{S})^2}} (i = 1, 2, \cdots, p) \tag{6-3}$$

式中，R_i 为 X_i 的秩；S_i 为 Y_i 的秩；$\overline{R}$ 和 $\overline{S}$ 分别是 R_i 和 S_i 的平均值。

6.3.3 多元回归分析

多元回归分析是判断变量之间是否具有相关关系的一种分析方法，注重判断一个随机变量与几个可控变量之间是否具有线性关系。因为它有特定功能，所以也被用来进行变量之间的因果分析。

回归分析是对客观事物数量依存关系的分析，是一种重要的统计分析方法，被广泛地应用于社会经济现象变量之间的影响因素和关联的研究。由于客观事物的联系错综复杂，经济现象的变化往往受到两个或多个因素的影响。为了全面揭示这种复杂的依存关系，准确地测定现象之间的数量变动，提高预测和控制的准确度，就要建立多元回归模型进行深入、系统的分析。

数学原理:在现实生活中,人们往往要对某个因变量进行统计分析,但影响因变量 y 的自变量往往不止一个,如需要考虑 k 个自变量 $X_1,X_2,\cdots,X_k$ 与因变量 y 之间的关系时,利用最小二乘法原理建立多元线性回归模型:$y=\beta_0+\beta_1x_1+\beta_2x_2+\beta_kx_k+\varepsilon$。式中,$\beta_0$ 为回归常数;$\beta_1,\beta_2,\cdots,\beta_k$ 为回归系数。当 $k=1$ 时,上式即为一元线性回归模型;当 $k\geqslant2$ 时,上式叫作多元形多元回归模型。E 为随机误差,是不能由现有变量决定的部分。系数 β_1 表示在其他自变量不变的情况下,自变量 x_1 变动到一个单位时引起的因变量 y 的平均单位,其他回归系数的含义相似。从集合意义上来说,多元回归是多维空间上的一个平面,多元线性回归方程中回归系数的估计同样可采用最小二乘法。

6.4 港口上市公司经营绩效的评价研究

为了使本节对港口上市公司治理与港口绩效的研究清楚明了,需要选出代表港口公司的绩效指标,再通过科学恰当的评价后获得我国港口上市公司的各项细分绩效以及港口综合绩效,以便将其作为被解释变量用于本章 6.2 部分的定量分析。

6.4.1 研究样本的选取

目前,中国是拥有港口上市公司数量最多的国家。截止到 2021 年,我国在沪深证券交易所上市的港口类公司已达 18 家,这些港口公司具体的上市时间及上市地见表 6-9。

表 6-9　我国港口上市公司的上市时间及上市地

上市时间	公司名称	股票代码	上市地
1993-03-26	珠海港	000507	深圳证券交易所
1993-05-05	招商港口	001872	深圳证券交易所
1995-11-02	北部湾港	000582	深圳证券交易所
1996-06-14	天津港	600717	上海证券交易所
1997-07-28	盐田港	000088	深圳证券交易所
1999-04-29	厦门港务	009905	深圳证券交易所
1999-06-09	锦州港	600190	上海证券交易所
2000-07-31	重庆港	600279	上海证券交易所
2005-03-25	南京港	002040	深圳证券交易所
2006-10-17	日照港	600017	上海证券交易所

上市时间	公司名称	股票代码	上市地
2006-10-26	上港集团	60018	上海证券交易所
2007-04-26	连云港港	601008	上海证券交易所
2010-07-05	唐山港	601000	上海证券交易所
2010-09-28	宁波港	601018	上海证券交易所
2010-12-06	辽港股份	601880	上海证券交易所
2010-12-28	广州港	601228	上海证券交易所
2017-08-16	秦港股份	601326	上海证券交易所
2019-01-21	青岛港	601298	上海证券交易所

数据来源:港口网 http://www.chinaports.com/。

本节选取在深圳证券交易所和上海证券交易所上市的 18 家港口上市公司进行实证分析,样本数据来自巨潮资讯网公布的港口上市公司年报。本书撰写时,港口上市公司 2022 年的年报还未披露,故选取港口上市公司 2021 年底的年度报告中各指标的数值,以便于反映港口上市公司最新的经营状况。相关的计算分析通过软件 SPSS 18.0 完成。

6.4.2 评价指标体系的建立

港口行业有其自身的特点,在评价港口绩效时不仅要考虑财务类指标,还要考虑反映港口绩效的非财务类指标。本书根据科学性、可行性等指标选取原则并结合我国港口产业的特点,选取了 12 个指标来对港口绩效进行评价(表 6-10)。

表 6-10 港口绩效的评价指标及其定义

指标名称	指标定义
资产负债率	负债总额/资产总额
流动比率	流动资产/流动负债
总资产周转率	营业收入/平均资产总额
应收账款周转率	营业收入/平均应收账款余额
存货周转率	营业成本/平均存货余额
每股收益	净利润/股份总数
总资产净利率	净利润/平均资产总额
净资产净利率	净利润/平均净资产

续表

指标名称	指标定义
总资产增长率	（本期资产总额－上期资产总额）/上期资产总额
营业收入增长率	（本期营业收入－上期营业收入）/上期营业收入
货物吞吐量	报告期内经由水路进、出港区范围并经过装卸的货物重量
集装箱吞吐量	港口码头装卸集装箱的总量

注:上述数据除货物吞吐量来自各省份统计年鉴外,其余变量均来自巨潮资讯网公布的各港口上市公司年报。

6.4.3 港口上市公司经营绩效的评价

1. 相关性检验

原始变量之间的相关系数矩阵及相关显著性检验(表 6-11)显示,多数原始变量的相关系数较大,其中部分数值很高;而且 P 值较多通过了显著性检验,表明港口上市公司各绩效指标之间有较强的相关性,说明主成分分析适用对港口上市公司的绩效进行评价。

表 6-11　相关系数矩阵及相关显著性检验

	变量	资产负债率	流动比率	总资产周转率	应收账款周转率	存货周转率	每股收益	总资产净利率	净资产净利率	总资产增长率	营业收入增长率	货物吞吐量	集装箱吞吐量
相关系数	资产负债率	1.000	−0.613	0.367	0.038	−0.559	0.079	−0.545	−0.192	0.158	0.131	−0.127	−0.209
	流动比率	−0.613	1.000	−0.322	−0.279	0.871	−0.107	0.398	0.143	−0.338	−0.174	−0.152	0.225
	总资产周转率	0.367	−0.322	1.000	−0.124	−0.424	0.221	−0.016	0.153	0.139	0.096	0.063	−0.094
	应收账款周转率	0.038	−0.279	−0.124	1.000	0.073	−0.006	0.226	0.281	−0.126	0.138	0.299	−0.020
	存货周转率	−0.559	0.871	−0.424	0.073	1.000	0.061	0.438	0.246	−0.393	0.005	−0.172	0.144
	每股收益	−0.079	−0.107	0.221	−0.006	0.061	1.000	0.328	0.421	−0.201	0.074	0.096	0.143
	总资产净利率	−0.545	0.398	−0.016	0.226	0.438	0.328	1.000	0.914	−0.364	0.208	0.456	0.558
	净资产净利率	−0.192	0.143	0.153	0.281	0.246	0.421	0.914	1.000	−0.311	0.350	0.483	0.561
	总资产增长率	0.158	−0.338	0.139	−0.126	−0.393	−0.201	−0.364	−0.311	1.000	0.165	−0.097	−0.293
	营业收入增长率	0.131	−0.174	0.096	0.138	0.005	0.074	0.208	0.350	0.165	1.000	0.073	−0.168
	货物吞吐量	−0.127	−0.152	0.063	0.299	−0.172	0.096	0.456	0.483	−0.097	0.073	1.000	0.784
	集装箱吞吐量	−0.209	0.225	−0.094	−0.020	0.144	0.143	0.558	0.561	−0.293	−0.168	0.784	1.000

续表

	变量	资产负债率	流动比率	总资产周转率	应收账款周转率	存货周转率	每股权益	总资产净利率	净资产净利率	总资产增长率	营业收入增长率	货物吞吐量	集装箱吞吐量
显著性检验	资产负债率		0.004	0.073	0.443	0.010	0.381	0.012	0.231	0.272	0.308	0.310	0.211
	流动比率	0.004		0.104	0.139	0.000	0.342	0.057	0.292	0.092	0.253	0.280	0.193
	总资产周转率	0.073	0.104		0.318	0.045	0.197	0.476	0.278	0.297	0.357	0.400	0.360
	应收账款周转率	0.443	0.139	0.318		0.390	0.490	0.192	0.138	0.315	0.299	0.122	0.470
	存货周转率	0.010	0.000	0.045	0.390		0.408	0.039	0.170	0.059	0.493	0.250	0.290
	每股收益	0.381	0.342	0.197	0.490	0.408		0.099	0.046	0.219	0.389	0.353	0.292
	总资产净利率	0.012	0.057	0.476	0.192	0.039	0.099		0.000	0.075	0.212	0.033	0.010
	净资产净利率	0.231	0.292	0.278	0.138	0.170	0.046	0.000		0.112	0.084	0.020	0.010
	总资产增长率	0.272	0.092	0.297	0.315	0.059	0.219	0.075	0.112		0.263	0.356	0.127
	营业收入增长率	0.308	0.253	0.357	0.299	0.493	0.389	0.212	0.084	0.263		0.391	0.260
	货物吞吐量	0.314	0.280	0.405	0.122	0.255	0.357	0.033	0.025	0.356	0.391		0.000
	集装箱吞吐量	0.211	0.193	0.360	0.470	0.290	0.292	0.010	0.010	0.127	0.260	0.000	

KMO 检验统计量与 Bartlett 球形检验结果(表 6-12)中,KMO 检验的结果为 0.311<0.5,此时不适宜采用因子分析;此外,Bartlett 球形检验 P 为 0.000<0.05,通过显著性检验,这些都表明主成分分析适合对我国港口上市公司的绩效指标数据进行分析。

表 6-12　KMO 检验与 Bartlett 球形检验

检验类型	度量	参数值
KMO 检验	KMO 值	0.311
Bartlett 球形检验	P 值	0.000

2. 特征根及方差贡献率

根据特征根大于 1 的原则,提取出五个成分,从它们的累积方差贡献率可以看出,前五个成分的累积方差贡献率是 82.583%(表 6-13),港口绩效大部分的信息能够被反映出来。

表 6-13 特征根以及方差贡献率

序号	初始特征值			提取平方和载入		
	合计	方差贡献率/%	累积方差贡献率/%	合计	方差贡献率/%	累积方差贡献率/%
1	3.779	31.488	31.488	3.779	31.488	31.488
2	2.506	20.881	52.369	2.506	20.881	52.369
3	1.364	11.371	63.739	1.364	11.371	63.739
4	1.251	10.425	74.164	1.251	10.425	74.164
5	1.010	8.419	82.583	1.010	8.419	82.583
6	0.733	6.107	88.690			
7	0.605	5.044	93.734			
8	0.389	3.241	96.974			
9	0.300	2.498	99.472			
10	0.050	0.413	99.884			
11	0.009	0.073	99.957			
12	0.005	0.043	100.000			

3. 成分荷载矩阵

成分荷载矩阵(表 6-14)中,第一个公共成分(F_1)在总资产净利率、净资产净利率、集装箱吞吐量上有较大的载荷,由于这些指标大都反映了港口上市公司的盈利能力,所以命名为"盈利能力"绩效;第二个公共成分(F_2)在指标流动比率、货物吞吐量上有较大的载荷,更多反映港口的偿债能力,命名为"偿债能力"绩效;同理,营业收入增长率归到第三公共成分(F_3),反映港口的营业收入增长能力,命名为"营业收入增长能力"绩效;应收账款周转率、总资产周转率、每股收益归到第四公共成分(F_4),这类指标更多反映了港口的营运情况,命名为"营运能力"绩效;总资产增长率归到第五公共成分(F_5),反映港口的资产成长性,定义为"资产成长能力"绩效。

表 6-14 成分载荷矩阵

变量	公共成分				
	F_1	F_2	F_3	F_4	F_5
总资产净利率	0.908	0.234	0.171	−0.014	0.116
净资产净利率	0.769	0.508	0.249	−0.040	0.044
集装箱吞吐量	0.679	0.308	−0.573	−0.118	0.125
存货周转率	0.659	−0.607	0.271	0.086	−0.059
资产负债率	−0.636	0.432	0.021	−0.029	−0.248
流动比率	0.605	−0.703	0.039	−0.160	0.156
货物吞吐量	0.474	0.620	−0.500	0.173	0.169
营业收入增长率	0.047	0.358	0.673	0.289	0.386
应收账款周转率	0.182	0.338	0.115	0.736	−0.419
总资产周转率	−0.238	0.539	0.189	−0.540	0.041
每股收益	0.305	0.345	0.341	−0.491	−0.309
总资产增长率	−0.536	0.114	0.039	0.118	0.663

4. 成分得分系数矩阵

成分得分系数矩阵中(表 6-15),五个主成分可以由原始指标数值和各自的得分系数表示,可以写成:

$$F_1 = -0.168X_1 + 0.16X_2 - 0.063X_3 + 0.048X_4 + 0.174X_5 + 0.081X_6$$
$$+ 0.24X_7 + 0.204X_8 - 0.142X_9 + 0.012X_{10} + 0.125X_{11} + 0.18X_{12} \quad (6-4)$$

$$F_2 = 0.172X_1 - 0.28X_2 + 0.215X_3 + 0.135X_4 - 0.242X_5 + 0.137X_6$$
$$+ 0.093X_7 + 0.203X_8 + 0.046X_9 + 0.143X_{10} + 0.247X_{11} + 0.123X_{12} \quad (6-5)$$

$$F_3 = 0.015X_1 + 0.029X_2 + 0.138X_3 + 0.084X_4 + 0.198X_5 + 0.25X_6$$
$$+ 0.125X_7 + 0.182X_8 + 0.029X_9 + 0.493X_{10} - 0.366X_{11} - 0.42X_{12} \quad (6-6)$$

$$F_4 = -0.023X_1 - 0.128X_2 - 0.431X_3 + 0.588X_4 + 0.069X_5 - 0.393X_6$$
$$- 0.011X_7 - 0.032X_8 + 0.094X_9 + 0.231X_{10} + 0.138X_{11} - 0.094X_{12} \quad (6-7)$$

$$F_5 = -0.246X_1 + 0.154X_2 + 0.041X_3 - 0.414X_4 - 0.058X_5 - 0.306X_6$$
$$+ 0.115X_7 + 0.044X_8 + 0.657X_9 + 0.382X_{10} + 0.167X_{11} + 0.124X_{12} \quad (6-8)$$

表 6-15　成分得分系数矩阵

变量	主成分				
	F_1	F_2	F_3	F_4	F_5
资产负债率	-0.168	0.172	0.015	-0.023	-0.246
流动比率	0.160	-0.280	0.029	-0.128	0.154
总资产周转率	-0.063	0.215	0.138	-0.431	0.041
应收账款周转率	0.048	0.135	0.084	0.588	-0.414
存货周转率	0.174	-0.242	0.198	0.069	-0.058
每股收益	0.081	0.137	0.250	-0.393	-0.306
总资产净利率	0.240	0.093	0.125	-0.011	0.115
净资产净利率	0.204	0.203	0.182	-0.032	0.044
总资产增长率	-0.142	0.046	0.029	0.094	0.657
营业收入增长率	0.012	0.143	0.493	0.231	0.382
货物吞吐量	0.125	0.247	-0.366	0.138	0.167
集装箱吞吐量	0.180	0.123	-0.420	-0.094	0.124

港口上市公司的综合绩效可采用方差贡献率作为权重,对 F_1、F_2、F_3、F_4、F_5 进行加权汇总得出:五个主成分的方差贡献率依次为 31.488%、20.881%、11.371%、10.425% 和 8.419%,于是可得港口上市公司的综合绩效 F 的计算公式如下:

$$F = 0.314\,88F_1 + 0.208\,81F_2 + 0.113\,71F_3 + 0.104\,25F_4 + 0.084\,19F_5 \quad (6\text{-}9)$$

6.4.4　港口上市公司经营绩效的评价结果

经过计算,我们最终获得了我国港口上市公司的各细分绩效及其综合绩效(表 6-16)。

表 6-16　港口上市公司的各细分绩效及其综合绩效评价结果

港口	盈利能力	偿债能力	营业收入增长能力	营运能力	资产成长能力	综合绩效	排名
上港集团	1.838	1.499	-1.658	0.669	0.249	0.794	1
日照港	0.194	1.118	1.639	0.246	1.953	0.671	2
唐山港	0.971	0.335	1.032	2.451	-1.447	0.627	3
宁波港	0.884	0.082	-1.171	0.529	0.619	0.270	4
天津港	0.276	1.440	-0.027	-2.216	-0.088	0.146	5

港口	盈利能力	偿债能力	营业收入增长能力	营运能力	资产成长能力	综合绩效	排名
珠海港	−0.226	−0.156	1.758	0.031	0.299	0.125	6
盐田港	2.046	−2.851	0.310	−0.634	0.546	0.064	7
深赤湾	0.468	0.144	1.143	−1.092	−1.834	0.039	8
营口港	−0.768	0.269	−0.070	0.305	1.511	−0.035	9
厦门港务	0.257	0.104	−0.595	−1.332	−0.458	−0.142	10
北海港	−0.764	0.361	0.741	0.127	−0.999	−0.152	11
连云港	−0.610	0.240	0.031	−0.428	0.256	−0.162	12
大连港	−0.451	−0.105	−1.184	0.186	−0.367	−0.310	13
南京港	−0.766	−0.262	−0.499	0.572	−0.529	−0.338	14
芜湖港	−0.864	−0.918	0.002	0.211	1.162	−0.344	15
锦州港	−1.451	−0.427	−0.630	0.464	−0.135	−0.581	16
重庆港	−1.035	−0.872	−0.823	−0.089	−0.740	−0.673	17

从表 6-16 可以看出,我国港口上市公司在 2021 年底的各种绩效表现如下:首先,就我国港口上市公司的盈利能力绩效而言,盐田港最优,其次是上港集团,而锦州港的盈利能力绩效最差;其次,我国港口上市公司的偿债能力绩效最佳的上港集团,其次是天津港,盐田港的偿债能力绩效排在末尾;再次,珠海港的营业收入增长能力绩效是我国港口上市公司中好的,其次是日照港,上港集团的营业收入能力绩效则是其中最差的;此外,唐山港、天津港分别是我国营运能力绩效最佳、最差的港口上市公司,日照港、深赤湾在资产成长能力绩效方面的表现分别居于队首和队尾;最后,上港集团的综合港口绩效是最好的,日照港、唐山港紧随其后,重庆港成为我国综合港口绩效最差的港口上市公司。

6.5　港口上市公司治理结构与经营绩效的实证分析

6.5.1　研究变量的确定

1. 解释变量

本节将实证研究所需的解释变量分为股权结构变量、董事会治理变量和经理层激励变量。

第一，股权结构变量：一是股权性质。本节选取国有股比例、法人股比例、流通股比例作为股权性质的代表变量。二是股权集中度。一般股权集中度有CR指数、H指数、Z值三种衡量指标，本节选取第一大股东持股比例（CR1）、前五大股东持股比例（CR5）、赫芬达尔指数（$H5$）、第一大股东持股数与第二大股东持股数之比（Z值）作为股权集中度的代表变量，考虑到$H5$、Z值可能与港口绩效不是简单的线性关系，因此选取$H5^2$、Z^2作为股权集中度代表变量的补充。

第二，董事会治理变量本节选取按董事会成员数量的自然对数计算的董事会规模变量，按独立董事在董事会中所占的比例计算的独立董事比例变量作为董事会治理的代表变量。

第三，经理层激励变量本节选取按我国港口上市公司经理层人员中持股人员所占的比例计算的经理层持股比例变量，按前三名经理层年薪平均值的自然对数计算的经理层年薪变量作为经理层激励的代表变量。

2. 被解释变量

本节为更加细致地了解我国港口上市公司治理结构与港口绩效之间的关系，选取第3章主成分分析法得出的盈利能力（F_1）、偿债能力（F_2）、营业收入增长能力（F_3）、营运能力（F_4）、资产成长能力（F_5）、综合绩效（F）分别作为被解释变量。

3. 控制变量

本节选取公司规模、公司发展变量作为控制变量（表6-17）。

① 公司规模变量。本节选取港口上市公司总资产的自然对数来表示港口上市公司规模变量。

② 公司发展变量。本节选取港口上市公司净利润增长率来代表港口上市公司发展能力。

表6-17　变量定义

指标类型	变量	符号	变量定义
股权结构	国有股比例	GYG	国有股股数/总股本
	法人股比例	FRG	法人股股数/总股本
	流通股比例	LTG	流通股股数/总股本
	第一大股东持股比例	CR1	第一大股东持股数/总股本
	前五大股东持股比例	CR5	前五大股东持股数之和/总股本
	赫芬达尔指数	$H5$	前五大股东持股比例平方和

指标类型	变量	符号	变量定义
董事会治理	前两大股东持股数之比	Z	第一大股东持股数/第二大股东持股数
	董事会规模	GM	董事会人数的自然对数
	独立董事比例	DL	独立董事人数/董事会人数
经理层激励	经理层持股人员比例	CG	经理层持股人数/经理层人数
	经理层年薪	NX	前三名经理层年薪平均值的自然对数
控制变量	公司规模	SIZE	总资产的自然对数
	公司发展	FZ	净利润增长率

6.5.2 模型的建立与实证结果分析

1. 治理结构与盈利能力的计量模型与实证检验

本节讨论我国港口上市公司治理结构对港口盈利能力绩效的影响,根据前文的分析,建立多元回归模型,如公式6-10。

$$F_1 = c + \alpha_1 GYG + \alpha_2 FRG + \alpha_3 LTG + \alpha_4 CR1 + \alpha_5 CR5 + \alpha_6 H5 + \alpha_7 Z + \alpha_8 H5^2$$
$$+ \alpha_9 Z^2 + \alpha_{10} GM + \alpha_{11} DL + \alpha_{12} CG + \alpha_{13} NX + \alpha_{14} SIZE + \alpha_{15} FZ + \varepsilon \quad (6\text{-}10)$$

式中,c 为截距,α_i 为模型回归系数,ε 为随机变量,代表影响港口盈利能力绩效的其他变量。实证检验结果(表6-18)显示,该模型的 DW 值为 2.395,不存在严重的异方差问题;R_2 的值为 0.941,说明该多元回归模型的拟合优度良好;该多元回归模型的 F 检验的值为 1.056,未通过显著性检验,各变量的 t 检验也未通过显著性检验,表明我国港口上市公司治理结构并未对港口的盈利能力绩效产生统计上的显著影响。

表 6-18 治理结构与港口绩效实证检验结果

变量	F_1	F_2	F_3	F_4	F_5	F
C	−39.351	200.416	−96.715*	−9.969	−62.325	12.174
GYG	0.691	−1.551	0.596*	0.003	0.460	0.001
FRG	4.643	2.658	−0.354	1.427*	−0.676	2.068**
LTG	0.772	−1.416	0.571*	0.024	0.440	0.052
CR1	0.590	0.816	−0.057	0.162*	−0.143	0.354**
CR5	0.529	0.761	−0.217*	0.219*	−0.224	0.305**
$H5$	−128.185	−167.317	24.182	−14.618	14.485	−72.855***

续表

变量	F_1	F_2	F_3	F_4	F_5	F
$H5^2$	34.750	12.255	9.951	-29.242^*	44.591	15.338^*
Z	0.106	0.140	-0.038	0.007	-0.045	0.055^{**}
Z^2	0.000	0.000	$1.313E-5$	$6.502E-5^*$	$1.553E-5$	$-7.867E-5^{**}$
GM	-3.134	-4.487	5.836^{**}	5.267^{**}	0.037	-0.708
DL	-57.221	-37.940	23.910	17.684^*	6.780	-20.807^{**}
CG	-7.482	-12.153	6.531^*	-2.058	1.307	-4.255^{**}
NX	1.541	1.155	-1.098^*	-1.854^{**}	-0.558	0.361^*
SIZE	-2.173	-3.764	1.423^*	-0.836^*	1.441	-1.274^{**}
FZ	-0.354	-0.787	0.524^*	-0.756^{**}	1.457	-0.172^*
DW	2.395	2.395	2.395	2.395	2.395	2.395
R_2	0.941	0.910	0.999	1.000	0.982	1.000
F	1.056	0.673	120.419^*	343.850^{**}	3.660	243.500^{**}

注："***""**""*"分别表示在 1%、5%、10%水平上是显著的。

2. 治理结构与偿债能力的计量模型与实证检验

本节讨论我国港口上市公司治理结构对港口偿债能力绩效的影响,根据前文的分析,建立多元回归模型,如公式 6-11。

$$F_2 = c + \alpha_1 GYG + \alpha_2 FRG + \alpha_3 LTG + \alpha_4 CR1 + \alpha_5 CR5 + \alpha_6 H5 + \alpha_7 Z + \alpha_8 H5^2$$
$$+ \alpha_9 Z^2 + \alpha_{10} GM + \alpha_{11} DL + \alpha_{12} CG + \alpha_{13} NX + \alpha_{14} SIZE + \alpha_{15} FZ + \varepsilon \quad (6\text{-}11)$$

式中,c 为截距,α_i 为模型回归系数,ε 为随机变量,代表影响港口偿债能力绩效的其他变量。实证检验结果(表 6-18)显示,该多元回归模型的 DW 值为 2.395,不存在严重的异方差问题;R_2 的值为 0.910,说明该多元回归模型的拟合优度良好;该多元回归模型的 F 检验的值为 0.673,未通过显著性检验,各变量的 t 检验也未通过显著性检验,表明我国港口上市公司治理结构并未对港口的偿债能力绩效产生统计上的显著影响。

3. 治理结构与营业收入增长能力的计量模型与实证检验

本节讨论我国港口上市公司治理结构对港口营业收入增长能力绩效的影响,根据前文分析,建立多元回归模型,如公式 6-12。

$$F_3 = c + \alpha_1 GYG + \alpha_2 FRG + \alpha_3 LTG + \alpha_4 CR1 + \alpha_5 CR5 + \alpha_6 H5 + \alpha_7 Z + \alpha_8 H5^2$$
$$+ \alpha_9 Z^2 + \alpha_{10} GM + \alpha_{11} DL + \alpha_{12} CG + \alpha_{13} NX + \alpha_{14} SIZE + \alpha_{15} FZ + \varepsilon \quad (6\text{-}12)$$

式中,c 为截距,α_i 为模型回归系数,ε 为随机变量,代表影响港口营业收入增长能力绩效的其他变量。实证检验结果(表 6-18)显示,该多元回归模型的 DW 值为 2.395,不存在严重的异方差问题;R_2 的值为 0.999,说明该多元回归模型的拟合优度良好;该多元回归模型的 F 检验的值为 120.419,在 10% 的水平上显著,表明该多元回归模型能够较好地解释我国港口上市公司治理结构与港口的营业收入增长能力绩效的关系。

就股权结构而言,从我国港口上市公司的国有股比例、流通股比例与港口营业收入增长能力绩效的显著正相关关系及法人股比例与港口营业收入增长能力绩效的不显著负相关关系可以看出,我国港口上市公司的股权性质整体上与港口营业收入增长能力绩效呈正相关关系。从我国港口上市公司的前五大股东持股比例及第一大股东持股比例、Z 指数与港口营业收入增长能力分别呈显著的、不显著的负相关关系可以看出,我国港口上市公司的股权集中度整体上与港口营业收入增长能力呈负相关关系,即较高的股权集中度反而不利于我国港口上市公司营业收入增长能力绩效的提升。

就董事会治理而言,一方面我国港口上市公司的董事会规模与港口的营业收入增长能力绩效呈显著的正相关关系,另一方面独立董事比例与港口的营业收入增长能力绩效呈不显著的正相关关系。这表明我国港口上市公司"董事会规模适中,独立董事的个数和比例基本处于下限"的现状特点不利于我国港口营业收入增长能力绩效的提升。

就经理层激励而言,一方面我国港口上市公司的经理层持股比例与港口的营业收入增长能力绩效呈显著的正相关关系,另一方面经理层年薪与港口的营业收入能力绩效呈显著的负相关关系。这表明我国港口上市公司应针对"少数港口公司有经理层持股情况、经理层年薪高低不等"的现状特点,有目的地进一步提高港口公司经理层持股比例,同时限制过高的经理层年薪。

模型(6-12)的回归结果显示,国有股比例及流通股比例均与港口营业收入增长能力绩效呈显著的正相关关系,就系数大小而言,国有股比例的系数比流通股比例的系数高 0.025,因此,就港口的营业收入增长能力绩效而言,偏离地主港模式的港口管理模式更加适合我国港口的发展。

我国港口上市公司治理结构与港口营业收入增长能力绩效的实证结果与推断假设的比较如表 6-19 所示。

表 6-19　模型(6-12)实证结果与推断假设的比较

变量	实证结果	推断假设	结果比较
GYG	正相关	负相关	相反
FRG	无	正相关	—
LTG	正相关	负相关	相反
CR1	无	正相关	—
CR5	负相关	正相关	相反
$H5$	无	倒 U 形	—
Z	无	倒 U 形	—
GM	正相关	负相关	相反
DL	无	正相关	—
CG	正相关	正相关	相同
NX	负相关	正相关	相反

　　我国港口上市公司的国有股比例、流通股比例、董事会规模、经理层持股比例与港口的营业收入增长能力绩效呈显著的正相关关系；我国港口上市公司的前五大股东持股比例、经理层年薪与港口的营业收入增长能力绩效呈显著的负相关关系；我国港口上市公司的法人股比例、第一大股东持股比例、Z 指数与港口的营业收入增长能力绩效呈负相关关系，但未通过显著性检验；我国港口上市公司的独立董事比例、赫芬达尔指数与港口的营业收入增长能力绩效呈不显著的正相关关系(表 6-19)。

　　国有股比例、流通股比例、前五大股东持股比例、董事会规模、经理层年薪得出的结果均与假设相反，这可能是与我国港口产业在经济发展中的地位有关。由于我国港口产业属于国家发展的基础产业，国家对港口发展的政策性优惠与经济上的支持相较其他产业而言也更多一些，从而使得港口上市公司在国有股比例较大时能够获得更多的国家政策上的扶持而提高港口营业收入增长能力绩效；流通股比例大也从侧面可以反映出股民对该港口上市公司发展的信心，可能由于港口上市公司本身的发展基础较好而能够获得数目较大的营运收入；而前五大股东持股比例较低的港口上市公司可能因为代理权的竞争给经理层成员带来了竞争的压力而促使其为了提高港口营业收入增长能力而不断努力；董事会规模较大时，港口上市公司可能会因其董事会成员掌握更多优势资源而促使港口营业收入增长能力绩效提升；过高的经理层年薪也可能会因为诱发了企业内部的腐败问题而使得港口营业收入增长能力绩效下降。

4. 治理结构与营运能力的计量模型与实证检验

本节讨论我国港口上市公司治理结构对港口营运能力绩效的影响,根据前文的分析,建立多元回归模型,如公式 6-13。

$$F_4 = c + \alpha_1 GYG + \alpha_2 FRG + \alpha_3 LTG + \alpha_4 CR1 + \alpha_5 CR5 + \alpha_6 H5 + \alpha_7 Z + \alpha_8 H5^2$$
$$+ \alpha_9 Z^2 + \alpha_{10} GM + \alpha_{11} DL + \alpha_{12} CG + \alpha_{13} NX + \alpha_{14} SIZE + \alpha_{15} FZ + \varepsilon \qquad (6\text{-}13)$$

式中,c 为截距,α_i 为模型回归系数,ε 为随机变量,代表影响营运能力绩效的其他变量。实证检验结果(表 6-17)显示,该多元回归模型的 DW 值为 2.395,不存在严重的异方差问题;R_2 的值为 1.000,说明该多元回归模型的拟合优度良好;该多元回归模型的 F 检验的值为 343.850,在 5% 的水平上显著,表明模型(6-13)能够较好地解释我国港口上市公司治理结构与港口的营运能力绩效的关系。

就股权结构而言,从我国港口上市公司的国有股比例、流通股比例与港口营运能力绩效的不显著正相关关系及法人股比例与港口营运能力绩效的显著正相关关系可以看出,我国港口上市公司的股权性质整体上与港口营运能力绩效呈正相关关系。从我国港口上市公司的第一大股东持股比例、前五大股东持股比例、Z 指数的二次项与港口营运能力呈显著的正相关关系可以看出,我国港口上市公司的股权集中度整体上与港口盈利能力呈正相关关系,即较高的股权集中度有利于我国港口上市公司营运能力绩效的提升。就董事会治理而言,我国港口上市公司的董事会规模、独立董事比例均与港口的盈利能力绩效呈显著的正相关关系,表明我国港口上市公司"董事会规模适中,独立董事的个数和比例基本处于下限"的现状特点不利于我国港口营运能力绩效的提升。

就经理层激励而言,一方面我国港口上市公司的经理层持股比例与港口的营运能力绩效呈不显著的负相关关系,另一方面经理层年薪与港口的营运能力绩效呈显著的负相关关系。这表明我国港口上市公司应针对"少数港口公司有经理层持股情况、经理层年薪高低不等"的现状特点,有目的地进一步控制港口公司经理层持股比例,同时限制过高的经理层年薪。

模型(6-13)的回归结果显示,国有股比例及流通股比例均与港口营运能力绩效呈不显著的正相关关系,就系数大小而言,虽然流通股比例比国有股比例的系数较高,但两者数值均不超过 0.03;反而是法人股与港口营运绩效呈显著的正相关关系,且系数远大于国有股比例及流通股比例的系数,故而尽管与地主港模式更加接近的港口管理模式对我国港口营运能力绩效的提高更为有利,但其影响的重要性并没有法人股比例高,因此,就港口的营运能力绩效而言,提高法人股比例更加重要。

我国港口上市公司治理结构与港口营运能力绩效的实证结果与推断假设的比较如表 6-20 所示。

表 6-20　模型(6-13)实证结果与推断假设的比较

变量	实证结果	推断假设	结果比较
GYG	无	负相关	—
FRG	正相关	正相关	相同
LTG	无	负相关	—
CR1	正相关	正相关	相同
CR5	正相关	正相关	相同
$H5$	倒 U 形	倒 U 形	相同
Z	U 形	倒 U 形	相反
GM	正相关	负相关	相反
DL	正相关	正相关	相同
CG	无	正相关	—
NX	负相关	正相关	相反

我国港口上市公司的法人股比例、第一大股东持股比例、前五大股东持股比例、董事会规模、独立董事比例与港口的营运能力绩效呈显著的正相关关系；我国港口上市公司的经理层年薪与港口的营运能力绩效呈显著的负相关关系；我国港口上市公司的经理层持股比例与港口的营运能力绩效呈负相关关系，但未通过显著性检验；我国港口上市公司的国有股比例、流通股比例与港口的营运能力绩效呈不显著的正相关关系；我国港口上市公司的赫芬达尔指数与港口的营运能力绩效呈倒 U 形关系，Z 指数与港口的营运能力绩效呈 U 形关系(表 6-20)。

Z 指数、董事会规模、经理层年薪得出的结果与假设相反。可能有以下原因：我国港口上市公司的第一大股东均是国有股，持有国有股的第一大股东的比例增加时带来的港口营运能力绩效的提升远大于第二大股东监督机制所带来的港口营运能力绩效的提升；董事会规模较大时，董事会成员自身的专业能力也会提升港口的营运能力绩效；过高的经理层年薪使经理层在经营管理时产生惰性，使他们没有足够的热情去提升港口的经营能力绩效。

5. 治理结构与资产成长能力的计量模型与实证检验

本节讨论我国港口上市公司治理结构对港口资产成长能力绩效的影响，根据前文的分析,建立多元回归模型,如公式 6-14。

$$F_5 = c + \alpha_1 GYG + \alpha_2 FRG + \alpha_3 LTG + \alpha_4 CR1 + \alpha_5 CR5 + \alpha_6 H5 + \alpha_7 Z + \alpha_8 H5^2$$
$$+ \alpha_9 Z^2 + \alpha_{10} GM + \alpha_{11} DL + \alpha_{12} CG + \alpha_{13} NX + \alpha_{14} SIZE + \alpha_{15} FZ + \varepsilon \quad (6\text{-}14)$$

式中,c 为截距,α_i 为模型回归系数,ε 为随机变量,代表影响港口资产成长能力绩效的其他变量。实证检验结果(表 6-18)显示,该多元回归模型的 DW 值为 2.395,不存在严重的异方差问题;R_2 的值为 0.982,说明该多元回归模型的拟合优度良好;该多元回归模型的 F 检验的值为 3.660,未通过显著性检验,各变量的 t 检验也未通过显著性检验,表明我国港口上市公司治理结构并未对港口的资产成长能力绩效产生统计上的显著影响。

6. 治理结构与港口综合绩效的计量模型与实证检验

本节讨论我国港口上市公司治理结构对港口综合绩效的影响,根据前文的分析,建立多元回归模型,如公式 6-15。

$$F = c + \alpha_1 GYG + \alpha_2 FRG + \alpha_3 LTG + \alpha_4 CR1 + \alpha_5 CR5 + \alpha_6 H5 + \alpha_7 Z + \alpha_8 H5^2$$
$$+ \alpha_9 Z^2 + \alpha_{10} GM + \alpha_{11} DL + \alpha_{12} CG + \alpha_{13} NX + \alpha_{14} SIZE + \alpha_{15} FZ + \varepsilon \quad (6\text{-}15)$$

式中,c 为截距,α_i 为模型回归系数,ε 为随机变量,代表影响港口综合绩效的其他变量。实证检验结果(表 6-18)显示,该多元回归模型的 DW 值为 2.395,表明该多元回归模型不存在严重的异方差问题;R_2 为 1.000,说明该多元回归模型的拟合优度良好;F 检验值为 243.500,在 0.05 的水平上是显著的,说明该多元回归模型可以较好地解释我国港口上市公司治理结构与港口综合绩效的关系。

就股权结构而言,一方面,本节的实证结果显示我国港口上市公司法人股比例与港口综合绩效呈显著的正相关关系,国有股比例及流通股比例则与港口综合绩效呈不显著的正相关关系,且从回归系数来看法人股比例对港口综合绩效的影响要显著地大于国有股比例及流通股比例,而我国港口上市公司法人股比重偏低的股权性质现状显然是不利于港口综合绩效的提升。另一方面,实证结果显示我国港口上市公司第一大股东持股比例及前五大股东持股比例与港口综合绩效呈显著的正相关关系,赫芬达尔指数及 Z 值分别与港口综合绩效呈显著的 U 形及倒 U 形关系,这表明整体上较高的股权集中度有利于加强内部监督和治理,对我国港口上市公司综合绩效的提高是有促进作用的,但 Z 值与港口绩效的倒 U 形关系提醒我们需注意在保持第一大股东绝对持股的情况下逐步缩小其与第二大股东持股比例之间的差距。

就董事会治理而言,董事会规模与港口综合绩效呈不显著的相关关系,独立董事比例与港口综合绩效呈显著的负相关关系,这表明我国港口上市公司"董事会规模适中,独立董事的个数及比例基本处于下限"的董事会治理特征是有利于我国港口综合绩效的提高的。

就经理层激励而言,本实证结果显示经理层年薪与港口综合绩效呈显著的正相关关系,经理层持股比例与港口综合绩效呈显著的负相关关系,这表明我国"少数港口上市公司有经理层持股"的现状不会对港口综合绩效提高产生过多的阻碍,而我国港口上市公司经理层的年薪整体上进一步提高会带来港口综合绩效的提高。

模型(6-15)的回归结果显示国有股比例及流通股比例均与港口综合能力绩效呈不显著的正相关关系,就系数大小而言,尽管流通股比例比国有股比例的系数较高,但两者数值均不超过0.06;反而是法人股与港口综合绩效呈显著的正相关关系,且系数远大于国有股比例及流通股比例的系数,故而尽管与地主港模式更加接近的港口管理模式对我国港口综合能力绩效的提高更为有利,但其影响的重要性并没有法人股比例高,因此,就港口的综合能力绩效而言,提高法人股比例更加重要。

我国港口上市公司治理结构与港口综合绩效的实证结果与推断假设的比较如表6-21所示。

表6-21　模型(6-15)实证结果与推断假设的比较

变量	实证结果	推断假设	结果比较
GYG	无	负相关	—
FRG	正相关	正相关	相同
LTG	无	负相关	—
CR1	正相关	正相关	相同
CR5	正相关	正相关	相同
$H5$	U形	倒U形	相反
Z	倒U形	倒U形	相同
GM	无	负相关	—
DL	负相关	正相关	相反
CG	负相关	正相关	相反
NX	正相关	正相关	相同

从模型(6-15)实证结果与推断假设的比较(表6-21)可以看出:一方面,港口上市公司法人股比例、第一大股东持股比例、前五大股东持股比例、经理层年薪均与港口综合绩效呈正相关,而独立董事比例及经理层持股比例均与港口综合绩效呈显著负

相关。另一方面,国有股比例及流通股比例与港口综合绩效呈不显著的正相关,而董事会规模则与港口综合绩效呈不显著的负相关关系。此外,赫芬达尔指数与港口综合绩效成 U 形关系,即在某一阶段随着赫芬达尔指数的提高,港口综合绩效会呈现下降趋势,但当赫芬达尔指数到达某一特定值后,港口综合绩效会随着赫芬达尔指数的提高而提高。Z 指数与港口综合绩效呈倒 U 形关系,即在某一阶段随着 Z 指数的升高,港口综合绩效会呈现上升趋势,但当 Z 指数达到某一特定值后,随着 Z 指数的升高港口综合绩效反而呈现下降的趋势。

$H5$ 得出的结果与假设相反,这是由我国港口上市公司自己独特的股权结构的现状决定的,与其他整体上市公司的股权结构不同,因而得出的结果也会有所不同。独立董事比例得出的结果也与假设相反,这可能是由于港口上市公司中独立董事的"独立性"很难得到保证造成的。一方面,独立董事可能作为港口上市公司的"花瓶董事",仅仅是在港口上市公司领取报酬,而并不能够真正参与到企业的经营决策中去;另一方面,独立董事大多从港口公司内部获取港口上市公司的长远战略规划和日常经营决策的信息,可能出于获取经济利益的目的,与港口公司内部人合作,从而使内部人非法侵占公司利益的行为变得合法化,最终使代理成本升高。经理层持股比例得出的结果也与假设相反,这可能是由于我国的港口上市公司的公司经理层人员仅仅持有该公司总股本比例中极小的股份,而且他们大多是为了获取短期的差价收益而在股票二级市场上购买所得的,并不属于公司,为了进行股权激励而采取的手段,这使得经理层人员很少会因此而获得公司剩余收益的分配,最终未能真正起到对港口上市公司经理层的激励约束作用。

6.5.3　实证结果评价分析

从上述实证结果分析可以看出,我国现有的港口管理模式下的治理结构整体符合我国港口上市公司发展现状,但仍需根据我国港口发展的特殊情况不断改进;此外,就港口的营运能力绩效、综合绩效而言,接近地主港模式的港口管理模式较偏离地主港模式的港口管理模式更能够促进我国港口的发展。

─────·本章小结·─────

本章从港口上市公司的视角,选取 17 家在沪深证券交易所上市的港口公司,总结了我国港口上市公司治理结构的特点,采用主成分分析法计算港口绩效,并根据计算结果将我国港口上市公司的绩效细分为盈利能力绩效、偿债能力绩效、营业收入增长能力绩效、营运能力绩效、资产成长能力绩效及港口综合绩效,随后进行了治理结构与港口各细分绩效间的实证分析,最后针对我国港口管理模式提出了优化建议。

本章研究主要得到以下几个结论。

首先,我国港口上市公司在现有的港口管理模式下具有以下治理结构特点:国有股比例不高、法人股比重偏低、流通股在总股本中占有较大优势、股权集中度较高、董事会规模适中、独立董事的个数和比例基本处于下限、实现两职分离、少数港口上市公司有经理层持股多且年薪高等。

其次,本章按股权性质的不同,认为流通股比例较大的港口管理模式是更加接近地主港模式的港口管理模式,而国有股比例较大的港口管理模式是更加偏离地主港模式的港口管理模式。本章实证检验结果显示,就港口的营运能力绩效、综合绩效而言,接近地主港模式的港口管理模式较偏离地主港模式的港口管理模式更能够促进我国港口的发展;就港口的营业收入增长能力绩效而言,偏离地主港模式的管理模式更能够促进我国港口的发展。

再次,本章的实证分析结果显示,虽然港口的盈利能力绩效、偿债能力绩效及资产成长能力绩效与港口上市公司的治理结构无统计上的显著关系,但是由于我国的港口上市公司治理结构会影响港口的营运能力绩效、营业收入增长能力绩效。以及港口综合绩效。因此,我们可以通过改善港口上市公司的治理结构而提高港口绩效。

最后,我国现有港口管理模式下的港口上市公司治理结构大体上是有利于港口绩效的提高的,但仍需根据我国港口发展的特殊情况不断改进。对港口管理模式的优化可以通过改善公司内部治理和外部环境来实现。一方面通过优化股权资源配置、改进董事会运行机制、优化经理层激励约束机制及培育理性成熟的机构投资者等途径进一步改善港口上市公司治理结构,另一方面通过进一步完善相关法律制度建设、加强政府对港口进行监督与协调、构建官方协调平台等途径进一步改善港口地主港模式的外部环境。

【知识进阶】

1.请简述我国港口上市公司治理结构的特点,并举例说明这些特点如何影响公司的经营绩效?

2.请简述地主港模式的港口管理模式,并讨论这种模式与港口上市公司治理结构及经营绩效之间的关系。

3.请结合党的二十大报告关于完善中国特色现代企业制度的要求,谈谈如何优化我国港口上市公司的治理结构以提升其经营绩效。

7 排放控制区专题

知识导入:航运业废气排放是我国沿海地区尤其是港口城市引发空气污染和居民健康问题的重要因素。党的二十大报告提到,我们要"深入推进环境污染防治……加强污染物协同控制,基本消除重污染天气","推动能源清洁低碳高效利用,推进工业、建筑、交通等领域清洁低碳转型。深入推进能源革命,加强煤炭清洁高效利用"。因此,控制船舶排放至关重要。

为了尽可能减少船舶排放的污染物,各个国家和组织先后设立排放控制区,要求船公司选择绿色的航运方式。但排放控制区的发展仍然存在着亟待解决的诸多现实问题,而多数问题与排放控制区政策实施过程中的政府监管策略和船公司路径选择两方面有关。本章引入演化博弈模型、系统动力学模型和不确定模型,针对上述方向展开研究。首先,总述排放控制区发展现状及现存问题,然后通过相关理论模型对排放控制区政府监管策略和排放控制区船公司路径选择进行研究,最终得出能使排放控制区约束效果和环保效果得到提升的理论方法。

7.1 排放控制区现状与问题

随着世界各国环保意识的增强,自 2006 年波罗的海排放控制区法规开始生效以来,排放控制区(ECA)的范围越来越广,其设立所带来的环境改善有目共睹,但排放控制区的发展仍然受到许多问题的制约。本节将按照排放控制区的国内外设立与发展情况、学界研究现状和现存问题分层展开叙述,帮助读者掌握本章的研究背景,为后续的研究和分析奠定基础。

7.1.1 排放控制区设立与发展

第二次世界大战以来,石油的开采和利用导致船舶运输的原油数量和成品油数量与日俱增,造成了一定的油污染。于是,诞生了世界上第一个防止船舶污染的公约——《1954 年油污公约》(OIL54),该公约主要针对船舶油类物质的操作性污染。

该公约实行之初,效果较为良好,但是 1967 年的"托利-卡翁"号溢油事故①震惊了全世界,人们重新审视了 OIL54,并开始关注当时日益增加的化学品运输的威胁和其他船舶污染源,由此诞生了著名的《1973 年国际防止船舶污染公约》(MARPOL73),该公约主要针对油类、散装液体化学品、包装有害物质、生活污水和船舶垃圾等污染物订立。

随着世界经济的不断发展,航运业越来越繁忙,船舶在航行时排放大量的硫氧化物和氮氧化物,对环境造成了不小的污染。据国际海事组织(International Maritime Organization,IMO)统计资料表明,海上船舶每年硫氧化物的排放量约占世界排放总量的 4%,氮氧化物占全球排放总量的 30%。由此可见,船舶排放已经逐渐成为大气环境污染的主要来源之一,控制船舶排放迫在眉睫。于是,IMO 在 1997 年 9 月的空气污染防止国际会议上通过了《防止船舶造成污染公约》②(The International Convention for the Prevention of Pollution From Ships,MARPOL)1997 年议定书,增加了新的附则Ⅵ——《防止船舶造成大气污染规则》。该附则针对的污染物和以往的不同,其主要是对船舶排放的氮氧化物、硫氧化物、挥发性有机化合物以及船用焚烧物进行控制。同时,规定波罗的海区域在 2006 年 5 月 19 日正式生效为全球第一个排放控制区,北海区域也在 2007 年生效为第二个"排放控制区"。波罗的海与北海两个排放控制区生效之后,在 2010 年举行的海洋环境保护委员会(MEPC)第 60 次会议上,修正了《防止船舶污染国际公约》附则Ⅵ,增加北美区域为排放控制区,规定其生效时间为 2012 年 8 月 1 日,并规定该区域内船上使用燃油的硫含量从生效日起不得超过 1.00%m/m,从 2015 年 1 月 1 日起不得超过 0.10%m/m。随后,在 2011 年 7月,MEPC 会议再次增加美国加勒比海区域为排放控制区,其生效日期为 2013 年 1月 1 日,且自 2014 年 1 月 1 日起,行驶至该区域内的船舶应使用硫含量不大于 1.00%m/m 的燃油。至此,由 IMO 批准成立的四大排放控制区均设立完毕。其中波罗的海和北海区域主要限制硫氧化物的排放,而北美和美国加勒比海区域除了限制硫氧化物排放外,还对氮氧化物的排放做出了相关规定。

---

①1967 年 3 月,载运 12 万吨原油的利比里亚籍油轮"托雷·卡翁"号从波斯湾驶往美国米尔福港,该轮行驶到英吉利海峡触礁,造成船体破损,在其后的 10 天内溢油 10 万吨。当时英国、法国共出动 42 艘船只,使用了 1 万吨清洁剂,英国还出动轰炸机对部分溢出原油进行焚烧,全力清除溢油污染,但是溢油仍然造成附近海域和沿岸大面积严重的污染,使英、法两国蒙受了巨大损失。

②《防止船舶造成污染公约》,是为保护海洋环境,由国际海事组织制定的有关防止和限制船舶排放油类和其他有害物质污染海洋方面的安全规定的国际公约。

随着海洋运输的逐渐发展,我国的环境问题也受到了海运带来的挑战。为了应对这种挑战,落实可持续发展战略,我国交通运输部于 2015 年底印发了《珠三角、长江三角洲、环渤海(京津冀)水域船舶排放控制区实施方案》。该方案首次设立船舶大气污染物排放控制区,控制船舶硫氧化物、氮氧化物和颗粒物排放,为全面控制船舶大气污染奠定基础。该方案要求,自 2016 年 1 月 1 日起,排放控制区内有条件的港口,可以实施高于现行排放控制要求的措施,包括船舶靠岸停泊期间使用硫含量不高于 0.5%m/m 的燃油。自 2017 年起,船舶在排放控制区内的核心港口区域靠岸停泊期间(靠港后的一小时和离港前的一小时除外),应使用硫含量不高于 0.5%m/m 的燃油。2018 年起,这一要求扩大至排放控制区内所有港口内靠岸停泊的船舶;2019年起扩大至进入排放控制区的所有船舶。船舶可采取连接岸电、使用清洁能源、尾气后处理等替代措施。

2016 年 4 月 1 日起,长江三角洲排放控制区率先执行方案,方案要求在核心港口停泊的船舶的燃油硫含量不高于 0.5%m/m。与此同时,长江三角洲区域内的各省份也都实施了相应的环保方案。环保部门的监测数据表明,该排放控制区方案的实施使得各省市的碳排放量和硫排放量均有大幅度下降,空气质量得到改善。对于如此明显的效果,交通运输部宣布将从政策、技术等方面支持长江三角洲排放控制区方案的严格执行。除此之外,长江三角洲排放控制区于 2017 年 9 月提前实施了 2018 年的船舶排放控制方案。该方案对排放要求提出了新的挑战,要求不仅仅局限于核心港口区域,而且扩大到进入排放控制区的所有船舶都须使用低硫油。长江三角洲排放控制区方案的顺利实施对国内其他区域起到了良好的示范带头作用,此后不同区域先后开始实施排放控制方案。

诸多区域实施排放控制方案后,均取得了显著的效果,使大气环境得到了改善。于是,交通运输部决定从 2019 年 1 月起,除了在区域港口实施该方案外,全国沿海地区及长江干线等内河水域都将实行排放控制区政策,且进一步提高了低硫油和岸电使用方面的要求,并将此项工作列为 2019 年民生实事之一,持续推动绿色航运发展和船舶节能减排。

7.1.2 排放控制区实施现状

2023 年全球港口吞吐量前十席,我国占七位,吞吐量的增加伴随着船舶数量的增加以及大气污染的加剧。为遏制日益恶化的大气环境污染状况,我国早在 2015 年就设置了排放控制区,主要包括长江三角洲、珠三角和环渤海水域。自 2016 年 1 月 1 日起,我国开始正式实施排放控制区政策,期间取得了显著的效果,各地大气环境得到了改善。据监测数据显示,2016 年 4 月至 12 月上海、宁波、深圳、唐山这几个排放控制区核心港口二氧化硫含量较 2015 年同期均有所下降,平均降幅达到 36%,其中京唐港降幅最大,达到了 56%,排放控制区政策实施效果显著。

我国排放控制区政策实施初期在取得显著成就的同时,由于处于起步阶段,缺乏经验,有效的监管体系仍未建立,面临着内河和江海直达船舶违规率高、监管能力不足等一系列问题。在绿色船舶技术中国 2018 峰会上,中国海事局危管防污处董乐义处长介绍,截至 2017 年底,通过抽查方式对部分船舶进行检查所获取的数据发现,内河和江海直达船舶违规率高达 25.9%,这还不排除部分船舶在检查前临时换用低硫油以应对检查,实际违规率要更高。同时,在会上,董乐义处长进一步指出如何提高监管能力和效率是当前面临的主要问题。

基于上述关于我国排放控制区的实施现状可以看出,解决排放控制区的现存问题需要从政府监管策略入手,同时,除了要从政策监督方面提高航运企业对该法规的重视,还应从航运企业的角度考虑切实可行的应对方法以及优化航运路径,在减少硫氧化物、氮氧化物排放的同时,保障航运企业的经济效益。为此,本章将从两个切入点具体考虑问题,通过分析提出提高船公司遵守排放控制区规定概率的监管政策,也为航运企业找到符合排放控制区条例规定的最优路径。

7.1.3 排放控制区现存问题

如何提高政府对船舶排放控制区的监管能力和效率成为我国保证排放控制区政策成功实施的关键。通过搜索相关文献、政府报道以及实际调研,总结出我国排放控制区政策实际监管中存在以下问题。

1. "污染反弹"现象严重

在我国的排放控制区政策实施过程中,政府和船公司都具有较强的学习能力。在排放控制区政策实施初期,政府还未制定统一的监管机制,监管技术也比较落后,船公司为避免因遵守排放控制区政策而付出过高的成本,多采取不遵守或是临时换用低硫油的方式来应对政府检查,维持着较高的违规率,这一点在我国公布的监管数据中得到了体现。而政府通过环境检测数据发现排放控制区政策并未有效改善区域内大气环境时会提高检查力度,通常通过制定"专项检查""集中大检查"的方式集中整治违规排放行为,船公司为避免过高的惩罚,往往会主动遵守排放控制区政策。但是在船公司普遍遵守排放控制区政策后,为降低监管成本,政府的检查力度也在逐渐减弱,此时船公司再次调整策略,选择非绿色的航运方式。政府和船公司之间存在着动态博弈的情形如图 7-1,政府检查力度忽强忽弱,惩罚力度忽紧忽松,造成了较强的"污染反弹"现象。这一点不仅在我国的排放控制区政策实施时出现,在欧盟排放控制区监管以及我国其他环境保护政策实施时均有所体现。因此对我国排放控制区政策实施监管过程中存在的问题进行分析,以数学博弈和仿真分析方法为技术基础对政府和船公司的行为进行研究,对我国构建长效的排放控制区监管机制、避免"污染反弹"现象具有重要意义。

图 7-1　政府和船公司动态博弈图

2. 奖惩体系不健全

船公司往往缺乏主动减排的动力,需要政府提供有效的外界激励措施促使其遵守排放控制区规定,目前来看政府虽然针对违规排污船舶出台了一些规制策略,比如经济惩罚手段,但是惩罚措施并不合理,只规定了对于"使用不符合标准或者要求的船舶用燃油的,由海事管理机构、渔业主管部门按照职责处一万元以上十万元以下的罚款",而并非根据船舶的大小、排放的多少制定惩罚标准或是根据区域内环境质量的好坏调整惩罚力度,这样惩罚措施不够灵活,难以维持长期的污染治理效果。同时,对遵守排放控制区政策的船舶也没有相应的激励措施。相对单一的惩罚标准、无有效的激励机制,往往会导致部分遵守排放控制区政策的船公司产生不公平的心理,降低其遵守的积极性,不利于建立保护环境、遵守排放控制区政策的社会环境和排放控制区政策的实施。

3. 社会监管体系不完善

社会公众是大气环境污染的直接受害者,如果能够有效地号召并启用社会监管,可以在很大程度上帮助政府在现有的技术、能力基础上提高其监管效率。但是,当前我国社会公众参与监管的渠道并不畅通,海事监管部门并未建立接受社会公众举报的专用热线,也并未设立专项经费和配备相关工作人员,挫伤了公众参与监管的积极性。事实上,社会公众尤其是沿海渔民、涉海公共组织对船公司行为的监管举报,能够有效地提高发现船公司违规排放的概率,使政府监管工作达到事半功倍的效果。

除帮助政府提高监管效率外,创建良好的社会监管氛围能够使船公司在遵守排放控制区规定时获得社会公众和来自上下游企业的认可,使其行为能够获得一些额外收益,本书将其定义为社会收益和市场收益。所谓社会收益主要指环境的改善、公众的认可、政府对其信用评级的提升,而市场收益指上下游企业的认可、船公司信用度提高所带来的业务量的增加,显然,额外收益的增加有助于激励船公司去遵守排放控制区政策,尽管会付出一定的成本。由此可见,在推进排放控制区政策过程中引入社会监管体系具有重要意义。

4. 监测技术手段落后

目前我国在对陆上企业排放进行监测方面积累了丰富的经验,但是不同于陆上企业,海上船舶处于航行状态,对其燃油进行检测不确定性更高,对技术要求更为严苛,监测难度也很大。当前,我国依旧采取传统的方法如检查航海日志中的换油记录、抽取油样检查等,这些方法都要求执法人员亲自登船,检查一艘船舶就需要耗费较多的人力、物力和时间,致使无法保持较高的检查率,只能对少部分船舶进行检查,检查效率低,助长了船公司违规排放的侥幸心理。落后的监测技术手段进一步加剧我国对更高效全面监管措施的需求。

5. 航运企业积极性不足

由于成本压力大,航运企业缺乏行动的积极性。为了实现高质量的绿色航运,我国船舶排放控制区方案不断调整,近几年,不仅排放控制区域扩大了,而且控制污染的对象范围也进行了延伸,覆盖了硫氧化物、氮氧化物、颗粒物和挥发性有机物。为应对我国 2015 年底实施的船舶排放控制区硫氧化物减排规定,目前航运企业大多采用低硫油方式,这增加了一定成本,甚至要再加装发动机后处理装置应对氮氧化物减排规定,其中带来的成本增加幅度会比采用低硫油更大。这对于并非暴利的航运业来说,成本压力不小,因此履约动力不足。

本节结合近年来我国排放控制区政策实施现状,归纳出目前我国排放控制区政策实施监管过程中主要面临着"污染反弹"现象严重、奖惩体系并不健全、社会监督体系不完善、监测技术手段落后、航运企业积极性不足等问题。这些发现为归纳利益相关者的行为和博弈关系,为探索改善政府规制策略的有效途径及找到航运企业符合排放控制区条例规定的最优路径打下基础。

7.2 政府监管策略理论基础与研究方法

设置船舶排放区可以缓解航运业对环境的负面影响,但其对船公司的要求有所提高,因此在排放控制区内,政府对船公司的监管是落实排放控制区政策的关键环节。在环保政策实施过程中,政府监管策略和企业行为决策之间确实存在着博弈甚至是动态博弈的情形,而通过对政府和企业双方行为博弈进行分析,也有助于政府更准确、更经济高效地对企业的行为进行监管。现实中排放控制区政府监管策略和另一主体——船公司的行为决策也存在着动态博弈情形,且对排放控制区内船舶的监管和对企业的监管有所不同,相比常规监管,其监管难度和监管投入更大,往往出于成本效率角度的考虑,政府只能以一定的概率对船舶的行为进行检查。因此,对于政府而言,选择恰当的监管策略就变得尤为重要。

在研究排放控制区政府监管策略时,可以运用行为科学管理理论来分析船公司主动遵守规定的条件和社会公众行为对船公司决策的影响等。以控制论的角度可以发现政府作为施控方,船公司作为受控者,二者之间存在动态的互动过程。以下将行为科学管理理论和控制论与实际情况结合,剖析这种动态博弈的成因及影响,为排放控制区的政府监管策略研究奠定一定的理论基础。

演化博弈理论具有有限理性假设、策略调整机制和多次博弈等特点,是研究排放控制区政府监管策略的有力的工具。系统动力学理论擅于处理策略与战略抉择和制定建议措施的问题。以下将介绍这两种方法,并于后续研究中进行运用。

7.2.1　行为科学管理理论

行为科学管理理论产生之前,在西方盛行的是古典管理理论。古典管理理论形成于 19 世纪末 20 世纪初,主要用来系统地研究企业生产过程和行政组织管理。前者以 Frederick W. Taylor 为代表,着重研究在车间生产中如何提高劳动生产率的问题;后者以 Henri Fayol、Max Weber 为代表,着重探讨大企业整体的经营管理,最突出的成果是行政级别组织体系理论。

行为科学是一种管理理论,开始于 20 世纪 20 年代末的霍桑实验,在 1953 年美国福特基金会召开的各大学科学家参加的会议上,被正式定名。该项研究的结果表明,工人的工作行为并不仅仅为金钱收入等物质利益所驱使,他们不是“经济人”而是“社会人”,有社会性的需要。而现代管理学中所讲的行为科学专指狭义的行为科学,即指应用心理学、社会学、人类学及其他相关学科的成果,来研究管理过程中的行为和人与人之间关系规律的一门科学。

在研究排放控制区时需要以行为科学理论为指导,分析船公司在各种情形下的收益、了解其主动遵守排放控制区政策的条件以及社会公众行为对船公司行为决策的影响,有助于政府站在系统的角度了解参与各方的需求、动机及行为选择条件,从而制定有效的环境管理政策,提高环境管理效率。

7.2.2　控制论

1834 年,著名的法国物理学家 André-Marie Ampère 写了一篇论述科学哲理的文章,他进行科学分类时,把管理国家的科学称为“控制论”。此后,“控制论”一词被编入 19 世纪的许多著名词典中。Noebert Wiener 于 1948 年出版了著名的《控制论——关于在动物和机器中控制和通讯的科学》。在此书中,他把控制论看作一门研究动态系统在变化的环境条件下如何保持平衡状态或稳定状态的科学。从此,控制论的思想和方法几乎渗透到了所有的自然科学和社会科学领域中。

20世纪70年代中期,经济快速发展所带来的日益严重的环境污染问题引起了人们的重视,环境保护意识逐渐诞生,与环境管理相关的社会控制论以及经济控制论也在此时兴起。在控制论中,为了"改善"某个或某些受控对象的功能或发展,需要获得并使用一些信息,以这些信息为基础而选出的、于该对象上的作用,就叫作控制。所谓管理,实质就是控制,开展有效的环境管理实质上就是对社会各个领域中的群体和个人的各种行为进行有效的控制。由此可见,控制论与环境管理之间有着密切的联系和极为相似的特征,环境管理中处处体现了控制论的思想和方法。

在环境管理控制系统中,施控者(通常是指政府)施控于受控者(通常是指企业或是个人),对其行为进行控制,督促其遵守环境管理规定;而受控者则会反馈受制信息给施控者,即是否遵守环境管理规定。环境管理控制系统的控制功能就是在施控者、受控者和环境三者相互作用的过程中实现的,是一种动态系统,而环境管理过程也是一个动态的过程。

在排放控制区内,政府和船公司之间,政府作为施控者,船公司作为受控者,二者之间存在着动态的互动过程。政府施控于船公司,会以一定的概率对其行为进行检查,并根据其行为给予一定的奖励或是惩罚,而船公司则会根据政府的检查频率以及奖惩强度,评估其得失来决定是否遵守排放控制区政策,之后政府再根据反馈的施控效果来制定新的施控策略,施控于船公司,以此类推,二者之间存在着动态互动、动态博弈的情形。

7.2.3 演化博弈理论

John Maynard Smith 和 George R. Price 于 1973 年提出的演化博弈理论和演化稳定策略的概念,被广泛应用于生物学、管理学、经济学等领域。

演化博弈理论摒弃了传统博弈论中的"完全理性"假设,认为局中人都是"有限理性"的,即可能没有掌握决策时所需要的全部信息,也随时可能会犯错,难以在博弈开始时就做出利益最大化的决策,而是在博弈过程中,通过观察、学习和模仿收益更高的策略,不断纠正自己的错误,调整策略最终形成最优的决策。同时,演化博弈也不再要求局中人具备"共同知识",局中人之间在是每一次博弈过程中完成相互判断、认知,之后根据其观察、学习到的信息结合当前的策略及其收益情况,做出新的策略选择,是一个动态变化的过程。

　　演化稳定策略指出演化博弈是一个动态的过程,在这个过程中的某一时间点,博弈群体中选择某策略的群体比例处于一种均衡状态,由于受外部环境等因素影响原群体中一定比例的小群体会选择调整策略,通常称该小群体的行为选择发生了"突变",即如果策略发生"突变"的小群体的收益高于原群体的平均收益,根据达尔文进化论理论,适者生存,只有实现利益最大化的参与者才能够在博弈过程中生存下来,此时原群体会向该小群体学习并模仿它们的策略选择,原群体的策略也会逐渐趋向小群体,博弈系统原有的均衡被打破。反之,如果发生"突变"小群体的收益低于原群体的平均收益,随着演化的进行,这部分发生"突变"的小群体将会逐渐被淘汰,系统消除了小群体"突变"所造成的扰动恢复到原有的均衡,这种均衡状态称为演化稳定均衡,所对应的策略就是演化稳定策略。

　　"复制动态"是演化博弈分析中主要的策略调整机制。依据达尔文生物进化理论,采取适应度较低策略的群体会学习和模仿适应度较高群体的策略,最终趋向于适应度高的方法。在演化博弈过程中,采取收益较低策略的局中人也会通过学习模仿收益较高的策略,来调整自己的策略,此时群体中采取不同策略成员的比例就会发生变化,而采取某策略比例的变化速度和其占群体的比重以及该策的收益超过群体平均收益的幅度成正比。通常通过微分方程(7-1)来表示演化博弈过程中采取某策略局中人比例 x 的变化速度。

$$\frac{\mathrm{d}x}{\mathrm{d}t} = x(u_1 - \overline{u}) \tag{7-1}$$

式中,$\dfrac{\mathrm{d}x}{\mathrm{d}t}$ 为采取某策略的局中人比例的变化速度;x 为采取某策略的局中人比例;u_1 为采取某策略的期望收益;$\overline{u}$ 为所有策略的平均期望收益。

　　一般把 $\dfrac{\mathrm{d}x}{\mathrm{d}t}$ 称为复制动态方程,简记 $F(x)$。对 $F(x)=0$ 求解即可得到采取某策略的局中人比例不再变化的点,通常称为均衡点,此时参与博弈的局中人选择该策略的比例将会维持在均衡点处不会再发生变化,但并不能说明复制动态过程是否会稳定在该均衡点。

　　稳定的均衡状态(均衡点)对微小的扰动具有鲁棒性,即使受各种因素影响,使得博弈过程中局中人选择某种策略的比例关系偏离了均衡点 x^*,通过复制动态机制调整依然能够使其回归至均衡点处,此时均衡点是稳定均衡点,均衡点所对应的策略,正是演化博弈中的"演化稳定策略",也就是有限理性局中人在策略动态调整过程中具有稳定性的策略比例关系。在微分方程中表现为:当 x 向低于 x^* 水平偏离时,

$F(x)$ 大于 0；当 x 向高于 x^* 水平偏离时，$F(x)$ 小于 0，也就是说 $F(x)$ 与水平轴相交处的切线斜率为负（图 7-2）。

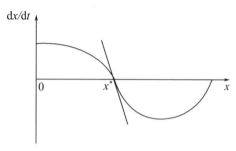

图 7-2　演化稳定策略示意图

在实际情况中，政府制定监管策略和船公司进行行为决策时均无法做到完全理性，即双方并不能在博弈初期寻找到最优策略，相反其对最优策略的寻找、判断是一个相互学习、模仿、不断调整的动态过程。况且，对船公司行为监管是一个长期的多次博弈，传统的一次博弈结果不能对排放控制区监管效果进行预测。演化博弈理论的有限理性假设、策略调整机制和多次博弈等特点，有效解决了传统博弈理论在分析排放控制区实施船公司行为监管问题中的不足，为研究此类问题提供了有力的工具。

7.2.4　系统动力学理论

系统动力学由美国麻省理工 Jay W. Forrester 教授创立，起初被称为工业动力学，主要分析研究工业企业系统，之后被广泛运用至经济、管理、能源等领域，在 1972 年改名为系统动力学。

系统动力学以反馈控制论为基础，以计算机仿真技术为手段，通过对系统进行动态仿真实验，考察系统在不同参数或是不同策略因素输入时的系统动态变化行为和趋势，使决策者可尝试各种情景下采取不同措施并观察模拟结果，被广泛应用于社会科学实验当中。系统动力学分析方式简易，在处理长期性和周期性问题以及复杂的非线性系统方面具有无可比拟的优势，擅于处理策略与战略抉择和制定建议措施的问题，被誉为"策略与战略决策实验室"。

系统动力学仿真分析通常涉及以下基本方法：构建因果回路图，建立系统动力学仿真流图并输入方程，最后进行仿真模拟。

因果回路图，用于表示系统内各个变量间的逻辑关系，包括负向因果图和正向因果图，是构建系统流图和数学方程式的基础。

流图，是基于系统内部各要素因果关系所建立的各要素间利益联系、信息交互的图示模型，通常包括水平变量（又称存量，level）、流量变量（又称速率变量，rate）、常量

(constant)、辅助变量(auxiliary)等,由因果链(Casual line)将这些变量联系起来。所谓水平变量是一个存量,表示一定时间内某个变量的累积数量,而流量主要用来表示水平变量数值变化的速率,如果流量数值越大,那么水平变量数值变化速度将会越快,相反,变化速度越慢。

① 系统动力学方程,即用函数的方式定量表示流图内各变量之间的关系,是 SD 仿真分析的关键步骤。

② 仿真平台,常用的系统动力学仿真平台有 Vensim,Vensim PLE,Powersim,Stella 和 Goldsim 等,在平台构建流图、输入系统动力学方程并对参数赋值后,进行模型检验和调试,最后完成仿真模拟。

7.3 政府监管策略和船公司行为决策演化博弈研究

本节将详述演化博弈模型基本假设及模型建立、政府和船公司演化博弈模型稳定性分析、系统动力学模型构建及参数设置、系统动力学模型检验和数值模拟与仿真分析。

7.3.1 演化博弈模型基本假设及模型建立

根据我国目前排放控制区政策实施现状,政府和船公司的行为选择是影响排放控制区政策实施效果的主要因素,因此假设政府和船公司两个主体。参与演化博弈过程中的双方都是有限理性,政府和船公司均可通过学习对方行为从而调整自己的行为决策,直到双方处于一种稳定的均衡状态。

就政府而言,本书把因环境改善所获得的环境收益和政府因保护环境所得到当地居民、社会和上级领导认可的政绩收益统称为政府收益,考虑到部分船公司会不遵守排放政策,使政府收益无法实现最大化,将船公司遵守排放政策时政府的收益定义为 π_1,船公司不遵守排放政策时政府的收益为 π_2,$\pi_1 > \pi_2$,当政府对船舶行为进行检查时,需承担相应的检查成本 c。并对船公司遵守排放控制区政策的行为给予奖励,奖励强度为 NJ(其中 N 为集装箱 TEU 的数量);同样,船公司的违规行为也将受到政府的惩罚,惩罚强度为 $N\lambda$。考虑到监管成本,政府不会对区域内的所有船舶进行检查,因此不能发现所有的违规行为,只能以概率 $x(0 \leqslant x \leqslant 1)$ 发现违规行为。由于仍然存在部分船公司不遵守排放控制区政策,区域内的环境污染仍然存在,此时,政府须支付一定的环境治理成本 $\bar{c}$。

对于船公司而言,作为有限理性决策者,出于自身利益最大化的考虑往往不会主动遵守排放政策,使用含硫量低于 0.5% m/m 或是更低的燃油,但是随着政府的监管,部分船公司执行排放政策,尤其是大型的国际航运公司如马士基。故本书假设区域内将会有概率 y 的船公司遵守排放政策,船公司运输单位集装箱(TEU)的利润为 r,当遵守排放政策时,船公司除获得政府的奖励外,还会获得一定的市场收益 Nm (如货主优先选择遵守排放政策的船公司、市场地位提升)与社会收益 Ns (如公众的认可、船公司信用等级的提升),同时需要承担用低硫油所额外承担的成本 $N\beta$。为方便分析,定义 $N(m+s)$ 为船公司的守法收益即遵守排放控制区政策所获得的额外收益,考虑到只有在政府检查时发现船公司的守法行为才给予一定的奖励,本书并未将其纳入船公司的固定守法收益当中。同时,将 $N\beta$ 定义为守法成本。

当然,普通的居民、非公益组织或是托运人行为也会影响模型分析,在本书模型分析中被统称为社会监管体系,其影响主要体现在两个方面:一方面举报行为将会有助于帮助政府提高对违规行为的发现概率;另一方面,居民尤其是托运人的环保意识增强,将改善船公司采取绿色航运模式遵守排放政策的商业环境和社会环境,进而提高其市场收益 Nm 和社会收益 Ns。因此假设社会监管信息反馈比率为 P,举报行为也会得到一定的政府奖励 h。

因此综合上述分析,政府与船公司之间的演化博弈模型假设如下。

① 如果政府检查船公司的排放行为,而船公司也遵守排放控制区政策,此时政府会付出一定的监管成本 c 并给予船公司奖励 NJ,政府的收益为 π_1-c-NJ,而船公司在付出守法成本 $N\beta$ 的同时,会获得守法收益 $N(m+s)$ 以及来自政府的奖励 NJ,因此船公司的收益为 $N(r+s+m+J-\beta)$。

② 如果政府检查船公司的排放行为,而船公司却违反排放控制区政策,政府会因为发现船公司的违规行为,而获得罚款收入 $N\lambda$,但也需要承担一定的监管成本 c 以及由于船公司违规排放造成的环境污染损失 $\bar{c}$,此时政府的收益为 $\pi_2+N\lambda-c-\bar{c}$。而船公司也会因为违规行为而被惩罚 $N\lambda$,因此船公司的收益为 $N(r-\lambda)$。

③ 如果政府不检查船公司的排放行为,但船公司主动遵守排放控制区政策,此时政府的收益达到最大化 π_1,由于没有采取实际的监管行为,无须承担相应的检查成本和激励成本。而船公司则会因为遵守排放控制区政策而付出一定的成本 β,但会收获一定的市场收益 Nm 和社会收益 Ns,故其收益为 $N(r+m+s-\beta)$。

④ 如果政府不检查船公司的排放行为,船公司也不遵守排放控制区政策,此时政府的收益无法达到最大化仅为 π_2,同时,需承担船舶违规排放造成的环境污染损失 $\bar{c}$,而此时,社会监管体系也会对船舶行为进行监管,政府需要给予其一定的举报激励 Ph,因此政府的收益为 $\pi_2-\bar{c}-Ph$。尽管政府不对船公司的行为进行检查,但

也面临着可能来自社会监管体系的举报,收到来自政府的惩罚 $PN\lambda$,因此船公司的收益为 $Nr-PN\lambda$。

根据上述基于假设的描述,建立政府和船公司的博弈支付矩阵(表7-1)。

表 7-1　政府与船公司演化博弈支付矩阵

参与人及其策略		船公司	
		遵守排放控制区排放政策(y)	不遵守排放控制区排放政策($1-y$)
政府	检查(x)	$\pi_1-c-JN,N(r+s+m+J-\beta)$	$\pi_2+N\lambda-c-\bar{c},N(r-\lambda)$
	不检查($1-x$)	$\pi_1,N(r+m+s-\beta)$	$\pi_2-\bar{c}-Ph,Nr-PN\lambda$

注: N 表示集装箱(TEU)的数量。

根据前文假设已知政府检查的概率为 x,不检查的概率为 $1-x$;船公司遵守排放政策的概率为 y,不遵守的概率为 $1-y$。设政府检查策略和不检查策略的期望收益以及平均期望收益分别为 U_{11}、U_{12}、$\bar{U}_1$,其中

$$U_{11}=y(\pi_1-c-JN)+(1-y)(\pi_2+N\lambda-c-\bar{c}) \tag{7-2}$$

$$U_{12}=y\pi_1+(1-y)(\pi_2-\bar{c}-Ph) \tag{7-3}$$

$$\bar{U}_1=xU_{11}+(1-x)U_{12} \tag{7-4}$$

则政府策略的复制动态方程为:

$$F(x)=\frac{\mathrm{d}x}{\mathrm{d}t}=x(U_{11}-\bar{U}_1)=x(1-x)(U_{11}-U_{12})$$

$$=x(1-x)[(1-y)(N\lambda-c+Ph)-y(c+JN)] \tag{7-5}$$

船公司遵守策略和不遵守策略的期望收益以及平均期望收益分别为 U_{21}、U_{22}、$\bar{U}_2$,其中

$$U_{21}=x[N(r+s+m-\beta+J)]+(1-x)[N(r+s+m-\beta)] \tag{7-6}$$

$$U_{22}=xN(r-\lambda)+(1-x)(Nr-PN\lambda) \tag{7-7}$$

$$\bar{U}_2=yU_{21}+(1-y)U_{22} \tag{7-8}$$

则船公司策略的复制动态方程为:

$$F(y)=\frac{\mathrm{d}y}{\mathrm{d}t}=y(U_{21}-\bar{U}_2)=y(1-y)(U_{21}-U_{22})$$

$$=y(1-y)N(xJ+s+m-\beta+x\lambda+P\lambda-xP\lambda)] \tag{7-9}$$

联系式7-5和7-9可得政府和船公司演化博弈系统的复制动态方程组为:

$$\begin{cases} F(x)=x(1-x)(U_{11}-U_{12})=x(1-x)[(1-y)(N\lambda-c+Ph)-y(c+JN)] \\ F(y)=y(1-y)(U_{21}-U_{22})=y(1-y)N(xJ+s+m-\beta+x\lambda+P\lambda-xP\lambda) \end{cases} \tag{7-10}$$

7.3.2 政府和船公司演化博弈模型稳定性分析

1. 政府单方策略稳定性分析

若 $y=\dfrac{N\lambda-c+Ph}{N(\lambda+J)+Ph}$，无论 x 取何值，$F(x)=0$ 均成立，即船公司遵守船舶排放

政策的比例为 $\dfrac{N\lambda-c+Ph}{N(\lambda+J)+Ph}$ 时，政策采取检查策略和不检查策略是无差异的。相位

图如图 7-3 所示。

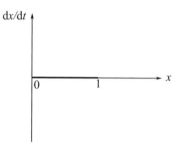

图 7-3 政府的复制动态相位图(a)

若 $y\neq\dfrac{N\lambda-c+Ph}{N(\lambda+J)+Ph}$，令 $F(x)=0$，得 $x=0$ 和 $x=1$ 是 x 的两个可能稳定点。

对 $F(x)$ 一阶求导可得：

$$F'(x)=(1-2x)[(1-y)(N\lambda-c+Ph)-y(c+JN)] \tag{7-11}$$

此时

$$F'(0)=(1-y)(N\lambda-c+Ph)-y(c+JN) \tag{7-12}$$

$$F'(1)=y(c+JN)-(1-y)(N\lambda-c+Ph) \tag{7-13}$$

① 若 $N\lambda-c+Ph<0$，由于船公司的任何选择 $y\in[0,1]$，所以 $y>\dfrac{N\lambda-c+Ph}{N(\lambda+J)+Ph}$ 恒成立，此时 $F'(0)<0$，$F'(1)>0$，$x=0$ 是演化稳定策略，即当政府对违规排放的船公司罚款所得与可能付出的社会监管奖励支出之和小于其监管成本时，作为有限理性决策者的政府会选择不检查的策略。

② 若 $N\lambda-c+Ph>0$，此时政府对违规排放的船公司罚款所得与可能付出的社会监管奖励支出之和高于其监管成本，需分以下两种情况进行讨论：

当 $1>y>\dfrac{N\lambda-c+Ph}{N(\lambda+J)+Ph}>0$ 时，$F'(0)<0$，$F'(1)>0$，则 $x=0$ 是政府的演化稳定策略，即当区域内的船公司选择遵守排放政策使用含硫量小于 0.5% m/m 燃油的比例高于 $\dfrac{N\lambda-c+Ph}{N(\lambda+J)+Ph}$ 时，政府将会减弱监管力度，直至放弃监管。相位图如图 7-4 所示。

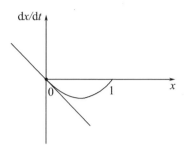

图 7-4 政府的复制动态相位图(b)

当 $0 < y < \dfrac{N\lambda - c + Ph}{N(\lambda + J) + Ph} < 1$ 时,$F'(0) > 0$,$F'(1) < 0$,则 $x = 1$ 是政府的演化稳定策略,即当区域内的船公司选择遵守排放政策使用含硫量小于 0.5% m/m 燃油的比例低于 $\dfrac{N\lambda - c + Ph}{N(\lambda + J) + Ph}$ 时,政府会加强监管力度,逐步实现对区域内所有船公司的行为进行检查。相位图如图 7-5 所示。

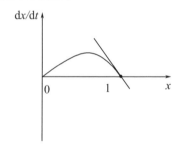

图 7-5 政府的复制动态相位图(c)

综上所述,政府的单方策略演化稳定机制如图 7-6 所示。

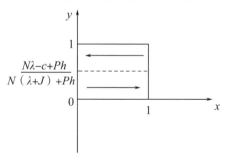

图 7-6 政府单方策略演化稳定机制(d)

2. 船公司单方策略稳定性分析

根据船公司策略的复制动态方程(7-8)可知:

若 $x = -\dfrac{s + m - \beta + P\lambda}{\lambda + J - P\lambda}$,无论 y 取何值,$F(y) = 0$ 均成立,即对船公司而言是否

遵守船舶排放政策是无差异的。相位图如图 7-7 所示。

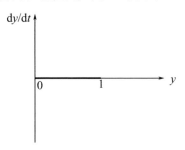

图 7-7　船公司的复制动态相位图(a)

若 $x \neq -\dfrac{s+m-\beta+P\lambda}{\lambda+J-P\lambda}$，令 $F(y)=0$，得 $y=0$ 和 $y=1$ 是 y 的两个可能稳定点。

对 $F(y)$ 一阶求导可得：

$$F'(y)=(1-2y)N(xJ+s+m-\beta+x\lambda+P\lambda-xP\lambda) \tag{7-14}$$

此时

$$F'(0)=N(xJ+s+m-\beta+x\lambda+P\lambda-xP\lambda) \tag{7-15}$$

$$F'(1)=-N(xJ+s+m-\beta+x\lambda+P\lambda-xP\lambda) \tag{7-16}$$

① 若 $s+m-\beta+P\lambda>0$，因为政府的任何选择 $x\in[0,1]$，所以 $x>-\dfrac{s+m-\beta+P\lambda}{\lambda+J-P\lambda}$ 恒成立，此时 $F'(0)>0, F'(1)<0, y=1$ 是船公司的演化稳定策略，即当船公司的守法收益与社会监管举报导致的罚款支出之和高于守法成本时，选择遵守排放政策将是船公司的一个演化稳定策略。

② 若 $-(\lambda+J-P\lambda)<s+m-\beta+P\lambda<0$，需分以下两种情况进行讨论。

当 $x>-\dfrac{s+m-\beta+P\lambda}{\lambda+J-P\lambda}>0$ 时，$F'(0)>0, F'(1)<0$，则 $y=1$ 是船公司的演化稳定策略，即政府对区域内的船公司的行为进行检查概率超过 $-\dfrac{s+m-\beta+P\lambda}{\lambda+J-P\lambda}$，经过多轮博弈后，船公司会选择遵守排放政策的策略。相位图如图 7-8 所示。

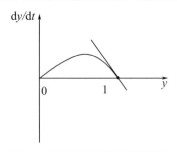

图 7-8　船公司的复制动态相位图(b)

当 $x<-\dfrac{s+m-\beta+P\lambda}{\lambda+J-P\lambda}<1$ 时，$F'(0)<0$，$F'(1)>0$，则 $y=0$ 是船公司的演化稳定策略，即政府对区域内的船公司的行为进行检查的概率低于 $-\dfrac{s+m-\beta+P\lambda}{\lambda+J-P\lambda}$，经过多次博弈后，船公司会选择不遵守排放政策的策略。相位图如图 7-9 所示。

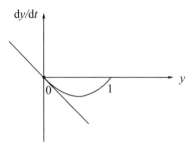

图 7-9 船公司的复制动态相位图(c)

③ 若 $s+m-\beta+P\lambda<-(\lambda+J-P\lambda)<0$，则 $-\dfrac{s+m-\beta+P\lambda}{\lambda+J-P\lambda}>1$，恒有 $x<$ $-\dfrac{s+m-\beta+P\lambda}{\lambda+J-P\lambda}$，此时 $F'(0)<0$，$F'(1)>0$，$y=0$ 是船公司的演化稳定策略。即当船公司的守法收益与社会监管举报导致的罚款支出之和小于守法成本时，且 $s+m-\beta+P\lambda<-(\lambda+J-P\lambda)$ 即 $\beta-s-m>\lambda+J$ 时，有限理性决策者船公司会选择不遵守排放政策作为其稳定演化策略。这种情况说明，船公司因遵守排放政策的守法收益远远小于守法成本，甚至这种差额已经超过政府对船公司违法排放收取的罚金与政府对船公司的遵守行为给予奖励之和，此时，船公司不会遵守排放控制区政策。

综上所述，船公司单方策略演化稳定机制如图 7-10 所示。

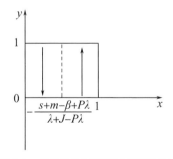

图 7-10 船公司单方策略演化稳定机制(d)

从船公司行为决策来看，设置政府检查的阈值有助于促使船公司主动遵守排放控制区政策，当保持政府的监管概率阈值在 $-\dfrac{s+m-\beta+P\lambda}{\lambda+J-P\lambda}$ 之上时，船公司遵守排放控制区政策的概率会主动向 1 演变。

3. 静态惩罚策略下政府和船公司演化博弈系统稳定分析

前面探讨了政府和船公司各自策略稳定性，接下来将对整个系统稳定性进行分析。

根据政府和船公司策略选择的复制动态方程组(7—10)，令 $\frac{dx}{dt}=0,\frac{dy}{dt}=0$，可得博弈系统

均衡点 $A(0,0),B(0,1),C(1,0),D(1,1),E\left(-\frac{s+m-\beta+P\lambda}{\lambda+J-P\lambda},\frac{N\lambda-c+Ph}{N(\lambda+J)+Ph}\right)$，其中 0

$<\frac{N\lambda-c+Ph}{N(\lambda+J)+Ph}<1,0<-\frac{s+m-\beta+P\lambda}{\lambda+J-P\lambda}<1$。

Friedmann 提出的方法，通过对演化博弈系统雅可比(Jacobin)矩阵的局部稳定进行分析来判断博弈系统的稳定性。通常均衡点处 Jacobin 矩阵行列式的秩(detJ)大于 0 而迹(trJ)小于 0，该均衡点为稳定均衡点；如果均衡点处 Jacobin 矩阵行列式的秩(detJ)和迹(trJ)均大于 0，该均衡点为不稳定均衡点；如果均衡点处 Jacobin 矩阵行列式的秩(detJ)和迹(trJ)都小于 0，该均衡点为鞍点。

因此，系统的演化稳定策略(ESS)的条件是 detJ>0，trJ<0。根据式(7-5)和(7-9)组成的动态系统的雅可比矩阵为：

$$J=\begin{bmatrix}\dfrac{\partial F(x)}{\partial x} & \dfrac{\partial F(x)}{\partial y} \\ \dfrac{\partial F(y)}{\partial x} & \dfrac{\partial F(y)}{\partial y}\end{bmatrix} \tag{7-17}$$

求得：

$$=\begin{bmatrix}(1-2x)[(1-y)(N\lambda-c+Ph)-y(c+JN)] & J-x(1-x)[N(\lambda+J)+Ph] \\ Ny(1-y)(\lambda+J-P\lambda) & N(1-2y)[xJ+s+m-\beta+(1-P)x\lambda+P\lambda]\end{bmatrix} \tag{7-18}$$

分别计算均衡点 A、B、C、D、E 处具体取值(表 7-2)。

表 7-2　各个稳定状态下的具体取值

稳定状态	$\dfrac{\partial F(x)}{\partial x}$	$\dfrac{\partial F(x)}{\partial y}$	$\dfrac{\partial F(y)}{\partial x}$	$\dfrac{\partial F(y)}{\partial y}$
$A(0,0)$	$N\lambda-c+Ph$	0	0	$N(s+m-\beta+P\lambda)$
$B(0,1)$	$-(c+JN)$	0	0	$-N(s+m-\beta+P\lambda)$
$C(1,0)$	$c-N\lambda-Ph$	0	0	$N(s+m-\beta+J+\lambda)$
$D(1,1)$	$c+JN$	0	0	$-N(s+m-\beta+J+\lambda)$
$E\left(-\dfrac{s+m-\beta+P\lambda}{\lambda+J-P\lambda},\dfrac{N\lambda-c+Ph}{N(\lambda+J)+Ph}\right)$	0	φ	ϕ	0

注：$\varphi=\dfrac{(s+m-\beta+P\lambda)(s+m-\beta+J+\lambda)[N(\lambda+J)+Ph]}{[\lambda+J-P\lambda]^2}$，$\phi=\dfrac{N(N\lambda-c+Ph)(NJ+c)(\lambda+J-P\lambda)}{[N(\lambda+J)+Ph]^2}$。

由于 E 点的雅可比矩阵的迹即 $\dfrac{\partial F(x)}{\partial x}+\dfrac{\partial F(y)}{\partial y}$ 为 0，因此，E 点不是系统的 ESS 点。故以下将着重讨论 $A(0,0)$，$B(0,1)$，$C(1,0)$，$D(1,1)$ 是否为稳定均衡点极其均衡条件。下面借鉴何雪峰和王秀霞的研究思路进行分析。

令 $\gamma=N\lambda-c+Ph$，表示当船公司选择不遵守船舶排放政策时，政府检查与不检查的收益差。

令 $\delta=-(c+JN)$，表示当船公司选择遵守船舶排放政策时，政府检查与不检查的收益差。

令 $\varepsilon=-N(s+m-\beta+P\lambda)$，表示政府选择不检查策略时，船公司不遵守排放政策和遵守排放政策的收益差。

令 $\theta=-N(s+m-\beta+J+\lambda)$，表示政府选择检查策略时，船公司不遵守排放政策和遵守排放政策的收益差。

因此，简化后均衡点 A、B、C、D、E 处具体取值如表 7-3 所示。

表 7-3　简化后各个稳定状态下的具体取值

稳定状态	$\dfrac{\partial F(x)}{\partial x}$	$\dfrac{\partial F(x)}{\partial y}$	$\dfrac{\partial F(y)}{\partial x}$	$\dfrac{\partial F(y)}{\partial y}$
$A(0,0)$	γ	0	0	$-\varepsilon$
$B(0,1)$	δ	0	0	ε
$C(1,0)$	$-\gamma$	0	0	$-\theta$
$D(1,1)$	$-\delta$	0	0	θ

考虑到参数 γ、δ、ε、θ 正负号并不确定，下面将逐一探讨各个参数不同取值时系统博弈的演化稳定状态。

① 当 $\gamma>0$，$\delta>0$，$\varepsilon>0$，$\theta>0$ 时，不论政府是否检查船公司的行为，船公司遵守排放政策时的收益低于其不遵守时的收益；对于政府而言，不论船公司是否遵守排放政策，其检查收益始终高于不检查时收益。此时博弈系统稳定性如表 7-4 所示。

表 7-4　当 $\gamma>0$，$\delta>0$，$\varepsilon>0$，$\theta>0$ 时的系统稳定状态分析

稳定状态	detJ	detJ 符号	trJ	trJ 符号	稳定性
$A(0,0)$	$-\gamma\varepsilon$	$-$	$\gamma-\varepsilon$	不确定	鞍点
$B(0,1)$	$\delta\varepsilon$	$+$	$\delta+\varepsilon$	$+$	不稳定点
$C(1,0)$	$\gamma\theta$	$+$	$-(\gamma+\theta)$	$-$	ESS
$D(1,1)$	$-\delta\theta$	$-$	$\theta-\delta$	不确定	鞍点

由表7-4可知,此时$C(1,0)$是博弈系统的 ESS 稳定状态,即政府会趋于严格监管,检查排放区域内船舶的排放行为,且其收益要高于不检查时的收益。但不论政府采取何种监管策略,对于船公司而言,由于不遵循排放政策的潜在利益持续高于合规操作所带来的收益,这往往驱使他们选择不遵守排放政策的策略。系统演化相位图如图7-11所示。

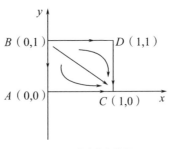

图 7-11　系统演化相位图(a)

② 当$\gamma>0,\delta<0,\varepsilon>0,\theta>0$时,不论政府是否检查船公司的行为,船公司遵守排放政策时的收益低于其不遵守时的收益;对于政府而言,当船公司选择遵守排放政策时,政府检查所获收益低于不检查所获取的收益,而当船公司选择不遵守船舶排放政策时,政府检查所获收益要高于不检查所获取的收益。此时博弈系统稳定性如表7-5所示。

表 7-5　当 $\gamma>0,\delta<0,\varepsilon>0,\theta>0$ 时系统稳定状态分析

稳定状态	detJ	detJ 符号	trJ	trJ 符号	稳定性
$A(0,0)$	$-\gamma\varepsilon$	—	$\gamma-\varepsilon$	不确定	鞍点
$B(0,1)$	$\delta\varepsilon$	—	$\delta+\varepsilon$	不确定	鞍点
$C(1,0)$	$\gamma\theta$	+	$-(\gamma+\theta)$	—	ESS
$D(1,1)$	$-\delta\theta$	+	$\theta-\delta$	+	不稳定点

由表7-5可知,$C(1,0)$依旧是博弈系统的 ESS 稳定状态,即政府会趋于严格监管,检查排放区域内船舶的排放行为,而船公司不遵守排放政策。此时,船公司遵守排放政策时的收益低于其不遵守时的收益,故在利益驱动下其会采取不遵守的策略,而当船公司违规排放时,为发现船公司的违规行为,政府则会选择收益较高的检查策略。系统演化相位图如图7-12所示。

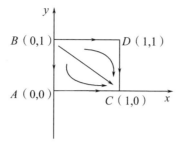

图 7-12 系统演化相位图(b)

③ 当 $\gamma>0,\delta<0,\varepsilon>0,\theta>0$ 时,不论政府是否检查船公司的行为,船公司遵守排放政策时的收益低于其不遵守时的收益;不论船公司是否遵守排放政策,政府检查所获收益始终低于不检查所获取的收益。此时博弈系统稳定性如表 7-6 所示。

表 7-6 当 $\gamma<0,\delta<0,\varepsilon>0,\theta>0$ 时系统稳定状态分析

稳定状态	detJ	detJ 符号	trJ	trJ 符号	稳定性
$A(0,0)$	$-\gamma\varepsilon$	+	$\gamma-\varepsilon$	—	ESS
$B(0,1)$	$\delta\varepsilon$	—	$\delta+\varepsilon$	不确定	鞍点
$C(1,0)$	$\gamma\theta$	—	$-(\gamma+\theta)$	不确定	鞍点
$D(1,1)$	$-\delta\theta$	+	$\theta-\delta$	+	不稳定点

由表 7-6 可知,$A(0,0)$ 将是博弈系统的 ESS 稳定状态,即政府会趋于放松监管,不检查排放区域内船舶的排放行为,而船公司也不遵守排放政策。此时,对船公司的行为进行检查的收益始终低于不检查的收益,作为有限理性决策者,对船公司的行为进行检查不是政府的最优选择。而当政府放松监管,不检查船舶排放行为时,即使有可能被居民、环保组织等社会监管体系举报,船公司考虑到遵守排放政策时的收益低于其遵守时的收益,故会采取不遵守排放政策的策略。博弈系统演化相位图如图 7-13 所示。

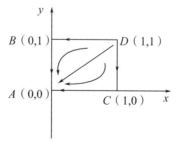

图 7-13 系统演化相位图(c)

④ 当 $\gamma>0,\delta>0,\varepsilon>0,\theta<0$ 时,不论船公司是否遵守排放控制区政策,政府检查收益始终高于不检查时收益。对于船公司而言,当政府检查船公司的排放行为时,船公司遵守排放控制区政策所获的收益高于其违规收益;相反,船公司遵守排放控制

区政策所获的收益低于其违规收益。此时博弈系统稳定性如表 7-7 所示。

表 7-7　当 $\gamma>0,\delta>0,\varepsilon>0,\theta<0$ 时系统稳定状态分析

稳定状态	detJ	detJ 符号	trJ	trJ 符号	稳定性
$A(0,0)$	$-\gamma\varepsilon$	$-$	$\gamma-\varepsilon$	$-$	鞍点
$B(0,1)$	$\delta\varepsilon$	$+$	$\delta+\varepsilon$	$+$	不稳定点
$C(1,0)$	$\gamma\theta$	$-$	$-(\gamma+\theta)$	不确定	鞍点
$D(1,1)$	$-\delta\theta$	$+$	$\theta-\delta$	$-$	ESS

由表 7-7 可知，$D(1,1)$ 是博弈系统的 ESS 稳定状态，即政府会趋于严格监管，检查排放区域内船舶的排放行为，而船公司则选择遵守排放控制区政策。此时，对船公司的行为进行检查的收益始终高于不检查的收益，作为有限理性决策者，检查船公司的行为成为政府的最佳选择。而当政府严格监管，检查船舶排放行为时，船公司遵守排放控制区政策的收益要高于其不遵守时的收益，遵守排放控制区政策将是其最佳选择。博弈系统演化相位图如图 7-14 所示。

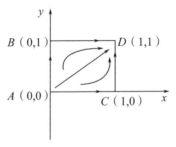

图 7-14　系统演化相位图(d)

⑤ 当 $\gamma>0,\delta<0,\varepsilon>0,\theta<0$ 时，船公司遵守排放控制区政策时，政府检查收益始终低于不检查时收益；当船公司不遵守排放控制区政策时，政府检查收益高于不检查时收益。对于船公司而言，当政府检查船公司的排放行为时，船公司遵守排放控制区政策所获的收益高于其违规收益；相反，船公司遵守排放控制区政策所获的收益低于其违规收益。此时博弈系统稳定性如表 7-8 所示。

表 7-8　当 $\gamma>0,\delta<0,\varepsilon>0,\theta<0$ 时系统稳定状态分析

稳定状态	detJ	detJ 符号	trJ	trJ 符号	稳定性
$A(0,0)$	$-\gamma\varepsilon$	$-$	$\gamma-\varepsilon$	不确定	鞍点
$B(0,1)$	$\delta\varepsilon$	$-$	$\delta+\varepsilon$	不确定	鞍点
$C(1,0)$	$\gamma\theta$	$-$	$-(\gamma+\theta)$	不确定	鞍点
$D(1,1)$	$-\delta\theta$	$-$	$\theta-\delta$	不确定	鞍点

由表 7-8 可知,当 $\gamma>0,\delta<0,\varepsilon>0,\theta<0$ 时,博弈系统没有 ESS 稳定状态,即此时政府和船公司的博弈处于周期震荡状态,也是符合我国目前排放控制区监管现状的一种情况。当政府检查时,船公司会遵守排放控制区政策;但是一旦船公司遵守政策时,政府检查的收益低于其不检查的收益,政府将会逐渐放松监管,趋向不检查;但当政府不检查时,船公司不遵守的收益会高于遵守的收益,船公司也会选择不遵守的策略;同时,船公司的不遵守行为将会再次激发政府检查的积极性,如此循环,博弈不存在稳定状态,"污染反弹"现象严重。博弈系统演化相位图如图 7-15 所示。

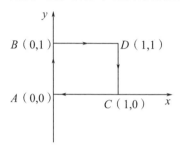

图 7-15 系统演化相位图(e)

⑥ 当 $\gamma<0,\delta<0,\varepsilon>0,\theta<0$ 时,不论船公司是否遵守排放控制区政策,政府检查收益始终低于不检查时收益;对于船公司而言,当政府检查船公司的排放行为时,船公司遵守排放控制区政策所获的收益高于其违规收益,相反,船公司遵守排放控制区政策所获的收益低于其违规收益。此时博弈系统稳定性如表 7-9 所示。

表 7-9 当 $\gamma<0,\delta<0,\varepsilon>0,\theta<0$ 时系统稳定状态分析

稳定状态	detJ	detJ 符号	trJ	trJ 符号	稳定性
$A(0,0)$	$-\gamma\varepsilon$	$+$	$\gamma-\varepsilon$	$-$	ESS
$B(0,1)$	$\delta\varepsilon$	$-$	$\delta+\varepsilon$	不确定	鞍点
$C(1,0)$	$\gamma\theta$	$+$	$-(\gamma+\theta)$	$+$	不稳定点
$D(1,1)$	$-\delta\theta$		$\theta-\delta$	不确定	鞍点

由表 7-9 可知,$A(0,0)$ 将是博弈系统的 ESS 稳定状态,即政府会趋于放松监管,不检查排放区域内船舶的排放行为,而船公司也不遵守排放政策。此时,对船公司的行为进行检查的收益始终低于不检查的收益,对船公司的行为进行检查不是政府的最佳选择。而当政府放松监管,不检查船舶排放行为时,船公司遵守排放控制区政策的收益要低于其不遵守时的收益,在利益驱动下,船公司会选择不遵守排放控制区政策。博弈系统演化相位图如图 7-16 所示。

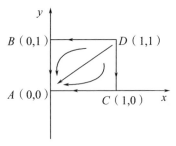

图 7-16　系统演化相位图(f)

⑦ 当 $\gamma>0,\delta>0,\varepsilon<0,\theta<0$ 时,不论船公司是否遵守排放控制区政策,政府检查收益始终高于不检查时收益;对于船公司而言,不论政府是否对船公司行为进行检查,船公司遵守排放控制区政策所获的收益要高于其违规收益。此时博弈系统稳定性如表 7-10 所示。

表 7-10　当 $\gamma>0,\delta>0,\varepsilon<0,\theta<0$ 时系统稳定状态分析

稳定状态	detJ	detJ 符号	trJ	trJ 符号	稳定性
$A(0,0)$	$-\gamma\varepsilon$	＋	$\gamma-\varepsilon$	＋	不稳定点
$B(0,1)$	$\delta\varepsilon$	－	$\delta+\varepsilon$	不确定	鞍点
$C(1,0)$	$\gamma\theta$	－	$-(\gamma+\theta)$	不确定	鞍点
$D(1,1)$	$-\delta\theta$	＋	$\theta-\delta$	－	ESS

由表 7-10 可知,$D(1,1)$ 是博弈系统的 ESS 稳定状态,即政府会趋于严格监管,检查排放区域内船舶的排放行为,而船公司则选择遵守排放控制区政策。此时,对船公司的行为进行检查的收益始终高于不检查的收益,作为有限理性决策者,检查船公司的行为成为政府的最佳选择。而当政府严格监管,检查船舶排放行为时,船公司遵守排放控制区政策的收益要高于其不遵守时的收益,遵守排放控制区政策将是其最佳选择。博弈系统演化相位图如图 7-17 所示。

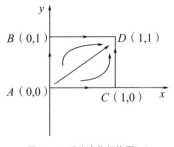

图 7-17　系统演化相位图(g)

⑧ 当 $\gamma>0,\delta<0,\varepsilon<0,\theta<0$ 时,船公司遵守排放控制区政策时,政府检查收益

低于不检查时收益;当船公司不遵守排放控制区政策时,政府检查收益高于不检查时收益。对于船公司而言,不论政府是否对船公司行为进行检查,船公司遵守排放控制区政策所获的收益要高于其违规收益。此时博弈系统稳定性如表 7-11 所示。

表 7-11　当 $\gamma>0,\delta<0,\varepsilon<0,\theta<0$ 时系统稳定状态分析

稳定状态	detJ	detJ 符号	trJ	trJ 符号	稳定性
$A(0,0)$	$-\gamma\varepsilon$	+	$\gamma-\varepsilon$	+	不稳定点
$B(0,1)$	$\delta\varepsilon$	+	$\delta+\varepsilon$	−	ESS
$C(1,0)$	$\gamma\theta$	−	$-(\gamma+\theta)$	不确定	鞍点
$D(1,1)$	$-\delta\theta$		$\theta-\delta$	不确定	鞍点

由表 7-11 可知,$B(0,1)$ 是博弈系统的 ESS 稳定状态,即政府会趋于放松监管,不检查排放区域内船舶的排放行为,而船公司则选择遵守排放控制区政策。此时,对于船公司而言,不论政府是否检查其排放行为,遵守排放控制区政策的收益要高于其违规收益,作为有限理性决策者,遵守排放控制区政策是其最佳选择。当船公司自觉遵守排放控制区政策时,政府检查船舶行为的收益低于其不检查的收益,故检查船舶行为不是政府的最佳选择。博弈系统演化相位图如图 7-18 所示。

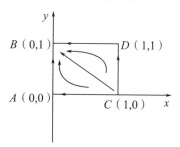

图 7-18　系统演化相位图(h)

⑨ 当 $\gamma<0,\delta<0,\varepsilon<0,\theta<0$ 时,不论船公司是否遵守排放控制区政策时,政府检查收益低于不检查时收益;对于船公司而言,不论政府是否对船公司行为进行检查,船公司遵守排放控制区政策所获的收益要高于其违规收益。此时博弈系统稳定性如表 7-12 所示。

表 7-12　当 $\gamma>0,\delta<0,\varepsilon<0,\theta<0$ 时系统稳定状态分析

稳定状态	detJ	detJ 符号	trJ	trJ 符号	稳定性
$A(0,0)$	$-\gamma\varepsilon$	−	$\gamma-\varepsilon$	不确定	鞍点
$B(0,1)$	$\delta\varepsilon$	+	$\delta+\varepsilon$	−	ESS
$C(1,0)$	$\gamma\theta$	+	$-(\gamma+\theta)$	+	不稳定点
$D(1,1)$	$-\delta\theta$	−	$\theta-\delta$	不确定	鞍点

　　由表 7-12 可知,$B(0,1)$依旧是博弈系统的 ESS 稳定状态,即政府会趋于放松监管,不检查排放区域内船舶的排放行为,而船公司则选择遵守排放控制区政策。此时,对于船公司而言,不论政府是否检查其排放行为,遵守排放控制区政策的收益要高于其违规收益,作为有限理性决策者,遵守排放控制区政策是其最佳选择。当船公司自觉遵守排放控制区政策时,政府检查船舶行为的收益低于其不检查的收益,故检查船舶行为不是政府的最佳选择。博弈系统演化相位图如图 7-19 所示。

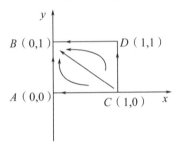

图 7-19　系统演化相位图(i)

　　通过对上述分析进行总结,可知演化博弈系统稳定的条件(表 7-13)。

表 7-13　演化博弈系统稳定条件

ESS	条件
$A(0,0)$	$\gamma<0,\delta<0,\varepsilon>0$
$B(0,1)$	$\delta<0,\varepsilon<0,\theta<0$
$C(1,0)$	$\gamma>0,\varepsilon>0,\theta>0$
$D(1,1)$	$\gamma>0,\delta>0,\theta<0$

　　根据前文分析,$0<\dfrac{N\lambda-c+Ph}{N(\lambda+J)+Ph}<1,0<-\dfrac{s+m-\beta+P\lambda}{\lambda+J-P\lambda}<1$ 可知,$N\lambda-c+Ph>0$、$s+m-\beta+P\lambda<0$ 且 $s+m-\beta+J+\lambda>0$,此时 $\gamma>0$、$\delta<0$、$\varepsilon>0$、$\theta>0$,对照各个均衡点的稳定条件可知,均无法满足系统的 4 个均衡点,均不是演化稳定均衡点,而是鞍点,即在静态惩罚策略下惩罚值为固定数值时动态博弈不存在稳定演化策略,政府检查概率和船公司遵守概率均处于波动的过程中,容易出现“污染反弹”的现象,不利于排放控制区监管取得良好的长期效果。

　　4. 动态惩罚策略下政府和船公司演化博弈系统稳定分析

　　在微分方程分析发现,在静态惩罚策略下,系统无法达到稳定博弈状态,不利于排放控制区监管取得长期稳定的实施效果。研究表明,采用动态的惩罚机制能够有效地提高博弈系统的稳定性。假设船公司不遵守排放控制区政策所造成的环境污染程度与区域内船公司不遵守排放控制区政策的概率是成正比的,则 $1-y$ 可以用来反映不遵守排放控制区政策对环境污染的程度。当船公司不遵守排放控制区政策,政府采取"检查"策略时,船公司受到的惩罚强度由原来固定的常数 $N\lambda$ 变为 $g(y)=(1-y)q$,其中 q 表示最高惩罚强度。

动态的惩罚措施改变了政府和船公司演化博弈的惩罚强度参数,对收益矩阵也有一定的改变,下面对具有动态惩罚矩阵的演化博弈模型进行稳定性分析。

将 $g(y)=(1-y)q$ 代替式(7-10)得动态惩罚策略下政府和船公司演化博弈系统复制动态方程组如 7-19。

$$\begin{cases} F(x)=x(1-x)[(1-y)(g(y)-c+Ph)-y(c+JN)] \\ F(y)=y(1-y)[N(xJ+s+m-\beta)+(x+\lambda-xP)g(y)] \end{cases} \tag{7-19}$$

从而可以得出五个均衡点分别为 $A'(0,0),B'(0,1),C'(1,0),D'(1,1)$,

$E'\left(-\dfrac{N(s+m-\beta)+Pg(y^*)}{NJ+(1-P)g(y^*)},\dfrac{g(y^*)-c+Ph}{g(y^*)+NJ+Ph}\right)$,其中 $0<-\dfrac{N(s+m-\beta)+Pg(y^*)}{NJ+(1-P)g(y^*)}$

$<1,0<\dfrac{g(y^*)-c+Ph}{g(y^*)+NJ+Ph}<1$,此时,雅可比矩阵为

$$J'=\begin{bmatrix} \dfrac{\partial F(x)}{\partial x} & \dfrac{\partial F(x)}{\partial y} \\ \dfrac{\partial F(y)}{\partial x} & \dfrac{\partial F(y)}{\partial y} \end{bmatrix} \tag{7-20}$$

求得:

$$J'=\begin{bmatrix} \tau & \varphi \\ \phi & \omega \end{bmatrix} \tag{7-21}$$

其中:

$\tau=(1-2x)[(1-y)(g(y)-c+Ph)-y(c+JN)]$

$\varphi=x(1-x)[(1-y)g'(y)-(g(y)+NJ+Ph)]$

$\phi=y(1-y)(NJ+(1-P)g(y))$

$\omega=(1-2y)[N(xJ+s+m-\beta)+(x+P-xP)g(y)]+y(1-y)(x+P-xP)g'(y)$

同理,根据静态惩罚策略下系统稳定性分析可知 $A'(0,0),B'(0,1),C'(1,0),D'(1,1)$ 并非系统的演化稳定策略,因此动态惩罚策略下将着重探讨 $E'\left(-\dfrac{N(s+m-\beta)+Pg(y^*)}{NJ+(1-P)g(y^*)},\dfrac{g(y^*)-c+Ph}{g(y^*)+NJ+Ph}\right)$ 是否为演化博弈系统稳定均衡点。

将 $E'\left(-\dfrac{N(s+m-\beta)+Pg(y^*)}{NJ+(1-P)g(y^*)}, \dfrac{g(y^*)-c+Ph}{g(y^*)+NJ+Ph}\right)$ 代入 J'，可得

$$J'(E')=\begin{bmatrix} \tau(E') & \varphi(E') \\ \phi(E') & \omega(E') \end{bmatrix}$$ (7-22)

其中：

$\tau(E')=0$

$\varphi(E')=$

$$\dfrac{[N(s+m-\beta)+Pg(y^*)][N(s+m+J-\beta)+Pg(y^*)][q(NJ+c)+(g(y^*)+NJ+Ph}{[NJ+(1-P)g(y^*)]^2[g(y^*)+NJ+Ph]}$$

$$\phi(E')=\dfrac{[g(y^*)-c+Ph](NJ+c)[NJ+(1-P)g(y^*)]}{[g(y^*)+NJ+Ph]^2}$$

$$\omega(E')=\dfrac{[g(y^*)-c+Ph](NJ+c)}{[g(y^*)+NJ+Ph]^2}\left[q(1-P)\dfrac{N(s+m-\beta)+Pg(y^*)}{NJ+(1-P)g(y^*)}-pq\right]$$

根据 $0<-\dfrac{N(s+m-\beta)+Pg(y^*)}{NJ+(1-P)g(y^*)}<1, 0<\dfrac{g(y^*)-c+Ph}{g(y^*)+NJ+Ph}<1$ 可知 $\varphi(E')<0$，

$\phi(E')>0, \omega(E')<0$，此时在均衡点 $E'\left(-\dfrac{N(s+m-\beta)+Pg(y^*)}{NJ+(1-P)g(y^*)}, \dfrac{g(y^*)-c+Ph}{g(y^*)+NJ+Ph}\right)$ 处，

行列式 $\det J'(E')$ 的符号为正，迹 $\mathrm{tr}J'(E')$ 的符号为负，即在动态惩罚策略存在稳定均衡点 E'，为简化计算，本书研究通过系统动力学仿真求取具体的均衡点，并验证其稳定性，为政府制定合适的惩罚策略、规避"污染反弹"现象提供理论支持。

7.3.3 系统动力学模型构建及参数设置

将演化博弈模型与系统动力学仿真结合，对整体演化博弈过程和博弈初始策略、静态惩罚策略、动态惩罚策略下均衡点稳定性进行数值模拟，并通过参数变化判断船公司在策略选择过程中的关键影响因素。首先，参照博弈模型中对参与主体进行界定以确定系统动力学模型的研究边界。其次，基于政府和船公司演化博弈支付矩阵和复制动态方程构建系统动力学模型，并对相关参数赋值。最后，基于上述步骤，进行仿真研究。

根据上文演化博弈模型设定可知，其系统动力学子系统边界包括政府和船公司两个博弈子系统。在每个子系统内部，存量为主体执行"检查"或"遵守"策略的概率，流量为主体执行"检查"或"遵守"策略概率的变化率，辅助变量与常量的设定以及系统之间的因果关系均参照其博弈关系进行设定。

根据政府和船公司之间的博弈关系，结合博弈支付矩阵，利用系统动力学仿真工具 Vensim PLE 软件构建二者演化博弈的系统动力学模型，得到博弈系统流程图（图

7-20)。

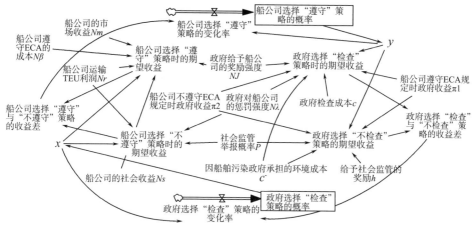

图 7-20　政府和船公司博弈系统流程图

根据政府和船公司的博弈关系,可以得到此系统流程图中的变量逻辑关系。其中,政府"$U_{检查}$"的期望收益和"$U_{不检查}$"的期望收益分别表示如下。

$U_{检查}$=船公司选择"遵守"策略的概率y^*(船公司遵守排放控制区政策时政府的收益π_1-政府检查成本c-政府给予船公司的奖励强度JN)+(1-船公司选择"遵守"策略的概率y)(船公司不遵守排放控制区政策时政府的收益π_2+政府对船公司的惩罚强度$N\lambda$-政府检查成本c-因船舶污染政府承担的环境成本$\bar{c}$)

$U_{不检查}$=船公司选择"遵守"策略的概率y^*船公司遵守排放控制区政策时政府的收益π_1+(1-船公司选择"遵守"策略的概率y)(船公司不遵守排放控制区政策时政府的收益π_2-因船舶污染政府承担的环境成本$\bar{c}$-给予社会监管的奖励Ph)

船公司"$U_{遵守}$"的期望收益和"$U_{不遵守}$"的期望收益分别表示如下。

$U_{遵守}$=政府选择"检查"的概率x^*(船公司运输TEU的利润Nr+船公司的市场收益Nm+船公司的社会收益Ns-船公司遵守排放控制区政策的成本$N\beta$+政府给予船公司的奖励强度JN)+(1-政府选择"检查"的概率x)(船公司运输TEU的利润Nr+船公司的市场收益Nm+船公司的社会收益Ns-船公司遵守排放控制区政策的成本$N\beta$)

$U_{不遵守}$=政府选择"检查"的概率x^*(船公司运输TEU的利润Nr-政府对船公司的惩罚强度$N\lambda$)+(1-政府选择"检查"的概率x)(船公司运输TEU的利润Nr-受社会监管举报来自政府的惩罚$PN\lambda$)

而船公司选择"遵守"策略的变化率=船公司选择"遵守"策略的概率y^*(1-船

公司选择"遵守"策略的概率 y）×船公司选择"遵守"与"不遵守"策略的收益差，其中船公司选择"遵守"与"不遵守"策略的收益差＝船公司选择"遵守"策略的收益－船公司选择"不遵守"策略的收益。同样，政府选择"检查"策略的变化率＝政府选择"检查"策略的概率 x^*（1－政府选择"检查"策略的概率 x）×政府选择"检查"与"不检查"策略的收益差，其中政府选择"检查"与"不检查"策略的收益差＝政府选择"检查"策略的收益－政府选择"不检查"策略的收益。

John D. Sterman 指出模型仿真主要是为了更为清晰直观地揭示事物发展变化的规律，在于其有用性，至于是否绝对真实并未有严苛的要求。同样，系统动力学仿真往往关心的是整个系统的变化趋势以及外部环境或是相关参数或是政策变化所带来的影响，在缺乏一手资料的情况下对参数赋值并不要求绝对精确。Wu Desheng 等也认为系统动力学模型结构合理性比参数值选择更重要。这里假设所有变量均为正数，且保证政府和船公司不同策略下的收益均为正，对参数赋值如下：船公司遵守排放控制区政策时政府的收益 $\pi_1 = 2.1$，不遵守时政府的收益 $\pi_2 = 1.5$，政府的检查成本 $c = 1.2$，惩罚强度 $N\lambda$ 和奖励强度 NJ 分别为 1.3 和 0.4，当船公司不遵守时政府需承担的环境成本 $\bar{c} = 1$，给予社会监管的奖励 $h = 0.1$。船公司运输 TEU 的利润 $Nr = 5$，当其遵守排放控制区政策时会获得社会收益 Ns 和市场收益 Nm，分别是 0.5 和 0.8，但也会付出一定的降硫成本 $N\beta = 2.1$。在模型的初始状态，假设社会监管方是中立的，即社会监管信息反馈比率 P 为 0.5。Vensim PLE 仿真中基本参数设置为：模拟周期为 150，ININIAL TIME＝0，FINAL TIME＝150，TIME STEP＝1，Unites for Time＝Week。

7.3.4 系统动力学模型检验

对系统动力学模型结构合理性进行检验是保证模型适用、仿真结果真实可行的重要前提，通常包括模型极端条件检验和积分误差检验。在排放控制区政策实施的初始阶段，政府还未建立完善的监管体系和制度，多数船公司秉持观望的态度，因此本节在对模型进行极端条件检验和积分误差检验时，初始策略假设政府执行"检查"策略的概率，船公司选择"遵守"策略的概率均为 0.1。

1. 极端条件检验

极端条件检验主要是检验反映各个变量逻辑关系的系统动力学方程是否符合实际情况，能否在极端的条件下依旧能够反映研究对象真实的变化规律。通常的检验方法是对模型中一些重要的变量或参数数值取其极限值例如为 0 或无穷大，然后在保持其他变量不变的前提下，观察系统行为的反映是否符合现实情况。下面分别对惩罚强度和检查成本两个参数进行极端检验。

检验一：惩罚强度测试

政府对船公司违规行为进行惩罚是保证其遵守排放控制区政策的重要举措之一，当惩罚强度为 0 时，船公司选择"遵守"策略的概率(图 7-21 曲线 1)要低于惩罚强度为 1.3 时(图 7-21 曲线 2)，"遵守"策略的概率也并非呈现波动性变化，而是随着时间的推移快速趋向 0，即无惩罚措施时，船公司会趋向不遵守排放控制区政策。

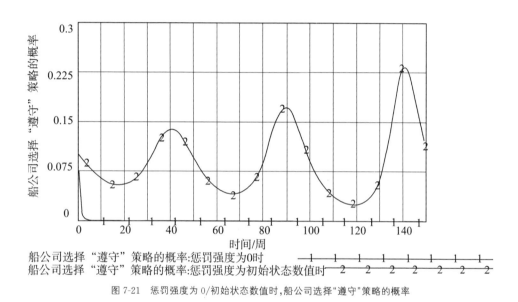

船公司选择"遵守"策略的概率：惩罚强度为 0 时
船公司选择"遵守"策略的概率：惩罚强度为初始状态数值时

图 7-21　惩罚强度为 0/初始状态数值时，船公司选择"遵守"策略的概率

测试二：检查成本测试

较高的检查成本是政府降低检查概率、导致船公司不遵守排放控制区政策的主要原因之一，当政府的检查成本为 0 时，船公司选择"遵守"策略的概率逐步上升并很快收敛于 1(图 7-22 曲线 1)，并未如同政府的检查成本为 1.2 时(图 7-22 曲线 2)呈波动性变化。这主要是因为当政府的检查成本为 0 时，政府较快地将选择"检查"策略的概率提升至 1(图 7-23)，面对政府严格的监管，船公司选择遵守排放控制区政策。当然，政府选择"检查"策略的概率并非始终维持在 1，即(1,1)并未为演化稳定策略，这一点将会在仿真分析中进一步验证。

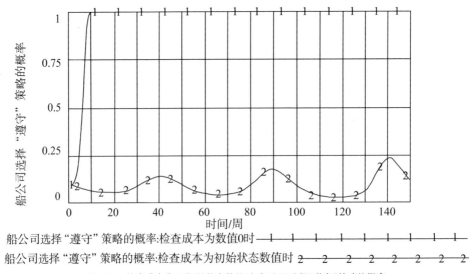

船公司选择"遵守"策略的概率:检查成本为数值0时 —1—1—1—1—1—1—1—1—1—1

船公司选择"遵守"策略的概率:检查成本为初始状态数值时 —2—2—2—2—2—2—2—2—2

图7-22 检查成本为 0/初始状态数值时,船公司选择"遵守"策略的概率

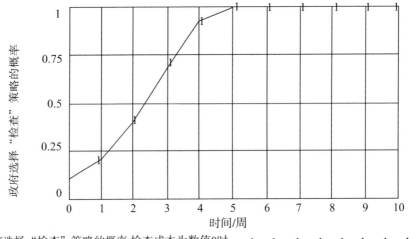

政府选择"检查"策略的概率:检查成本为数值0时 —1—1—1—1—1—1—1—1—1—1

图7-23 检查成本为 0 时,政府选择"检查"策略的概率

由以上两个极端检验可知,本节所建立的系统动力学模型在极端情况下符合现实系统的变化规律,从而证明模型是有效的。

2. 积分误差检验

积分误差检验主要是检测模型中的时间步长(TIME STEP)设置是否合理。通常,系统动力学会通过将时间步长减半,然后通过观察系统行为(模拟曲线)的方法来确定模拟时间步长设置是否合理。本节分别将时间步长降至 1/2 和 1/4,观察图

7-24发现,船公司选择"遵守"策略的概率曲线走向并无显著变化,通过了积分误差检验。

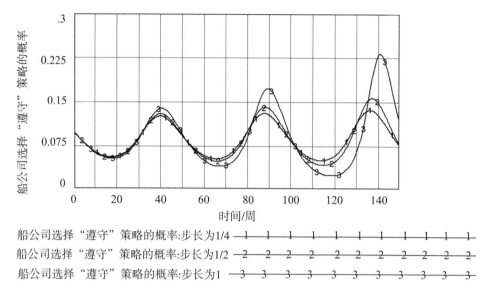

船公司选择"遵守"策略的概率:步长为1/4 —1— 1 1 1 1 1 1 1 1 1 1 1 1 1

船公司选择"遵守"策略的概率:步长为1/2 —2— 2 2 2 2 2 2 2 2 2 2 2 2 2

船公司选择"遵守"策略的概率:步长为1 —3— 3 3 3 3 3 3 3 3 3 3 3 3 3

图7-24 改变步长后船公司选择"遵守"策略概率曲线变化

通过上述模型极端条件和积分误差检验,验证了模型结构适用性,为下面的仿真分析奠定基础。

7.4 数值模拟与仿真分析

7.4.1 演化博弈整体仿真结果与分析

取 $x=0.1$,$y=0.1$ 为博弈的初始状态,对博弈演化过程进行整体仿真(图7-25)。

仿真结果表明,在排放控制区政策实施初期随着政府选择"检查"策略概率的上升,船公司选择"遵守"策略的概率也在逐步增加,但是一段时间后,一旦政府选择"检查"策略的概率下降,船公司选择"遵守"策略的概率也会随之降低,至此陷入了"检查—遵守—不检查—不遵守—检查—遵守"的循环状态中。仿真结果直观地反映了目前存在的"污染反弹"现象,需要政府对监管政策和策略进行优化。

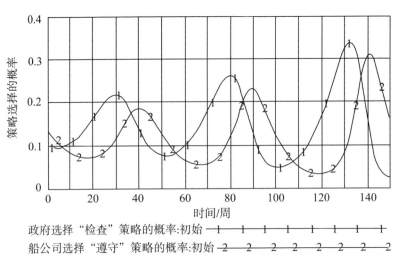

图 7-25　博弈演化过程进行整体仿真结果

7.4.2　演化博弈初始策略仿真结果与分析

可以从定性的角度将船公司的初始策略划分为高概率遵守排放控制区政策（$y=0.7$）和低概率遵守排放控制区政策（$y=0.1$），将政府初始策略划分为高概率检查（$x=0.7$）和低概率检查（$x=0.1$），将二者的初始策略进行组合，会出现四种组合情况，分别是高检查-高遵守、低检查-高遵守、高检查-低遵守、低检查-低遵守。对该四种初始策略组合进行仿真（图 7-26）。

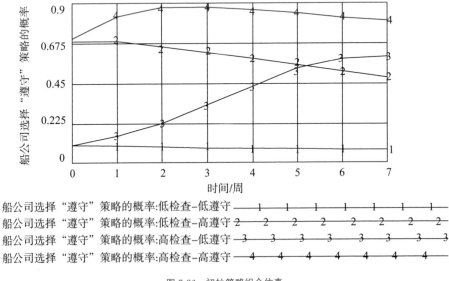

图 7-26　初始策略组合仿真

仿真结果表明，当初始策略为"高检查-低遵守"和"高检查-高遵守"时，船公司遵守概率均保持在较高的水平，即当政府采取"高检查"的初始策略，有益于快速提高船公司遵守排放控制区政策的概率。

当初始策略为"低检查-高遵守"时，初始阶段船公司会保持较高的概率遵守排放控制区政策，但随着对政府检查行为的学习，发现政府只以较低的概率进行检查，其遵守概率也会逐步降低；而当初始策略为"低遵守-低检查"时，由于政府检查概率较低，船公司也会维持较低的概率去遵守排放控制区政策。实际情况下，"高遵守-低检查"往往不会出现，而"低遵守-低检查"这一点已经在欧盟和我国实践中得到了验证，仿真结果与实际情况相符，进一步验证了模型的有效性，反映了政府和船公司博弈双方相互学习调整策略的过程。

7.4.3　参数变化对船公司行为决策影响仿真结果与分析

船公司策略的选择直接影响着排放控制区政策实施效果，分析与利益相关的参数变化对船公司行为决策的影响对督促船公司遵守排放控制区政策和为政府制定有针对性规制政策具有重要的意义。结合前文演化博弈稳定条件分析，下面选取社会收益、市场收益、奖励强度、惩罚强度、守法成本和社会监管信息反馈比率六个主要参数，分别探究其变化对船公司选择"遵守"概率的影响。选取"高检查-低遵守"的博弈初始状态，在分析某个参数时会对该参数做出相应的改变，而其他数据维持不变。

情形一：社会收益 Ns 对船公司行为决策的影响

当系统保持初始状态时，船公司选择"遵守"策略的概率的变化趋势为图 7-27 中的曲线 3 所示，此时 $Ns=0.5$，然后将 Ns 取值变为 0.6 和 0.4 分别进行模拟，所得结果为图 7-27 中的曲线 2 和曲线 1。一般而言，当船公司选择"遵守"策略所获取的社会收益越高，其遵守排放控制区政策、选择绿色航运模式的积极性越强，即当 Ns 从 0.5 增加到 0.6 时，船公司选择"遵守"策略的概率的变化趋势会变得相对陡峭，由曲线 3 变动至曲线 2。相反，船公司遵守排放控制区的积极性也会随着社会收益的减少而变弱，将 Ns 取值从 0.5 降至 0.4，选择"遵守"策略的概率曲线从曲线 3 降至曲线 1，且降幅相对较大，截至周期末，船公司选择"遵守"策略的概率仍低于曲线 2 和曲线 3。由此可知，社会收益是影响船公司策略选取的重要因素之一，增加社会收益有助于促使船公司遵守排放控制区政策。

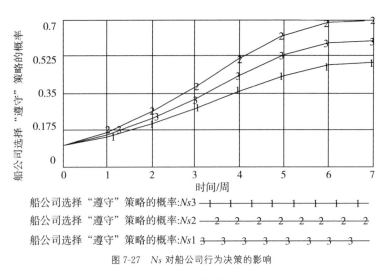

图 7-27　Ns 对船公司行为决策的影响

情形二:市场收益 Nm 对船公司行为决策的影响

同样,当系统保持初始状态时,船公司选择"遵守"策略概率的变化趋势为图 7-28 中的曲线 3 所示,此时 Nm＝0.8,然后将 Nm 取值变为 0.9 和 0.7 分别进行模拟,所得结果为图 7-28 中的曲线 2 和曲线 1。观察仿真图像变化趋势可知,作为船公司遵守排放控制区规定所获守法收益的重要组成部分,市场收益对船公司策略选择的影响趋势与社会收益基本保持一致。总结上述两种分析可知,增加船公司遵守排放控制区规定所获得的守法收益(包括社会收益和市场收益)是促使其主动选择绿色航运模式遵守排放控制区政策的重要手段之一。

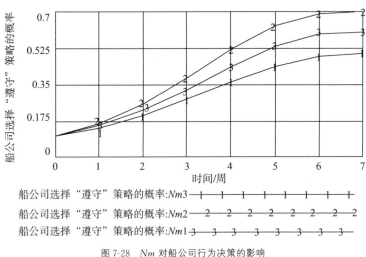

图 7-28　Nm 对船公司行为决策的影响

情形三:奖励强度 NJ 对船公司行为决策的影响

除了获得固定的守法收益外,船公司守法行为也有可能获得来自政府的奖励。在对奖励强度 NJ 的变化模拟中,初始 NJ 的取值为 0.4,仿真模拟结果为图 7-29 中的曲线 3。将 NJ 从 0.4 增大至 0.5 后,船公司遵守排放控制区政策的概率变化从曲线 3 变化为更加陡峭的曲线 2,这说明当船公司可以获得更多的政府奖励时,其会提高遵守概率。而将 NJ 的取值从 0.4 降至 0.3 时,遵守概率从曲线 3 降到曲线 1。由此可知,增加政府奖励有助于激励船公司选择“遵守”策略。同时,通过对比发现,受政府检查概率的影响,这一因素变动对船公司策略选择的影响略小于固定守法收益(社会收益 Ns 和市场收益 Nm)。

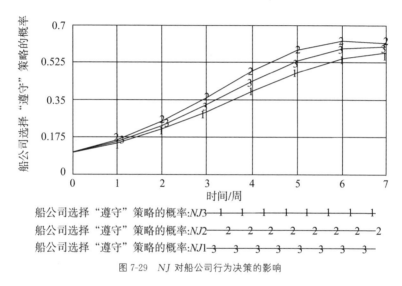

图 7-29 NJ 对船公司行为决策的影响

情形四:惩罚强度 $N\lambda$ 对船公司行为决策的影响

船舶排放是导致沿海大气污染的重要来源之一,当其在利益驱使下继续使用含硫量高的燃油时,会对沿海大气环境和海洋环境产生较大的破坏,此时政府作为社会管理者会对其船公司的违规行为给予一定的罚款。图 7-30 展示了这种惩处行为对船公司策略选择的影响效力。在原始的仿真模拟中,政府的惩罚强度为 1.3,仿真结果是图中的曲线 3。当政府罚金增大至 1.4 时,船公司遵守概率由曲线 3 演变至曲线 2,其会在更短时间内调整为以较高的概率去选择“遵守”策略。相反,当政府罚金减至 1.2 时,通过观察曲线 1 发现,船公司选择“遵守”策略的概率始终低于曲线 2 和曲线 3。

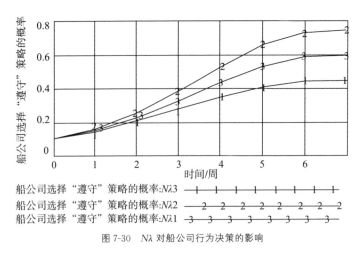

船公司选择"遵守"策略的概率:Nλ3 —1—1—1—1—1—1—1—1—

船公司选择"遵守"策略的概率:Nλ2 —2—2—2—2—2—2—2—2

船公司选择"遵守"策略的概率:Nλ1 —3—3—3—3—3—3—3—3

图 7-30 Nλ 对船公司行为决策的影响

情形五:守法成本 $N\beta$ 对船公司行为决策的影响

遵守排放控制区政策所需付出的较大成本是让许多船公司望而却步的主要原因,正如前文所述,采用含硫量较低的燃油将会使船公司的运营成本提高 20%～50%,尤其是在全球航运市场不景气的背景下,将进一步加剧船公司的运营压力,削弱其竞争优势。初始仿真模拟中,船公司的守法成本 $N\beta$ 即遵守排放控制区政策所需付出的成本取值为 2.1,仿真结果为图 7-31 的曲线 3;当将其取值调整为 2.2 和 2时,其仿真结果分别为曲线 2 和曲线 1。显而易见,守法成本即使用低硫油成本越低,越有助于船公司选择遵守排放控制区政策,降低低硫油成本或是发展替代方式如使用液化天然气、安装净化设备可作为政府政策的主要引导方向之一。

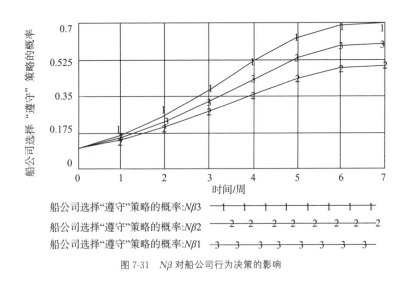

船公司选择"遵守"策略的概率:Nβ3 —1—1—1—1—1—1—1—1—

船公司选择"遵守"策略的概率:Nβ2 —2—2—2—2—2—2—2—2

船公司选择"遵守"策略的概率:Nβ1 —3—3—3—3—3—3—3—3—

图 7-31 Nβ 对船公司行为决策的影响

情形六:社会监管信息反馈比率 P 对船公司行为决策的影响

沿海地区大气环境的恶化和当地居民的生活、企业经营息息相关,将其纳入监管体系是环保政策成功实施的重要举措之一。在初始模拟中,假设社会监管属于中立方,即对船公司违规行为的信息反馈比率 P 取值为 0.5,模拟结果为图 7-32 曲线 3,当将概率 P 提升至 0.6 时,模拟曲线变为曲线 2,显然信息反馈比率越高越有助于督促船公司遵守排放控制区政策;相反,当社会监管偏向于船公司一方,信息反馈比率下降至 0.4 时,船公司遵守排放控制区政策的意愿显著降低。由此可知,加强宣传教育、引导个人和非政府组织加入监管行动当中是促使船公司主动遵守排放控制区政策的重要方式之一。

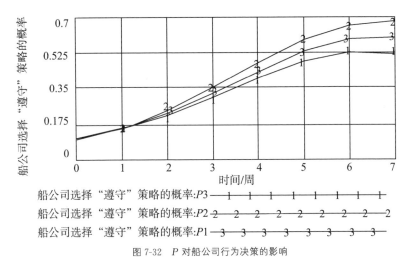

图 7-32 P 对船公司行为决策的影响

为了探究变量对船公司遵守排放控制区政策概率影响的强弱,这里借鉴经济学中的敏感度分析方法,计算各参数对船公司行为决策的影响强度,将其定义为影响能力系数。利用系统动力学仿真软件,读取 $T=6$ 时刻,情形一至情形六的船公司遵守排放控制区政策的概率,整理后计算参数影响能力系数(表 7-14)。

表 7-14   参数敏感性计算

变量	初始值	变化值	Ns/Nm 变化幅度	初始 y	变化后 y	y 变化幅度	影响能力系数
Ns	0.5	0.6	20%	0.588	0.687	17%	0.84
		0.4	20%	0.588	0.484	18%	0.88
Nm	0.8	0.9	13%	0.588	0.687	17%	1.30
		0.7	13%	0.588	0.484	18%	1.36

续表

变量	初始值	变化值	Ns/Nm 变化幅度	初始 y	变化后 y	y 变化幅度	影响能力系数
NJ	0.4	0.5	25%	0.588	0.622	6%	0.23
		0.3	25%	0.588	0.542	8%	0.31
$N\lambda$	1.3	1.4	8%	0.588	0.726	23%	2.93
		1.2	8%	0.588	0.442	25%	3.10
$N\beta$	2.1	2.2	5%	0.588	0.484	18%	3.54
		2	5%	0.588	0.687	17%	3.37
P	0.5	0.6	20%	0.588	0.654	11%	0.56
		0.4	20%	0.588	0.522	11%	0.56

由表 7-14 可知，船公司选择遵守排放控制区政策所付出的成本 $N\beta$ 的影响能力最强，这一结果和现实情况相符，而船公司因违反排放控制区政策所面临的惩罚强度 $N\lambda$ 影响能力位居其次，船公司因遵守排放控制区政策所获取的市场收益 Nm 以及社会收益 Ns 影响能力紧跟其后，社会监管信息反馈比率 P 影响能力较弱，而由于受政府检查概率的影响，奖励强度 NJ 的影响能力最弱。因此政府部门设定适当的惩罚机制、降低船公司因遵守排放控制区政策付出的成本、提高其额外市场收益和社会收益、引入社会监管或是给予一定的奖励都是提高船公司选择遵守排放控制区政策概率的有效措施。

7.4.4 静态惩罚策略下演化博弈稳定性仿真结果与分析

关于静态惩罚策略下政府和船公司演化博弈的均衡点，前文中运用微分方程稳定性分析方法，证明了五个均衡点都不是演化稳定均衡点。下面将引入"突变演化"的思想继续通过 Vensim PLE 系统动力学仿真平台进行研究，用更为直观的方法来展现演化过程，当博弈系统在均衡点处发生突变时，均衡点是否能够保持稳定？如果不稳定将会如何演变？

1. 均衡点 $A(0,0)$ 的突变演化

将 $x=0,y=0$ 分别作为政府和船公司的初始策略带入仿真模型，起初双方均没有改变策略，博弈处于一种均衡状态。当时间为 60 周时，令政府的检查概率发生 $+5\%$ 的突变，由于船公司采取"不遵守"策略，政府立刻学习了"检查"这一收益更高的策略，系统原有均衡状态被打破，政府的策略迅速向"检查"策略演变(图 7-33)。

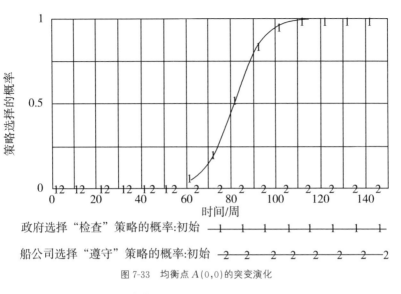

政府选择"检查"策略的概率:初始　—1—1—1—1—1—1—1—1—

船公司选择"遵守"策略的概率:初始　—2—2—2—2—2—2—2—2

图 7-33　均衡点 $A(0,0)$ 的突变演化

2. 均衡点 $B(0,1)$ 的突变演化

将 $x=0$, $y=1$ 分别作为政府和船公司的初始策略带入仿真模型,起初双方均没有改变策略,博弈处于一种均衡状态。当时间为 60 周时,令船公司遵守概率发生 -5% 的突变,由于政府采取"不检查"策略,船公司立刻学习了"不遵守"这一收益更高的策略,系统原有均衡状态被打破,船公司的策略迅速向"不遵守"策略演变(图 7-34)。

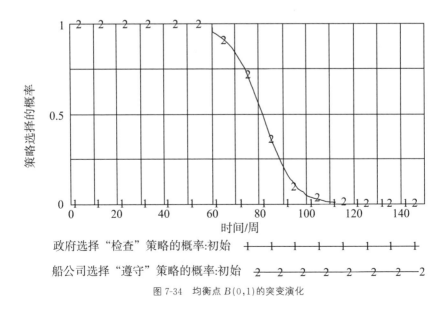

政府选择"检查"策略的概率:初始　—1—1—1—1—1—1—1—1—

船公司选择"遵守"策略的概率:初始　—2—2—2—2—2—2—2—2

图 7-34　均衡点 $B(0,1)$ 的突变演化

3. 均衡点 $C(1,0)$ 的突变演化

将 $x=1,y=0$ 分别作为政府和船公司的初始策略带入仿真模型,起初双方均没有改变策略,博弈处于一种均衡状态。当时间为 60 周时,令船公司遵守概率发生 $+5\%$ 的突变,由于政府采取"检查"策略,船公司立刻学习了"遵守"这一收益更高的策略,系统原有均衡状态被打破,船公司的策略迅速向"遵守"策略演变(图 7-35)。

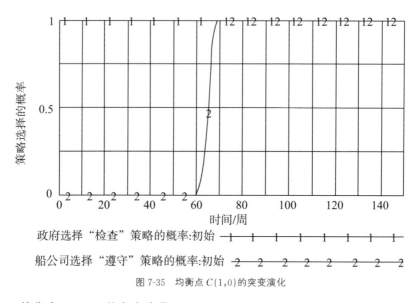

图 7-35　均衡点 $C(1,0)$ 的突变演化

4. 均衡点 $D(1,1)$ 的突变演化

将 $x=1,y=1$ 分别作为政府和船公司的初始策略带入仿真模型,起初双方均没有改变策略,博弈处于一种均衡状态。当时间为 60 周时,令政府检查概率发生 -5% 的突变,由于船公司采取"遵守"策略,政府立刻学习了"不检查"这一收益更高的策略,系统原有均衡状态被打破,政府的策略迅速向"不检查"策略演变(图 7-36)。

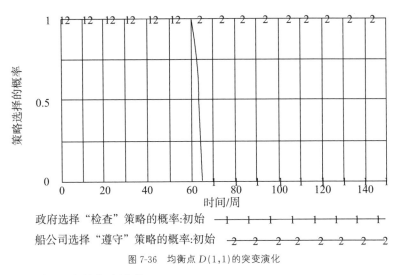

政府选择"检查"策略的概率:初始　——1—1—1—1—1—1—1—1—

船公司选择"遵守"策略的概率:初始　—2—2—2—2—2—2—2—2—

图 7-36　均衡点 $D(1,1)$ 的突变演化

5. 均衡点 E 点的突变演化

将模型设定的参数值带入均衡点 E 的表达式当中,保留 3 位小数解得均衡点 E 为 $(0.142,0.086)$。将 $x=0.142$,$y=0.086$ 分别作为政府和船公司的初始策略带入仿真模型,起初双方均没有改变策略,博弈处于一种均衡状态。当时间为 60 周时,令政府检查概率发生 -5% 的突变,系统原有均衡状态被打破,政府检查的概率和船公司遵守的概率呈周期性变化,"污染反弹"现象严重(图 7-37)。

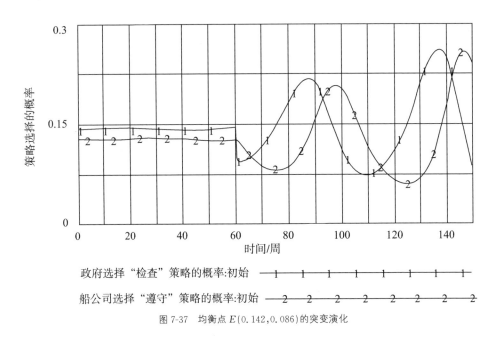

政府选择"检查"策略的概率:初始　——1—1—1—1—1—1—1—1—

船公司选择"遵守"策略的概率:初始　—2—2—2—2—2—2—2—2—

图 7-37　均衡点 $E(0.142,0.086)$ 的突变演化

通过仿真模拟进一步验证了前文的微分方程分析,静态惩罚策略下并无稳定的均衡点。另外,对比图7-33至图7-36与图7-37可以发现,在图7-33至图7-36中,政府或船公司其中一方行为突变,都不会影响另一方的策略选择,但在图7-37中,政府的行为突变也会影响船公司的策略选择。这主要是因为图7-33至图7-36中,政府和船公司将纯策略作为初始策略,双方都只有一种策略可供选择,只有发生突变的一方才通过对新策略的学习并向收益高的策略演化,而没有发生突变的一方只能学习原有策略,策略保持不变。而图7-37反映的是政府和船公司将混合策略作为初始策略,双方可以学习两种策略,突变发生后,各自学习收益高的策略,并向该策略演化。

在实际的排放控制区监管过程中,政府和船公司更多是将混合策略作为初始策略,纯策略的情况很少。通过前文理论分析和图7-33至图7-37展现的仿真模拟结果发现,博弈模型中仅有的混合策略均衡点(E 点)并非演化稳定均衡点,这就意味着船公司遵守排放控制区政策概率的不可控性变高,不利于政府对其进行监管和排放控制区政策实施取得长期稳定的效果。因此,探究优化监管机制,提高混合策略为初始策略时均衡点的稳定性,具有重要的现实意义。

7.4.5 动态惩罚策略下博弈模型仿真结果与分析

1. 动态惩罚策略下系统动力学模型构建

在微分方程分析和仿真分析中发现,在静态惩罚策略下,系统无法达到稳定博弈状态。而微分方程分析发现在动态惩罚策略下存在稳定博弈状态。结合动态惩罚策略下的博弈支付矩阵和复制动态方程组重新构建动态惩罚策略下政府和船公司演化博弈系统动力学模型。此时,政府和船公司博弈系统流程如图7-38所示。

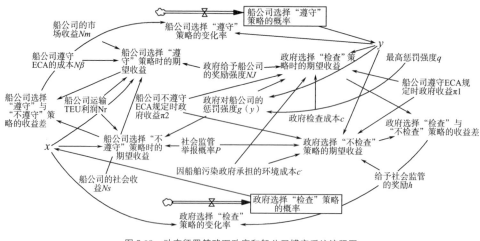

图 7-38　动态惩罚策略下政府和船公司博弈系统流程图

2. 动态惩罚策略下演化博弈仿真结果与分析

根据前文微分方程分析可知在动态惩罚策略下存在稳定均衡点 $E'\left(-\dfrac{N(s+m-\beta)+Pg(y^{*})}{NJ+(1-P)g(y^{*})}, \dfrac{g(y^{*})-c+Ph}{g(y^{*})+NJ+Ph}\right)$，此时满足 $y^{*}=\dfrac{g(y^{*})-c+Ph}{g(y^{*})+NJ+Ph}$

即 $y^{*}=\dfrac{q(1-y^{*})-c+Ph}{q(1-y^{*})+NJ+Ph}$，设定最高惩罚强度 q 为 1.8，将模型设定的各参数值带入并保留 3 位小数可求得 $y^{*}=0.174$，$x^{*}=0.049$，即动态惩罚策略下，博弈系统稳定均衡点为 $E'(0.049, 0.174)$。

以 $x=0.03$，$y=0.1$ 混合策略为初始状态，进行仿真结果（图 7-39），在设定的博弈周期内，政府检查的概率快速稳定在 0.049，而船公司遵守的概率也稳定在 0.174。

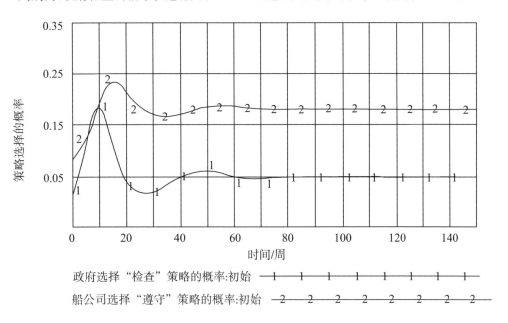

图 7-39　动态惩罚策略下政府和船公司博弈仿真

为进一步验证系统的稳定性，将 $x=0.049$，$y=0.174$ 作为初始策略，对双方演化博弈进行仿真。当时间为 20 周时，令船公司遵守概率发生 -5% 的突变（图 7-40）。在突变发生前，博弈处于均衡状态；突变发生后，船公司遵守的概率经历短暂的下降后波动性变化恢复到原有的均衡水平 0.174，政府检查的概率在小幅上升后有所回落，并最终维持在 0.049。由此可见，相比静态惩罚策略，动态惩罚策略下，演化博弈系统均衡点 E' 能够抵抗系统发生突变的扰动，具有更好的稳定性，进一步验证了前文的微分方程分析结果，这一发现有助于帮助排放控制区政策实施取得长期、稳定的效果,避免"污染反弹"现象出现。

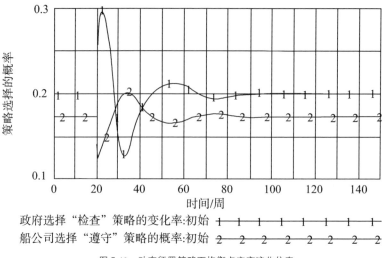

政府选择 "检查"策略的变化率:初始 ━━1━━1━━1━━1━━1━━1━━1━━1━━1

船公司选择"遵守"策略的概率:初始 2━━2━━2━━2━━2━━2━━2━━2━━2

图 7-40　动态惩罚策略下均衡点突变演化仿真

7.4.6　政府监管政策建议

本章结合我国排放控制区现存问题、演化博弈分析和系统动力学仿真模拟结果,对我国排放控制区政策实施提出以下政策建议。

1. 建立动态惩罚机制

目前,我国对船公司的违规排放行为缺乏完善的惩罚机制,普遍采取都是定量罚款策略。由于现实中政府对违规排放的船公司实施的固定惩罚机制惩罚力度较小,难以实现长期的、强烈的警示效果,在排放控制区政策实施过程中很容易出现"污染反弹"现象,船公司往往会根据政府的惩罚强度和检查密度等信息采取相应的对策,造成排放控制区监管强度时紧时松、污染治理成果时好时坏的局面。因此,政府可以采用动态惩罚策略,即政府对船公司的惩罚力度不再是固定不变的,而是与船公司的行为紧密相关,惩罚力度与选择"遵守"策略的概率以及船公司违规排污造成的污染严重程度之间都存在正相关关系,这样就把惩罚机制与船公司行为、排放控制区大气环境状况联系在一起。在具体工作中,海事部门可以通过和环境保护部门加强联系、合作,及时从环保部门获取区域大气环境质量情况并结合自身检查监管所获取的数据,合理调整对船公司的惩罚力度,达到长期保护大气环境的效果。前文的微分方程分析和仿真分析均证明动态惩罚策略下演化博弈系统具有稳定的均衡点,明显减少博弈过程的不稳定性,有效缓解排放控制区监管过程中的"污染反弹"现象,能够维持长期的污染治理效果。

2. 引入环保型船舶指数计划

前文的仿真分析证明了增加奖励强度有助于提高船公司遵守排放控制区政策的比例。在实际的抽样检查过程中,政府可以对遵守排放控制区政策的船舶根据其吨位、使用低硫油的时长等条件给予一定的奖励。同时,可以构建能够从源头上控制船舶排放的奖励补贴机制,而当前国际上较为成熟的是"环保型船舶指数计划"。所谓环保型船舶指数(ESI)是指船舶的污染物排放水平,往往污染物排放越少,指数越高,相反,则指数越低。目前,包括阿姆斯特丹港在内的全球 55 个港口均制定了 ESI。我国也可建立 ESI 计划,鼓励排放控制区的港口和船公司加入,可通过制定不同比例港务费折扣率的形式对环保型船舶进行补贴。借鉴阿姆斯特丹的区段划分标准,以ESI 得分为 20,30 为节点来设置港务费折扣率。具体而言,当船舶的 ESI 得分低于20 时,港务费折扣率为 0;当船舶的 ESI 得分为 20～30 时,港务费折扣率为 10%;当船舶的 ESI 得分大于 30 时,港务费折扣率为 20%。这样降低了船公司的减排成本,从而使船公司自愿采取减排措施。

3. 完善监管和检查制度

一方面,要提高检查密度。尽管政府会采用多种措施来降低船公司的守法成本(主要指降硫成本)并提升其守法收益(社会收益、市场收益等),使其主动遵守排放控制区政策。但当船公司守法收益低于守法成本时,政府采取严格的监管措施,提升检查密度,并保持在一定阈值之上,仍是促使船公司遵守排放政策的最有效措施。

2015 年之前,欧盟以较低的比例对驶入排放控制区的船舶进行检查,结果数据表明有高达一半的船舶不遵守排放控制区政策,仍然使用高硫油。针对这种状况,2015 年欧盟通过立法的形式规定提高对驶入排放控制区船舶的抽查率,之后船舶违规排放率较之前明显降低。

另一方面,应引入社会监管。为防止因高密度检查加剧政府财政负担,可引入社会监管机制,建立个人或是社会组织举报制度,从而提高船公司违规行为被发现的概率,有效遏制其侥幸心理,使其主动遵守排放控制区政策。

4. 创造有利的社会和商业环境

政府设立专项资金用于宣传、教育,使社会公众和企业意识到设置排放控制区的意义和重要性,使得保护环境的理念深入人心,形成人人崇尚保护环境的社会氛围。遵守排放政策的船公司能够得到社会公众和行业企业的认可,在付出高额的成本的同时获得较高的社会声誉,尤其是针对国内的船公司,帮助其在商业竞争中处于更有利的位置,获得更多的订单,这样提高了船公司遵守排放政策所获得的额外市场收益和社会收益,进一步激发其遵守排放控制区政策的积极性。

当然,相比对普通民众的宣贯,更为重要的是使一线的船舶管理人员、船员意识到这个问题,形成良好的行业环境。政府海事部门可就《大气污染防治法》《船舶使用低硫燃油指南》等船舶排放控制区相关文件内容对一线人员进行培训或是发放学习资料,使其认识到使用高硫油或是临时换用低硫油的危害,主动放弃违规行为和不当操作。

5. 建立船公司社会责任综合评价体系

随着经济的发展,企业履行社会责任的问题日益突出。国际上建立了专门针对企业承担社会责任的SA8000社会责任国际标准,我国也在构建多目标体系的企业社会责任评价系统,其中环境保护作为六大责任之一,在评价体系指标中也占有较大的权重。在这个过程中,建立专门针对船公司的社会责任综合评价体系,将是否遵守船舶排放政策纳入评价体系,并作为重要的评价标准,将评价结果作为船公司信用评级、是否享有补贴政策等的重要依据,同时定时发布船公司社会责任承担评价结果,并通报上游货主和沿海港口,使船公司是否勇于承担社会责任直接和其市场收益和社会收益、企业形象挂钩,促使其主动遵守排放控制区政策。

6. 引入先进监测技术

除政策举措不够完善外,我国还面临着发展起步晚、监测技术落后、监管效率低的问题。而欧盟是较早设立排放控制区的地区,在监管技术手段创新方面取得了长足的进步,值得我国学习借鉴。丹麦海事监管部门在欧盟两大排放控制区波罗的海和北海互通的厄勒海峡大桥上安装了遥感设备,通过遥感技术初步判断船舶是否违规使用高硫油,进而确定待检查的船舶并对之进行有针对性的检查,这种方法在减少海事执法人员工作量的同时提高了船舶违规行为被发现的概率。我国可对嗅探法(Sniffing method)、差分吸收光谱法(DOAS)、紫外相机法(UV Camera)等在欧盟得到应用的船用燃油硫含量遥测技术进行研究并将之应用到排放控制区监管中,提高监管效率。

当然,也可从源头上解决船舶污染问题。特别是在内河,结合船型标准化,可积极推广液化天然气(LNG)、电动等清洁能源或新能源船舶,严禁新建排放不达标船型。同时,可建立质量监管信息共享系统,加强燃油质量供应源头及链条监管,确保燃油质量符合排放标准。

7.5　排放控制区船公司路径选择研究

船舶排放区内,政府要求船公司选择绿色的航运方式以减少氮氧化物(NO_x)、颗粒污染物(PM)、二氧化碳(CO_2)和二氧化硫(SO_2)等污染物的排放。目前,大多数船公司采用燃料转换法,而影响燃料成本的主要因素是航行路径的距离与航行速度。于是,航运企业为了降低航行过程中的燃料成本,会重新对路径和航行速度进行考虑。

为了降低燃料成本,一些学者对燃料消耗量与速度、船舶载重之间的关系进行研究分析,发现要想降低燃料成本,须对速度和船舶载重等因素进行合理规划。而船的速度实际上并不完全取决于油价或运费,而是取决于特定的航次变量(如船舶是否驶往附属港口或地区、船型、气候因素)。可见,速度是个难以准确把握的不确定变量。其次,航运企业更倾向于选择燃料转换法应对排放控制区规则,该方法需要对航行路径进行规划选择。也就是说,为了保证挂靠港顺序不变来优化路径,使其能够在规定时间内到达既定港口而使运营成本最小,需要对一条航线上任意两个港口之间的路径进行选择。故引入不确定变量,采取从路径角度考虑优化的方法进行分析是有意义的,下面将从相关的理论与方法入手,考虑速度不确定的船舶路径选择研究。

7.5.1　排放控制区路径选择理论基础与研究方法

本节首先对可持续发展理论的发展、本质与现状、基本内涵进行介绍,该理论是设立排放控制区的基础。接着介绍最优化理论,涉及最优化理论的应用领域、基本原则、标准型及最优解等问题。最后介绍不确定性理论的相关问题。

1. 可持续发展理论

随着人类社会的日益发展,环境问题变得越来越突出,人与自然的和谐逐渐被打破,而矛盾的激化导致可持续发展问题成为国际社会关注的主流问题。习近平总书记在党的二十大报告中指出:"中国式现代化是人与自然和谐共生的现代化。人与自然是生命共同体,无止境地向自然索取甚至破坏自然必然会遭到大自然的报复。我们坚持可持续发展,坚持节约优先、保护优先、自然恢复为主的方针,像保护眼睛一样保护自然和生态环境,坚定不移走生产发展、生活富裕、生态良好的文明发展道路,实现中华民族永续发展。"

在历史唯物主义的观点中,人和自然是矛盾统一的存在,这构成可持续思想形成的唯物主义基础。首先,人要想发展必须存在于自然环境中,自然环境是人赖以生存的物质环境,为人们的生活和生产提供物质条件,也就是说人是自然环境的一部分。其次,人类的发展不仅仅像动物的生存那样简单,除了适应环境寻求生存外,还须认识世界从而改造世界,完成一系列生产实践活动,并在生产、生活中对自然环境的结构负责,达到人与自然现实的、具体的、历史的统一。

可持续发展理论最直接的目的是通过一系列手段解决生态环境加剧恶劣的现状,努力改善传统生产方式不当导致的环境问题,找寻有益于人与环境和谐共处的有效方式。它要解决的核心问题是人与自然的对立,强调生产与发展的和谐、人与自然环境的和谐,核心思想是生产发展应不损害生态平衡,发展要建立在优化资源基础上,达到人与自然的平衡状态。可持续发展的终极目的是要最大限度满足人类的各方面需求,使人的才能与所长得到发挥,同时不忘保持环境状态的平衡,影响后人需求的实现与才能的发挥,并特别关注人类活动是否符合生态的合理性,是否对环境有利。它所强调的是把生态环境问题纳入人类社会发展进程中,并将对环境的贡献作为衡量发展水平、发展质量等内容的评价标准。

可持续发展的精髓是人的创造能力,也就是说它要求从观念上将从前人及环境的矛盾对立转化为和谐共处共赢的模式。这种发展的内核是知识,前提是人的全面发展,基础是文明的社会环境,这种创新型的发展模式是一种新型文明的发展方式。

其内涵主要包括以下几个方面:第一,突出发展的主题。发展和经济增长存在本质上的差异。所谓发展,是指将社会、文化、科学技术和生态环境等诸多要素统筹规划,使之趋于完善的状态。发展是人类拥有的普遍权利,不会因为发展程度的不同而区别对待,也就是说各个国家和地区均享有这样的权利。发展追求的不仅仅是经济上的提高,同时还要求做到各方面的有效协调。第二,发展的可持续性。经济和社会的发展要考虑未来的发展空间,不能因发展当代经济而忽略以后的发展机会,造成资源浪费和环境无法负担的局面。第三,人与人关系的公平性。社会生产的提高不仅符合当代人的消费需求,还须满足未来几代人的消费需求。当下的发展不应以损害未来人的利益为代价,不同时代的人享有同样的地位,不论哪一代均不应被支配,也就是人人均拥有同样的选择空间。第四,人与自然的协调共生。人类在社会发展的长河中须对自然持敬畏态度,不断提高道德标准和行为规范,面对自然时学会尊重与保护,并能够和自然环境和谐共处。科学发展观要求可持续发展要与社会的全面协调发展相适应,将社会经济全面协调可持续发展作为基本要求,并不断实现人与自然的和平共处,将社会经济与人类、物质和生态文明的发展协调起来,坚定走生产提高、生活富裕、生态良好的文明发展道路,且确保世世代代能够得到永续发展。从忽视生态保护而遭到环境的惩罚,到最后坚持永久发展,是人类成长的重要一步。

排放控制区的设立以降低船舶航行过程中硫的排放含量为目标,对改善大气环境、提高港口城市周围的空气质量具有重要作用。可见,排放控制区条例是符合可持续发展战略、实现人与自然和谐共生的措施之一。

2. 最优化理论

最优化理论是数学的一个重要支系,所要解决的主要问题是从诸多选择中确定最优的一个以及探讨如何确定等。目前,最优化思想已经应用于生活实践的各个领域,例如,在资源配置问题中,怎样对所有物资进行安排使其能够达到最优的效益且满足配置问题中各方面的要求是最常见的优化问题;在生产活动中,生产计划的制订与实施是生产顺利进行的先决条件,计划方案的选择对产值与利润的提高至关重要,计划方案的选择同样用到最优化理论;在城市规划问题中,如何安排住宅区、学校、商务区、医院、机关单位和工厂的地理位置与分布,使之方便人们的生产生活,让社会高效运转,各行各业蓬勃发展也需要运用最优化理论;在生产、生活中,诸如此类问题涉及各行各业的方方面面。最优化这个重要的数学旁支,为解决这些问题提供了思想指导和解决手段,可见它使用范围的宽广。

20世纪40年代以来,伴随科学技术的迅速提高与计算机网络的普及推广,最优化理论借助于新的解决工具,被不断研究。于是最优化理论与算法得以快速发展壮大,成为一个新兴的学科,并不断发展和完善。如今最优化理论出现了许多分支,如线性规划、整数规划、动态规划、随机规划、网络流等,这些分支为解决具体问题带来了方便。

不同的分支各有特点,但是无论采取哪种思想和方法,都必须满足下列基本原则:一是局部效应服从整体效应的原则。局部和整体的关系密切,但不完全相同。要解决整体与部分的矛盾,须以整体的优化为主,在整体优化的前提下再考虑局部优化。二是坚持系统多级优化原则。从目的、方法、建模、评估到终极决定,各个步骤均有完善的空间。尤其要注意分层次的系统在运行的时候需要对每个层次逐渐完善,从而确保系统的整体完善。三是确保优化的绝对与相对交互的原则。要让整个系统达到最优状态是必须实现的,而最优状态实现的程度可以保持相对性。考虑到实际优化过程中的各方面条件,如果难以做到理想中的优化,可考虑达到满意程度的优化。

一般的线性规划问题可以写成下列标准形式:

$$\min \sum_{j=1}^{n} C_j X_j$$

$$\text{s. t.} \begin{cases} \sum_{j=1}^{n} a_{ij} x_j = b_i, i=1,\cdots,m \\ x_j \geqslant 0, j=1,\cdots,n \end{cases} \tag{7-23}$$

用矩阵表示为:

$$\min CX$$

$$\text{s. t.} \begin{cases} Ax = b \\ x \geqslant 0 \end{cases} \tag{7-24}$$

式中，A 是 $m \times n$ 矩阵，c 是 n 维行向量，b 是 m 维列向量。

在线性规划中，约束条件均为线性等式及不等式，满足这些条件的点的集合是凸集。

设可行域的极点为 $x^{(1)}, x^{(2)}, \cdots, x^{(k)}$，极方向为 $d^{(1)}, d^{(2)}, \cdots, d^{(i)}$ 任一可行点 x 可以表示为：

$$x = \sum_{j=1}^{k} \lambda_j x^{(j)} + \sum_{j=1}^{l} \mu_j d^{(j)}$$

$$\sum_{j=1}^{k} \lambda_j = 1$$

$$\lambda_j \geqslant 0, j = 1, \cdots, k$$

$$\mu_j \geqslant 0, j = 1, \cdots, l \tag{7-25}$$

由于 $\mu_j \geqslant 0$，可以任意大，因此若对某个 j 有 $cd^{(j)} < 0$，则 $(cd^{(j)}) \mu_j$，随着 μ_j 的增大而无限减小，从而目标函数值趋向 $-\infty$。对于这种情形，称该问题是无界的，或称不存在有限最优值。

如果对于所有 j，有 $cd^{(j)} \geqslant 0$，这时为极小化目标函数，令

$$\mu_j = 0, j = 1, \cdots, l, \tag{7-26}$$

则线性规划（7-25）可以简化成

$$\min \sum_{j=1}^{k} (cx^{(j)}) \lambda_j$$

$$\text{s. t.} \begin{cases} \sum_{j=1}^{k} \lambda_j = 1, \\ \lambda_j \geqslant 0, j = 1, \cdots, k \end{cases} \tag{7-27}$$

在上述问题中，令

$$cx^{(p)} = \min_{1 \leqslant j \leqslant k} cx^{(j)} \tag{7-28}$$

显然，当

$$\lambda_p = 1 \text{ 及 } \lambda_j = 0, j \neq p \tag{7-29}$$

时，目标函数取最小值，（7-26）式和（7-27）式是线性规划（7-25）的最优解，此时必有

$$cx = \sum_{j=1}^{k} (cx^{(j)}) \lambda_j + \sum_{j=1}^{l} (cd^{(j)}) \mu_j \geqslant \sum_{j=1}^{k} (cx^{(j)}) \lambda_j \geqslant \sum_{j=1}^{k} (cx^{(p)}) \lambda_j = cx^{(p)},$$

因此极点 $x^{(p)}$ 是线性规划（7-24）的最优解。

本节利用最优化理论的基本原理建立路径优化模型，以航行过程中的燃料成本

最小为目标函数,根据船舶进出排放控制区的实际情况设置约束条件,对模型进行求解获得结论并分析。

3. 不确定性理论

真正的决定通常是在不确定的状态下做出的。所谓不确定性,是指那些结果难以提前无误预料到的现象。不确定性是绝对的,而确定性是相对的。如何建立不确定性模型,不仅是数学领域的重要研究课题,也是科学与工程领域的重要研究课题。对于不确定性建模,存在两个数学系统,一个是概率论,另一个是不确定性理论。人们认为概率表示为频率,而不确定性是个人的相信程度。

概率论的发展,方便了人们用概率论来解决运输时间的不确定性的问题。当缺少样本进行评估分布的时候,就需要相关领域的专家来估计这些事件发生的置信程度。也许有人认为置信程度应该用主观概率或模糊集理论来建模。然而,这通常是不合适的,因为在这种情况下,这两者都可能导致违反直觉的结果。为了理性地处理个人置信程度,不确定性理论成立于 2007 年,随后被许多研究人员所研究。目前,不确定性理论已成为数学的一个分支,其相关定义及公理如下。

定义 1:令 Γ 表示一个非空集合,L 为 Γ 上的 σ^- 代数。任意元素 $\Lambda(\Lambda\subset L)$ 称为事件,如果满足以下公理,则从 L 到 $[0,1]$ 的集合函数 M 被称为不确定度量。

公理 1:(规范性公理)$M\{\Gamma\}=1$ 用于全集 Γ。

公理 2:(对偶公理)$M\{\Lambda\}+M\{\Lambda^c\}=1$ 适用于所有事件 Λ。

公理 3:(次可加性公理)对于每个可数的事件序列 $\Lambda_1,\Lambda_2,\cdots$,满足

$$M\{\bigcup_{i=1}^{\infty}\Lambda_i\}\leqslant\sum_{i=1}^{\infty}M\{\Lambda_i\}\tag{7-30}$$

公理 4:(乘积公理)令 (Γ_k,L_k,M_k) 是 $k=1,2,\cdots$ 的不确定空间,乘积不确定度量 M 是满足以下的不确定度量,$k=1,2,\cdots$

$$M\{\Pi_{k=1}^{\infty}\Lambda_k\}=\Lambda_{k=1}^{\infty}M_k\{\Lambda_k\}\tag{7-31}$$

式中,Λ_k 分别是用于 $k=1,2,\cdots$ 的 L_k 的任意选择事件。

三元组 (Γ,L,M) 被称为不确定空间,其中不确定变量定义如下。

定义 2:不确定变量是从不确定空间 (Γ,L,M) 到实数集合的可测量函数 ξ,即对于实数的任何 BorelB 集,集合 $\{\xi\in B\}=\{\gamma\in\Gamma|\xi(\gamma)\in B\}$ 是一个事件。

定义 3:如果对于实数的任何 Borel 集,$B_1,B_2,\cdots,B_n$ 满足以下公式,称不确定变量 $\xi_1,\xi_2,\cdots,\xi_n$ 是独立的。

$$M\{\bigcap_{i=1}^{n}(\xi_i=B_i)\}=\Lambda_{k=1}^{\infty}M\{\xi_i\in B_i\}\tag{7-32}$$

定义 4:设 ξ 是不确定空间 (Γ,L,M) 上的不确定变量。如果对于任意实数 x 满

足 $\Phi(x)=M(\xi\leqslant x)$，则称 Φ 是 ξ 的不确定分布。

Bryan C 介绍了几种不确定分布，包括线性不确定分布、zigzag 不确定分布、对数不确定分布、正态不确定分布等。本节主要考虑的是线性不确定分布和 zigzag 不确定分布。下面给出这两种分布的具体介绍。

定义 5：如果不确定变量具有以下不确定分布函数，

$$\Phi(x)=\begin{cases}0,x\leqslant a\\(x-a)/(b-a),a\leqslant x\leqslant b\\1,x\geqslant b\end{cases} \tag{7-33}$$

则不确定变量 ξ 是线性的，ξ 的分布 $\Phi(x)$ 为线性不确定分布，记作 $L(a,b)$，其中 a 和 b 为满足 $a<b$ 的实数（图 7-41）。

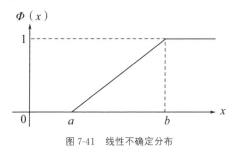

图 7-41　线性不确定分布

定义 6：如果不确定变量具有以下不确定分布，则称不确定变量 ξ 为 zigzag 型分布，记为 $z(a,b,c)$，其中，a,b,c 是满足 $a<b<c$ 的实数（图 7-42）。

$$\Phi(x)=\begin{cases}0,x\leqslant a\\(x-a)/2(b-a),a\leqslant x\leqslant b\\(x+c-2b)/(2(c-b)),b\leqslant x\leqslant c\\1,x\geqslant c\end{cases} \tag{7-34}$$

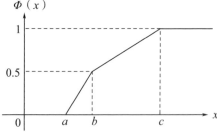

图 7-42　zigzag 不确定分布

定义 7：如果 ξ 为具有不确定分布 Φ 的不确定变量，那么其反函数 Φ^{-1} 成为 ξ 的逆不确定分布。

例 1：线性不确定变量 $L(a,b)$ 的逆不确定分布可表示为

$$\Phi^{-1}(\alpha)=(1-\alpha)a+\alpha b \tag{7-35}$$

其对应的逆不确定分布如图 7-43。

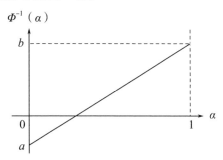

图 7-43　线性不确定变量的逆不确定分布

例 2：zigzag 不确定变量 $z(a,b,c)$ 的逆分布可表示为公式(7-36)、图 7-44。

$$\Phi^{-1}(\alpha)=\begin{cases}(1-\alpha)a+\alpha b,\alpha\leqslant0.5\\(2-2\alpha)b+(2\alpha-1)c,\alpha>0.5\end{cases} \tag{7-36}$$

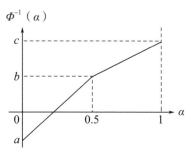

图 7-44　zigzag 不确定分布的逆分布

定理 1：令 $\xi_1,\xi_2,\cdots,\xi_n$ 为不确定变量，f 为真实值的可测函数，则 $f(\xi_1,\xi_2,\cdots,\xi_n)$ 是不确定变量。

定理 2：令 ξ 为不确定变量，且有不确定分布 Φ，如果期望值存在，则为

$$E[\xi]=\int_0^1\Phi^{-1}(\alpha)\mathrm{d}\alpha \tag{7-37}$$

定理 3：令 $\xi_1,\xi_2,\cdots,\xi_n$ 为独立的不确定变量，且分别有规则的不确定分布 $\Phi_1,\Phi_2,\cdots,\Phi_n$，若 $f(x_1,x_2,\cdots,x_n)$ 对 $x_1,x_2,\cdots,x_m$ 严格递增，对于 $x_{m+1},x_{m+2},\cdots,x_n$ 严格递减，则 $\xi=f\{\xi_1,\xi_2,\cdots,\xi_n\}$ 是具有逆不确定分布的不确定变量，其逆不确定分布为

$$\Phi^{-1}(\alpha)=f\begin{pmatrix}\Phi_1^{-1}(\alpha),\Phi_2^{-1}(\alpha),\cdots,\Phi_m^{-1}(\alpha),\Phi_{m+1}^{-1}(1-\alpha),\\\Phi_{m+2}^{-1}(1-\alpha),\cdots,\Phi_n^{-1}(1-\alpha)\end{pmatrix} \tag{7-38}$$

排放控制区的引入规定导致航运企业采取措施应对该规定。常见的燃料转换法使得燃料成本不断上升，而燃料成本与航行速度又有密切关系。可见，降低燃料成本需要重新考虑航行速度。船舶的航行速度易受到天气、交通等状况的影响，具有不确定性。同时另一个与燃料消耗相关的变量——船舶载重对燃料消耗量的影响系数在天气因素等条件下同样难以找到经验数据，是个不确定变量，故本节将速度和船舶载重量对主机燃油消耗量影响系数看作不确定变量，采用不确定性理论建立模型，对涉及排放控制区的航运路径以及航行速度进行优化。

7.5.2 考虑速度不确定的船舶路径选择研究

本节将从速度不确定的排放控制区的路径选择模型、路径选择算例和结果分析与对策建议方面进行阐述。

1. 速度不确定的排放控制区的路径选择模型

由于排放控制区的引入，为了降低船舶航行过程中的燃料成本，避免遭受政策罚款，传统的航行方式受到制约。又由于在排放控制区内外，船舶航行速度易受到天气、海上交通状况等不确定因素的干扰，航行速度具有不确定性，因此建立不确定性理论为依据的数学模型以优化涉及排放控制区的路径选择问题。

(1) 模型假设条件

接下来，为了便于建立模型，我们需对模型中涉及的问题做出以下假设。

① 停靠港的顺序是固定的。

② 船舶在每条路径上航行时只选择唯一的方案。

③ 船舶到达每个停靠港都有一个指定的时间上界和下界，也就是说，船舶需要在规定时间内到达港口以保证港口顺利分配泊位。

④ 基于③的条件，假设为了能够按时到达目的港，船舶更趋向航行时间更短的方案。

⑤ 船舶停靠在各港口的装卸货时间忽略不计。

于是，根据模型的假设条件，接下来对涉及的参数和变量做进一步解释。

(2) 模型符号描述

为了便于构建模型，这里将各个参数做如下定义。

I：航行路径上的路径序列集合；

K_i：路径 i 的路径方案集合；

ξ_{ik}^N：路径 i 选择 k 方案时排放控制区外的不确定航行速度，$i = 1, 2, \cdots, n, k = 1, 2, \cdots, m$；

ξ_{ik}^{ECA}:路径 i 选择 k 方案时排放控制区内的不确定航行速度,$i=1,2,\cdots,n,k=1$,$2,\cdots,m$;

ξ_0:设计速度;

Φ_{ik}:ξ_{ik}^{N} 的不确定分布,$i=1,2,\cdots,n,k=1,2,\cdots,m$;

γ_{ik}:ξ_{ik}^{ECA} 的不确定分布,$i=1,2,\cdots,n,k=1,2,\cdots,m$;

P^{N}:排放控制区外使用重油(HFO)的燃料价格;

P^{ECA}:排放控制区内使用的轻柴油(MGO)的燃料价格;

F_{ik}^{N}:路径 i 选择 k 方案时排放控制区外的燃料消耗;

F_{ik}^{ECA}:路径 i 选择 k 方案时排放控制区内的燃料消耗;

F_0:主机燃料消耗常数;

D_{ik}^{N}:路径 i 选择 k 方案时排放控制区外的航行距离;

D_{ik}^{ECA}:路径 i 选择 k 方案时排放控制区内的航行距离;

f_i:港口 i 的到达时间函数;

C_i:路径 i 的燃料消耗成本函数;

T_i:路径 i 的航行时间函数;

α_i^{N}:在排放控制区外的速度不确定时按时到达港口 i 的相信水平;

α_i^{ECA}:在排放控制区内的速度不确定时按时到达港口 i 的相信水平。

ξ_{ik}^{N} 和 ξ_{ik}^{ECA} 作为两个不确定变量,分别表示船舶在排放控制区内、外航行的速度。由于天气、意外状况等随机事件的发生具有不确定性,船舶航行的速度无法准确给定,所以这里考虑将速度变量设为不确定变量。另外,Φ_{ik} 和 γ_{ik} 分别是这两个不确定的速度变量的分布函数。由不确定变量构成的函数 D_{ik}^{N} 和 D_{ik}^{ECA} 以及 f_i、C_i、T_i 都是不确定函数。

（3）模型构建

下面将对速度不确定的排放控制区的船舶路径选择模型进行详细分析。首先,为了满足船舶按时到达目的港口的要求,航行时间函数如下:

$$T_i(\xi_{ik}^{\mathrm{N}},\xi_{ik}^{\mathrm{ECA}})=\Lambda_{k=1}^m\left(\frac{D_{ik}^{\mathrm{N}}}{\xi_{ik}^{\mathrm{N}}}+\frac{D_{ik}^{\mathrm{ECA}}}{\xi_{ik}^{\mathrm{ECA}}}\right)k=1,2,\cdots,m \qquad (7\text{-}39)$$

该函数表示船舶将选择在相邻两个港口之间航行时间最短的方案,每个方案分别包含了在排放控制区内航行的时间和在排放控制区外航行的时间。如果 Φ_{ik} 和 γ_{ik} 分别是 ξ_{ik}^{N} 和 ξ_{ik}^{ECA} 这两个不确定的速度变量的分布函数,那么 ξ_{ik}^{N} 和 ξ_{ik}^{ECA} 的逆不确定分布分别是 Φ_{ik}^{-1} 和 γ_{ik}^{-1}。航行时间的逆不确定分布就是

$$T_i^{-1}(\xi_{ik}^N,\xi_{ik}^{ECA},\alpha_i^N,\alpha_i^{ECA})=\Lambda_{k=1}^m\left(\frac{D_{ik}^N}{\Phi_{ik}^{-1}(1-\alpha_i^N)}+\frac{D_{ik}^{ECA}}{\gamma_{ik}^{-1}(1-\alpha_i^{ECA})}\right)k=1,2,\cdots,m$$

$$(7\text{-}40)$$

船舶到达每个挂靠港的时间是到达上一港口的时间与从上一港口航行到本港口的时间之和。起始港的港口到达时间为 0。港口到达时间和逆不确定分布分别是

$$f_i(\xi_{ik}^N,\xi_{ik}^{ECA})=\begin{cases}0,i=0\\f_{i-1}(\xi_{ik}^N,\xi_{ik}^{ECA})+T_i(\xi_{ik}^N,\xi_{ik}^{ECA}),i=1,2,\cdots,m\end{cases}\qquad(7\text{-}41)$$

$$\psi_i^{-1}(\xi_{ik}^N,\xi_{ik}^{ECA},\alpha_i^N,\alpha_i^{ECA})$$

$$=\begin{cases}0,i=0\\\psi_{i-1}^{-1}(\xi_{ik}^N,\xi_{ik}^{ECA},\alpha_i^N,\alpha_i^{ECA})+T_i^{-1}(\xi_{ik}^N,\xi_{ik}^{ECA},\alpha_i^N,\alpha_i^{ECA}),i=1,2,\cdots,m\end{cases}\qquad(7\text{-}42)$$

船舶航行过程中的成本包括固定成本和运营成本。固定成本主要是船舶初期投入成本、维修费等。在船舶航行期间的运营成本主要来源于燃料消耗成本。由于排放控制区政策的引入，船公司使用燃料转换法时，固定成本和其他变动成本没有发生显著变化，只有燃料消耗成本是主要的变动因素，所以模型中只考虑燃料消耗成本。燃料成本包括船舶在排放控制区内航行时消耗 MGO 燃料导致的成本和在排放控制区外航行时消耗 HFO 燃料导致的成本。于是，燃料消耗成本函数可表示为

$$C_i(\xi_{ik}^N,\xi_{ik}^{ECA})=P^N F_{ik}^N+P^{ECA}F_{ik}^{ECA}\qquad(7\text{-}43)$$

根据 Ronen 的结论，我们认为燃料消耗量与速度的三次方呈正相关。再由 Cariou 和 Cheaitou，Doudnikoff 和 Lacoste 根据速度与燃料消耗量之间关系的结论得到进一步解释，可将该结论应用于解决涉及排放控制区的速度与燃料消耗的关系上，于是燃料消耗量可以表示为：

$$F_{ik}^N=F_0\times\left(\frac{\xi_{ik}^N}{\xi_0}\right)^3\times\frac{D_{ik}^{ECA}}{\xi_{ik}^{ECA}}\qquad(7\text{-}44)$$

和

$$F_{ik}^{ECA}=F_0\times\left(\frac{\xi_{ik}^{ECA}}{\xi_0}\right)^3\times\frac{D_{ik}^N}{\xi_{ik}^N}\qquad(7\text{-}45)$$

式中，ξ_0 是设计速度，F_0 是主机燃料消耗常数。根据 Cariou 和 Cheaitou 的研究，有

$$F_0=(\text{SFOC}^M\text{EL}^M\text{PS}^M)\times10^{-6}\qquad(7\text{-}46)$$

式中，SFOC^M 表示主发动机的燃油消耗量（g/kWh），EL^M 表示主发动机的负载，PS^M 表示主发动机功率。本节在表示这些参数的时候，同样使用 Cariou 和 Cheaitou 在研究中使用相应参数时的表示方式。

由于港口对于码头泊位的限制，船舶必须在规定时间内到达各港口，这就需要考

虑到达时间的约束问题。首先,船舶需要在上一船舶离开后进入规定泊位,这是时间要求的下界 ai,表示进入第 i 个港口的最早时间;其次,还需要在下一船舶到达之前完成装卸货后离开,也就是说船舶必须在能保证按要求装卸货的前提下最晚到达港口,这是时间要求的上界 bi。考虑到各环节因素后,本文建立如下模型:

$$\min \sum_{i=1}^{n} C_i(\xi_{ik}^{N}, \xi_{ik}^{ECA})$$

$$\text{s. t.} \begin{cases} M\{a_i \leqslant f_i(\xi_{ik}^{N}, \xi_{ik}^{ECA}) \leqslant b_i\} \geqslant \alpha_i, & i=1,2,\cdots,n \\ 0 \leqslant \xi_{ik}^{N}, \xi_{ik}^{ECA}, & i=1,2,\cdots,n, k=1,2,\cdots,m \\ 0 \leqslant b_i \leqslant b_{i+1}, & i=1,2,\cdots,n \\ 0 \leqslant \alpha_i \leqslant 1, & i=1,2,\cdots,n \end{cases} \tag{7-47}$$

式中,将每个路径对应的排放控制区内、外分支的相信水平统一用 α_i 表示,若在实际应用时,两个相信水平有区别,可分开表示。其对应的逆不确定分布为

$$\min \sum_{i=1}^{n} C_i(\xi_{ik}^{N}, \xi_{ik}^{ECA})$$

$$\text{s. t.} \begin{cases} a_i \leqslant \psi_i^{-1}(\xi_{ik}^{N}, \xi_{ik}^{ECA}, \alpha_i) \leqslant b_i, & i=1,2,\cdots,n \\ 0 \leqslant \xi_{ik}^{N}, \xi_{ik}^{ECA}, & i=1,2,\cdots,n, k=1,2,\cdots,m \\ 0 \leqslant b_i \leqslant b_{i+1}, & i=1,2,\cdots,n \\ 0 \leqslant \alpha_i \leqslant 1, & i=1,2,\cdots,n \end{cases} \tag{7-48}$$

式中,$\psi_i^{-1}(\xi_{ik}^{N}, \xi_{ik}^{ECA}, \alpha_i)$ 是 $i=1,2,\cdots,n$ 时,$f_i(\xi_{ik}^{N}, \xi_{ik}^{ECA})$ 的逆不确定分布。模型中目标函数表示船舶在整个航线上航行所产生的燃料成本最少。第一个约束表示船舶在规定时间内到达挂靠港的信任程度应满足希望的水平。第二个约束是对两个速度变量的非负约束。第三个约束表示到达某个港口的时间应非负约束,且不大于船舶到达下一港口的时间。最后一个约束表示置信水平的区间。

2. 速度不确定的排放控制区的路径选择实证分析

为了说明本节所建立模型的合理性,下面应用涉及排放控制区路径优化的实例来进行分析。通过对实例进行处理,以及对实例结果进行分析,来进一步解释如何用本节模型解决路径优化问题。

案例:有一批货物从上海港出发,经过长江三角洲排放控制区运输到青岛港,再由青岛港经过环渤海排放控制区运输到大连港。该问题涉及两个不可避免的排放控制区,为满足排放控制区硫排放限制要求,在规定时间内以最小的燃料成本将货物依次送达目的港,我们将这段航线分为以下两个阶段。

第一阶段:从上海港出发经长江三角洲排放控制区至青岛港阶段。

第二阶段：从青岛港出发经环渤海排放控制区至大连港阶段。

（1）船舶数据

本案例选择的航线是上海—青岛—大连航线，涉及环渤海和长江三角洲水域这两个排放控制区。

基于当前燃料价格的参考值和文献中学者们的使用数据，假设 HFO 价格为 300 美元/吨，MGO 价格为 600 美元/吨。对应于模型中的变量，即 $P_{ik}^N = 300$ 美元/吨，$P_{ik}^{\mathrm{ECA}} = 600$ 美元/吨。作为排放控制区外使用的燃料，HFO 的价格相对稳定，而在 ECA 内使用的 MGO 的价格变化波动相对较大，暂将其看作定值。本节处理速度与燃料消耗的方法是基于 Ronen 的燃料消耗与速度的三次方成正比的结论。根据 (7-28)式和(7-29)式，计算燃料消耗量时，需要考虑设计速度。本案例中设计速度设为 20 节，即 $\xi_0 = 20$ 节。根据模型中的公式(7-30)，参考 Corbett 的数据，设 $\mathrm{SFOC}^M = 206$ 克/千瓦，$\mathrm{EL}^M = 0.8$，$\mathrm{PS}^M = 14\,000$ 千瓦（表 7-15）。

表 7-15　算例的基础数据

名称	符号	数据
排放控制区外使用重油（HFO）的燃料价格	P_{ik}^N	300 美元/吨
排放控制区内使用的轻柴油（MGO）的燃料价格	P_{ik}^{ECA}	600 美元/吨
设计速度	ξ_0	20 节
主机燃料消耗常数	F_0	55 吨/天（2.29 吨/小时）
主发动机的燃油消耗量	SFOC^M	206 克/千瓦
主发动机的负载	EL^M	0.8
主发动机功率	PS^M	14 000 千瓦

（2）路径数据

上海—青岛—大连航线涉及两个硫排放控制区，把这条航线分为两条路径。

第一条路径是从上海港出发到达青岛港，该路径涉及长江三角洲水域的排放控制区。为了方便，仅将该路径拟定了以下两个不同的路径方案。方案 1 尽可能规避排放控制区的路径。方案 2 不考虑规避排放控制区时，两个港口之间的最短路径，该路径经过的排放控制区距离最长。两条路径选择分别各有两个分支，其中一个表示船舶离开上海并在长江三角洲排放控制区航行的排放控制区路径，另一个分支表示船舶离开长江三角洲排放控制区向青岛港航行的排放控制区外的路径。

第二条路径是从青岛港出发到达大连港，该路径涉及环渤海水域的排放控制区。

这条路径可分成以下两个方案。

方案1沿着垂直于排放控制区边界的路径到达大连港时,船舶经过排放控制区的路径最短。方案2不选择规避排放控制区而尽可能地在进入渤海湾水域沿直线到达大连港时,可能会导致船舶经过排放控制区的路径较长。两个方案也分别有两个分支,其中一个表示船舶离开青岛港向环渤海排放控制区航行的排放控制区外的路径,另一个分支表示船舶进入环渤海排放控制区向大连港航行的排放控制区路径。

两条路径相应的选择方案的分支距离数据(表7-16)可看出,第一条路径(上海—青岛)有两个方案,船舶采用第一个方案航行意味着更短的排放控制区内的距离和较长的排放控制区外的距离;第二个方案则相反,船舶将经过较长的排放控制区,而排放控制区外的航行路径随之减少,同时总的航行距离比第一个方案短。第二条路径(青岛—大连)也包括两个方案,第一个方案意味着较短的排放控制区内的航行距离和较长的排放控制区外的距离;而第二个方案包含较长的排放控制区内的距离和较短的排放控制区外的距离,同时,第二个方案的总航行距离比第一个方案短。

表 7-16　两条路径不同方案的具体信息

序号	路径	方案	距离/海里	
			排放控制区	非排放控制区
1	上海—青岛	1	49.82	300.09
		2	145.18	174.81
2	青岛—大连	1	65.02	229.94
		2	84.81	172.46

数据来源:BLM-Shipping。

(3) 不确定速度数据

因为受到天气、海上交通情况等不确定因素的影响,船舶航行的速度变量无法准确给出,所以本节运用不确定性理论将速度变量设为不确定变量。根据以往文献对航行速度的研究,整理汇总后发现船舶航行的速度为10~25节。于是,本节将这两个数值作为速度变量的下界和上界。根据排放控制区政策,船舶在排放控制区内外使用不同价格的燃料,因此在计算燃料消耗成本时需要特别注意。前文的模型把速度变量分为两个变量,即船舶在排放控制区内航行的速度变量和船舶在排放控制区外航行的速度变量。在排放控制区外由于使用价格较低的HFO,所以船舶航行速度会较快。而排放控制区内使用价格较高的MGO,航行速度一般会比较慢。根据文献中对速度的计算结果,整理汇总后得到排放控制区内、外的速度分布分别服从两个不同的 zigzag 分布函数。船舶在排放控制区内的速度变量服从中间值为 15 的 zigzag 函数，而在排放控制区外的速度变量服从中间值为 18 的 zigzag 函数（综合文献，船舶在排放控制区外航行的速度通常为 16～18 节。为了与排放控制区内航行速度有更大区别，取较大值 18 节）（图 7-45 和图 7-46）。

排放控制区内的速度分布函数为

$$
\gamma_{ik}(\xi_{ik}^{ECA})=\begin{cases}0, & \xi_{ik}^{ECA}\leqslant10\\ (\xi_{ik}^{ECA}-10)/(2\times(15-10)), & 10\leqslant\xi_{ik}^{ECA}\leqslant15\\ (\xi_{ik}^{ECA}+25-2\times15)/(2\times(25-15)), & 15\leqslant\xi_{ik}^{ECA}\leqslant25\\ 1, & \xi_{ik}^{ECA}\geqslant25\end{cases} \quad (7\text{-}49)
$$

排放控制区外的速度分布函数为

$$
\Phi_{ik}(\xi_{ik}^{N})=\begin{cases}0, & \xi_{ik}^{N}\leqslant10\\ (\xi_{ik}^{N}-10)/(2\times(18-10)), & 10\leqslant\xi_{ik}^{N}\leqslant18\\ (\xi_{ik}^{N}+25-2\times18)/(2\times(25-18)), & 18\leqslant\xi_{ik}^{N}\leqslant25\\ 1, & \xi_{ik}^{N}\geqslant25\end{cases} \quad (7\text{-}50)
$$

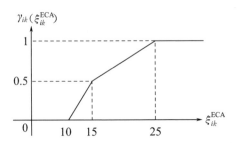

图 7-45　排放控制区内速度的 zigzag 不确定分布函数

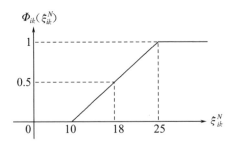

图 7-46　排放控制区外速度的 zigzag 不确定分布函数

图 7-45 中，横坐标为 15 的点对应纵坐标为 0.5，表示有 50% 的把握量会落在 10～15 这个区间，50% 的把握量会落在 15～25 的范围内。图 7-46 中，横坐标为 18 的点对应纵坐标为 0.5，表示有 50% 的把握量会落在中间值左边，50% 的把握量会落

在中间值右边。

（4）时间数据

通过查阅资料与整理汇总历史数据，为方便计算，本案例设置的从上海港到青岛港的时间下界和上界分别为 30 小时和 40 小时，从青岛港到大连港的时间下界和上界分别为 50 小时和 70 小时（表 7-17）。

表 7-17   到达的时间界限信息

路径	界限	符号	时间/小时
上海—青岛	下界	a_1	30
	上界	b_1	40
青岛—大连	下界	a_2	50
	上界	b_2	70

其中，青岛—大连路径部分的时间下界和上界的数值设定包括上海—青岛和青岛—大连两部分的总时间。为进一步分析，本节对模型中的相信水平做出划分，用来比较不同相信水平对船舶航行速度的影响，认为相信水平在 0.5～0.9 为中高水平，相信水平在 0.9 以上为高水平。以上是对本节案例所需数据的描述，案例结果将根据数据进行计算。

3. 结果分析与对策建议

下面利用遗传算法求解速度不确定时排放控制区的路径选择模型。首先利用 Matlab R2012a 软件，按照遗传算法进行编程。遗传算法的步骤分为编码、随机种群产生、适应度函数、选择算子、交叉算子、变异算子以及运算终止，在这里令初始种群规模为 2 000，变异概率为 0.001，交叉概率为 0.6，迭代次数 200。

（1）结果分析

将 α_1 维持在 0.9，分别得到 α_2 取中高水平的相信水平和高水平的相信水平时关于速度的结果（表 7-18、7-19）。

表 7-18   当 α_2 在中高水平时的速度结果

相信水平	速度/节		
$\alpha_1=0.9$	ξ_{11}^{ECA}	ξ_{11}^{N}	ξ_{22}^{ECA}
$\alpha_2=0.5$	23.461 3	23.783 0	15.274 9
$\alpha_2=0.6$	23.002 8	23.882 3	17.142 7
$\alpha_2=0.7$	23.264 6	23.840 4	19.149 5
$\alpha_2=0.8$	23.009 4	23.952 2	21.076 5
$\alpha_2=0.9$	23.203 5	23.751 0	23.003 6

表 7-19　当 α_2 在高水平时的速度结果

相信水平	速度/节			
$\alpha_1=0.9$	ξ_{11}^{ECA}	ξ_{11}^{N}	ξ_{22}^{ECA}	ξ_{11}^{ECA}
$\alpha_2=0.9$	23.203 5	23.751 0	23.003 6	24.450 6
$\alpha_2=0.95$	23.132 2	23.674 7	24.213 6	25.466 2
$\alpha_2=0.98$	23.138 8	24.051 7	24.708 9	25.991 8

　　根据表 7-18 的第二列和第三列所示，由于 α_1 保持不变，无论是否在排放控制区内，第一阶段所对应的速度 ξ_{11}^{ECA} 和 ξ_{11}^{N} 均保持在 23～24 节范围内，比较稳定。第四列和第五列分别表示在变化的相信水平 α_2 下，第二阶段所对应的速度 ξ_{22}^{ECA} 和 ξ_{22}^{N} 会随着相信水平的提高而不断提高。因此可以看出，将一个相信水平维持在固定值，随着另一个相信水平在中高水平范围内增长，变化的相信水平所对应的速度变量无论是否在排放控制区内，都将随之提高。表 7-19 的结果显示，取高水平的相信水平时，随着相信水平的上升，速度变量也呈上升状态。

　　接下来将分别讨论在以上两种相信水平情况下，船舶对路径选择和最终成本影响的相关问题（表 7-20 和表 7-21）。

表 7-20　当 α_2 在中高水平时的速度选择和最终成本结果

$\alpha_1=0.9$	上海—青岛			青岛—大连			成本/美元
α_2	方案	排放控制区	非排放控制区	方案	排放控制区	非排放控制区	
0.5	1	49.82	300.09	2	84.81	172.46	776 670
0.6	1	49.82	300.09	2	84.81	172.46	812 470
0.7	1	49.82	300.09	2	84.81	172.46	883 970
0.8	1	49.82	300.09	2	84.81	172.46	942 410
0.9	1	49.82	300.09	2	84.81	172.46	1 024 400

注：排放控制区和非排放控制区分支的距离单位为海里。

表 7-21　当 α_2 在高水平时的速度选择和最终成本结果

$\alpha_1=0.9$	上海—青岛			青岛—大连			成本/美元
α_2	方案	排放控制区	非排放控制区	方案	排放控制区	非排放控制区	
0.9	1	49.82	300.09	2	84.81	172.46	1 024 400
0.95	1	49.82	300.09	2	84.81	172.46	1 071 900
0.98	1	49.82	300.09	2	84.81	172.46	1 096 100

注：排放控制区和非排放控制区分支的距离单位为海里。

　　表 7-20 和表 7-21 关于路径选择的结果表明，第一阶段，即从上海港到青岛港航

行过程中,由于涉及长江三角洲排放控制区的距离差异比较大,船舶会倾向于选择在排放控制区内航行距离少的路径以降低燃料成本,即选择第一条路径。第二阶段,即从青岛港到大连港航行过程中,涉及环渤海排放控制区,由于该段两个路径方案中排放控制区内的航行距离差异不显著,所以船舶会偏向于选择总距离更短的那条路径,即第二条路径。关于成本的计算结果,可以认为随着相信水平的不断提高,也就是船舶按时到达港口的可能性不断增大,对速度的要求就会随之提高。因此,不论是排放控制区内的速度,还是船舶在排放控制区外航行的速度都在不断提高,导致成本也不断上升。对于两种程度的相信水平而言,成本的变化趋势也是一致的。由此可见,提高船舶按时到达港口的准确度需要以支付高额的燃料成本为代价。

将数据带入 Matlab R2012a 软件中,得到迭代结果(图 7-47、7-48)。这里将模型的最大迭代次数设置为 200 次,根据不同的相信程度取值,运行次数在 10~80 次后渐趋于平稳,表明经过迭代遗传算法已经收敛了,得到的结果可以认为是最优解。

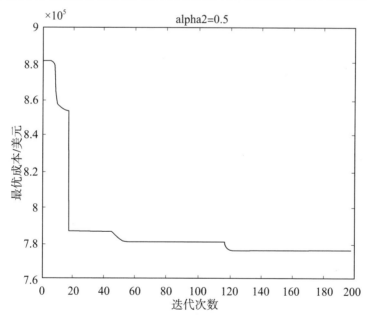

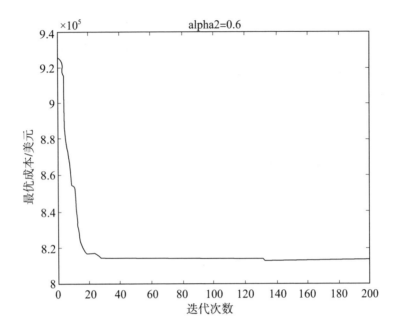

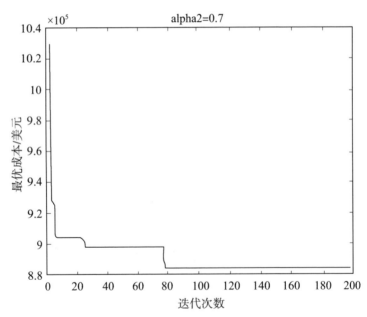

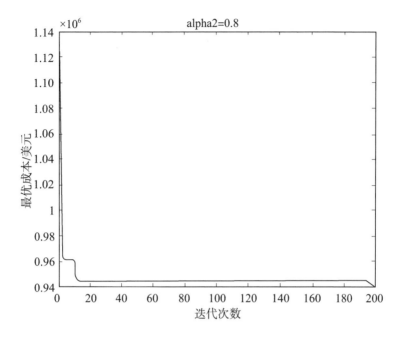

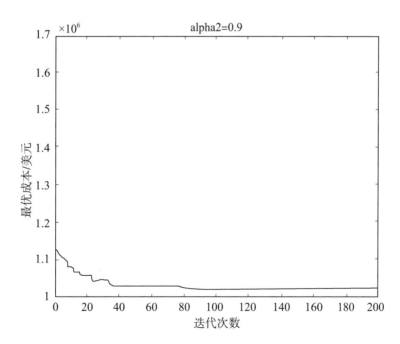

图 7-47　当 α_2 在中高水平时的迭代情况

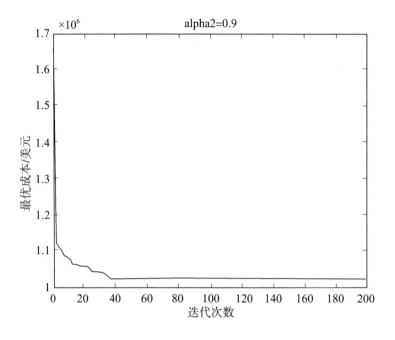

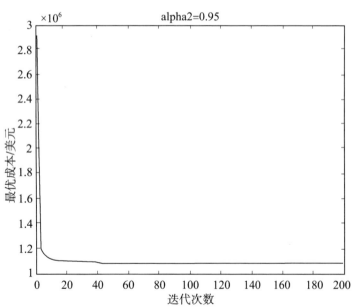

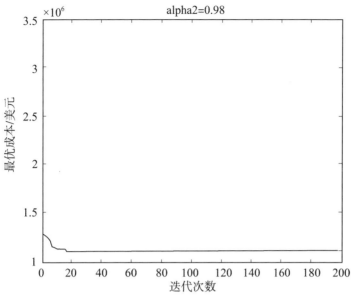

图 7-48　当 α_2 在高水平时的迭代情况

根据以上结果,可以得出以下结论。

一是本案例中,中高水平的相信水平下,船舶在第二阶段下排放控制区内、外航行的速度差距相对较大。也就是说,当我们认为船舶按时到达港口的程度在中高水平时,船舶可以以较低速度在排放控制区内航行以尽可能节省燃料,降低成本。为了弥补失去的时间,一旦离开排放控制区,船舶就需要加快速度争取按规定时间到达港口。如果认为船舶按时到达港口的程度在高水平,那么无论是在排放控制区内,还是在排放控制区外,船舶都需要以较高速度航行。此时,排放控制区内、外的航行速度差距并不大。

导致该结果的原因可能是两个不确定速度的分布函数比较接近。除此之外,港口到达时间的限制条件也比较宽裕。船舶在上海港—青岛港航行过程中,该案例将船舶航行时间限定为30~40小时。而在青岛港—大连港航行时,为方便计算,考虑的是两个阶段耗费的总时间,即50~70小时。宽裕的时间窗为发生意外事件、紧急情况等提供了充分的准备。因此,在给定相信水平时,即使船舶在排放控制区内、外使用不同价格的燃料,只要在规定时间内到港,可供选择的速度范围也相差不大。在排放控制区内、外航行的速度差距减小了。

二是本案例中各阶段的各条路径距离比较接近,无法得出明显的分析结果,故在实际处理时,如果不同的路径方案之间的距离相差不大,任何一种路径方案都是可被接收的。

三是该案例将第一阶段的相信水平固定不变,将第二阶段的相信水平分为中高水平和高水平两个范围,分别对速度变量、路径选择和成本进行考察,得到了比较丰富的结论。运用本章建立的模型解决实际问题时,可以根据实际情况和经验获得数据来评估相信水平,或由专家给出切合实际的相信水平。

(2) 对策建议

通过对速度不确定的排放控制区路径选择模型的案例求解,可以得到在考虑速度不确定情况下的排放控制区内路径选择的规划方案,实现最终总运输成本最小的目标。为了使涉及排放控制区问题的路径选择问题得到最好的方案,提出以下对策与建议。

1) 提高时效性

当船舶无可避免进入排放控制区时,航运企业应考虑客户要求的交货时间,根据交货时间灵活选择航行方案。由于顾客满意度是考察航运企业业务能力的重要指标,航运企业应注重对顾客承诺的兑现,按照双方商定好的交货时间准时交货,从而获得顾客忠诚。另外,按时交货也为下一航运任务做好准备,避免影响接下来的经济业务,航运企业从自身角度出发也要保证到港时间准确无误。而对于有排放控制区的航线来说,航运企业为了降低燃料成本,尽可能地在排放控制区内降低航行速度,从而减少燃料消耗量,而在排放控制区外航行时须适当提高速度来保证到港时间,这就需要综合各种不确定因素来选择最合适的速度。由本章结论可知,当船舶按时到达港口的相信水平越高,航行过程中的燃料成本也就越高。故对于熟悉的航线来说,航运企业可以根据以往航行经验和历史数据,选择中高水平的相信水平来确保船舶按时到达港口,以尽可能降低燃料成本;对于不熟悉或较熟悉的航线,航运企业不得不设定高水平的相信水平来确保船舶按时到达港口,相对应地,航行速度也会相对提高,与速度的三次方呈正相关的燃料消耗量随之提高,此时燃料成本会上升,也就是以高燃料成本换取船舶按时到达港口的相信水平。

2) 关注燃料价格的变动

燃料价格是构成燃料成本的主要因素,燃料价格的高低直接决定了船舶航行过程中的燃料成本。涉及排放控制区的燃料价格既包括排放控制区内使用的 MGO 价格,又包括排放控制区外使用的 HFO 价格。其中,HFO 价格相对稳定,而 MGO 价格变化幅度较大,航运企业在选择航行方案时,需要重点关注 MGO 的价格。当 MGO 价格较高时,航运企业为了最大限度地降低燃料成本,可能会倾向于利用较远排放控制区外的距离规避排放控制区内的距离这一航行方案。而当 MGO 价格较低时,航运企业可能会选择总航行距离最近的方案。一旦 MGO 价格低于 HFO 价格时,航运企业会选择排放控制区内的距离最大时的航行方案,当然这种情况非常少见。因此,确定具体航行方案时,航运企业必须密切关注燃料价格的变化,以找到成本最优的方案。

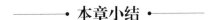

·本章小结·

为改善沿海地区大气环境,我国设置了船舶排放控制区。但在该政策实施过程中如何制定有效的监管策略和措施成为其能否成功的关键。本章阐述了我国排放控制区政策实施现状并分析了监管过程中存在的问题,在这一前提下,结合行为科学、系统论和控制论,构建了政府监管策略和船公司行为决策之间的演化博弈模型,通过对二者博弈系统的演化规律进行研究,分析了各自策略及系统演化博弈均衡点的稳定性,同时借助系统动力学模型对二者博弈系统开展模拟,仿真分析了参数变化对船公司行为决策的影响,明确外部因素对船公司行为决策的影响路径及程度,并模拟了静态惩罚策略下演化均衡点的稳定性和动态惩罚策略下系统的稳定性。随后,为改善我国的排放控制区政策监管提出了相关政策建议。

同时,本章将速度看作不确定变量,采用不确定性理论建立模型,对涉及排放控制区的航运路径及航行速度进行优化。该模型考虑运用燃料转换法,在排放控制区内使用价格较高的 MGO 满足排放控制区要求,在排放控制区外使用价格较低的 HFO。于是,模型的目标是寻求总燃料成本最小,并且需要满足船舶到达各个挂靠港的时间在时间窗内。为考虑该模型的实用性,本章对一个案例进行分析。随着对船舶按时到达挂靠港要求的不断提高,船舶在排放控制区内、外航行的速度会不断提高,导致燃料成本上升。但是由于在中高水平的相信水平下,船舶可以通过在排放控制区内低速航行降低成本,在排放控制区外提高速度以满足按时到达港口的要求,两个速度差异相对而言还是比较明显的。而一旦要求船舶按时到达港口满足高水平的需求,那么无论在排放控制区内、外,船舶都需要以高速度航行。此时,速度差异就不再显著。对于路径的选择,本案例的第一阶段(上海—青岛)有较为明显的排放控制区距离差异,船舶偏向于选择排放控制区距离短的路径来降低成本。本案例的第二阶段(青岛—大连)由于排放控制区内的航行距离相差不大,船舶更愿意选择总航行距离较短的路径。而具体需要多大的相信水平,可以根据实际情况和经验获得数据进行评估,或由专家给出切合实际的相信水平。

总的来讲,本章通过数据分析和案例研究从政府监管和船公司利益两个切入点进行论述，提出了提高船公司遵守排放控制区规定概率的监管政策，也为航运企业找到符合排放控制区条例规定的最优路径，得出了能使排放控制区约束效果和环保效果得到提升的理论方法。

【知识进阶】

1. 中国在排放控制区内实施的主要措施有哪些？

2. 在船舶排放控制区的监管工作中，作为港口环保负责人可以采取的步骤有哪些？

8 航运价格与航运市场波动

知识导入:党的二十大报告指出我们要"发展海洋经济,加快建设海洋强国",此外,"十四五"规划明确提出了"培育国际航运竞争优势,打造国际航运枢纽港"的战略方向,经济强国必定是海洋强国、航运强国。航运业是海洋经济的重要载体,其兴衰关系到海洋强国的建设成效,为此,明确航运业内部的运行规律对国家在"十四五"时期的海洋经济发展有着重要的现实意义。

航运价格的波动和市场的变化会直接影响航运企业的决策和利润,从而对国家航运市场的稳定和可持续发展造成冲击。同时,航运价格的波动将导致运输商品的采购价格发生变动,而以该种运输商品为原材料的半成品或产成品涉及的范围广而复杂,原材料价格的波动势必会影响这些商品的成本和交易价格。一系列变化产生的牛鞭效应会对我国国际贸易和国内产品行业造成冲击,进而影响国家经济的走向。因此,我们只有深入研究航运市场内部的运行规律,敏锐地洞察国际航运市场的变化,科学地控制航运价格和市场的波动,才能灵活地应对诸多不确定因素给航运业带来的风险和挑战,保持航运市场的健康和可持续发展。

本章对航运价格与航运市场的波动进行了理论梳理,共分为三节。8.1节阐明了航运市场体系的整体构成,并整理了国内外研究现状,为后续的研究奠定了基础。8.2节基于供需理论,分析了航运价格的影响因素,选取了出口贸易和上海集装箱航运价格为研究对象,运用向量自回归和向量误差修正模型研究了两者之间的关联性。8.3节基于金融风险传染理论,选取了航运市场和钢铁市场作为研究对象,运用DCC-GARCH模型和DY溢出指数模型研究了航运市场与钢铁市场的波动效应。本章通过理论和实证研究了航运价格和航运市场的波动对航运业的影响,帮助航运产业链上的企业正确预测市场的发展趋势,并及时针对潜在风险和危机制定灵活的应对措施,从而改善企业投资决策以实现企业的可持续发展。

8.1 航运市场及其研究现状

本节从航运市场的发展展开,明确了航运市场的定义和构成,在此基础上对学术界关于航运市场的研究进展进行了整理,为后续的研究奠定基础。

8.1.1 航运市场发展及体系构成

本小节分为三个部分,第一部分简单回顾了航运市场的产生与发展过程,第二部分明确了航运市场的体系构成,第三部分对航运价格和运价指数进行了定义。

1. 航运市场产生与发展

"市场"一词在日常生活中随处可见,社会经济的发展不断赋予市场新的含义,早期的市场是商品经济的产物。买卖双方进行商品交换的场所即是狭义的市场含义,市场通过买卖优化资源配置,在社会经济中发挥着重要的调节作用。

同样,国际航运市场是国际市场的重要组成部分,与其他国际市场一样,从市场形态、市场格局到市场的运行机制,都受到供给与需求规律的影响,而且也会受到其他相关市场发展的影响。随着经济发展和科技的进步,国际航运市场也被赋予了越来越丰富的含义。

早期,国际航运市场就是指在不同国家或地区之间,航运劳务需求与航运劳务供给构成供需关系的航运交易活动及其场所。随着科学技术和社会生产力的发展,国际航运市场的含义也进一步丰富。航海技术,如船舶航行与导航定位、航海通信技术、船舶种类与性能结构、助航仪器及设施、海洋水文地理与气象和港口航道工程等迅速发展。航运服务行业,如船舶代理、货运代理、理货业务、航运保险、船舶供应与管理已经成为国际航运有效运行的必要保障。船员劳务、航运信息与航运金融等也已经成为国际航运不可或缺的重要组成部分。因此,国际航运市场的含义不再只局限于海上运输交易,而是扩展到了航海技术、航运服务、航运劳务、航运信息和航运金融等一系列相关经济和市场活动综合调整和运作的航运交易活动及其场所。

谈到国际航运市场的形成与发展,不得不与造船和航海技术的进步密切联系起来。船舶的发展史几乎和人类的发展史一样悠久,在远古的舟筏时代,人们利用筏、木板船、桨、篙和橹作为水上运输工具,不过这些工具一般局限在内河和近海运输。

到了 15 世纪,帆船进入高速发展期,航海技术也已经有了很大的发展。15 世纪初中国明代航海家郑和七下西洋远航东非,15 世纪末意大利航海家哥伦布发现美洲新大陆,16 世纪初葡萄牙航海家麦哲伦环球航行,他们的船队皆是由帆船组成的。19 世纪中叶,美国人驾驶飞剪式帆船到中国从事茶叶和鸦片贸易,以 1853 年建造的美国的飞剪式快速帆船"大共和国"为典型代表,该船横越大西洋只需 13 天,标志着帆船的发展达到了顶峰。随着帆船和航运技术的发展,海上船队成为葡萄牙、西班牙等国家侵略和掠夺殖民地的重要工具。由此可见,国际航运发展初期,殖民掠夺和国际早期贸易是航运业发展的动力。

18世纪蒸汽机发明后,开始出现蒸汽机船,从此机械力开始代替自然力,船舶发展进入新的阶段。蒸汽机船投入商贸、苏伊士运河和巴拿马运河通航,加快了帆船的退役。以19世纪中叶英国人建造的"大东方号"蒸汽机船为例,该船排水量和载重空前增大,直到半个世纪以后才出现比其更大的船。19世纪中后期,国际、地区间的贸易量不断扩大,有的船主为了充分利用空闲舱位,开始附带为他人运输,船主和货主出现分离现象。当这种附带的运输量达到一定程度后,航运业就从贸易中分离出来,在英国伦敦形成了著名的"波罗的海贸易海运交易所",供船舶所有人和贸易商人交换信息,洽谈海运交易。伦敦航运市场的地位是由其国际航运中心的地位决定的,这一时期建立的波罗的海航运交易所至今仍是世界上最重要的航运市场之一。

19世纪中叶,美国、英国等国已经出现了班轮航线,定期班轮服务的出现和发展促进了海上贸易和运输的发展。工业革命飞速发展,机器的发明和一系列技术革命使得社会生产方式实现了重大飞跃,生产开始向动力机器转变,伴随着国际贸易而发展的海上运输从国际贸易中分离出来,并自成体系,同时,造船业开始成为世界工业的重要组成部分,港口工业迅速兴起,船舶经济、航运代理等航运服务行业不断发展壮大,成为国际航运市场不可或缺的重要组成部分。

19世纪下半叶,随着科技的进步,船舶的动力发生了变化,汽轮机成功应用到船上,以燃油代替燃煤解放了大量舱容,增大了船舶的载货能力,但耗油量仍然较大。1892年柴油机问世,20世纪初开始应用到船上,柴油机船热效率高油耗低,大幅度降低了燃油费用,载货能力大且续航能力强,因而得到了广泛的应用。

20世纪,特别是第二次世界大战以后世界经济亟待恢复发展,国际贸易需求空前高涨,工业经济复苏带来巨大的原材料的需求,世界商船队规模急剧扩大,航运交易所和航运经纪人数量增多,为了满足石油、煤炭、粮食、矿石等大宗货物的运输需求,油船、散货船等专业化船舶飞速发展。20世纪中后叶,集装箱船运输发展迅速,提高了运输效率和货物安全保障,为自动化管理创造了便利条件。干散货市场、集装箱市场等专业市场逐渐形成,船舶趋向大型化、高速化、自动化发展。同时为了满足船队规模的扩张,造船业及船舶买卖活动快速发展,由此形成了相关的船舶市场。这一系列市场的形成进一步完善了国际航运市场体系。

随着20世纪末和21世纪初信息科技、金融经济的发展,船舶自动化进入了崭新的时代,船舶技术、船员劳务和航运金融等一系列市场活动与航海运输有机结合在一起,大大提升了海上运输的效率和经济效益。同时,港口与城市发展结合起来,使港口成为集疏运中心、贸易中心、金融中心和工业中心为一体的综合性准政府区域。目前,航运经纪人与航运交易所之间,航运交易所与航运交易所之间都存在着密切的联系,已经形成了世界范围的航运服务网络。

2. 航运市场体系构成

18 世纪末 20 世纪初,海上运输逐渐从国际贸易中分离出来直至自成体系,形成了独立的国际航运业。19 世纪中叶,定期航运的出现使得国际航运市场分化为定期船市场和不定期船市场。第二次世界大战后,中东等地石油大量开发,工业化国家对石油资源的需求激增,专门运输石油的油船诞生,不定期船市场由此分化为石油市场和干散货船市场。20 世纪 60 年代,集装箱运输的迅速发展,又把定期船市场分化为集装箱班轮市场和杂货班轮市场。

国际航运市场体系(图 8-1)是一个由若干相互关联、相互依赖和相互作用的各类市场构成的有机统一体。从微观层面来看,它是由运输市场与为运输市场服务的包括租船市场、航运信息市场、航运金融市场和船员劳务市场在内的要素市场组成的基本市场。从宏观层面来看,它还包括与基本市场相关联,支持基本市场运行和发展的相关市场,即造船市场、二手船市场、修船市场和拆船市场。

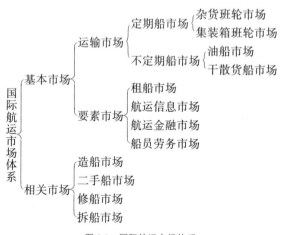

图 8-1 国际航运市场体系

定期船市场也叫班轮运输,是指在特定的港口之间,对不特定的众多货主,不论船舶满载与否,均按照所公布的船期表和运价进行规则运输的一种营运方式。班轮运输的货物主要是件杂货,包括工业制品、半成品、生鲜食品和工艺品等。班轮运输的货物小而杂,收货人多而散,运费较高,对航运速度要求较高。班轮运输有两种形式,一种是普通杂货船班轮运输,一种是集装箱班轮运输。杂货船班轮运输航线较短,货物较大,因而不易用集装箱装载,货量一般不大;而集装箱班轮运输的航线较远,货量较大,货物体积较小且有规则,容易被集装箱收纳。集装箱航运自 1957 年出现以来,凭着高效率和高效益等特点高速发展,成为海运的年轻力量,集装箱航运贸易量在全球海运贸易量中的占比越来越高,2020 年该比例高达 17%。从贸易量增速来看,2021 年集装箱运输是整个海运市场中增长最快的细分领域,增幅达到了5.8%,高出海运市场平均增速 2.2 个百分点。① 随着贸易全球化、区域化的发展,集装箱运输已成为世界上发展最快和最具活力的运输方式。

不定期船市场是根据海运需求在时间、地点、内容上所发生的变化,不断变更航线或货种的一种运输市场。不定期船市场有两种运输形式,分别是油船运输和干散货船运输。油船市场主要运输液体散货,包括成品油、石油化工原料和原油等;干散货船市场运输的主要货物包括除液体散货以外的所有干货或散货,其中,铁矿石、煤炭、粮食、铝矾土、磷灰石等属于大宗散货,而木材、钢铁、农产品、水泥等属于小宗散货。除此之外,干散货中也包括由不定期船载运的干杂货。在干散货航运市场里,大宗散货占了很高的比例,同时这些货物的产地和消费地比较固定,导致大宗散货的运输航线比较集中。根据克拉克森研究公司统计,2021 年干散货海运贸易量在全球海运市场中的占比最高,达到了 44.8%,同时干散货运输贸易量的增速超海运市场平均增速 0.4 个百分点,由此可见干散货运输在国际航运市场中占有举足轻重的地位。②

租船市场是船舶出租者、船舶租赁者及其他租船业务参与者,以及所有船舶租赁相关信息的总和,是一个抽象的市场概念。租船运输的船舶没有固定的班期、航线和挂靠港,租船运输是根据船舶出租人和承租人签订的租船合同进行营运的货物运输方式,这种运输方式主要适用于大宗散货的运输,租船合同里包含风险和费用等约定。租船市场给船、租双方提供了交易机会,为双方提供了大量的船舶租赁信息,在国际航运市场的平衡发展中发挥着重要的调节作用。

金融市场(或称资本市场)在国际航运市场体系中具有举足轻重的地位。狭义上,它是航运企业、港口、造船厂、银行、保险公司、证券公司、商品即衍生业务的经销商、金融租赁公司等机构从事融资、保险、资金结算、航运价格衍生品交易等交易活动

---

① 数据来源:Clarksons Research. Shipping Review & Outlook 2022[R]. Clarksons Research,2022.
② 数据来源:Clarksons Research. Shipping Review & Outlook 2022[R]. Clarksons Research,2022.

的市场。广义上,它是指基于"航运资源资本化、航运未来收益及产权资本化"原则,以航运业为平台,航运产业、金融产业、政府等进行融资、投资、金融服务等经济活动而产生的一系列与此相关业务的总称。航运业是资本密集型产业,航运市场的运行和发展都需要大量的资本投入。所以,航运金融市场的每一阶段都需要资本市场的支撑。

船员劳务市场是航运劳动力资源交易和分配的场所。船员是航运活动中最积极、能动的生产要素,航海技术和船舶现代化的发展对于船员素质的要求越来越高。世界经济和国际贸易的持续增长、海运需求的稳步上升带来的船队规模扩张势必会增加船员的市场需求量。

在国际航运市场体系中,运输市场、租船市场、资本市场和船员劳务市场是航运市场体系的支柱,而其他市场如船舶买卖市场、造船市场、修船市场和拆船市场则是为基本市场服务的专业市场。各个市场之间存在着相互制约、相互依赖和相互促进的关系。航运基本市场及各相关的买卖船、造船、修船、拆船等专业市场通过需求、供给、价格、竞争等要素的相互作用、相互运动,带动整个航运经济的运行。

3. 航运价格与运价指数

在国际航运市场中,航运需求方和航运供给方就航运服务构成供需关系,航运供给方在对货物进行海上运输的过程中要发生劳务工资、设备维护与折旧、燃油、港口使用费以及企业管理等经营开支。为了获取合理利润和维持、扩大再生产,航运供给方会向航运需求方收取一定的费用作为补偿,这种费用称为运费,计收这种费用的单位价格叫作运价。运价是单位运输服务消耗的社会必要劳动时间,或者是单位运输服务价值的货币表现。

航运市场的供需关系决定运价,运价反过来又会影响供需双方的决策。运价上涨,航运需求减小,航运市场会吸纳投资者进行投资;运价下跌,航运需求增大,航运供给紧缩,物流服务质量下降。除此之外,运价作为运输成本也会最终体现在商品的流通价格中。因此,为了研究运价的动态变化以及不同运价之间的比例关系,制定商品的流通价格,做出有利的投资决策,各大国际航运中心纷纷发展航运衍生服务业,一些主要的国际航运中心发布了航运中心衍生品——运价指数。

运价指数是反映不同时期运价水平波动趋势和程度的动态相对数,常以百分数表示。以某一固定基期的平均运价为基础,分别以各个时期(比较期)的平均运价与基期运价对比,就可以求得各个时期平均运价与基期平均运价对比的百分数。

运价指数是航运市场的"晴雨表",反映了相关航运市场的市场状况,其基本职能是基准指数,具有标尺性作用,代表航运市场的总体情况,反映航运价格的平均变动程度。运价指数的作用和影响十分广泛,一方面,它通过反映航运市场运价变动情况为行业内政府和企业的决策提供参考依据;另一方面,为远期运价交易提供技术分析的手段。

运价指数根据不同的标准可分成不同的类别。按照指数所代表的社会现象范围不同,运价指数可分为个体指数和总指数;按照指数所反映社会现象性质的不同,运价指数可分为数量指标指数和质量指标指数;按照指数所采取的基期不同,运价指数可以分为定基指数和环比指数;根据指数所在市场特点的不同,运价指数可分为干散货运价指数和集装箱运价指数。

(1) 干散货运价指数

航运市场的运价指数主要集中于干散货市场。干散货分为大宗散货和小宗批量散货两类;大宗散货主要有煤炭、金属矿石、粮食等,小宗批量散货包括钢铁、木材、化肥、水泥等。伦敦被公认为历史最悠久、航运交易活动最多的航运中心,拥有庞大的干散货交易市场,位于伦敦的波罗的海航交所于 1985 年发布了目前世界航运界最有影响力的干散货指数(也是最有影响力的运价指数)——波罗的海运价指数(Baltic Dry Index,简称 BDI)。

波罗的海运价指数主要用于反映全球干散货船市场的运价水平,揭示干散货市场的供需态势,并作为伦敦国际金融期货交易所(LIFFE)进行运价期货交易的工具。波罗的海运价指数在计算过程中将好望角型(BCI)、巴拿马型(BPI)、超灵便型(BSI)和灵便型(BHSI)这四大干散货船型的运价指数采用相同的比重来计算出一个综合指数。波罗的海运价指数从诞生之初,到内容的不断丰富拓展、航线不断增加、船型不断细化,不仅能反映整个航运市场的综合情况,也能反映各分船型市场运价的波动情况。

(2) 集装箱运价指数

航运市场中另一比较受到关注的运价市场是集装箱市场。随着国际分工的出现,生产的全球化使成品及半成品的全球运输需求增加,集装箱运输出现并蓬勃发展。作为长江三角洲经济圈的核心城市,上海的支柱产业多集中于电子机械、房地产、化工、食品、纺织等,集装箱运输市场潜力巨大。自 2010 年,上海作为新兴的国际航运中心,一直在世界集装箱吞吐量方面排名第一。根据运价指数的变动,上海航运交易所陆续推出多个指数产品,其中上海出口集装箱运价指数(Shanghai Containerized Freight Index,简称 SCFI)影响力最为广泛。

SCFI 包括了综合指数及覆盖上海集装箱运输主要出口地区的 15 条分航线运价指数。分航线运价反映的是各航线海运费及附加费的情况。SCFI 不仅是反映市场行情的"晴雨表"，被政府采信进入国家统计局大数据平台，还以运价指数为结算标准的指数挂钩协议、指数衍生品交易创新了海运业定价、交易模式。因此 SCFI 的发布提高了我国航运集装箱市场的管理水平，并为上海国际航运中心的发展起到了助力作用。

8.1.2 航运市场国内外研究进展

航运市场是一个宏观庞大的体系，学者在研究宏观市场的运行规律时往往需要借助相应的工具来衡量整个市场或某个细分市场的运行状况。在能够反映市场运行状态的众多指标中，价格是最直观且最足以反应市场波动幅度的衡量标准。因此，许多学者从航运价格的角度，对航运市场体系内部及其与其他市场之间的相互关联展开了研究。近年来学术界有关航运市场的研究范围广阔，其中最热议的方向集中在航运价格影响因素和航运市场与其他市场波动溢出效应上。

1. 航运价格及其影响因素研究

航运价格的波动可以反映航运市场的运行状况，各大航运中心构建了运价指数来反映不同时期运价水平波动的趋势和程度，研究运价指数的变化及其影响因素有利于航运企业预判经营风险，减少航运市场波动造成的损失。

在市场中，供求关系是价格的决定性因素，航运市场也不例外。从航运供给的角度分析，运力供给、船队运营效率及运费收入、船队规模、船舶生产和修护能力等都是重要的影响因素。同时，原油的价格会影响运输成本，从而改变航运供给和价格。从航运需求的角度分析，国家经济发展、制造业发展状况、进出口贸易额等是主要的影响指标，商品的价格水平也在一定程度上会影响进出口贸易额，引起航运价格的变动。此外，运价指数是经济发展的"晴雨表"，在一定程度上能够代表企业、行业、宏观经济的发展状况，也会对航运价格水平产生影响。

不管是从供给还是从需求角度，学者们更多采用定量研究的方法，在理论与实际的指导下，将运价指数与其他指数结合起来，运用不同的多变量分析模型工具来分析其中的影响机制。许多学者用多元线性回归来研究某一运费指数的影响因素，例如，Duru 和 Yoshida 采用多元回归分析，发现干散货运价指数与贸易量之间存在密切的关系。为了提高操作的简便性和结果的准确性，在多元线性回归的基础上演化出了 VAR 模型。许多学者用 VAR 模型来研究变量之间的相关性，例如，叶善椿首先对中国出口集装箱运价指数（CCFI）与采购经理指数（PMI）之间的相关性进行了理论与现实分析,之后通过建立 VAR 模型,发现两者之间具有长期的协整关系,且 PMI 对 CCFI 变动的贡献率较大。武华华等基于 VMD 算法、小波分析理论与随机森林回归构建了 VMD-WA-RFR 模型,综合分析了各影响因素与 BDI 的关系,表明干散货船运力的变化对 BDI 变化的影响最大。夏凯亮和侯剑将 CCFI 与上证指数结合起来,构建了自回归条件异方差模型(GARCH),得出后者对前者的综合影响为正向。Batchelor 等则采用差分自回归移动平均(ARI-MA)、向量自回归(VAR)和向量误差修正(VEC)等模型对 1995 年 7 月至 2002 年 7 月的即期运费和远期运费进行分析,发现萤火虫算法(FFA)有助于提升即期运费的预测质量。向量自回归(VAR)、向量误差修正(VEC)和自回归条件异方差模型(GARCH)是当前运价和航运市场的主流方法。

运价在物流成本中占比较大,是物流成本中客观存在并具有一定内在规律的数据指标。多数学者把研究重点放在运价上,以运价为因变量,综合分析多种自变量变化对运价造成的影响。少有学者关注某一市场或某单一因素,研究其与运价的相互作用或是两者之间的关联度。

另外,运价指数不仅能反映航运市场的运价波动,也可以反映航运市场的景气程度,通过运价指数观察全球航运市场供需的变化,从而改变投资和经营策略,对于航运相关企业来说具有很高的参考价值。然而目前鲜有学者对运价指数这两个方面的问题进行研究。

2. 航运市场与其他市场的波动效应相关研究

运价作为影响成本的因素会影响原材料乃至最终产品的价格,航运市场运价的波动通过原材料价格市场间接溢出至最终产品股价市场。近年来,市场一体化趋势显著,全球化的跨国贸易日趋成熟,交易成本上升、信息的不对称性、供需不一致及其他微观结构问题都可能导致市场价格波动溢出和信息传递。因此,跨市场价格波动溢出效应成为国内外学者关注的焦点之一。

国内外学者已对航运市场与其他市场波动溢出效应进行了大量研究,主要包括国际航运市场波动溢出效应、产品市场波动溢出效应及国际航运市场与其他市场间跨市场波动溢出效应三方面的研究。

关于航运市场内部波动溢出效应的研究包括新手船与二手船、不同船型、不同航运路线、现期市场与即期市场和即期远期市场的波动溢出效应。例如,Tsouknidis 通过 DCC-GARCH 模型与 DY 波动溢出指数模型证实了四种船型运价指数显著的波动溢出效应。

产品市场价格波动溢出效应方面的研究包括铁矿石现货期货波动溢出效应、钢材现货期货波动溢出效应及不同地区钢材期货波动溢出效应的研究。例如,李莉对不同时间铁矿石期现货价格的引导关系、期现货市场价格的波动相关性等方面进行分析,研究发现铁矿石期货市场有价格发现功能但不能引导现货价格。龙美芳运用格兰杰因果检验与 GARCH 模型研究中国、美国和新加坡三个国家的钢材期货的波动溢出效应。

航运市场与其他市场的跨市场波动溢出效应主要包括航运市场与股票市场、航运市场与外贸市场、航运衍生品市场与商品衍生品市场间的波动溢出。鲁雪飞等通过构建 DCC-GARCH 模型探究了海岬型船 FFA 市场与煤炭期货市场之间的传染效应,研究发现两市场间存在商品期货对运费期货的风险传染效应。Alexandridis 通过测度航运衍生品市场的波动溢出效应研究了航运市场信息传递的流动性。

根据以上文献分析可知,航运市场与其他市场的确存在跨市场波动溢出效应。虽然许多学者对航运市场与许多市场的波动溢出效应进行过深入研究,但对航运运价市场与商品价格市场间波动溢出关系的研究文献较少。

3. 研究现状总结

综合以上文献,可以看出在运价和航运市场波动这一领域已有不少学者进行了研究,但随着国际形势的不断变化,航运市场也面临着新的挑战和机遇。密切关注航运市场的供求关系、关注航运市场和其他市场的联动性,有利于航运企业掌握市场行情,及时调整经营战略,以规避市场风险,从而实现航运业平稳健康发展的目标。现有研究已不足以支撑航运相关企业的经营和可持续发展,需要进一步深入对运价和航运市场波动的探索。

因此,本章决定对航运价格影响因素和航运市场与其他市场的波动溢出效应做进一步分析与研究。通过对运价影响因素的文献梳理,不难发现目前鲜有学者从单一因素角度出发,研究其与运价的相互影响和关联度。运价指数不仅可以反映运价的波动,还在航运市场中扮演着"晴雨表"的角色,因此,本章 8.2 节从单一因素出发,研究运价指数与各单一因素的关联性,通过对航运市场波动的文献梳理,肯定了航运市场与其他市场间的波动溢出效应。虽然许多学者对钢铁现期货市场的波动溢出效应进行过深入研究,但对于钢铁市场与其他市场的跨市场波动溢出效应研究尚少。因此,本章 8.3 节选取钢铁市场和干散货航运市场作为研究对象,深入探索两市场间的波动溢出效应。本章的研究为航运供应链上相关企业提供经营和科学决策的依据。

8.2　航运价格的影响因素及实证研究

本节是对航运价格影响因素的进一步细化研究,首先总结了影响运价的主要因素并分析其对运价的影响机制,其次归纳了相关性研究用到的方法和模型,最后以供给需求理论为依据选取了典型的进出口贸易额为研究变量,实证分析其与集装箱运价的关联性。

8.2.1　影响航运价格的因素

在对价格理论以及国内外学者的研究进行综合分析的基础上,我们总结出了影响航运价格的几个主要因素,据此,下面分别从国际经济与贸易、石油价格、钢铁产业以及其他宏观环境四个方面分析其对航运价格的影响。

1. 国际经济与贸易的发展

随着经济全球化发展,世界范围内的国际分工进程不断加快。在这种社会经济的发展趋势下,任何一个国家都不可能置身事外、独立完成所有的社会生产活动,所以国际合作就显得越来越重要。国际贸易是实现国际分工与国际合作的重要途径,其实质是劳务或商品在国家之间的流动和交换,流通范围广、地域跨度大,国际物流就成为其重要环节。在进行一次具体的国际贸易活动时,买卖双方签订完购销合同之后,必须在规定的时间、地点完成货物的交割才算完成国际贸易的全过程,而这一过程必须通过国际物流来实现。现阶段国际航运是国际物流的主要方式,通过海上运输的货物占国际贸易货物总量的 67% 以上,因此,国际贸易的发展对国际航运市场的影响和重要作用显而易见。

根据供给需求理论,市场的供给与需求关系决定价格的走势。当市场出现供过于求时,市场价格下降;当市场出现供不应求时,市场价格就会上升。在航运市场中也是如此,国际贸易量增加,运力需求变大,短期内在运力供给不变的情况下,运输价格上升。如果国际贸易量持续增加,运价持续高涨,就会使得船公司或新的投资者增加运力供给,这样就会造成航运市场中的运力需求与供给关系发生变化,从而导致运价发生波动,运价指数随之改变。

另外,国际贸易额增加带来的货物运输量增加,在航运市场可能产生规模效应,使单位运输成本降低,从而对航运价格产生影响。当船舶的运载量增加时,船舶运输的各项成本与船舶的载重并不是成正比的,在一定范围内,成本的增长速度慢于载重量的增长速度。在保证一定装载率的情况下,大型船舶就显现出明显的成本优势,这也就导致了现在世界船队的大型化与年轻化。国际贸易的繁荣为航运市场提供了丰富的货源,促进了船舶的大型化,使得航运市场的规模经济效应产生作用,降低了单位运输成本,运价指数也相应降低。

对于航运与国际经济和贸易之间相互影响的问题,很多专家学者进行了研究。一些学者从航运业整体的发展角度切入进行研究,如陈昱鸣通过对铝土矿贸易格局的大数据分析,提出铝土矿贸易是未来干散货航运市场最具增长潜力的货种,预期铝土矿将成为全球第四大干散货运输货物。

一些学者从运价指数视角展开研究,如董仪从航运需求也就是外贸出口总额的角度研究中国出口集装箱运价指数的波动,发现出口总值对于综合运价指数和澳新航线运价指数的解释能力比较强,其他航线的运价波动与出口总额的关联性不大。

2. 石油价格波动

燃油作为航运重要的成本组成部分,油价的升降直接关乎航运企业的燃料支出费用。油价下调会大大降低航运企业的运营成本,航运价格也相应出现跌落,但由于受到航运需求的刺激,航运企业一般会保持整体运力的扩张,航运收入保持稳健。同样,当油价上调时,航运企业迫于运营成本的提高会上调航运价格以弥补由此带来的利益损失。

石油价格作为航运市场运作的重要影响因素之一,也受到了学术界的关注。近年来相关研究大致可分为两类。一类是从宏观角度分析原油价格变化对整个航运市场或是航运企业的影响,探讨航运企业应对油价下跌的策略。如赵新明针对国际油价变动对航运企业的成本控制、采购管理、营销策略、风险管控以及生产经营五方面的影响,提出唯有建立储备机制,实施锁定策略,优化定价模式,善用衍生产品,推行节能减排,方能保障航运企业的可持续发展。另一类是从航运价格的角度切入研究油价对航运价格的影响。如王琼和姚秉琪建立 VAR 模型研究了国际原油价格对中国出口集装箱运价指数的影响程度,并指出国际原油价格上涨会带动中国出口集装箱运价指数上涨,从长期来看,这种正向影响作用不断增强。

3. 钢铁产业的发展

铁矿石、煤炭和粮谷是构成国际干散货航运需求的主要货物。铁矿石和煤炭既是干散货运输的主要商品,也是与钢铁产业相关的原料,因此国际钢铁产业的发展决定着全球干散货航运的需求。当前,中国经济正处于从高速增长向中高速增长的新经济、新常态的转变中,中国的钢铁行业也随着经济转型不断对产业进行深化改革,淘汰落后产能。但由于受到下游行业需求疲软的影响,中国钢材价格持续走低,钢铁企业资金链受到极大的影响,钢铁企业遭受着严峻的市场宏观环境的影响。

由于中国铁矿石资源缺乏,钢材生产的原材料需要依赖大量进口。近年来中国铁矿石进口量呈逐年上升态势,2020年中国铁矿石进口量11.7亿吨,近六年来中国铁矿石对外依存度一直保持在80%以上。进口铁矿石和煤炭价格的波动性对中国钢材市场价格的波动性造成了很大的影响。许多学者运用实证检验分析了BDI与钢铁价格存在着较强的关联度。如姚瑾和汪五一等通过VAR实证检验指出中国钢材市场价格与干散货航运市场运价变动有着正相关关系。现有研究大多是从市场间的波动溢出传导的角度进行的。加强钢铁产业与航运运价的相关研究对于航运企业和钢铁企业的生存发展有着重要意义。

4. 宏观环境等其他因素

航运市场的价格波动同样受到宏观环境的影响,这包括国际法律法规、国际政治事件以及军事对抗等因素。以新冠疫情为例,自2019年起至今,疫情已导致全球及国内的干散货、原油、集装箱等市场陷入低迷,运费价格普遍下行。而2022年爆发的俄乌冲突,更导致油价大幅波动,贸易受限以及供应链的不平衡,这些都对国际航运市场产生了间接影响,并在一定程度上持续相互作用。不少学者对此类影响因素开展了研究。如余丽婷等研究了长江经济带绿色航运背景下铁矿石运价的影响因素,研究得出绿色航线、港口条件、绿色船舶供给等因素与铁矿石运价关联系数大,绿色航运建设将直接影响我国铁矿石航运价格。

航运价格还受到航运供给方以及其他相关市场的影响,如船舶的供给、港口基础设施条件以及租船市场、二手船市场、航运金融市场。航运价格还会受到季节性天气等自然因素的影响,例如,日本的关东地震和强热气流台风"花莲"登陆我国台湾地区,这些自然原因都会对该地区以及该地区所辐射区域的海运供需产生影响。

8.2.2　影响因素的研究方法

对于航运价格影响因素的研究方法,学术界的研究已经基本处于成熟阶段,下面介绍几个最主流的研究方法:向量自回归、向量误差修正、自回归移动平均。

1. 向量自回归

向量自回归(Vector Auto-regression,VAR)模型的推广源于世界著名的计量经济学家Sims在1980年发表的文章,现如今VAR的研究建模已经由最初的二维拓展到多维度。由于经济、金融时间序列分析经常涉及多个变量,所以VAR模型在宏观经济金融中得到极为广泛的应用。

VAR模型是基于数据的统计性质来建立模型的,其建模思想是把每一个外生变量作为所有内生变量滞后值的函数来构造模型。

VAR 模型的实质是分析多个变量之间的动态关系的方法。VAR 的一般形式：

$$Y_t = A_1 Y_{t-1} + A_2 Y_{t-2} + \cdots + A_p Y_{t-p} + \varepsilon_t \tag{8-1}$$

式中，Y 表示一个内生变量的列向量，A 表示待估计的系数矩阵，p 是滞后期，ε_t 是误差向量。

通过对 VAR 模型的估计不仅可以分析多变量之间的动态互动关系，还可以对相互关联的时间序列系统进行预测。VAR 模型也被应用于随机误差项对系统变量的影响。

在建立 VAR 模型前，时间序列的平稳性是一个必须考虑的因素。序列的平稳性是进行很多其他分析或模型估计的前提，如果序列是非平稳的，就要进行相应的平稳化处理。在实证分析中，增广迪基-福勒检验（ADF 检验）为最常见的检验平稳性的方法。ADF 检验中，原假设不存在单位根，序列是平稳的。如果序列不平稳，要进行差分的平稳化处理。

VAR 模型中的各个等式中的系数并不是研究者关注的对象，其主要原因是 VAR 模型系统中的系数往往非常多，因此无法通过分析模型系数估计值来分析 VAR 模型，需要借助格兰杰因果关系检验、IRF 脉冲响应函数等工具。

(1) 格兰杰因果关系检验

格兰杰（Granger）因果关系检验可以用来检验某个变量的所有滞后项是否对另一个或几个变量的当期值有影响。如果影响显著，说明该变量对另一个或几个变量存在格兰杰因果关系，反之则不存在。

(2) IRF 脉冲响应函数

由于系数只反映局部的动态关系，并不能反映全面复杂的动态关系，通过绘制 IRF 脉冲响应函数可以比较全面地反映各个变量之间的动态影响。

2. 向量误差修正

传统的计量回归估计要求涉及的变量为平稳序列变量，所以当研究的序列变量不平稳时，要对其进行差分以转换为平稳序列再进行后续分析。但对于几个非平稳时间序列的线性组合形成的变量是平稳序列的情况，研究者一般称这几个非平稳时间序列存在协整关系，那就说明这几个变量存在长期关系。协整分析可以弥补非平稳序列差分处理后失去变量总量的长期信息这一缺点。

对于非平稳序列，在进行平稳化处理之后，如果序列是同阶单整，且存在协整关系就可以建立向量误差修正（Vector-error Correction, VEC）模型，再进行其他相关分析。

VEC 模型,实质上是在差分序列建立的 VAR 模型中加入一个误差修正项,其具体表达公式为:

$$\Delta Y_t = \alpha \text{ECM}_{t-1} + A_1 \Delta Y_{t-1} + A_2 \Delta Y_{t-2} + \cdots + A_p \Delta Y_{t-p} + \varepsilon_t \tag{8-2}$$

式中,ECM 表示根据协整方程计算的误差修正项,反映了变量之间偏离长期均衡关系的非均衡误差,而误差修正项前面的系数就是调整参数,用于反映变量当期的变化回归到长期均衡关系或者消除非均衡误差的速度。

误差修正模型只能应用于存在协整关系的变量序列,因此在建立向量误差修正模型之前需要进行协整检验。在非平稳时间序列的多变量协整分析中,Johansen 协整检验较为常用。在进行 Johansen 协整检验的同时,还会获得协整向量的估计结果。这样,可以得到调整参数估计值,从而得到 VEC 模型的估计结果。

3. 自回归移动平均

由于非平稳序列在各个时间点上的随机规律是不同的,所以我们难以通过序列已知信息去掌握序列整体上的随机性,但在宏观经济领域的实证研究中,多数经济时间序列是非平稳的,如 GDP、价格水平、收入、消费、货币需求和汇率。为此,1970 年 Box-Jenkins 提出了以随机理论为基础的时间序列分析方法,其基本模型包括三种:自回归(AR)模型、移动平均(MA)模型、自回归移动平均(Autoregressive Integrated Moving Average,ARIMA)模型。其中 ARIMA 模型使用包括自回归项、单整项和移动平均项三种形式对扰动项进行建模分析,使模型同时综合考虑预测变量的过去值、当前值和误差值,从而有效地提高模型的预测精度。

ARIMA 模型是时间序列分析中简单而又实用的模型之一,且预测精度较高。ARIMA 模型仅仅考虑单个变量,不以经济理论为依据,试图找出单变量自身历史走势的规律,进而运用这个规律外推以实现预测。

如果非平稳时间序列 yt 经过 k 次差分后的平稳序列 $zt = \Delta ky t$ 服从 ARMA(p, q)模型,那么称原始序列 yt 服从 ARIMA(p,k,q)模型。也就是说,原始序列是I(k)序列,k 次差分后是平稳序列 I(0)。平稳序列 I(0)服从 ARMA 模型,而非平稳序列 I(k)服从 ARIMA 模型。

ARIMA(p,d,q)模型中,AR 是自回归,p 是自回归项;MA 是移动平均,q 是移动平均项数;d 是时间序列变得平稳时所做的差分次数。ARIMA(p,d,q)模型包含三种情况,即 AR(p)模型、MA(q)模型和 ARMA(p,q)模型。如果原序列是单整的非平稳数据,则对差分平稳后的数据建立以上三种模型。

第一种,AR(p)模型对应的代数表达式为:

$$y_t = c + \alpha_1 y_{t-1} + \alpha_2 y_{t-2} + \cdots + \alpha_p y_{t-p} + \varepsilon_t \qquad (8\text{-}3)$$

第二种，MA(q)模型对应的代数表达式为：

$$y_t = c + \varepsilon_t + \theta_1 \varepsilon_{t-1} + \theta_2 \varepsilon_{t-2} + \cdots + \theta_q \varepsilon_{t-q} \qquad (8\text{-}4)$$

第三种，ARMA(p, q)模型对应的代数表达式为：

$$y_t = c + \alpha_1 y_{t-1} + \alpha_2 y_{t-2} + \cdots + \alpha_p y_{t-p} + \varepsilon_t + \theta_1 \varepsilon_{t-1} + \theta_2 \varepsilon_{t-2} + \cdots + \theta_q \varepsilon_{t-q} \quad (8\text{-}5)$$

使用该模型的一个重要前提是，要分析的时间序列是平稳的时间序列；如果序列非平稳则需要差分后平稳，否则不可以使用。

8.2.3 上海集装箱航运价格与出口贸易的关联度实证研究

随着世界经济的发展，全球的经济一体化与国际分工的进程不断加快，各个国家的国际贸易量呈现出急速增长的趋势，分析出口贸易额与航运价格之间的相互影响作用，对国际贸易理论、贸易实践以及我国航运市场的建设与发展都有着极其重要的经济意义和社会意义。鉴于 8.2.1 所分析的国际贸易对航运运价的重要作用，本小节选取上海集装箱运价指数为研究变量，探索其与出口贸易之间的关联度，并以我国的重要港口上海港为研究对象，进行实证分析。

1. 研究变量的选取

新版 SCFI 于 2009 年 10 月 16 日开始，由上海航运交易所对外发布，并将当期定为基期，指数为 1 000 点。除法定节假日之外，SCFI 一般在每周五发布。本小节选取 2010 年 1 月至 2014 年 6 月发布的 SCFI 周度数据（共 223 期）进行实证分析。为了保证实证分析的可行性，将每个月份发布的 3～5 个 SCFI 进行简单平均处理，作为该月的 SCFI，从而获得月度数据共 54 个数值。

上海出口总额是由上海海关发布的上海海关关区出口总额的月度数据，从 2010 年 1 月至 2014 年 6 月，共 54 个数值，币种是美元，计数单位是亿。

研究采用 Eviews 7.0 软件进行分析。对 SCFI 进行处理后，两个指标均为月度数据，数据来源是中国船舶网（www. cnshipnet. com）、上海航运交易所（www. sse. net. cn）和中华人民共和国上海海关网（shanghai. customs. gov. cn）。

数据检验和模型参数估计如下。

（1）ADF 检验

为了消除原始变量 SCFI 序列和出口贸易额序列的异方差影响，对两个变量进行对数化处理，分别记作 LNSCFI 和 LNM，然后进行实证检验。在对时间序列进行分析之前，首先要保证时间序列的平稳性。根据 LNSCFI 和 LNM 的走势（图 8-2）选择模型进行 ADF 检验。

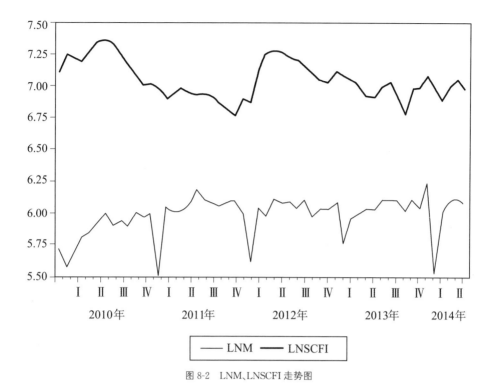

图 8-2　LNM、LNSCFI 走势图

进行 ADF 检验时,滞后期的选择比较重要。根据赤池信息准则(AIC)和施瓦茨准则(SC)选择最佳滞后期。从检验结果(表 8-1)可知,LNSCFI 原序列检验 $P(0.3416) > 0.05$,不能拒绝原假设,也就是说 LNSCFI 序列不平稳。在对序列 LNSCFI 进行平稳化处理后,序列 D(LNSCFI)是平稳的。同样,序列 LNM 的原序列不平稳,一阶差分序列 D(LNM)是平稳的。因此,原序列 LNSCFI 和 LNM 是同阶单整序列。

表 8-1　综合运价指数 ADF 检验结果

变量	检验类型	ADF 检验值	临界值(5%)	P 值
LNSCFI	$(c,0,0)$	-1.8745	-2.9177	0.3416
D(LNSCFI)	$(c,0,0)$	-6.0036	-2.9188	0.0000
LNM	$(c,0,0)$	-5.5225	-2.9177	0.0000
D(LNM)	$(c,0,10)$	-6.9877	-2.9332	0.0000

注:c 代表截距项。

(2)协整检验

根据单位根检验结果所示,符合 Johansen 协整检验的条件。然后,根据 AIC 和

SC 准则确定滞后期为 2，进行协整检验（表 8-2）。

表 8-2　综合运价指数 Johansen 协整检验结果

检验名称	原假设	统计量	临界值(5%)	P 值
迹统计量（trace）	None*	27.744 4	15.494 7	0.000 5
	Atmost1*	9.056 0	3.841 5	0.002 6
最大特征根统计量（Maximum eigenvalue）	None*	18.688 3	14.264 6	0.009 4
	Atmost1*	9.056 0	3.841 5	0.002 6

注：* 表示统计量的显著水平。

trace 的检验判定原假设 None 表示两个变量之间不存在协整关系，该假设的 trace 为 27.744 4＞15.49，可以拒绝原假设，认为至少两个变量之间存在一个协整关系；Atmost1 表示最多存在一个协整关系，该假设的 trace 为 9.056 0＞3.84，可以拒绝原假设，认为两个变量之间至少存在两个协整关系。通过 trace 的检验判断 LNSCFI 和 LNM 之间存在协整关系。同样，最大特征值的检验结果与 trace 相同。

根据协整检验的结果还可以得到对数似然值最大的协整关系，改变变量的排序并进行系数标准化后可得到协整方程：

$$LNM=-0.3492LNSCFI \tag{8-6}$$

$$LNSCFI=-2.8637LNM \tag{8-7}$$

可以看出，SCFI 与出口贸易额呈现负相关的长期均衡关系。SCFI 增加一个单位，出口贸易额就减少 0.35 个单位；出口贸易额增加一个单位，SCFI 就减少 2.86 个单位。

（3）VEC 模型

为了进一步探究两个变量之间关系，建立包含 LNM 和 LNSCFI 的 VEC 模型。

$$\Delta Y_{t-1}=\alpha CointEq_{t-1}+A_1\Delta Y_{y-1}+A_2\Delta Y_{y-2}+\cdots+A_p\Delta Y_{t-q}+\varepsilon_t \tag{8-8}$$

式中，$CointEq_{t-1}$ 代表误差修正项。

VEC 模型估计结果如下：

$$\Delta Y_{t-1}=\begin{bmatrix} -0.137\ 6 \\ -0.350\ 2 \end{bmatrix}CointEq_{t-1}+\begin{bmatrix} 0.292\ 2 & -0.207\ 0 \\ 0.440\ 1 & 0.039\ 1 \end{bmatrix}\Delta Y_{y-1}$$

$$+\begin{bmatrix} -0.076\ 8 & 0.042\ 5 \\ 0.575\ 6 & 0.127\ 1 \end{bmatrix}\Delta Y_{y-2}+\varepsilon_t \tag{8-9}$$

$$\Delta Y=\begin{bmatrix} D\ln SCFI \\ D\ln M \end{bmatrix} \tag{8-10}$$

从 VEC 模型检验结果(表 8-3)看出,模型的整体似然对数值足够大,AIC 值和 SC 值足够小,说明 VEC 模型估计效果较好。

表 8-3   VEC 模型检验结果

残差协方差矩阵的行列式(Determinant resid covariance(dof *adj.*))	0.000 079 3
对数似然值(Log likelihood)	102.442 4
AIC 准则(Akaike information criterion)	−3.468 328
施瓦兹准则(Schwarz criterion)	−2.938 023

(4) IRF 脉冲响应分析与格兰杰因果关系检验

因为 VEC 模型系统的系数估计值较多,而且每个系数值反映了一个局部的动态,不能很好地说明整个系统中复杂的动态系统,所以这里就不做过多的分析。下面采用脉冲响应函数图来分析两个变量之间的影响关系(图 8-3)。

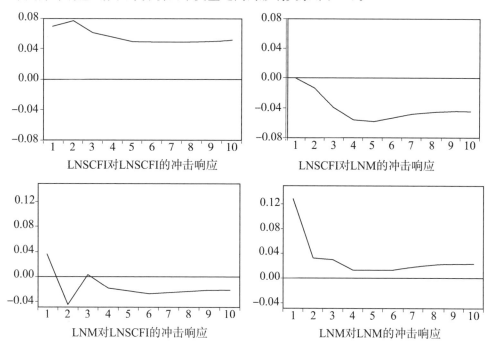

图 8-3   LNSCFI、LNM 脉冲响应函数

"LNM 对 LNSCFI 的冲击响应"部分显示的是 LNM 变动一个标准差对运价指数 LNSCFI 的影响。LNM 增加一个标准差后 LNSCFI 开始下降,到第五期后冲击作用慢慢减小。"LNM 对 LNSCFI 的冲击响应"部分显示的是 LNSCFI 变动一个标准差对 LNM 的影响。LNM 在受到冲击表现为正值但迅速下降,第三期反弹为正值,

之后一直保持负值。

在 VAR 模型基础上的格兰杰因果关系检验的实质是对一组系数的显著性检验，可以检验 LNSCFI 和 LNM 的滞后项是否对彼此的当期值有影响。对 LNSCFI 和 LNM 进行格兰杰因果关系检验的结果见表 8-4。

表 8-4　综合运价指数格兰杰因果关系检验

航线名称	原假设	滞后期	P 值	结论
综合航线	运价指数不是出口贸易额的格兰杰原因	2	0.049 7	拒绝
	出口贸易额不是运价指数的格兰杰原因	2	0.045 9	拒绝

注：显著水平 $\alpha=0.1$。

根据表 8-4，SCFI 的变化（DLNSCFI）是出口贸易额变动的格兰杰原因，P（0.049 7）<0.05。同样地，对于 SCFI 来说，P（0.045 9）<0.05，说明两个变量之间存在双向的因果关系，相互的影响作用显著。

根据实证分析，SCFI 与出口贸易额（M）存在负相关关系。从短期影响来分析，出口贸易额有降低 SCFI 的作用，SCFI 的变化在短期内会引起出口贸易额的变动，但总体上会阻碍出口贸易的发展。两个变量之间的相互影响显著，互为格兰杰原因。

2. 实证结果与启示

前文对 SCFI 与上海海关关区出口额之间的关联进行了实证分析。根据实证分析的结果可以看出，SCFI 与上海海关关区出口额呈负相关关系。出口额的增长导致运价指数的下降，运价上升会阻碍出口贸易的进行。从长期角度分析，出口额的增加代表着航运市场中货运量的增加。充足的货运量促使航运业规模不断扩大，更多的资金和运力流入航运市场，价格理论在航运市场发挥作用。另外，充足的货运量使得大型船舶的优势得以发挥。随着造船技术的改进，航运船舶呈现大型化的趋势，大型船舶的载重大，使得单位货物的运输成本降低。充足的货源使得大型船舶的这一优势得以发挥，运输成本下降促使运价指数降低。而当运价指数上升时，会阻碍出口贸易的进行，使出口额减少。运输成本是国际贸易中不可忽视的交易成本，运价上升使得交易成本增加，贸易利润减小，直接阻碍出口贸易的发生。此外，如果商家将增加的交易成本转嫁到商品价格上的话，商品价格上升，则销量减少，出口额也随之减少。

最后，根据实证分析的结果对我国航运市场的发展提出几点建议。

第一，船运公司要根据航线特征，合理分配运力。在航运距离长、货运充足的航线，大型船舶能发挥规模成本优势，增加收益；在近洋航线和货运量充足的航线，大型船舶难以发挥优势，中小型船舶反而更能提高效益。因此船运公司应该根据航线的距离、航行条件和运输量等特征合理分配运力。

第二,船运公司要根据国家政策倾向和贸易关系变化制定经营策略。比如2010年中国－东盟自由贸易区的启动、建设21世纪海上丝绸之路等国家发展战略都对相关航线的货运量产生了影响,进而导致了运价的波动。再比如我国从波斯湾进口石油、从巴西和澳大利亚进口铁矿石等矿产资源,并且对其进口的依赖度较高,所以国家出台很多政策加强与这些地区的贸易伙伴关系,间接促进向这些地区的出口贸易和相关航线的建设。因此,航运公司应该密切关注我国国际贸易的发展动态,从而获得更大的发展。

第三,科学计算运价指数。自SCFI发布以来,各航线的权重、目的港以及运价采集的班轮公司和货主货代公司都没有变动。随着我国出口商品结构的改变以及外贸政策的改变,商品出口流向不断发生改变,与各个国家的外贸关系也在发生着改变。同时,一些新的航线也可能出现,采集运价的各个公司也在不断发展,在行业中的代表性发生了改变。另外还有一些新的公司不断崛起,同样影响着航线的运价水平。在编制运价指数的时候,应该根据这些变化,适当调整各航线的权重、目的港以及运价采集的班轮公司和货主货代公司的选择,使运价指数更准确无误地反映当期集装箱航运市场的运价变化。

第四,充分发挥运价指数的功能。根据分析结果,运价指数不仅是对当期航运市场的运价水平的反映,也与出口贸易额相关。对往期运价指数进行分析,可以得到各条航线的货运量与运力情况。要完善运价指数的管理章程,及时更新运价指数,增加运价指数的开放程度,方便航运公司和外贸企业查阅。另外,可以根据外贸情况与运价走向预测未来的运价。目前,我国的集装箱吞吐量已居世界第一,但是大多数的货物托运人和承运人只能随行就市,成为运价波动的被动接受者,承受运价波动的风险。对未来运价的预测对航运公司的运力投资、发展战略和外贸企业的货物交易都具有指导意义。除此之外,发展运价指数衍生品也是规范发展航运期货市场的有效手段。运价指数衍生品还可以帮助托运人和承运人进行运价变化的风险管理。

8.3 航运市场与钢铁市场的波动效应及实证研究

铁矿石被称为大宗散货海运之王,从运送吨位来讲,铁矿石的海上运输量一直占据干散货海上运输总量的27%以上,高于煤炭(25%)及粮食(10%)。因此铁矿石市场价格的波动势必受到航运市场运价波动的影响。而铁矿石是制造钢铁的主要原材料,铁矿石的采购成本占整个钢铁产成品制造成本的40%,因此铁矿石价格是影响钢铁企业盈利的重要因素。通过上述机制，航运市场的价格波动通过铁矿石市场间接溢出至钢铁市场。

按照常理来看，代表航运市场状况的干散货运价指数与代表钢铁市场的铁矿石价格走势应呈一定的正相关性，但近年来，干散货航运市场运价与铁矿石价格的相关程度下降，甚至出现反向发展的现象，使两者波动溢出效应不确定。价格波动溢出意味着价格不确定性的增加，其带来的风险会使得被溢出市场的生产和投资的决策的实施变得困难。而铁矿石定价体制的变更等加剧了钢铁市场的价格波动风险。因此，如能准确测度干散货运价指数与我国钢铁市场间的波动溢出效应将有利于我们正确预测市场发展趋势并发出市场危机的信号，及时改善投资者决策，规避业务运营或市场风险。

本节是对航运市场与其他市场的波动溢出效应做的进一步研究。本节基于价格理论中生产要素价格变化对产业影响的理论，选取钢铁市场和干散货航运市场为研究对象，首先阐述了两市场相互作用的机制，总结了市场波动性的相关理论，其次归纳了研究市场波动性的主要方法，最后基于上述理论与方法，选取 BDI 和钢铁股票指数进行了实证研究。

8.3.1 两市场相互作用的机制

航运价格、国际铁矿石价格与我国钢铁股价的不确定性与关联性使得其价格波动对航运市场与钢铁市场带来市场风险，而价格属于金融领域的范畴。因此本小节首先对金融风险、金融风险传染、价格波动溢出效应及市场动态相关性理论进行了详细介绍，然后阐述了航运市场和钢铁市场的价格影响机制以及运价指数和钢铁股价指数之间的关联，从理论角度分析两个市场的相互作用，为后文的实证分析铺设理论基础。

1. 金融风险相关理论

金融风险即各种经济主体从事金融活动时，因利率、汇率、证券价格、商品价格、信用和流动等金融因素而遭受损失的可能性。金融风险可能波及金融活动的每一个参与者，包括政府、金融机构、企业与居民。因为金融风险影响深远、广泛，所以金融风险管理一直是现代金融经济研究领域中最活跃的话题之一。

金融体系不稳定理论认为，金融体系本质上是不稳定的，这种不稳定性是金融风险的理论来源。信息经济学认为，现实世界中信息是不完整和不对称的，即一方拥有的信息多于另外一方。因此，这种信息不对称造成了参与者的机会主义行为，其中包括逆向选择和道德风险，反过来又造成了新的金融风险。

以金融风险的来源来分析,金融风险包括市场风险、信用风险、流动性风险、操作风险和法律风险。其中市场风险是指市场内系统因素的波动导致金融市场的资产损失或企业利润减少的可能性。这些波动系统的因素包括金融资产价格、交易量和利率、汇率等。所以由于航运市场运价变动或钢铁市场价格变动而造成的金融风险属于市场风险。

金融风险具有传染性,可以由一个经济主体传染给别的经济主体。这个主体小至企业等金融机构,大至国家或地区,结果可能导致系统性金融风险,甚至全球性金融危机。金融风险蔓延的过程就是金融风险从小到大由单个金融机构到整个金融体系、从一个国家向另一个国家发展的过程,也是金融风险的范围不断扩大和强度不断增加的过程。

金融危机的传播有三个主要影响:季风效应(Monsoonal Effect)、溢出效应(Spillovers Effect)和净传染效应(Pure Contagion Effect)。季风效应是指可能存在同一种外部原因导致几个国家、地区、经济体同时或相继遭受冲击压力的非接触性传导现象。溢出效应是指某个组织或主体进行某项金融活动对组织或主体之外的人员或社会的影响。净传染效应是指一国发生的货币危机是另一国货币危机爆发的导火索,一个国家的货币危机以多米诺骨牌的形式逐渐蔓延到其他国家。

波动溢出效应是金融风险传染效应中溢出效应的一种形式,即金融市场的风险表现为市场价格的过度波动,其溢出的对象是市场波动。这意味着金融市场的波动不仅会受到自身过去波动的影响,还可能会受到其他市场波动的冲击,即不同市场间收益率二阶矩(价格波动幅度)的格兰杰因果关系。价格波动溢出效应可能存在于不同地区的不同市场中、不同地区的相同市场中、同一地区的不同市场中,也可能存在于同一地区、同一市场的不同子市场中。本小节运用 GARCH 模型及 DY 波动溢出指数模型来研究两市场的跨市场波动溢出效应。

根据两个时间序列之间的相关性是否随着时间的变化而变化可将相关关系分为常相关关系与动态相关关系。常相关关系就是两者之间的相关系数恒定,动态相关关系就是两者之间的相关系数随时间的变化而变化,即其相关性具有时变性。对于一般时间序列数据而言,变量间的相关关系多为常相关关系,但金融市场变化频率非常快,大多数指标间的相关性并非恒定不变,而是存在时变性。本小节选取航运市场与钢铁市场的价格指标属于金融领域,因此运用 DCC-GARCH 模型探究不同指标间是否具有动态相关性。

金融风险计量是指对各种金融风险导致损失的可能性的大小、损失发生的范围和程度，或者是与损失发生密切相关的其他事件加以量化描述的过程。它通常包括四个阶段：风险识别、风险计量、风险管理决策和风险控制。

其中，风险计量能够定量研究金融风险，为后续风险管理与风险控制奠定基础。市场风险计量方法包括灵敏度方法、波动性方法与VAR法。灵敏度方法是用市场因素变量的单位变化值引起的资产组合价值变化量来刻画风险，以此测度金融变量对特定市场因素不利变化的敏感程度。波动性方法是用资产组合收益（价格收益率）的波动性刻画资产组合（价格）面临的风险。VAR法是在一定置信度下，对某一金融资产或组合在未来特定时期内的最大可能损失做出预测。

本小节研究跨市场风险所采用的方法为波动性方法。波动性方法包括移动平均法、ARCH模型法和GARCH模型法。本小节选用了GARCH模型的变形DCC-GARCH来研究两市场的跨市场风险。

2. 航运市场与钢铁市场的影响机制

一方面，海运费影响铁矿石价格主要是基于市场供需理论。需求理论认为决定需求的因素主要有五个：市场价格、平均收入水平、市场规模、该商品的替代品情况（包括数量、品种和价格）和消费者选择偏好。需求与市场价格间的关系被简化为需求量与价格成反比例变化。决定供给的因素包括市场价格、生产成本、生产要素的价格、其他商品价格的变化四种。供给、需求与市场价格的变化规律可简化为供给量与市场价格成正比例变化、需求量与市场价格成反比例变化。因此，供给量越大、需求量越小，市场价格越高。所以当铁矿石供给保持不变而海运费上升时，铁矿石需求方为了降低成本，会减小对铁矿石的需求量，进而使铁矿石价格升高；而当海运费下降时，铁矿石需求方为盈利会大量购置铁矿石使铁矿石需求量增大，进而使铁矿石价格降低。

另一方面，铁矿石的到岸价格为铁矿石的离岸价格、海运费及其他费用的总和。铁矿石价格增加会抬高海运费，而铁矿石价格增加又会使铁矿石产量增加而市场需求量减小进而抑制海运费上涨。若完成这一循环所需时间较长，海运费和离岸价格在一定时间范围内变化程度、方向不同，可能会使得铁矿石进口价格与离岸价格相互背离。因此总的来说，海运费与铁矿石价格成正比。

基于价格理论中生产要素价格变化对产业影响的理论，铁矿石价格会对钢铁企业盈利产生影响。一般来说，对于一个由生产特点类似的企业组成的大型产业，假设给出了价格，对于产业内的某个企业，它是价格的接受者。如果行业内的某个企业用某种方式可以获得超额利润，行业内其他企业会迅速效仿，并在一段时间后达到平衡。一般来说,对一个产业来讲,当其生产要素价格上涨时,一般会对该产业产生以下三种影响:从短期来看,当一个行业的生产要素价格上涨时,成品的生产成本会提高,该行业的产量将有一个下降期;从长远来看,当一个产业的生产要素处于长期上涨的趋势时,经过对生产要素市场的适应期,该产业的产量也将同时出现长期上升趋势,即当一个产业的生产要素价格上涨时,这个行业将有一个大的产能扩张期;当一个产业的生产要素价格上涨时,行业企业需要扩大生产规模,那些成功扩张产能的企业将成为这个产业的龙头企业。也就是说,生产要素的价格上涨将不仅扩大整个行业企业的生产能力,还会使行业内的企业实现差异化并引领大型龙头企业。

作为钢铁生产的主要原材料,铁矿石是钢铁企业重要的生产要素。从短期来看,铁矿石价格的上涨导致钢铁公司失去利润。从长远来看,铁矿石价格的上涨将提高整个钢铁行业的产能,进而提升企业的盈利能力,并使钢铁行业内的企业分化。而行业股价又是衡量行业企业盈利及运营状况的重要指标,反映了股民对该市场发展的信心。因此铁矿石价格波动的信息会在钢铁公司的股价上得到反映。

综合来看,如不考虑两个市场可能受的其他因素的影响,BDI、国际铁矿石价格与我国钢铁股价三者间相互关联的机制如图 8-4 所示。运费的上升提高了铁矿石成本,铁矿石成本的上升降低了钢铁企业的盈利能力。整个行业盈利能力下降使消费者预期下滑,股价下降。为了保存企业实力,钢铁企业减少钢铁产量并减少了对铁矿石的需求,进而使铁矿石价格下降、运价下降。随之带来铁矿石需求量与价格的攀升,继而抬高运价,新一轮的市场周期随之出现。

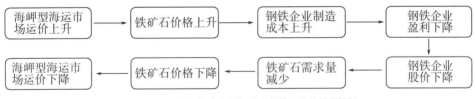

图 8-4　BDI、国际铁矿石价格、我国钢铁股价的关联机制

而上述相关性分析忽略了航运市场与钢铁市场可能受到其他因素的影响,为了更准确地描述 BDI、铁矿石价格、钢铁股价三者间的关系,本章还梳理了影响 BDI、铁矿石价格、钢铁股价的其他因素。

影响 BDI 的因素包括:一是工业产品及能源的需求(正相关)。如果商品需求旺盛,则无论这些商品的现货价格是多少,BDI 均升高。二是船舶供应(负相关)。船舶供应包括船舶数量、载货能力和使用率三方面因素。三是季节压力。寒冷天气可能导致水结冰堵塞港口,河道水位降低,航行减少,使运费上升,BDI 升高。四是燃料价格（正相关）。高油价将反映到高 BDI 上去。五是航路瓶颈（正相关）。航路瓶颈必然影响着船舶的有效供应。六是市场情绪，公司根据全球增长的预测调整其生产和需求。

影响铁矿石价格的因素包括：一是成本因素（正相关），包括采矿设备价格、人工成本、采矿所需用水及电价、相关税费运费。二是原产国进出口政策、进口国关税政策、消费国钢铁产业发展政策。三是产量变化（负相关）。铁矿石的产能及产量的增减对市场价格产生影响。四是国际贸易价格（正相关）。铁矿石进口高度依赖情况下，国际市场价格的变动会影响国内铁矿石市场价格。五是下游需求变化（正相关）。下游消费量增加且供给不足时，市场价格将上涨。六是替代产品价格（正相关）。当铁矿石市场价格较高且废钢等替代品价格相对较低时，会导致价格走低。七是产品库存变化（负相关）。区域库存增加，贸易商愿意出货，价格会走低。八是宏观经济形势（正相关）。宏观经济形势通过影响下游产业的需求从而影响铁矿石市场变化。

影响钢铁企业股价的主要因素包括：一是公司经营状况，包括公司治理水平和管理层质量，公司竞争力，公司改组、合并、财务状况（包括公司经营业绩，与营业成本有关，营业成本包括原材料采购成本）。二是行业与部门因素，包括行业分类、行业分析因素、行业生命周期。三是宏观经济与政策因素，包括经济增长、经济周期循环、货币政策、财政政策。

由此可见，受多种因素影响下，即便三个变量的价格之间存在相互关联的机制，其变动仍具有高度的不确定性与随机性，这也证实了本小节定量分析跨市场波动溢出效应的必要性与重要意义，即测度三个变量对彼此影响的正负及程度。

8.3.2 市场波动的研究方法

本小节主要介绍了在研究航运市场和钢铁市场波动效应时所用到的模型，它们分别是 DCC-GARCH 模型和 DY 波动溢出指数模型。

1. DCC-GARCH 模型

金融市场中常需要研究股价或其他金融产品价格的波动随时间 t 的变化，随机扰动项的方差便可表征其波动的程度，因此这种方差随时间变化而变化的性质称为时间序列的异方差性。1982 年，Engle 首先引入自回归条件异方差（Autoregressive Conditional Heteroskedasticity，ARCH）模型来刻画金融价格变动行为。该模型假设当期价格时间序列随机扰动项的条件方差可表示为滞后期随机扰动项的函数，从而使 ARCH 模型反映了金融时间序列数据的异方差现象。1982 年后，经济学家不断扩展 ARCH 模型以期增强其解释、预测市场的能力。1986 年，Bollerslev 提出自回归条件异方差(Generalized ARCH,GARCH)模型。该模型将当期随机扰动项的条件方差表示为滞后期扰动项、滞后期扰动项条件方差的函数,简化了原有的 ARCH 模型,但存在经济意义不明确等缺点。Bollerslev 提出了常相关多元 GARCH(CCC-GARCH)模型,此模型具有参数估计简洁、经济意义明确的优点,但其设定两变量间的相关性是静态的、不变的。而在金融市场中,两变量间相关性是随时间发生变化的,因此 Engle 提出的 DCC-GARCH 模型相比 CCC-GARCH 模型而言,增加了时间变量的因素,能够测度变量间相关性随时间的变化,更加符合实际情况。

本小节运用的 DCC-GARCH 模型为 Engle 改进后的,其动态相关结构设定为:

令 R_t 为 $k \times 1$ 的向量,表示 k 个变量的收益率。根据 DCC-GARCH 模型,假设 r_t 服从多元正态分布,该分布均值为 0,条件方差—协方差矩阵为 H_t,则有:

$$r_t = \mu_t + e_t, \mu_t = E(r_t \mid \Omega_{t-1}) \tag{8-11}$$

$$e_t \mid \Omega_{t-1} \sim N(0, H_t) \tag{8-12}$$

$$H_t = D_t R_t D_t \tag{8-13}$$

$$D_t = diag\{sqrt(H_t)\} \tag{8-14}$$

$$R_t = diag\{Q_t\}^{-1} Q_t diag\{Q_t\}^{-1} \tag{8-15}$$

$$Q_t = \left(1 - \sum_{m=1}^{M} \alpha_m - \sum_{n=1}^{N} \beta_n\right)\overline{Q} + \sum_{m=1}^{M} \alpha_m \sigma_{t-m} \sigma'_{t-m} + \sum_{n=1}^{N} \beta_n Q_{t-n} \tag{8-16}$$

$$\sigma_t = D_t^{-1} e_t \tag{8-17}$$

式中,R_t 为动态相关系数矩阵,其中元素 $Corr_{ij} = q_{ij}/\sqrt{q_{ii}q_{jj}}$。$H_t$ 中的元素 $h_{ii,j} = \omega_i + \sum_{p=1}^{pi} e_{it-p}^2 + \sum_{q=1}^{Qi} \beta_{iq} h_{it-q}$,即每组数据收益率均服从一个 GARCH($p$,$q$)分布。$\Omega_{t-1}$ 是 t 期前所有的信息集;$sqrt$ 为矩阵中每一个元素取平方根后的函数;$diag$ 为对角矩阵函数;D_t 为 $k \times k$ 阶对角矩阵,是单变量 GARCH 模型计算出的条件标准差;R_t 为动态条件相关系数矩阵;σ_t 为向量标准化后的残差;$\overline{Q}$ 为标准残差的无条件方差矩阵;α_m 与 β_n 是 DCC-GARCH 模型参数。

2. DY 波动溢出指数模型

每一组数据的模型可以被写为 N 变量 k 阶的 VAR 模型:

$$Y_t = \sum_{k=1}^{K} \phi_k Y_{t-1} + \varepsilon_t \tag{8-18}$$

式中,$Y_t = (Y_{1t}, Y_{2t}, \cdots, Y_{Nt})$ 是内生变量向量,ϕ_k 是 $N \times N$ 维参数矩阵,ε_t 是独立同分布的误差向量,则其移动平均形式为:

$$Y_t = \sum_{k=0}^{\infty} A_k \varepsilon_{t-1} + \varepsilon_t \tag{8-19}$$

式中，$N \times N$ 维的协方差矩阵 A_k 满足 $A_k = \phi_1 A_{k-1} + \phi_2 A_{k-1} + \cdots + \phi_K A_{k-K}$，$A_0$ 是 $N \times N$ 维单位矩阵。$i < 0$ 时，$A_i = 0$。通过这种方式，移动平均系数的方差分解转换成了动态的形式。在这种方法中，方差分解不随变量的顺序而发生变化。则如下的 $Z_{ij}(H)$ 对向前 H 步预测误差进行方差分解的结果为：

$$Z_{ij}(H) = \frac{\sigma_{jj}^{-1} \sum_{h=0}^{H-1} (e'_i A_h \sum e_j)^2}{\sum_{h=0}^{H-1} (e'_i A_h \sum A'_h e_j)} \tag{8-20}$$

式中，$\sum = \{\sigma_{ij} = 1, 2, \cdots N\}$ 是误差向量 ε 的方差—协方差矩阵，σ_{jj} 是第 j 个方程误差项 ε_i 的标准差，e_i 是第 i 个元素为 1，其余元素为 0 的向量集。而当运用广义 VAR 模型时，方差分解表中每一行的总和不等于 1，即变量自身与跨变量的方差贡献的总和不等于 1。为了克服这一缺陷，将方差分解矩阵的每一项标准化为：

$$\tilde{Z}_{ij}(H) = \frac{Z_{ij}(H)}{\sum_{j=1}^{N} Z_{ij}(H)} \tag{8-21}$$

式中，$\sum_{j=1}^{N} \tilde{Z}_{ij}(H) = 1$，而 $\sum_{i,j=1}^{N} \tilde{Z}_{ij}(H) = N$。

总溢出指数衡量每一项的波动冲击对总体预测误差方差波动溢出的贡献之和，定义为：

$$SI = \frac{\sum_{j=1, i \neq j}^{N} \tilde{Z}_{ij}(H)}{\sum_{i,j=1}^{N} Z_{ij}(H)} \times 100 \tag{8-22}$$

定向溢出指数衡量每一项的波动冲击对其余项预测误差方差波动溢出贡献的总和，i 接受其他变量的定向溢出指数定义为：

$$DSI_{i \leftarrow j}(H) = \frac{\sum_{j=1, i \neq j}^{N} \tilde{Z}_{ij}(H)}{\sum_{j=1}^{N} Z_{ij}(H)} \times 100 \tag{8-23}$$

i 传输给其他变量的定义为：

$$DSI_{i \rightarrow j}(H) = \frac{\sum_{j=1, i \neq j}^{N} \tilde{Z}_{ij}(H)}{\sum_{j=1}^{N} Z_{ij}(H)} \times 100 \tag{8-24}$$

净溢出指数衡量该项波动冲击对其余项预测误差方差的波动溢出贡献的总和与该项接受其余项预测误差方差的波动溢出贡献总和的差，定义为：

$$NSI = DSI_{i \rightarrow j}(H) - DSI_{i \leftarrow j}(H) \tag{8-25}$$

8.3.3 干散货航运市场与我国钢铁市场当期波动溢出效应实证分析

本小节基于上述理论与模型,实证研究航运市场与钢铁市场的波动溢出效应。本小节首先对研究变量和数据进行了说明和处理,其次利用 DCC-GARCH 模型做动态相关性研究,最后利用 DY 溢出指数模型研究两市场的溢出效应。

1. 研究变量与数据检验

本小节选择申万钢铁股价指数作为钢铁企业发展状况的衡量指标。行业股价指数是以某个行业内所有股票或代表性股票为成分股而构建的一种股价指数,而衡量行业股价指数最重要的标准是行业指数的分类标准。对于申银万国股价指数来说,申银万国股价指数的行业分类标准是以该行业内主要上市公司最近两年的主营业务收入和主营业务利润的构成比例为依据决定公司属于哪个行业,主营业务收入和业务利润比例不一致时,以利润指标作为更核心的标准。根据申银万国股价指数的行业分类标准,可认定申银万国股价指数具有代表性与实用性申万钢铁股价指数即申银万国股价系列指数中钢铁板块的股价指数。该板块包括的 A 股钢铁企业有永兴特钢、河钢股份、本钢板材、大冶特钢、新兴铸管、鞍钢股份、华凌钢铁、首钢股份、沙钢股份、三钢闽光、久立特材、金洲管道、ST 沪科、太钢不锈、常宝股份、包钢股份、宝钢股份、西宁特钢、南钢股份、酒钢宏兴、韶钢松山、抚顺特钢、方大特钢、山东钢铁、安阳钢铁、杭钢股份、八一钢铁、新钢股份、凌钢股份、马钢股份、柳钢股份、重庆钢铁、武进不锈共 33 家国内重要钢铁企业。本小节研究通过申万钢铁股价指数来描述我国钢铁企业的盈利状况。

本小节研究航运市场与钢铁市场的波动溢出效应,其中航运市场选择的指标为波罗的海干散货运价指数(BDI)与波罗的海海岬型船运价指数(BCI),钢铁市场选择的指标为普氏铁矿石价格指数(Platts)与申万钢铁股价指数(ST)。BDI 是由干散货四种主要船型若干条航线的运价根据各自在航运市场上的重要性按比例编制的综合指数,是衡量国际贸易市场海运情况、反映国际贸易情况的前置综合指数。而海岬型船是四种船型中运输铁矿石的主要船型,因此本小节研究选择了 BCI 作为航运市场与钢铁市场具有密切关系的指标。国际上三大通用的铁矿石定价指数中,Platts 是历史最长、目前最为国际所接受的铁矿石价格指数,因此这里选择普氏铁矿石价格指数反映铁矿石价格变化。申银万国系列指数是由申银万国证券研究所以沪深交易所上市公司的 A 股股票为股本通过加权均值法编制的股价指数,因此这里选择 ST 来反映钢铁企业盈利状况及钢铁制造行业的整体发展状况。四组数据中,ST 数据来自大智慧股票软件，BDI、BCI、Platts 数据来自前瞻数据库。本小节研究观测期为 2010 年 12 月 27 日至 2017 年 10 月 16 日，通过数据筛选与节假日处理最终得到 1 677 组观测数据。为消除数据本身的异方差性，使用四组数据的对数差分值即收益率为研究变量，分别表示为 rBCI、rBDI、rPlatts、rST。

随后对数据进行检验与处理。首先对数据进行描述性统计以判断数据的总体分布情况。对数据的检验包括时间序列数据必须进行的平稳性检验及运行 ARCH 族模型必须进行的自相关检验（LM 检验）、ARCH 效应检验。

（1）基本统计特征分析

本小节研究选取均值变量的均值、最大值、中值、最小值、标准差、偏度、峰度、JB（Jarque-Bera）统计量来对四组变量的基本统计特征进行分析。

变量的均值、中位数描述的是观测期内变量的平均波动水平。最大值、最小值描述的是变量的波动限度。标准差描述的是变量的离散程度，标准差越大表明变量波动越剧烈。偏度反映的是变量分布的对称性，正态分布的变量偏度为 0，偏度大于 0 的变量分布为正向偏移，偏度小于 0 的变量分布为负向偏移。峰度反映变量分布曲线的陡峭程度。正态分布的峰度为 3，当变量分布大于 3 时，分布曲线尾部比正态分布厚，即呈"尖峰厚尾"现象，此为金融时间序列数据的典型特征。峰度越大，分布曲线越陡峭，反之越平坦。JB 统计量主要用于检验序列的正态性。若设 r 为收益率序列，S 为偏度，K 为峰度，N 为样本序列，l 为解释变量个数，则相关基本统计量的公式为：

$$S = E\left[\left(\frac{r - E(r)}{\sqrt{D(r)}}\right)^{3}\right] \tag{8-26}$$

$$K = E\left[\left(\frac{r - E(r)}{\sqrt{D(r)}}\right)^{4}\right] \tag{8-27}$$

$$JB = \frac{N - l}{6}\left[S^{2} + \frac{1}{4}(K - 3)^{2}\right] \tag{8-28}$$

本小节研究运用计量经济学软件 EViews 对四组变量进行描述性统计，得到四组数据的统计特征分析图（图 8-5 至 8-8）及统计特征分析表（表 8-5）。

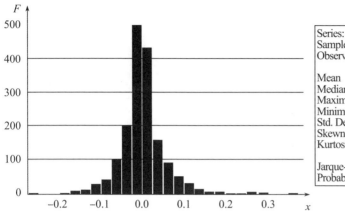

图 8-5　rBCI 基本统计特征图

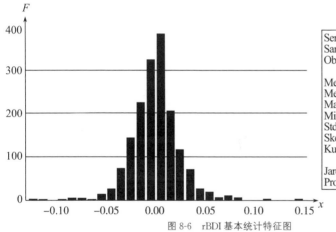

图 8-6　rBDI 基本统计特征图

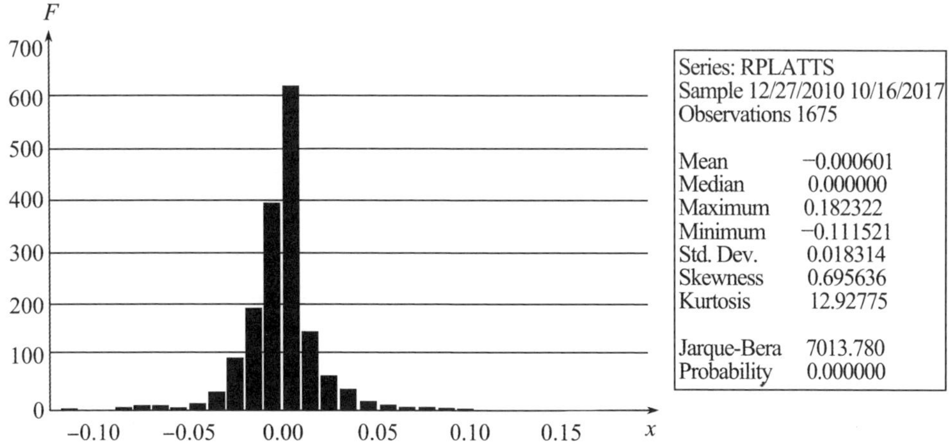

图 8-7　rPlatts 基本统计特征图

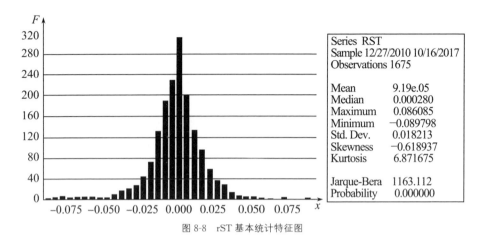

图 8-8　rST 基本统计特征图

　　分析图 8-5 至 8-8 及表 8-5 的数据，可得以下结论：四组数据的平均值接近于 0，其中 rBCI 与 rST 的平均值为正，rBDI 与 rPlatts 的平均值为负。rBCI 与 rBDI 的标准差大于 rPlatts 与 rST，说明相比钢铁市场，国际航运市场价格的波动更为剧烈。四组序列均有明显的非对称性。rBCI、rBDI 向正向偏移，表明航运市场的收益率大多为正。rPlatts 与 rST 向负向偏移，表明钢铁市场的收益率大多为负。四组收益率序列峰度值大于 3 且 JB 统计量伴随概率均为 0，表明在 1% 显著水平下，四组序列都非常显著异于正态分布，四组序列分布具有"尖峰厚尾"现象。

表 8-5　统计特征分析表

统计类型	rBCI	rBDI	rPlatts	rST
平均值	0.000 1	−0.000 1	−0.000 6	0.000 1
最大值	0.364 4	0.142 1	0.182 3	0.086 1
最小值	−0.271 5	−0.120 7	−0.111 5	−0.898 0
中位数	−0.002 2	0.000 0	0.000 0	0.000 3
标准差	0.050 9	0.023 1	0.018 3	0.018 2
偏度	0.759 5	0.223 2	−0.695 6	−0.618 9
峰度	8.429 2	6.084 5	12.927 8	6.871 7
JB 统计量	2 218.227 0***	677.896 4***	7 013.780 0***	1 153.112***

注："***"表示在 1% 水平下显著。

（2）平稳性检验

　　GARCH 模型属于时间序列模型，因此其适用的前提条件之一是数据平稳。对此，本小节采取 ADF 检验来检验数据的平稳性。在实证分析中，ADF 检验为最常见的检验平稳性的方法。

在进行 ADF 检验时,首先要建立 AR(p)模型:

$$y_t = c + a_1 y_{t-1} + a_2 y_{t-2} + \cdots + a_p y_{t-p} + \varepsilon_t \tag{8-29}$$

将 AR(p)模型转化成 ADF 检验的方程:

$$ry_t = c + \rho y_{t-1} + \sum_{i=1}^{p} \phi_t ry_{i-(i-1)} + \varepsilon_t \tag{8-30}$$

其中,

$$\rho = (\sum_{i=1}^{p} \alpha_i) - 1 ; \phi_t = -\sum_{j=i+1}^{p} \alpha_j$$

$$H_0 : \rho = 0$$

$$H_1 : \rho = 1$$

式中,y_t 是内生变量向量,p 为阶数,α 为参数矩阵,ε_t 为误差向量,ρ 为单位根。

通过分析 ADF 检验的结果可知,存在单位根表明序列非平稳,不存在单位根则序列平稳。

图 8-9 至 8-12 为通过 Eviews 软件运行出的四组数据的 ADF 检验结果。

Null Hypothesis: RBCI has a unit root
Exogenous: Constant
Lag Length: 1 (Automatic - based on SIC, maxlag=24)

		t-Statistic	Prob.*
Augmented Dickey-Fuller test statistic		-19.44979	0.0000
Test critical values:	1% level	-3.434055	
	5% level	-2.863063	
	10% level	-2.567628	

*MacKinnon (1996) one-sided p-values.

图 8-9　rBCI 的平稳性检验结果

Null Hypothesis: RBDI has a unit root
Exogenous: Constant
Lag Length: 0 (Automatic - based on SIC, maxlag=24)

		t-Statistic	Prob.*
Augmented Dickey-Fuller test statistic		-18.14194	0.0000
Test critical values:	1% level	-3.434052	
	5% level	-2.863062	
	10% level	-2.567628	

*MacKinnon (1996) one-sided p-values.

图 8-10　rBDI 的平稳性检验结果

Null Hypothesis: RPLATTS has a unit root
Exogenous: Constant
Lag Length: 0 (Automatic - based on SIC, maxlag=24)

		t-Statistic	Prob.*
Augmented Dickey-Fuller test statistic		-33.41005	0.0000
Test critical values:	1% level	-3.434052	
	5% level	-2.863062	
	10% level	-2.567628	

*MacKinnon (1996) one-sided p-values.

图 8-11　rPlatts 的平稳性检验结果

Null Hypothesis: RST has a unit root
Exogenous: Constant
Lag Length: 0 (Automatic - based on SIC, maxlag=24)

		t-Statistic	Prob.*
Augmented Dickey-Fuller test statistic		-40.09186	0.0000
Test critical values:	1% level	-3.434052	
	5% level	-2.863062	
	10% level	-2.567628	

*MacKinnon (1996) one-sided p-values.

图 8-12　rST 的平稳性检验结果

本小节采取 ADF 检验来检验数据的平稳性。由检验结果（表 8-6）可知，四组时间序列数据的检验值均小于 1% 显著性水平下的临界值，表明各变量均拒绝存在单位根的原假设，四组数据均为平稳的时间序列数据，可进行下一步检验。

表 8-6　四组收益率序列的 ADF 检验结果

检验值	rBCI	rBDI	rPlatts	rST
ADF 检验值	−19.449 8	−18.141 9	−33.410 0	−40.091 9
1%临界值	−3.434 0	−3.434 0	−3.434 0	−3.434 0
5%临界值	−2.863 1	−2.863 1	−2.863 1	−2.863 1
10%临界值	−2.567 6	−2.567 6	−2.567 6	−2.567 6
结论	平稳	平稳	平稳	平稳

（3）LM 检验

LM 检验是 ARCH 族模型必须进行的检验，主要是通过数据的自相关函数图（ACF 图）及偏自相关函数图（PACF 图）的拖尾与截尾特征考察样本数据是否适合于建立自回归模型，并通过 Ljung-BoxQ 检验来判断其数据的波动集聚性。

运用 Eviews 软件得出的四组数据的自相关、偏自相关性检验结果(图 8-13 至 8-16),rBCI 与 rBDI 自相关函数存在拖尾现象,偏自相关函数存在截尾现象。rPlatts 与 rST 自相关函数与偏自相关函数均截尾。因此,rBCI 与 rBDI 序列满足低阶自回归模型,其自回归阶数为 AR(2)。

Date: 12/07/18 Time: 15:13
Sample: 12/27/2010 10/16/2017
Included observations: 1675

Autocorrelation	Partial Correlation		AC	PAC	Q-Stat	Prob
		1	0.609	0.609	622.41	0.000
		2	0.324	-0.074	799.17	0.000
		3	0.193	0.041	861.54	0.000
		4	0.161	0.068	905.30	0.000
		5	0.141	0.022	938.79	0.000
		6	0.104	-0.005	957.00	0.000
		7	0.059	-0.018	962.78	0.000
		8	0.033	-0.000	964.58	0.000
		9	0.029	0.011	966.02	0.000
		10	0.053	0.042	970.74	0.000

图 8-13 rBCI 自相关性检验结果

Date: 12/07/18 Time: 15:20
Sample: 12/27/2010 10/16/2017
Included observations: 1675

Autocorrelation	Partial Correlation		AC	PAC	Q-Stat	Prob
		1	0.670	0.670	753.73	0.000
		2	0.432	-0.032	1066.4	0.000
		3	0.314	0.067	1232.0	0.000
		4	0.268	0.071	1352.5	0.000
		5	0.220	0.007	1434.2	0.000
		6	0.174	0.005	1485.2	0.000
		7	0.156	0.040	1526.4	0.000
		8	0.119	-0.030	1550.1	0.000
		9	0.106	0.033	1569.1	0.000
		10	0.095	0.007	1584.5	0.000

图 8-14 rBDI 自相关性检验结果

Date: 12/07/18 Time: 15:21
Sample: 12/27/2010 10/16/2017
Included observations: 1675

Autocorrelation	Partial Correlation		AC	PAC	Q-Stat	Prob
		1	0.199	0.199	66.684	0.000
		2	0.024	-0.017	67.620	0.000
		3	0.005	0.004	67.659	0.000
		4	0.039	0.039	70.235	0.000
		5	0.003	-0.013	70.249	0.000
		6	-0.019	-0.018	70.879	0.000
		7	0.074	0.086	80.218	0.000
		8	0.037	0.004	82.569	0.000
		9	0.013	0.004	82.860	0.000
		10	0.074	0.077	92.167	0.000

图 8-15　rPlatts 自相关性检验结果

Date: 12/07/18 Time: 15:21
Sample: 12/27/2010 10/16/2017
Included observations: 1675

Autocorrelation	Partial Correlation		AC	PAC	Q-Stat	Prob
		1	0.020	0.020	0.6748	0.411
		2	0.011	0.010	0.8695	0.647
		3	0.006	0.005	0.9254	0.819
		4	0.009	0.009	1.0760	0.898
		5	-0.016	-0.017	1.5143	0.911
		6	0.008	0.009	1.6304	0.950
		7	0.008	0.008	1.7395	0.973
		8	0.059	0.059	7.6814	0.465
		9	0.057	0.055	13.135	0.157
		10	-0.080	-0.084	23.815	0.008

图 8-16　rST 自相关性检验结果

Ljung-BoxQ 检验：原假设是不存在序列相关，因而构造一个统计量 $Q = N\left(N + 2\sum_{i=1}^{p} \frac{r_k^2}{N-k}\right)$ 服从自由度为 p 的 χ^2 分布，其中 N 是样本容量，r_k^2 是收益率的 k 阶自相关系数的平方。在原假设成立的条件下 Q 近似服从于 χ^2 分布，当统计量 Q 的值大于显著水平下临界值，且相伴概率小于显著水平时，拒绝序列不相关的原假设，即序列存在显著的相关性。四组数据的 Ljung-BoxQ 检验结果如表 8-7 所示。

表 8-7　四组数据的 Ljung-BoxQ 检验结果

变量名	$Q(10)$	Prob(10)	$Q(15)$	Prob(15)	$Q(20)$	Prob(20)
临界值	3.940		24.996		31.410	
rBCI	970.74	0.000	984.07	0.000	1 025.9	0.000
rBDI	1 584.5	0.000	1 615.0	0.000	1 635.1	0.000
rPlatts	92.167	0.000	97.071	0.000	101.00	0.000
rST	23.815	0.008	43.767	0.000	55.410	0.000

注：$Q(10),Q(15),Q(20)$ 的临界值为 5% 显著水平下的数值。

如表 8-7 所示，四组变量在自由度为 $10,15,20$ 时的 Q 统计量均大于临界值，相伴概率很小，即在 5% 显著水平上拒绝了没有自相关的原假设，因此指数日收益率当期期收益率同前期收益率相关。数据大波紧跟大波，小波紧跟小波，存在波动集聚性。

（4）ARCH 效应检验

ARCH 效应检验是指检验时间序列是否存在自回归条件异方差，即检验模型的残差是否具有随时间变化的方差，该检验也是适用 GARCH 模型的前提。

若模型随机扰动项 $\varepsilon_t \sim \text{ARCH}(p)$，则 ε_t 的方差满足

$$h_t = \omega + \alpha_1 \varepsilon_{t-1}^2 + \alpha_2 \varepsilon_{t-2}^2 + \cdots + \alpha_q \varepsilon_{t-q}^2 \tag{8-31}$$

当上式中所有系数同时为 0 的概率很小或至少有一个系数显著不为 0 时，序列存在 ARCH 效应。拉格朗日乘数法为检验 ARCH 效应最常用的方法，也被简化为 LM 检验。检验统计量 $\text{LM} = TR^2 \sim \chi_\alpha^2(P)$，其中 T 是样本数据个数，R^2 是辅助回归的决定系数（采用最小二乘法估计），同时给定显著水平 α 和自由度 p，$obs \times R^2$ 是 LM 检验统计量。

利用 Eviews 软件，对四组序列进行 ARCH 检验，当滞后期为 1 时，得到的检验结果如图 8-17 至图 8-20 所示。检验结果中，四个残差序列检验统计量的相伴概率 P 值为 0，即 rBCI、rBDI、rPlatts、rST 四个序列存在显著的 ARCH 效应，满足可以构建 GARCH 模型的前提。

Heteroskedasticity Test: ARCH

| F-statistic | 164.5556 | Prob. F(1,1670) | 0.0000 |
| Obs*R-squared | 149.9747 | Prob. Chi-Square(1) | 0.0000 |

Test Equation:
Dependent Variable: RESID^2
Method: Least Squares
Date: 12/08/18   Time: 12:19
Sample (adjusted): 12/31/2010 10/16/2017
Included observations: 1672 after adjustments

Variable	Coefficient	Std. Error	t-Statistic	Prob.
C	0.001138	0.000114	10.00012	0.0000
RESID^2(-1)	0.299486	0.023346	12.82792	0.0000

R-squared	0.089698	Mean dependent var	0.001625
Adjusted R-squared	0.089153	S.D. dependent var	0.004599
S.E. of regression	0.004389	Akaike info criterion	-8.018225
Sum squared resid	0.032170	Schwarz criterion	-8.011739
Log likelihood	6705.236	Hannan-Quinn criter.	-8.015822
F-statistic	164.5556	Durbin-Watson stat	2.016079
Prob(F-statistic)	0.000000		

图 8-17   rBCI 异方差性检验结果

Heteroskedasticity Test: ARCH

| F-statistic | 161.2307 | Prob. F(1,1670) | 0.0000 |
| Obs*R-squared | 147.2113 | Prob. Chi-Square(1) | 0.0000 |

Test Equation:
Dependent Variable: RESID^2
Method: Least Squares
Date: 12/08/18   Time: 12:21
Sample (adjusted): 12/31/2010 10/16/2017
Included observations: 1672 after adjustments

Variable	Coefficient	Std. Error	t-Statistic	Prob.
C	0.000206	2.12E-05	9.714513	0.0000
RESID^2(-1)	0.296715	0.023368	12.69767	0.0000

R-squared	0.088045	Mean dependent var	0.000293
Adjusted R-squared	0.087499	S.D. dependent var	0.000861
S.E. of regression	0.000822	Akaike info criterion	-11.36810
Sum squared resid	0.001129	Schwarz criterion	-11.36161
Log likelihood	9505.729	Hannan-Quinn criter.	-11.36569
F-statistic	161.2307	Durbin-Watson stat	1.974990
Prob(F-statistic)	0.000000		

图 8-18   rBDI 异方差性检验结果

Heteroskedasticity Test: ARCH

F-statistic	98.11268	Prob. F(1,1670)	0.0000
Obs*R-squared	92.77938	Prob. Chi-Square(1)	0.0000

Test Equation:
Dependent Variable: RESID^2
Method: Least Squares
Date: 12/08/18　Time: 12:55
Sample (adjusted): 12/31/2010 10/16/2017
Included observations: 1672 after adjustments

Variable	Coefficient	Std. Error	t-Statistic	Prob.
C	0.000247	2.75E-05	8.976619	0.0000
RESID^2(-1)	0.235557	0.023781	9.905185	0.0000

R-squared	0.055490	Mean dependent var	0.000323
Adjusted R-squared	0.054924	S.D. dependent var	0.001110
S.E. of regression	0.001079	Akaike info criterion	-10.82459
Sum squared resid	0.001944	Schwarz criterion	-10.81810
Log likelihood	9051.355	Hannan-Quinn criter.	-10.82218
F-statistic	98.11268	Durbin-Watson stat	2.061730
Prob(F-statistic)	0.000000		

图 8-19　rPlatts 异方差性检验结果

Heteroskedasticity Test: ARCH

F-statistic	153.4304	Prob. F(1,1670)	0.0000
Obs*R-squared	140.6884	Prob. Chi-Square(1)	0.0000

Test Equation:
Dependent Variable: RESID^2
Method: Least Squares
Date: 12/08/18　Time: 12:56
Sample (adjusted): 12/31/2010 10/16/2017
Included observations: 1672 after adjustments

Variable	Coefficient	Std. Error	t-Statistic	Prob.
C	0.000235	2.03E-05	11.58724	0.0000
RESID^2(-1)	0.290075	0.023418	12.38670	0.0000

R-squared	0.084144	Mean dependent var	0.000332
Adjusted R-squared	0.083595	S.D. dependent var	0.000802
S.E. of regression	0.000768	Akaike info criterion	-11.50481
Sum squared resid	0.000985	Schwarz criterion	-11.49833
Log likelihood	9620.025	Hannan-Quinn criter.	-11.50241
F-statistic	153.4304	Durbin-Watson stat	2.134893
Prob(F-statistic)	0.000000		

图 8-20　rST 异方差性检验结果

（5）DCC-GARCH 模型参数估计与动态相关性研究

为了充分考虑序列的自相关性与简洁性,本小节研究选择构建 AR(2)-DCC-GARCH(1,1)模型。DCC-GARCH 方法包括两个步骤:第一步,通过估计每个序列的单变量 GARCH 模型即 AR(2)-GARCH(1,1)模型生成标准残差;第二步,使用第一步所估计的标准残差运用 DCC-GARCH 模型估计相关矩阵。第一步和第二步的参数估计结果如表 8-8、表 8-9 所示。

表 8-8 AR(2)-GARCH(1,1)模型检验结果

参数	rBCI	rBDI	rPlatts	rST
Constant(M)	-0.000	-0.000	-0.000	0.000
Constant(V)$\times 10^4$	0.307^*	0.151	0.010^*	0.029^*
α	0.197^*	0.170^*	0.114^{***}	0.058^{***}
β	0.802^{**}	0.797^{***}	0.880^{***}	0.932^{***}
λ	0.999	0.967	0.994	0.990

注:"$***$""$**$""$*$"分别表示在 1%、5%、10%水平上是显著的。

表 8-8 中 α 与 β 为 GARCH 模型的滞后系数,都在 10%及以上水平下显著,这说明四组序列适用于单变量 GARCH 模型。α 为现有信息对下一期波动性的影响程度,表征该收益率对新信息的敏感程度。四组收益率序列中 rBCI 的 α 值最高,说明其对新信息的敏感程度最高,其次为 rBDI。而表中 $\lambda = \alpha + \beta$ 表示收益率波动的持续性,即现有的波动性趋势即将消失的速度,λ 越接近于 1,波动性趋势维持的时间越长。四组序列的波动持续性均较强。总体来看,航运市场对新信息的敏感程度要高于钢铁市场,两市场在波动持续性方面没有太大差异。

表 8-9 AR(2)-DCC-GARCH(1,1)模型相关关系检验结果

$Corr_{12}$	$Corr_{13}$	$Corr_{14}$	$Corr_{23}$	$Corr_{24}$	$Corr_{34}$	α'	β'	λ'
0.891^{***}	0.005	-0.004	0.006	-0.003	0.160^{***}	0.029^{***}	0.894^{***}	0.952

注:Corr 的下标 1、2、3、4 分别为 $rBCI$、$rBDI$、$rPlatts$、rST。"$***$"表示在 1%水平下显著。

表 8-9 为运用第一步的标准残差估计的相关系数的结果,其中 α' 与 β' 为 GARCH 模型的滞后系数,均在 1%水平下显著,这说明数据适用于 DCC-GARCH 模型。$\lambda' = \alpha' + \beta'$ 表示收益率间的动态相关性,其越接近于 1 表示序列间的动态相关性明显;该组数据的 λ' 为 0.952,说明其动态相关性明显。表 8-9 中还显示了四组数据的常相关系数,其中 rBCI 与 rBDI 的常相关系数为 0.891,并在 1%水平下显著,两个

变量间具有显著的强相关关系;rPlatts 与 rST 的常相关系数为 0.160,并在 1% 水平下显著,两个变量间具有显著的弱相关关系;其余组数据间的相关系数不显著。总体来看,航运市场与钢铁市场内部价格的相关性明显,跨市场价格间的相关性不显著。

表 8-9 展示了四组变量的静态相关关系,度量了变量间相关性随时间的变化。本小节绘制了四组数据动态相关系数的时间路径图(图 8-21)。

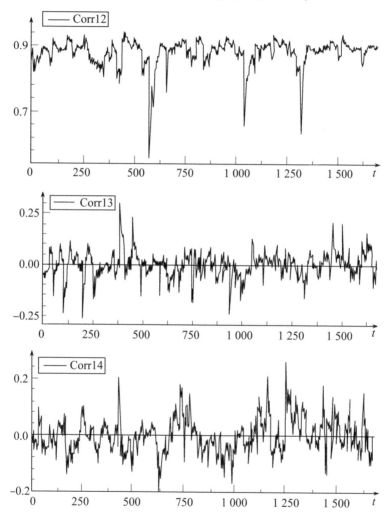

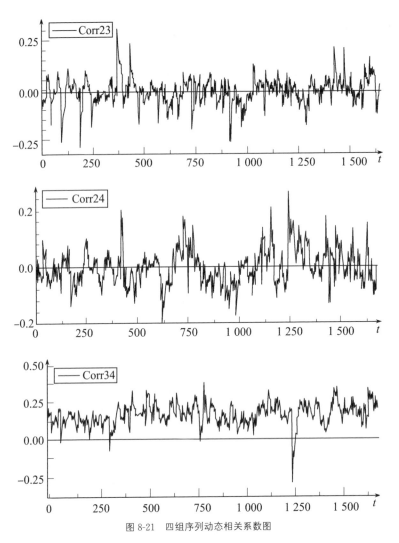

图 8-21 四组序列动态相关系数图

如图 8-21 所示,从波动频率来看,$Corr_{12}$ 的波动频率明显小于其余相关系数的波动频率,且具有一定的周期性特征,即 rBCI 与 rBDI 两个变量间的关系是比较稳定的。从波动幅度来看,$Corr_{13}$ 及 $Corr_{23}$ 波动幅度均比较大,表明随着时间的变化 rBCI 与 rPlatts 及 rBDI 与 rPlatts 之间的关系不稳定;$Corr_{12}$ 的波动幅度最小,表明随着时间的变化 rBCI 与 rBDI 的相关性最为稳定。从波动值来看,$Corr_{12}$ 为大于 0.54 的正值,显示了随时间变化 rBCI 与 rBDI 始终有较强的当期相关性;$Corr_{34}$ 除极端值外都位于 0 以上,显示随着时间的变化 rPlatts 与 rST 始终有较弱的当期相关性;$Corr_{13}$、$Corr_{23}$、$Corr_{14}$、$Corr_{24}$ 始终在 0 上下浮动,表明在观测期内航运市场 rBCI 与 rPlatts、rBCI 与 rST、rBDI 与 rPlatts、rBDI 与 rST 间相关性均较小,与表 8-9 计算出的相关系数结果相符。通过表 8-9 结合图 8-21 可知,Corr$_{14}$、Corr$_{24}$ 有微弱的负向偏移。综上所述,DCC-GARCH 模型运算结果表明:相比于钢铁市场,航运市场更容易受新信息的影响;两市场的价格收益率均具有显著的波动持续性,两两之间均具有较强的动态相关性;航运市场 rBCI 与 rBDI 间具有显著当期相关性;钢铁市场 rPlatts 与 rST 间具有微弱当期相关性;航运市场与钢铁股价的相关关系可能具有滞后性,即当期航运市场的信号会对若干期后钢铁股价产生影响。

为了确定 rBCI、rBDI、rPlatts、rST 间波动溢出效应是否具有先导性或滞后性且进一步探讨两个市场价格间的传导机制,本小节研究不仅分析了四组数据当期情况下的波动溢出效应,也分析了航运市场价格滞后与钢铁市场价格滞后两种情况下的跨市场波动溢出效应。滞后期数分别设置为 1 期、2 期、3 期、4 期、1 周、2 周、1 月(由于交易所只在工作日计价,因此 1 周=5 期)。

2. 航运市场价格滞后情况下波动溢出效应实证分析

航运市场价格滞后即滞后期航运市场价格对当期钢铁市场价格的影响。本小节将航运市场价格滞后分为 rBCI 滞后、rBDI 滞后、rBCI 与 rBDI 同时滞后三种情况,并分别对以上三种情况下的跨市场波动溢出效应进行了分析。

(1) rBCI 滞后情况下波动溢出效应实证分析

为研究四组变量在 rBCI 滞后情况下的波动溢出效应,依次对数据进行 ADF 检验、LM 检验及 ARCH 效应检验(表 8-10 至表 8-12)。

表 8-10　rBCI 滞后情况下四组序列的 ADF 检验值

变量	rBCI	rBDI	rPlatts	rST
$t-1$	−19.447 2	−18.136 5	−33.398 7	−40.057 0
$t-2$	−19.440 8	−18.131 1	−33.388 7	−40.043 8
$t-3$	−19.435 3	−18.125 7	−33.378 7	−40.035 8
$t-4$	−19.428 5	−18.159 4	−33.373 8	−40.066 4
$t-5$	−19.420 9	−18.170 9	−33.367 0	−40.013 5
$t-10$	−19.367 3	−18.105 8	−33.313 7	−39.947 0
$t-20$	−19.292 5	−18.109 8	−33.211 4	−39.800 3

ADF 检验在 1%、5%、10% 水平下的临界值分别为 −3.434 1,−2.863 1,−2.567 6。rBCI 滞后情况下四组数据的单位根检验结果显示其 ADF 检验值均小于 1% 水平下的临界值,即不存在单位根,数据平稳,可以进行下一步的检验。

表 8-11 rBCI 滞后情况下四组序列的自相关阶数

变量	rBCI	rBDI	rPlatts	rST
$t-1$	2	2	0	0
$t-2$	2	2	0	0
$t-3$	2	2	0	0
$t-4$	2	2	0	0
$t-5$	2	2	0	0
$t-10$	2	2	0	0
$t-20$	2	2	0	0

LM 检验结果显示，随着滞后期数的增加，四组序列的自相关阶数保持不变，rBCI、rBDI 为 2 阶，rPlatts、rST 无显著自相关现象。为了更充分地考虑变量的自相关现象，我们选择自回归阶数为 2，即 AR(2)。

表 8-12 rBCI 滞后情况下四组变量收益率序列的 LM 统计量

变量	rBCI	rBDI	rPlatts	rST
$t-1$	149.873 1[***]	147.074 7[***]	92.693 6[***]	140.540 4[***]
$t-2$	149.740 2[***]	147.833 2[***]	92.621 2[***]	140.595 6[***]
$t-3$	149.597 4[***]	148.389 9[***]	92.550 6[***]	140.534 9[***]
$t-4$	149.535 9[***]	147.757 8[***]	92.407 8[***]	140.467 6[***]
$t-5$	149.606 4[***]	147.309 6[***]	92.333 3[***]	140.333 5[***]
$t-10$	149.537 0[***]	147.280 3[***]	91.922 1[***]	139.687 5[***]
$t-20$	148.742 3[***]	145.385 9[***]	91.551 1[***]	139.148 2[***]

注："***"表示在 1% 水平上显著。

为了运用 GARCH 模型，变量必须具有 ARCH 效应，因此我们对四组序列进行了 LM 检验。结果显示，随着滞后期数的增加，四组序列的 LM 统计量均显著，具有 ARCH 效应，因此适用于 GARCH 模型。

表 8-13 rBCI 滞后时 AR(2)-DCC-GARCH(1,1)模型相关关系检验结果

参数	$Corr_{12}$	$Corr_{13}$	$Corr_{14}$	$Corr_{23}$	$Corr_{24}$	$Corr_{34}$	α'	β'
$t-1$	0.033 2	−0.029 4	−0.025 1	−0.000 1	−0.004 5	0.159 6***	0.001 1	0.971 9***
$t-2$	−0.077 4***	−0.007 2	0.024 1	0.002 1	0.000 0	0.160 8***	0.003 5	0.966 5***
$t-3$	−0.056 8**	−0.011 1	−0.004 5	−0.001 2	−0.003 3	0.163 3***	0.002 9	0.407 8
$t-4$	0.020 3	−0.009 5	0.001 1	−0.000 4	−0.002 6	0.161 5***	0.001 8	0.000 0
$t-5$	−0.012 0	−0.055 2**	−0.036 5*	0.000 8	0.000 1	0.166 0***	0.000 0	0.348 7
$t-10$	0.013 5	0.013 1	−0.017 3	0.008 4	−0.003 8	0.161 1***	0.004 8	0.933 6***
$t-20$	−0.021 8	−0.028 5	−0.031 9	0.005 9	0.002 0	0.163 2***	0.000 9	0.256 8

注:"***""**""*"分别表示在 1%、5%、10%水平上是显著的。

将四组数据代入 AR(2)-DCC-GARCH(1,1)模型后,模型的 α' 系数均不显著,β'系数仅在滞后 1 期、2 期、2 周时显著,说明该情况下除滞后一期、二期、二周情况以外用数据拟合 DCC-GARCH 模型不够可靠。$\alpha'+\beta'$ 表示其动态相关性,其值越接近于 1 动态相关性越明显。而在 rBCI 滞后的情况下,$\alpha'+\beta'$ 仅在滞后一期、二期及两周的情况下接近于 1,其余情况下不具有动态相关性。由表 8-13 可知,rBCI 滞后情况下 rBCI 与 rBDI 的相关系数均非常小,说明航运市场内部 rBCI 对 rBDI 的波动溢出效应是不具滞后性的,两者的当期效应比较显著。而在 rBCI 滞后一期、二期、二周情况下 $Corr_{13}$、$Corr_{14}$、$Corr_{23}$、$Corr_{24}$ 均不显著,表明这种情况下航运市场与钢铁市场的波动溢出效应并不显著。

(2)rBDI 滞后情况下波动溢出效应实证分析

为研究四组变量在 rBCI 滞后情况下的波动溢出效应,依次对数据进行 ADF 检验、LM 检验及 ARCH 效应检验(表 8-14 至表 8-16)。

表 8-14 rBDI 滞后情况下四组序列的 ADF 检验值

变量	rBCI	rBDI	rPlatts	rST
$t-1$	−19.444 0	−18.151 0	−33.398 7	−40.057 0
$t-2$	−19.438 1	−18.150 6	−33.388 7	−40.043 8
$t-3$	−19.434 9	−18.152 7	−33.378 7	−40.035 8
$t-4$	−19.446 2	−18.150 3	−33.373 8	−40.066 4
$t-5$	−19.467 8	−18.083 8	−33.367 0	−40.013 5
$t-10$	−19.424 8	−18.059 0	−33.313 7	−39.947 0
$t-20$	−19.359 9	−17.987 7	−33.211 4	−39.800 3

根据表 8-6 中 rBDI 的 ADF 检验结果,ADF 检验在 1%、5%、10%水平下的临界

值分别为-3.4341，-2.8631，-2.5676。根据表 8-14，ADF 检验的结果显示，四组变量均小于 1% 水平下的临界值，即不存在单位根，数据平稳，可以进行下一步的检验。

表 8-15　rBDI 滞后情况下四组序列的自相关阶数

变量	rBCI	rBDI	rPlatts	rST
$t-1$	2	2	0	0
$t-2$	2	2	0	0
$t-3$	2	2	0	0
$t-4$	2	2	0	0
$t-5$	2	2	0	0
$t-10$	2	2	0	0
$t-20$	2	2	0	0

LM 检验结果显示，随着滞后期数的增加，四组序列的自相关阶数保持不变，rBCI、rBDI 为 2 阶，rPlatts、rST 无显著自相关现象。为了更好地考虑变量的自相关现象，我们选择自回归阶数为 2，即 AR(2)。

表 8-16　rBDI 滞后情况下四组变量收益率序列的 LM 统计量

变量	rBCI	rBDI	rPlatts	rST
$t-1$	149.832 6***	146.991 5***	92.693 6***	140.540 4***
$t-2$	149.715 0***	146.797 9***	92.621 2***	140.595 6***
$t-3$	149.654 4***	146.604 4***	92.550 6***	140.534 9***
$t-4$	149.480 6***	146.730 4***	92.407 8***	140.467 6***
$t-5$	149.205 0***	148.392 5***	92.333 3***	140.333 5***
$t-10$	149.693 8***	149.324 4***	91.922 1***	139.687 5***
$t-20$	147.325 6***	148.540 9***	91.551 1***	139.148 2***

注："***"表示在 1% 水平上显著。

为了采用 GARCH 模型，变量必须具有 ARCH 效应，因此我们对四组序列进行了 LM 检验。结果显示，随着滞后期数的增加，四组序列的 LM 统计量均保持显著不变，因此适用于 GARCH 模型。

表 8-17　rBDI 滞后时 AR(2)-DCC-GARCH(1,1)模型相关关系检验结果

参数	$Corr_{12}$	$Corr_{13}$	$Corr_{14}$	$Corr_{23}$	$Corr_{24}$	$Corr_{34}$	α'	β'
$t-1$	0.107 1***	0.000 7	−0.003 7	−0.011 4	−0.010 0	0.162 6***	0.000 0	0.988 1***
$t-2$	−0.020 5	0.004 5	0.001 6	−0.008 9	0.011 0	0.163 0***	0.000 9	0.557 4
$t-3$	−0.012 8	0.000 5	0.000 5	−0.018 5	0.002 0	0.162 2***	0.000 0	0.343 5
$t-4$	0.023 0	0.000 5	−0.000 2	−0.002 9	−0.001 4	0.159 9***	0.000 0	0.436 0
$t-5$	0.015 9	−0.000 7	−0.002 8	−0.053 0	−0.050 4	0.166 0***	0.000 0	0.000 6
$t-10$	0.036 0	0.005 8	−0.002 9	0.009 2	−0.013 5	0.161 5***	0.000 0	0.580 2
$t-20$	−0.014 2	0.002 0	0.001 9	−0.033 7	−0.014 6	0.161 2***	0.001 1	0.000 0

注:"***"表示在1%水平上显著。

将四组数据代入 AR(2)-DCC-GARCH(1,1)模型后,模型 α' 的系数均不显著,β' 系数仅在滞后一期情况下显著,说明该情况下除滞后一期情况以外用数据拟合 DCC-GARCH 模型不够可靠。$\alpha'+\beta'$ 表示其动态相关性,其值越接近于 1 动态相关性越明显。而在 rBCI 滞后的情况下,$\alpha'+\beta'$ 仅在滞后一期情况下接近于 1,其余情况下不具有动态相关性。由表 8-17 可知,rBCI 滞后情况下 rBCI 与 rBDI 的相关系数均非常小,说明航运市场内部 rBCI 对 rBDI 的波动溢出效应是不具滞后性的,进一步说明了两者的当期效应比较显著。而在 rBCI 滞后一期情况下 $Corr_{13}$、$Corr_{14}$、$Corr_{23}$、$Corr_{24}$ 均不显著,表明这种情况下航运市场与钢铁市场的波动溢出效应并不显著。

(3) rBCI、rBDI 同时滞后情况下波动溢出效应实证分析

为研究四组变量在 rBCI、rBDI 同时滞后情况下的波动溢出效应,依次对数据进行 ADF 检验、LM 检验及 ARCH 效应检验,如表 8-18 至表 8-20 所示。

表 8-18　rBCI、rBDI 同时滞后情况下四组变量收益率序列的 ADF 检验值

变量	rBCI	rBDI	rPlatts	rST
$t-1$	−19.447 2	−18.151 0	−33.398 7	−40.057 0
$t-2$	−19.440 8	−18.150 6	−33.388 7	−40.043 8
$t-3$	−19.435 3	−18.152 7	−33.378 7	−40.035 8
$t-4$	−19.428 5	−18.150 3	−33.373 8	−40.066 4
$t-5$	−19.420 9	−18.083 8	−33.367 0	−40.013 5
$t-10$	−19.367 3	−18.059 0	−33.313 7	−39.947 0
$t-20$	−19.292 5	−17.987 7	−33.211 4	−39.800 3

根据表 8-6 中 rBDI 的 ADF 检验结果,ADF 检验在 1%、5%、10%水平下的临界

值分别为-3.4341，-2.8631，-2.5676。根据表 8-18，ADF 检验的结果显示四组变量均小于 1% 水平下的临界值，即不存在单位根，数据平稳，可以进行下一步检验。

表 8-19　rBCI、rBDI 滞后情况下四组变量收益率序列的自相关阶数

变量	rBCI	rBDI	rPlatts	rST
$t-1$	2	2	0	0
$t-2$	2	2	0	0
$t-3$	2	2	0	0
$t-4$	2	2	0	0
$t-5$	2	2	0	0
$t-10$	2	2	0	0
$t-20$	2	2	0	0

LM 检验结果显示，随着滞后期数的增加，四组序列的自相关阶数保持不变，rBCI、rBDI 为 2 阶，rPlatts、rST 无显著自相关现象。为了更好地考虑变量的自相关现象，我们选择自回归阶数为 2，即 AR(2)。

表 8-20　rBCI、rBDI 滞后情况下四组变量收益率序列的 LM 统计量

变量	rBCI	rBDI	rPlatts	rST
$t-1$	149.873 1***	146.991 5***	92.693 6***	140.540 4***
$t-2$	149.740 2***	146.797 9***	92.621 2***	140.595 6***
$t-3$	149.597 4***	146.604 4***	92.550 6***	140.534 9***
$t-4$	149.535 9***	146.730 4***	92.407 8***	140.467 6***
$t-5$	149.606 4***	148.392 5***	92.333 3***	140.333 5***
$t-10$	149.537 0***	149.324 4***	91.922 1***	139.687 5***
$t-20$	148.742 3***	148.540 9***	91.551 1***	139.148 2***

注："***"表示在 1% 水平上显著。

为了采用 GARCH 模型，变量必须具有 ARCH 效应，因此我们对四组序列进行了 LM 检验。结果显示，随着滞后期数的增加，四组序列的 LM 统计量均保持显著不变，因此适用于 GARCH 模型。

表 8-21　rBCI、rBDI 滞后时 AR(2)−DCC-GARCH(1,1)模型相关关系检验结果

参数	$Corr_{12}$	$Corr_{13}$	$Corr_{14}$	$Corr_{23}$	$Corr_{24}$	$Corr_{34}$	α'	β'
$t-1$	0.892 0***	−0.036 2	−0.030 8	−0.021 3	−0.011 8	0.161 0***	0.025 3***	0.888 2***
$t-2$	0.890 8***	−0.001 8	0.022 0	0.002 8	0.016 3	0.150 5***	0.025 8***	0.896 1***
$t-3$	0.894 5**	−0.000 2	0.003 0	−0.017 2	0.004 1	0.150 6***	0.030 2***	0.883 9***
$t-4$	0.890 9***	−0.016 5	−0.003 6	−0.010 2	−0.005 7	0.153 4***	0.026 4***	0.896 2***
$t-5$	0.890 5***	−0.039 6	−0.034 9	−0.039 6	−0.050 9*	0.162 5***	0.024 5	0.901 1
$t-10$	0.891 4***	0.012 3	−0.018 2	0.003 0	−0.012 7	0.145 8***	0.028 6***	0.893 7***
$t-20$	0.891 4***	0.012 3	−0.018 2	0.003 0	−0.012 7	0.145 8***	0.028 6	0.893 7***

注:"***""**""*"分别表示在 1%、5%、10% 水平上显著。

将四组数据代入 AR(2)-DCC-GARCH(1,1)模型后,除 rBCI、rBDI 同时滞后一周及一个月时的 α' 系数不显著,β' 系数仅在滞后一周情况下不显著,其余情况下 α' 与 β' 系数均在 1% 水平下显著,说明大多情况下四组数据适用于 DCC-GARCH 模型。$\alpha' + \beta'$ 表示其动态相关性,其值越接近于 1 动态相关性越明显。而在 rBCI、rBDI 同时滞后的情况下,$\alpha' + \beta'$ 均超过了 0.9,可见其具有持续的动态相关性。由表 8-21 可知,rBCI 与 rBDI 的相关系数均超过 0.89,且在 1% 的水平上显著,再次印证了 rBCI 与 rBDI 的价格传导不具滞后性,且只有 rBCI 与 rBDI 同时滞后的情况下更适用于模型。$Corr_{13}$、$Corr_{14}$、$Corr_{23}$ 在观测范围内均不显著,而 $Corr_{24}$ 在 rBCI、rBDI 同时滞后一周时在 10% 的水平下呈弱相关,相关系数为 −0.050 6,由于相关系数为负值,证明了航运市场与钢铁市场相关关系具有滞后性,即 rBDI 的当期信息与一周后 rST 的波动间存在负向影响,两者表征波动幅度的标准差之间的相关系数为 −0.050 6。

综合以上三种情况,在航运市场价格滞后情况下,如果只将 rBCI 滞后或 rBDI 滞后,则四组数据不太适用于 DCC-GARCH 模型,且模型的动态相关性不显著;而将 rBCI 与 rBDI 同时滞后时,四组数据能够适用于 DCC-GARCH 模型,且模型的动态相关性显著。究其原因主要是航运市场内 rBCI 与 rBDI 的价格传导并不具有滞后性,前两种情况航运市场内部的噪声会影响模型的适用性。在 rBCI 与 rBDI 同时滞后的情况下,滞后一周时 rBDI 对 rST 的负向影响在 10% 水平下显著,这说明航运市场对钢铁市场的价格传导是具有滞后性的,滞后时间为一周。为了进一步证实这一结论,本小节从反面研究了钢铁市场价格滞后时两市场的波动溢出效应。

3. 钢铁市场价格滞后情况下波动溢出效应实证分析

钢铁市场价格滞后即滞后期钢铁市场价格对当期航运市场价格的影响。本部分将钢铁市场价格滞后分为 rPlatts 滞后、rST 滞后、rPlatts 与 rST 同时滞后三种情况,

并分别分析三种情况下跨市场波动溢出效应的变化。

（1）rPlatts 滞后情况下波动溢出效应实证分析

为研究四组变量在 rPlatts 滞后情况下的波动溢出效应，依次对数据进行 ADF 检验、LM 检验及 ARCH 效应检验（表 8-22 至表 8-24）。

表 8-22　rPlatts 滞后情况下四组变量收益率序列的 ADF 检验值

变量	rBCI	rBDI	rPlatts	rST
$t-1$	$-19.444\ 0$	$-18.136\ 5$	$-33.111\ 1$	$-40.057\ 0$
$t-2$	$-19.438\ 1$	$-18.131\ 1$	$-33.265\ 7$	$-40.043\ 8$
$t-3$	$-19.434\ 9$	$-18.125\ 7$	$-33.257\ 8$	$-40.035\ 8$
$t-4$	$-19.446\ 2$	$-18.159\ 4$	$-33.213\ 1$	$-40.066\ 4$
$t-5$	$-19.467\ 8$	$-18.170\ 9$	$-33.243\ 9$	$-40.013\ 5$
$t-10$	$-19.424\ 8$	$-18.105\ 8$	$-33.138\ 9$	$-39.947\ 0$
$t-20$	$-19.359\ 9$	$-18.109\ 8$	$-33.089\ 4$	$-39.800\ 3$

根据表 8-6 中 rPlatts 的 ADF 检验在 1％、5％、10％水平下的临界值分别为 $-3.434\ 1$，$-2.863\ 1$，$-2.567\ 6$。根据表 8-22，ADF 检验的结果显示，四组变量均小于 1％水平下的临界值，即不存在单位根，数据平稳，可以进行下一步的检验。

表 8-23　rPlatts 滞后情况下四组变量收益率序列的自相关阶数

变量	rBCI	rBDI	rPlatts	rST
$t-1$	2	2	0	0
$t-2$	2	2	0	0
$t-3$	2	2	0	0
$t-4$	2	2	0	0
$t-5$	2	2	0	0
$t-10$	2	2	0	0
$t-20$	2	2	0	0

LM 检验结果显示，随着滞后期数的增加，四组序列的自相关阶数保持不变，rBCI，rBDI 为 2 阶，rPlatts、rST 无显著自相关现象。为了更好地考虑变量的自相关现象，我们选择自回归阶数为 2，即 AR（2）。

表 8-24 rPlatts 滞后情况下四组变量收益率序列的 LM 统计量

变量	rBCI	rBDI	rPlatts	rST
$t-1$	149.832 6***	147.074 7***	95.828 7***	140.540 4***
$t-2$	149.715 0***	147.833 2***	98.795 6***	140.595 6***
$t-3$	149.654 4***	148.389 9***	98.703 0***	140.534 9***
$t-4$	149.480 6***	147.757 8***	98.768 2***	140.467 6***
$t-5$	149.205 0***	147.309 6***	98.871 4***	140.333 5***
$t-10$	148.683 8***	147.280 3***	99.034 4***	139.687 5***
$t-20$	147.325 6***	145.385 9***	102.480 8***	139.148 2***

注:"***"表示在 1% 水平上显著。

为了采用 GARCH 模型,变量必须具有 ARCH 效应,所以我们对四组序列进行了 LM 检验。结果显示,随着滞后期数的增加,四组序列的 LM 统计量均保持显著不变,因此适用于 GARCH 模型。

将四组数据代入 AR(2)-DCC-GARCH(1,1)模型后,模型的 α' 系数、β' 系数均显著,说明该情况适用于 DCC-GARCH 模型。$\alpha'+\beta'$ 表示其动态相关性,其值越接近于 1 动态相关性越明显。而在 rPlatts 滞后的情况下,$\alpha'+\beta'$ 均超过了 0.9,说明其具有持续的动态相关性。由表 8-25 可知,rPlatts 滞后情况下,rBCI 与 rBDI 的相关系数均大于 0.9,说明航运市场内部 rBCI 对 rBDI 的波动溢出效应是不具滞后性的。而 rPlatts 与 rST 的相关系数均非常小,且仅在滞后一期及三期时显著,表明钢铁市场内部的价格传导也不具滞后性。而在观测范围内 $Corr_{13}$、$Corr_{14}$、$Corr_{23}$、$Corr_{24}$ 均不显著,表明这种情况下航运市场与钢铁市场的波动溢出效应并不明显。rPlatts 滞后时对航运市场的影响仍非常微弱,表明 rPlatts 的价格变动对航运市场的价格变动起不到预测与指导作用。

表 8-25 rPlatts 滞后时 AR(2)-DCC-GARCH(1,1)模型相关关系检验结果

参数	$Corr_{12}$	$Corr_{13}$	$Corr_{14}$	$Corr_{23}$	$Corr_{24}$	$Corr_{34}$	α'	β'
$t-1$	0.892 6***	−0.006 6	−0.002 8	−0.003 4	−0.000 3	0.062 0**	0.033 8***	0.875 1***
$t-2$	0.893 3***	−0.014 3	−0.002 7	0.028 5	−0.002 0	0.017 0	0.032 3***	0.878 8***
$t-3$	0.893 2**	−0.001 0	−0.001 3	0.012 8	0.001 6	0.013 1***	0.030 0***	0.890 5***
$t-4$	0.892 9***	0.028 0	−0.007 0	0.032 0	−0.005 1	−0.038 5	0.029 9***	0.890 3***
$t-5$	0.893 6***	−0.012 1	−0.006 5	−0.010 3	−0.001 5	0.006 0	0.032 2***	0.883 7***
$t-10$	0.894 8***	0.019 3	−0.000 6	0.017 9	0.000 3	−0.002 4	0.032 9***	0.875 9***
$t-20$	0.893 2***	0.012 2	−0.000 7	0.014 1	0.001 9	−0.043 4	0.031 5***	0.889 2***

注:"***""**"分别表示在 1% 和 5% 水平上显著。

（2）rST 滞后情况下波动溢出效应实证分析

为研究四组变量在 rST 滞后情况下的波动溢出效应，依次对数据进行 ADF 检验、LM 检验及 ARCH 效应检验（表 8-26 至表 8-28）。

表 8-26　rST 滞后情况下四组变量收益率序列的 ADF 检验值

变量	rBCI	rBDI	rPlatts	rST
$t-1$	$-19.444\ 0$	$-18.136\ 5$	$-33.398\ 7$	$-40.080\ 4$
$t-2$	$-19.438\ 1$	$-18.131\ 1$	$-33.388\ 7$	$-40.067\ 8$
$t-3$	$-19.434\ 9$	$-18.125\ 7$	$-33.378\ 7$	$-40.053\ 6$
$t-4$	$-19.446\ 2$	$-18.159\ 4$	$-33.373\ 8$	$-40.041\ 3$
$t-5$	$-19.467\ 8$	$-18.170\ 9$	$-33.367\ 0$	$-40.013\ 5$
$t-10$	$-19.424\ 8$	$-18.105\ 8$	$-33.313\ 7$	$-39.946\ 7$
$t-20$	$-19.359\ 9$	$-18.109\ 8$	$-33.211\ 4$	$-39.800\ 3$

根据表 8-6 中 rST 的 ADF 检验在 1%、5%、10% 水平下的临界值分别为 $-3.434\ 1$，$-2.863\ 1$，$-2.567\ 6$。根据表 8-26，ADF 检验的结果显示四组变量均小于 1% 水平下的临界值，即不存在单位根，数据平稳，可以进行下一步的检验。

表 8-27　rST 滞后情况下四组变量收益率序列的自相关阶数

变量	rBCI	rBDI	rPlatts	rST
$t-1$	2	2	0	0
$t-2$	2	2	0	0
$t-3$	2	2	0	0
$t-4$	2	2	0	0
$t-5$	2	2	0	0
$t-10$	2	2	0	0
$t-20$	2	2	0	0

LM 检验结果显示，随着滞后期数的增加，四组序列的自相关阶数保持不变，rBCI、rBDI 为 2 阶，rPlatts、rST 无显著自相关现象。为了更好地考虑变量的自相关现象，我们选择自回归阶数为 2，即 AR(2)。

表 8-28　rST 滞后情况下四组变量收益率序列的 LM 统计量

变量	rBCI	rBDI	rPlatts	rST
$t-1$	149.832 6***	147.074 7***	92.693 6***	140.546 7***
$t-2$	149.715 0***	147.833 2***	92.621 2***	140.392 8***
$t-3$	149.654 4***	148.389 9***	92.550 6***	140.244 4***
$t-4$	149.480 6***	147.757 8***	92.407 8***	140.090 0***
$t-5$	149.205 0***	147.309 6***	92.333 3***	140.333 5***
$t-10$	148.683 8***	147.280 3***	91.922 1***	139.454 2***
$t-20$	147.325 6***	145.385 9***	91.551 1***	139.148 2***

注:"***"表示在 1% 水平上显著。

为了采用 GARCH 模型,变量必须具有 ARCH 效应,因此我们对四组序列进行了 LM 检验。结果显示,随着滞后期数的增加,四组序列的 LM 统计量均保持显著不变,因此适用于 GARCH 模型。

表 8-29　rST 滞后时 AR(2)-DCC-GARCH(1,1)模型相关关系检验结果

参数	$Corr_{12}$	$Corr_{13}$	$Corr_{14}$	$Corr_{23}$	$Corr_{24}$	$Corr_{34}$	α'	β'
$t-1$	0.894 6***	-0.001 9	0.023 1	-0.002 3	-0.035 2	0.033 2	0.031 5***	0.885 3***
$t-2$	0.893 0***	0.002 8	-0.013 8	0.002 2	0.012 7	-0.005 9	0.025 4***	0.879 9***
$t-3$	0.892 3***	0.004 5	0.004 7	0.002 4	0.008 0	0.003 8	0.027 1***	0.869 5***
$t-4$	0.894 1***	0.004 9	-0.026 1	0.013	-0.007 6	-0.008 0	0.031 1***	0.881 3***
$t-5$	0.893 5***	0.007 6	-0.018 6	0.008 2	-0.004 2	-0.026 0	0.027 9***	0.885 1***
$t-10$	0.892 4***	0.011 8	-0.038 5	0.005 4	-0.024 3	-0.024 0	0.029 0***	0.876 6***
$t-20$	0.892 3***	0.012 2	-0.020 3	0.003 5	-0.020 6	-0.007 8	0.025 2***	0.885 8***

注:"***"表示在 1% 水平上显著。

将四组数据代入 AR(2)-DCC-GARCH(1,1)模型后,模型的 α' 系数、β' 系数均显著,说明该情况适用于 DCC-GARCH 模型。$\alpha'+\beta'$ 表示其动态相关性,其值越接近于 1 动态相关性越明显。而在 rPlatts 滞后的情况下,$\alpha'+\beta'$ 均超过了 0.9,说明其具有持续的动态相关性。由表 8-29 可知,rST 滞后情况下,rBCI 与 rBDI 的相关系数均大于 0.89,说明航运市场内部 rBCI 对 rBDI 的波动溢出效应是不具滞后性的。而 rPlatts 与 rST 的相关系数均非常小,且均不显著,再次印证了钢铁市场内部的价格传导不具滞后性。而在观测范围内 $Corr_{13}$、$Corr_{14}$、$Corr_{23}$、$Corr_{24}$ 均不显著,表明这种情况下航运市场与钢铁市场的波动溢出效应并不明显。rST 滞后时对航运市场的影响仍非常微弱,表明 rST 的价格变动对航运市场的价格变动起不到预测与指导作用。

（3）rPlatts、rST 同时滞后情况下波动溢出效应实证分析

为研究四组变量在 rPlatts、rST 滞后情况下的波动溢出效应,依次对数据进行 ADF 检验、LM 检验及 ARCH 效应检验(表 8-30 至表 8-32)。

表 8-30　rPlatts、rST 同时滞后情况下四组变量收益率序列的 ADF 检验值

变量	rBCI	rBDI	rPlatts	rST
$t-1$	$-19.444\,0$	$-18.136\,5$	$-33.111\,1$	$-40.080\,4$
$t-2$	$-19.438\,1$	$-18.131\,1$	$-33.265\,7$	$-40.067\,8$
$t-3$	$-19.434\,9$	$-18.125\,7$	$-33.257\,8$	$-40.053\,6$
$t-4$	$-19.446\,2$	$-18.159\,4$	$-33.213\,1$	$-40.041\,3$
$t-5$	$-19.467\,8$	$-18.170\,9$	$-33.243\,9$	$-40.028\,3$
$t-10$	$-19.424\,8$	$-18.105\,8$	$-33.138\,9$	$-39.946\,7$
$t-20$	$-19.359\,9$	$-18.109\,8$	$-33.089\,4$	$-39.904\,9$

根据表 8-6 中 rPlatts 和 rST 的 ADF 检验在 1%、5%、10%水平下的临界值分别为 $-3.434\,1$,$-2.863\,1$,$-2.567\,6$。根据表 8-30,ADF 检验的结果显示四组变量均小于 1%水平下的临界值,即不存在单位根,数据平稳,可以进行下一步的检验。

表 8-31　rPlatts、rST 滞后情况下四组变量收益率序列的自相关阶数

变量	rBCI	rBDI	rPlatts	rST
$t-1$	2	2	0	0
$t-2$	2	2	0	0
$t-3$	2	2	0	0
$t-4$	2	2	0	0
$t-5$	2	2	0	0
$t-10$	2	2	0	0
$t-20$	2	2	0	0

LM 检验结果显示,随着滞后期数的增加,四组序列的自相关阶数保持不变,rBCI、rBDI 为 2 阶,rPlatts、rST 无显著自相关现象。为了更好地考虑变量的自相关现象,我们选择自回归阶数为 2,即 AR(2)。

表 8-32　rPlatts、rST 同时滞后情况下四组变量收益率序列的 LM 统计量

变量	rBCI	rBDI	rPlatts	rST
$t-1$	149.832 6***	147.074 7***	95.828 7***	140.546 7***
$t-2$	149.715 0***	147.833 2***	98.795 6***	140.392 8***
$t-3$	149.654 4***	148.389 9***	98.703 0***	140.244 4***
$t-4$	149.480 6***	147.757 8***	98.768 2***	140.090 0***
$t-5$	149.205 0***	147.309 6***	98.871 4***	140.017 1***
$t-10$	148.683 8***	147.280 3***	99.034 4***	139.454 2***
$t-20$	147.325 6***	145.385 9***	102.480 8***	138.442 8***

注:"***"表示在 1%水平上显著。

为了采用 GARCH 模型,变量必须具有 ARCH 效应,因此我们对四组序列进行了 LM 检验。结果显示,随着滞后期数的增加,四组序列的 LM 统计量均保持显著不变,因此适用于 GARCH 模型。

表 8-33　rPlatts、rST 同时滞后时 AR(2)-DCC-GARCH(1,1)模型相关关系检验结果

参数	$Corr_{12}$	$Corr_{13}$	$Corr_{14}$	$Corr_{23}$	$Corr_{24}$	$Corr_{34}$	α'	β'
$t-1$	0.894 3***	−0.010 6	0.023 2	−0.005 2	0.036 7	0.159 3***	0.031 8***	0.887 4***
$t-2$	0.891 2***	0.028 3	−0.029 5	0.041 1	−0.005 8	0.171 7***	0.028 5***	0.883 3***
$t-3$	0.890 7**	0.009 9	0.007 0	0.025 0	0.009 1	0.157 3***	0.026 3***	0.882 5***
$t-4$	0.892 2***	0.025 6	−0.016 0	0.029 4	−0.000 4	0.157 4***	0.028 7***	0.887 8***
$t-5$	0.892 3***	−0.014 5	−0.023 8	−0.007 0	−0.014 0	0.157 8***	0.029 5***	0.887 7***
$t-10$	0.891 9***	0.020 0	−0.038 7	0.016 4	−0.021 3	0.159 7	0.030 3***	0.881 3***
$t-20$	0.890 8***	0.003 4	−0.025 1	0.005 9	−0.030 1	0.156 5	0.025 7***	0.898 4***

注:"***""**"分别表示在 1%和 5%水平上显著。

将四组数据代入 AR(2)-DCC-GARCH(1,1)模型后,α' 与 β' 系数均在 1%水平下显著,说明此种情况下四组数据适用于 DCC-GARCH 模型。$\alpha'+\beta'$ 表示其动态相关性,其值越接近于 1 动态相关性越明显。而在 rBCI、rBDI 同时滞后的情况下,$\alpha'+\beta'$ 均超过了 0.9,可见其具有持续的动态相关性。由表 8-33 可知,rBCI 与 rBDI 的相关系数均超过 0.89,且在 1%的水平上显著。rPlatts 与 rST 在滞后一周范围内显著,结合上述 rPlatts 与 rST 单独滞后的情况分析得到两者价格传导不具滞后性,rPlatts 当期信息会立即对 rST 产生影响。而 $Corr_{13}$、$Corr_{14}$、$Corr_{23}$、$Corr_{24}$ 在观测范围内均不显著,表明航运市场与钢铁市场的波动溢出效应不明显。

综合以上三种情况,在钢铁市场价格滞后情况下,四组数据均较适用于 DCC-GARCH 模型,且模型的动态相关性显著,在三种情况下,rBCI 与 rBDI 的相关系数均

超过 0.89,且在 1%水平下显著,再次印证了航运市场内 rBCI 与 rBDI 的价格传导显著的当期效应。而 rPlatts 或 rST 单独滞后情况下两者的相关系数均较小且不显著,在 rPlatts、rST 同时滞后情况下显著,同理证明钢铁市场内部两者的价格传导不具滞后性。而在这三种情况下航运市场与钢铁市场的跨市场波动溢出效应均不显著,说明航运市场的价格变动对钢铁市场的价格波动具有指导与预测性,反之则不然。

综合两种市场价格分别滞后的情况可知:两种市场内部价格间的传导当期效应显著,均不具有滞后性;航运市场两个变量同时滞后一周时对钢铁股价影响显著,说明航运市场一周前的运价对钢铁股价具有指导与预测作用,反之不然。

4. DY 溢出指数模型参数估计与波动溢出效应研究

DCC-GARCH 模型只能衡量变量间的不定向相关性,为了更加准确地描述变量间的定向相关性,并将四组变量作为一个系统依次定位每个变量在系统中所受影响的方向与程度,本小节研究运用 DY 溢出指数模型对四组序列进行参数估计。

除 DY 波动溢出模型所定义的指标外,本小节研究还将每个变量接收系统中其余变量波动溢出效应的总和命名为变量的定向净接收指数,反映该变量在系统中接收其他变量影响的程度;每个变量对剩余变量的波动溢出效应之和命名为变量的定向净溢出指数,反映该变量对系统中其他变量影响的程度;将每个变量接收到除自身市场变量外另一市场两个变量的波动溢出效应的和命名为跨市场净接收指数,反映该变量接收到的跨市场溢出效应的大小;将每个变量给予另一市场两个变量的波动溢出效应的和命名为跨市场净溢出指数,反映该变量对另一市场变量溢出效应的大小。

系统的总溢出指数为两两不同变量间波动溢出效应的总和,值为 24.30%,约为总体的 1/4,说明整个系统的波动溢出效应不强。rBDI 的定向净接收指数最大为 79.13%,其次是 rBCI,为 11.34%;而 rPlatts 与 rST 的定向净接收指数均较小,为 4.54% 与 2.18%。rBCI 的定向净溢出指数最大为 80.48%,其次是 rBDI,为 11.26%;而 rPlatts 与 rST 的定向净溢出指数均较小,为 0.93% 与 2.52%(表 8-34)。以上数据表明,在系统中受其他变量影响最大的变量为 rBDI,对其他变量影响最大的变量为 rBCI,航运市场在整个系统中居于主导地位。

表 8-34 DY 溢出指数模型参数估计值

变量	rBCI/%	rBDI/%	rPlatts/%	rST/%	定向净接收指数/%	跨市场净接收指数/%
rBCI/%	88.66	11.21	0.01	0.12	11.34	0.13
rBDI/%	79.07	20.87	0.05	0.01	79.13	0.06
rPlatts/%	0.12	0.03	95.46	4.39	4.54	0.15
rST/%	1.29	0.02	0.87	97.82	2.18	1.31
定向净溢出指数/%	80.48	11.26	0.93	4.52	总溢出指数 24.30	
跨市场净溢出指数/%	1.41	0.05	0.06	0.13		
定向溢出指数/%	169.14	32.13	96.39	102.32		

rBCI 的跨市场净接收指数是 rPlatts 对 rBCI 的定向溢出指数与 rST 对 rBCI 的定向溢出指数之和,rBCI 的跨市场溢出指数是 rBCI 对 rPlatts 的定向溢出指数与 rBCI 对 rST 的定向溢出指数之和。rPlatts 与 rST 接收到航运市场的波动溢出效应大于 rBCI 与 rBDI 接收到钢铁市场的波动溢出效应,rBCI 与 rBDI 给予钢铁市场的波动溢出效应大于 rPlatts 与 rST 给予航运市场的波动溢出效应,这表明整个系统中,钢铁市场更接近于波动溢出效应的接收者,而航运市场更接近于波动溢出效应的提供者。

首先,表格中两两变量之间的波动溢出指数中最大值是 rBCI 与 rBDI 间的溢出指数,为 79.07% 与 11.21%,这可能是由于 BDI 是根据海岬型运价指数 BCI 及其余三种船型的运价指数 BCI、BSI、BHSI 的即期运费加权而成。其次是 rST 对 rPlatts 的波动溢出指数,为 4.39%。再次为 rBCI 对 rST 的波动溢出指数,为 1.41%。因此可得出相比同市场间不同变量的波动溢出效应,跨市场不同变量的波动溢出效应较小,这与之前当期 DCC-GARCH 模型估计的结果相符。由于两市场组成的系统整体的波动溢出效应不大,运用 DY 波动溢出指数模型后表格中的跨市场波动溢出值均较小且结果不清晰,因此本小节研究仅用 DCC-GARCH 模型研究了滞后情况下两市场间的动态相关性与波动溢出效应。

综上所述,可得出以下结论:整个系统的波动溢出效应不强;航运市场在整个系统中居于主导地位;系统中钢铁市场接近于波动溢出效应的接收者,航运市场更接近于波动溢出效应的提供者;航运市场对钢铁市场当期影响不显著,存在滞后影响,两者之间的跨市场波动溢出效应不强。

5. 实证结果与启示

本小节在上文航运市场及钢铁市场当期与滞后期情况下价格波动溢出效应的实证分析基础上，联系实际航运市场与钢铁市场的发展现状得出研究结论，并从航运行业、铁矿石行业和钢铁行业三个层面提出相应对策建议，对行业内企业的决策与运营具有启示和参考价值。

（1）实证结果

本小节运用 DCC-GARCH 模型研究了当期与滞后期所有情况下两市场间的动态相关性，同时用 DY 波动溢出指数模型研究了当期情况下两市场间的波动溢出效应。通过上述实证分析，本小节从市场动态相关性、市场间价格传导机制和市场间波动溢出效应三方面得出如下结论。

从市场间的动态相关性角度看：当期情况下航运市场与钢铁市场之间具有动态相关性；滞后期情况下只有在 rBCI 与 rBDI 同时滞后或 rPlatts 与 rST 同时滞后的情况下两市场之间才具有持续的动态相关性，其余情况下不具有持续的动态相关性。

从市场间价格传导机制的角度看：rBCI 与 rBDI、rPlatts 与 rST 只存在当期效应，航运市场对钢铁市场的价格传导可能具有滞后性。由于 BDI 是由当期 BCI 及其他三种船型的运价指数加权计算得到，因此两者的相关性较大；而铁矿石只是制造钢铁的原材料，钢铁企业的盈利及钢铁股价的波动还受到其他多种因素的影响，因此两者的相关性较小。航运市场的价格变动对于钢铁市场的价格变动具有预测与指导性，其响应周期约为一周；而钢铁市场的价格变动对航运市场的价格变动无显著影响。

从市场间波动溢出效应的角度看：一方面，两市场间的波动溢出效应很小，小于整个系统的 1/4。钢铁市场的价格波动不仅受航运市场的影响，还受铁矿石市场长期垄断的状况、各国宏观经济形势及国际贸易政策等多种因素的影响，因此造成了两市场间的价格传导机制不畅。另一方面，航运市场的定向净接收指数与净溢出指数均远大于钢铁市场的定向净接收指数与净溢出指数，因此航运市场与钢铁市场组成的系统中航运市场居于主导地位，航运市场倾向于价格波动的给予者、钢铁市场倾向于价格波动的接受者。以上两项结论说明了通过钢铁价格指数来反推航运市场价格波动尚不具有可行性。

（2）对策建议

经过研究得到两市场间的价格传导机制存在断层，这种断层现象给跨市场风险预测及规避行业风险带来难度。为了进一步规避风险，必须从该产业链上每一个环节入手，包括航运行业、铁矿石行业和钢铁行业。

　　在航运行业层面,因为在航运市场与钢铁市场组成的系统中航运市场居于主导地位,所以航运企业应抓住航运市场金融化的趋势规避自身市场风险以此来更好地降低整个系统的运营风险,主要可采取以下措施:第一,把握市场规律,做好市场研究。我国航运企业应通过反映运价变化的运价指数等指标掌握海运市场价格变化的周期性规律与预测方法,密切关注影响航运市场价格变动的其他重要因素,不应被动地等待航运进入上升周期,必须积极调整、优化和布局。第二,适应航运金融化趋势,大力发展航运金融业务。通过期货、远期运费协议(FFA)等金融工具来对冲货运市场风险,套期保值。通过 FFA 的价格风险转移、套期保值等功能可较好地规避航运风险。第三,通过管理与技术控制无规则风险。在运营过程中可能会遇到个别航线由于特殊原因而造成该航线运价的涨跌,如季节性压力、港口拥堵、航路瓶颈,这种风险可被视为无规则风险,可以通过规范管理和提升技术水平等方式得以分散。除此之外还可采用严格合同管理、严格审查等方式控制航运风险。

　　在铁矿石行业层面,铁矿石市场作为航运市场与钢铁市场衔接的关键节点,应采取以下措施规避市场风险:第一,加大海外寻矿及投资的力度、推进铁矿石代理制。我国想改变三大矿山垄断铁矿石行业的现状、形成可以与之制衡的力量,就必须加大海外寻矿的力度,加大国内钢厂海外权益矿的比例,这样才能更好地控制自身的成本,以应对未来铁矿石价格频繁涨跌。此外,我国可借鉴日本、欧盟的铁矿石代理制,钢厂只需专注于自己的生产经营,铁矿石进口谈判等事项都要交给具有进口资质的企业来处理。第二,学会利用铁矿石衍生产品,推动铁矿石价格的金融化。2011 年,我国第一个中国铁矿石价格指数(CIOPI)发布。2013 年,我国第一个铁矿石期货合约于大商所上市。铁矿石期货、铁矿石价格国际化能够使我国企业得到真实可靠的数据,买方和卖方通过在铁矿石掉期市场签订合约可以对冲现货市场价格波动的风险。因此铁矿石行业应顺应这种趋势,大力支持与宣传 CIOPI 及铁矿石期货的发展,不断提升铁矿石产品的定价话语权。

　　在钢铁行业层面,据神华研究所报告指出,此次中美贸易摩擦对钢铁行业的直接影响极小,间接影响存在,同时暴露了中国钢铁行业的一部分问题:中国经济须尽早完成出口导向到内需导向的转型,表现在中国钢铁制造业方面就是应在短期内加强转型升级。如果这些问题得不到有效解决,钢铁企业的运营风险便无法得到有效控制。因此结合本书研究结论,对钢铁行业提出的对策建议为:第一,合理利用航运市场与钢铁市场的动态相关性进行投资决策。例如,钢铁行业投资者可参考一周前的 BDI 预测当期钢铁股价的走势,如当运价指数上涨时,约在一周之后钢铁股价会有微弱的负向偏移,因此钢铁企业应顺势采取紧缩型战略,适量减支减产;而当铁矿石指数下降时,由于铁矿石指数与钢铁股价的当期效应较大,钢铁企业应及时采取扩张型战略,增购增产。第二,提高国内钢铁行业的集中度,优化出口钢材产品出口结构。国内钢铁行业产业集中度低导致了钢材价格上涨期间钢铁产能盲目释放、结构性产能过剩和过渡性竞争等问题。无法有效控制产能也导致铁矿石进口不受监管,这也是中国在铁矿石价格谈判中缺少话语权的重要原因。因此我国应制定统一的国内钢铁行业行政政策,在提高市场准入壁垒的同时降低市场退出壁垒,提高钢铁行业集中度,加快转型升级。在龙头企业发挥引领作用、重建价值链和利益链的同时淘汰落后与不规范企业、净化发展环境、建立良好生态圈。第三,我国钢铁企业应维持铁矿石-钢铁供需基本面的平衡。为避免"矿强钢弱"现象,我国应进一步推进铁矿石期货国际化,通过市场的高交易量、高便利性及开放度来吸引更多钢铁行业主体加入交易中,提高其影响力;为避免"钢强矿弱"现象,我国应着力保持地产行业、基建投资、汽车、机械、船舶等下游主要用钢行业的平稳发展,增加对钢铁、铁矿石的需求,抬高原材料价格。第四,我国钢铁企业还应通过产业链各环节的共享发展来规避市场风险。上游加强与矿产资源、电力、煤炭等相关企业合作,建立一体化战略联盟;中游加强与同行业其他钢铁企业在技术、产品等方面的战略合作,形成战略联盟,避免同质化竞争;下游加强与钢铁企业客户的合作,为客户创造增值服务,培养忠实客户群,建立稳定客户关系。

· 本章小结 ·

运价和航运市场的波动将随着全球经济一体化的推进成为时代的热议主题,下面将对本章内容进行总结,并对未来的研究进行展望。

随着国际贸易进一步发展,国际航运的需求被进一步放大。航运市场作为全球价值链的重要组成部分,其变化波及的产业广而深,牵一发动全身。在全球经济动荡的大背景下,航运市场必不能独善其身,因而对航运价格和航运市场的研究的重要性不言而喻。对航运市场内部运行规律的研究与应用,可以帮助企业预测风险,在不断变化的市场中实现可持续发展。

在明确航运市场的构成体系以及运价等基本概念后,我们分析并整理出了两个最主要的航运业问题并展开理论与实证研究。

首先,本章研究了航运市场的影响因素,现阶段国际航运是国际物流的主要方式,通过海上运输的货物占国际贸易货物总量的67%以上,国际贸易的发展对航运市场发挥着至关重要的作用。鉴于此,我们选取上海集装箱运价指数与我国出口贸易为研究对象,运用向量自回归和向量误差修正模型进行了关联度实证分析。结果表明,SCFI综合指数与上海海关关区出口额呈负相关关系,出口额的增长导致运价指数的下降,运价上升会阻碍出口贸易的进行。一方面,货运需求的扩张促使航运规模不断扩大,吸引大量资金流入;另一方面,充足的货运量使得大型船舶的优势得以发挥,规模经济发挥作用,这也得益于造船技术的改进和船舶大型化的趋势。针对研究结论,我们分别从运力分配、经营策略、运价指数计算和功能四个方面对我国航运市场的发展提出了相关建议。

其次,基于价格理论中生产要素价格变化对产业影响的理论,本章研究了钢铁市场和干散货航运市场的波动效应,选取了 BDI 和钢铁股票指数为研究对象,运用DCC-GARCH 模型研究了当期与滞后期所有情况下两市场间的动态相关性,同时用DY 波动溢出指数模型研究了当期情况下两市场间的波动溢出效应,并进行了实证研究。结果显示,相比钢铁市场,航运市场更容易受新信息的影响,两市场的价格收益率均具有显著的波动持续性,两两之间均具有较强的动态相关性,航运市场 rBCI 与 rBDI 间具有显著当期相关性,钢铁市场 rPlatts 与 rST 间具有微弱当期相关性。为了确定 rBCI、rBDI、rPlatts、rST 间波动溢出效应是否具有先导性或滞后性且进一步探讨两个市场价格间的传导机制,本章继续分析了航运市场价格滞后与钢铁市场价格滞后两种情况下跨市场波动溢出效应,结果显示两种市场内部价格间的传导当期效应显著,均不具有滞后性;航运市场两个变量同时滞后一周时对钢铁股价影响显著说明航运市场一周前的运价对钢铁股价具有指导与预测作用。DY 溢出指数模型波动溢出效应研究表明,整个系统的波动溢出效应不强,航运市场在整个系统中居于主导地位,系统中钢铁市场接近于波动溢出效应的接收者,航运市场更接近于波动溢出效应的提供者。对此我们分别从航运行业、铁矿石行业、钢铁行业三个层面给出了风险预测与防范的建议。

当下,航运价格与航运市场波动将持续在学术界引发研究热度。航运价格与外贸商品的价格息息相关,航运市场的波动也将牵制相关商品市场的波动,最终影响国家的海洋经济发展。过去两年,消费品高需求和多次供应中断给集装箱航运市场带来了丰厚的利润,但随着供应调整和港口条件的提升,集装箱航运市场的供求也在趋近平衡。此外,国际原油价格的上调也将通过成本渠道对运价指数和航运市场造成冲击,这些都将为未来的研究提供思路。

随着"海洋强国""航运兴国"等政策一步步推进与落实,我们对航运价格和航运市场的研究脚步也时刻不能停歇。我们还需要紧跟时代发展的脚步,继续挖掘新的视角、发现新的问题并逐个击破,为海洋强国的建设事业添砖加瓦。

【知识进阶】

1. 请简述国际航运市场体系的构成。

2. 请列举航运价格的影响因素,并简述其如何对航运价格产生影响。

参考文献

[1]镇璐,诸葛丹,汪小帆. 绿色港口与航运管理研究综述[J]. 系统工程理论与实践,2020,40(8):2 037-2 050.

[2]向小东,陈炎光. 长江经济带绿色创新效率评价研究——基于双重异质性DEA 区间交叉效率模型[J]. 长江流域资源与环境,2024,33(3):472-486.

[3]曾维华,王华东,薛纪渝,等. 人口、资源与环境协调发展关键问题之一——环境承载力研究[J]. 中国人口. 资源与环境,1991(S1):33-37.

[4]黎兵,王寒梅,史玉金. 资源、环境、生态的关系探讨及对自然资源管理的建议[J]. 中国环境管理,2021,13(3):121-125.

[5]王之佳. 我们共同的未来[M]. 长春:吉林人民出版社,1997.

[6]李剑,林娜,姜宝. 我国沿海港口的生态文明建设——基于环境承载力的量化测度与动态分析[J]. 科技管理研究,2016,36(17):252-256+261.

[7]Liu B D. Uncertainty theory[M]. Berlin:Springer,2007.

[8]王群勇,李海燕. 基于不确定环境 DEA 模型下中国各区域能源效率和二氧化碳排放效率评价[J]. 软科学,2022,36(8):78-83.

[9]Nosratabadi S, Mosavi A, Shamshirband S, et al. Sustainable business models:A review[J]. SSRN Electronic Journal,2020,42(3):123-145.

[10]张亚冬,张骎,崔凯杰,等. 港口环境承载力概念及其影响因素初探[J]. 水道港口,2008(5):372-376.

[11]杜浩,周昱彤,匡海波,等. 基于三阶段超效率 DEA 的港口运行效率研究[J]. 技术经济,2021,40(7):22-35.

[12]Liu J, Wang X, Guo J. Port efficiency and its influencing factors in the context of pilot free trade zones[J]. Transport Policy,2021,105:67-79.

[13]刘翠莲,衡丽娜,战思绮. 我国沿海港口绿色发展效率时空演化[J]. 上海海事大学学报,2022,43(3):75-82.

[14]薛凯丽,贾鹏,匡海波. 考虑 CO_2 排放的中国港口动态网络效率研究[J]. 运筹与管理,2022,31(7):152-160.

[15]邵言波,邵羽冰."一带一路"中国沿线主要港口碳排放效率评价研究[J]. 经济问题,2023(5):22-30.

[16]王任祥. 我国港口一体化中的资源整合策略——以宁波—舟山港为例[J]. 经济地理,2008(5):872-875.

[17]王燕,吴蒙. 我国港口上市公司效率研究——基于两阶段网络数据包络分析模型[J]. 中国流通经济,2016,30(5):53-61.

[18]刘晔,张训常,蓝晓燕. 国有企业混合所有制改革对全要素生产率的影响——基于 PSM-DID 方法的实证研究[J]. 财政研究,2016(10):63-75.

[19]周黎安,陈烨. 中国农村税费改革的政策效果:基于双重差分模型的估计[J]. 经济研究,2005(8):44-53.

[20]张楠,卢洪友. 薪酬管制会减少国有企业高管收入吗——来自政府"限薪令"的准自然实验[J]. 经济学动态,2017(3):24-39.

[21]杨玲. 生产性服务进口复杂度及其对制造业增加值率影响研究——基于"一带一路"18 省份区域异质性比较分析[J]. 数量经济技术经济研究,2016,33(2):3-20.

[22]肖仁桥,陈忠卫,钱丽. 异质性技术视角下中国高技术制造业创新效率研究[J]. 管理科学,2018,31(1):48-68.

[23]郝春旭,邵超峰,赵润,等. 面向可持续发展目标的中国生态环境领域指标评估研究[J]. 中国环境管理,2022,14(5):8-14.

[24]陈柳钦. 产业集群与产业竞争力[J]. 南京社会科学,2005(5):15-23.

[25]埃德加. M. 胡佛. 区域经济学导论[M]. 王翼龙,译. 北京:商务印书馆,1990.

[26]亚当. 斯密. 国民财富的性质和原因的研究[M]. 郭大力,译. 北京:商务印书馆,1965.

[27]Marshall A. Principles of economics[M]. London:Macmillan, 1920(1890).

[28]Weber. Theory of the location of industries[M]. Chicago:University Chicago Press,1929.

[29]Porter M. Copetitive advantage of nations[J]. Harvard Business Review,

1990，68(2)：73-93.

[30] Krugman P. Geography and trade [M]. Cambridge，MA：MIT Press，1991.

[31]Martin P. Ottaviano G. Growing location：Industry location in a model of endogenous growth[J]. European Economic Review，1999，43(2)：281-302.

[32]Williamson J G. Regional inequality and the process of national development [J]. Economic Development and Cultural Change，1965，13(4)：3-45.

[33]林杨，张弘. 宁波港口产业发展及对策研究[J]. 港口经济,2014(2):27-30.

[34]Barro R，Lee J W. International measures of schooling years and schooling quality[J]. American Economics Review，1996，2：218-223.

[35]白俊红，王钺，蒋伏心，等. 研发要素流动、空间知识溢出与经济增长[J]. 经济研究,2014(7):109-123.

[36]Béguin H. Regional development policy：A Case Study of Venezuela by J. Friedmann[J]. Revue Tiers Monde，1990，9(34)：502-504.

[37]鲁渤，邢戬，王乾，等. 港口竞争力与腹地经济协同机制面板数据分析[J]. 系统工程理论与实践,2019,39(4):1 079-1 090.

[38]Skorin-Kapov D，Skorin-Kapov J. Tight linear programming relaxations of uncapacitated p-hub medianproblems[J]. European Journal of Operational Researc，1996，94(3)：582-593.

[39]Correia I，Nicked S，Saldanha-Da-Gama F. Hub and spoke network design with single-assignment，capacity decisions and balancing requirements[J]. Applied Mathematical Modelling，2011，35(10)：4 841-4 851.

[40]Jozef K. Solving the uncapacitated multiple allocation p-hub center problem by genetic algorithm[J]. Asia-Pacific Journal of Operational Research，2000,120(3)：614-631.

[41]傅少川，胡梦飞，唐方成. 禁忌搜索算法在单分配多枢纽轴辐式物流网络中的应用[J]. 中国管理科学,2012,20(3):145-151.

[42]Violeta R. Dry port concept for seaport inland access with inter-modal Solutions[D]. 2002，45(3)：376-387.

[43]黄志勇，李京文. 充分发挥无水港在区域联动开放中的重要作用[J]. 国际商务(对外经济贸易大学学报),2013(1):12-18.

[44]魏海蕊,盛昭瀚. 我国内陆省份参与海上丝绸之路的外向型特征与优化策略——基于无水港海港定向合作视角[J]. 国际贸易问题,2017(5):91-102.

[45]Hua Yang. Inland port location model under Trans Texas Corridor concept [D]. Texas State:Texas University, 2005.

[46]魏海蕊,贾娜娜,智路平. 基于无水港的内陆省参与海上丝绸之路的可持续物流网络[J]. 系统工程,2019,37(4):63-73.

[47]Tongzon J, Chang Y T, Lee S Y. How supply chain oriented is the port sector? [J]. International Journal of Production Economics, 2009, 122(1): 21-34.

[48]Caplice C, Sheffi Y. Optimization-based procurement for transportation services[J]. Journal of Business Logistics, 2003, 24(2): 109-128.

[49]Krajewska M A, Kopfer H. Collaborating freight forwarding enterprises [J]. OR Spectrum, 2006, 28(3): 301-317.

[50]浦徐进,张兴,韩广华. 考虑利他偏好的企业努力行为和供应链运作[J]. 系统管理学报,2016,25(6):1 136-1 145.

[51]王磊,戴更新. 利他偏好、服务与供应链 Stackelberg 博弈研究[J]. 中国管理科学,2014,22(S1):473-478.

[52]Shi K, Jiang F, Ouyang Q. Altruism and pricing strategy in dual-channel supply chains[J]. American Journal of Operations Research, 2013, 22(2): 136-148.

[53]王建华,黄强,陈庭强. 考虑利他关切和质量投入的闭环供应链渠道差异性研究[J]. 系统科学与数学,2021,41(11):3 218-3 233.

[54]骆正清,刘思绮. 不同博弈结构下基于利他偏好的双渠道供应链价格决策分析[J]. 工业技术经济,2019,38(3):28-35.

[55]程茜,汪传旭,徐朗. 考虑利他偏好的供应链定价和减排决策[J]. 工业工程与管理,2018,23(2):159-166.

[56]Arcelus F J, Satyendra Kumar, Srinivasan G. Risk tolerance and a retailer's pricing and ordering policies within a newsvendor framework[J]. Omega, 2012, 40 (2): 188-198.

[57]叶飞,林强. 风险规避型供应链的收益共享机制研究[J]. 管理工程学报,2012,26(1):113-118.

[58]Berlea A, Meansg C. The modern corporation and private property[M]. New York:New York revised edition, 1967.

[59]吴淑琨.股权结构与公司绩效的 U 形关系研究——1997—2000 年上市公司的实证研究[J].中国工业经济,2002(1):80-87.

[60]李剑,史金阳,姜宝.船公司"利他偏好"与航运供应链上的纵向合作[J].中国管理科学,2023,31(11):195-207.

[61]李从刚,许崇正,李跃然.股权结构、制度环境与经营绩效:来自中国城市商业银行的经验证据[J].华东经济管理,2017,31(8):92-98.

[62]邓超,张恩道,樊步青,等.政府补贴、股权结构与中小创新型企业经营绩效研究——基于企业异质性特征的实证检验[J].中国软科学,2019(7):184-192.

[63]何斐然,周航.公司股权结构对企业经营绩效的影响——以零售业上市公司为例[J].商业经济研究,2021(1):127-130.

[64]刘永军.政府补贴和股权结构对新三板中小创新型企业经营绩效影响的实证分析[J].时代金融,2021(20):86-88.

[65]Singh M,Davidson N. Agency costs, ownership structure and corporate governance mechanisms[J]. Journal of Banking & Finance, 2018, 27(5): 793-816.

[66]Drobrtz, Schmid, et, al. The structure of corporate ownership: Causes and consequences[J]. The Journal of Political Economy, 2017(14): 1 155-1 177.

[67]Brian J, Hall J B, Liebman. Are CEOs Really Paid Like Bureaucrats? [J]. The Quarterly Journal of Economics, 1998(3): 653-691.

[68]杨向阳,李前兵.高管薪酬、团队特征与公司业绩敏感性——来自 A 股制造业上市公司 的经验证据[J].学术研究,2012:79-85.

[69]张曦,许琦.上市公司高管激励与公司绩效关系的实证研究[J].商业研究,2013(3):108-115.

[70]李继伟.上市公司高管薪酬激励与公司绩效的相关性研究[D].重庆:重庆理工大学,2013.

[71]周利琼,袁桂秋.基于不完全契约视角的股权激励绩效研究[J].中国软科学,2024(S1):394-400.

[72]孙悦.船舶碳排放国际法律治理:分歧、模式及中国路径[J].中国海商法研究,2023,34(4):16-26.

[73]王征,彭传圣,陈俊峰,等.船舶氮氧化物排放和燃油合规性监测监管研究[J].环境工程,2023,41(S2):800-806.

[74]Ke G Y. Managing rail-truck intermodal transportation for hazardous

materials with random yard disruptions[J]. Annals of operations research，2022，309 (2)：457-483.

[75] Lindstad H E，Eskeland G S. Environmental regulations in shipping：Policies leaning towards globalization of scrubbers deserve scrutiny［J］. Transportation Research Part D，2016，47：67-76.

[76]Schinas O，Stefanakos C N. Selecting technologies towards compliance with MARP OL Annex Ⅵ：The perspective of operators[J]. Transportation Research Part D，2014，28：28-40.

[77]林贵华,李萌,李雨薇,等. 考虑硫排放控制区和碳税的班轮航速优化和燃料补给策略[J]. 系统工程,2020,38(2):98-108.

[78]何雪锋,王秀霞. 演化博弈视角下PPP项目运营与政府监管的稳定性分析[J]. 财会月刊,2017(2):17-22.

[79]斯特曼,朱岩. 商务动态分析方法：对复杂世界的系统思考与建模[M]. 清华大学出版社，2008.

[80]Wu D D，Kefan X，Hua L，et al. Modeling technological innovation risks of an entrepreneurial team using system dynamics：An agent-based perspective［J］. Technological Forecasting and Social Change，2010，77(6)：857-869.

[81]Bryan C，Liudmila O. Update：Accounting for well-to-wake carbon dioxide equivalen t emissions in maritime transportation climate policies[R]. 2021.

[82]Ronen D. The effect of oil price on containership speed and fleet size[J]. Operation Research，2011，62：211-216.

[83]Wang Y，Dong P B，Long W Q. Characteristics of Evaporating Spray for Direct Injection Methanol Engine：Comparison between Methanol and Diesel Spray [J]. Processes，2022，10(6)：1 132.

[84]Dai L，Hu H，Zhang D. An empirical analysis of freight rate and vessel price volatility transmission in global dry bulk shipping market[J]. Journal of Traffic and Transportation Engineering，2015(5)：353-361.

[85]Li K X，Qi G，Shi W，et al. Spillover effects and dynamic correlations between spot and forward tanker freight markets ［J］. Maritime Policy & Management，2014，41(7)：683-696.

[86]李莉. 近期铁矿石现货价格波动影响因素研究——兼议客观看待期货市场

价格发现功能[J]. 价格理论与实践，2017(7)：134-136.

[87]Erdogan O，Tata K，Karahasan B C，et al. Dynamics of the co-movement between stock and maritime markets[J]. International Review of Economics & Finance，2013，25(3)：282-290.

[88]姜宝，李剑，宫春霞. "海上丝绸之路"上的航运与贸易关联度研究[J]. 世界经济研究，2015(7)：72-93.

[89]温馨，丁一，林国龙. 远期运费协议与粮食期货市场的波动溢出关系[J]. 上海大学学报(自然科学版)，2015(6)：774-783.

[90]梁玮. 上海出口集装箱运价指数衍生品适用性及估价研究[D]. 上海交通大学，2013.

[91]吕国宝. 国际油价暴跌对航运市场的影响分析[J]. 中国远洋航务，2015(3)：56-57+11.

[92]周业付，刘庆耀. 国际原油价格波动对航运运价影响的实证分析[J]. 统计与决策，2015(10)：128-130.

[93]林鹏. 中国出口集装箱运价指数的宏观经济影响因素分析[J]. 现代商业，2014(8)：184-187.

[94]王彦，吕靖. 国际航运经济与市场[M]. 大连：大连海事大学出版社，2002.

[95]王学峰. 国际航运业务[M]. 上海：同济大学出版社，2011.

[96]Engle R F. Autoregressive conditioonal heteroscedasticity with estimates of the variance of econometric united kingdom inflation[J]. Journal of the Econometrica：Society，1982，50(4)：987-1 007.

[97]Bollerslev T. Generalized autoregressive conditional heteroscedasticity[J]. Journal of Econometrics，1986，20：313-407.

[98]Bollerslev T. Modeling the coherence in short-term nominal exchange rates：A multivariate generalized ARCH approach[J]. Review of Economics and Statistics，1990(72)：498-505.

[99]Engle R. Dynamic conditional correlation：A simple class of multivariate generalized autoregressive conditional heteroskedasticity models [J]. Journal of Business and Economic Statistics，2002，20(3)：339-350.